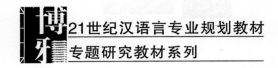

21世纪汉语言专业规划教材
专题研究教材系列

汉语语法专题研究

(增订本)

邵敬敏　任芝锳
李家树　税昌锡　著
吴立红

图书在版编目(CIP)数据

汉语语法专题研究(增订本)/邵敬敏,任芝锳,李家树,税昌锡,吴立红著.—北京:北京大学出版社,2010.1
(21世纪汉语言专业规划教材.专题研究教材系列)
ISBN 978-7-301-14302-5

Ⅰ.汉… Ⅱ.①邵…②任…③李…④税…⑤吴… Ⅲ.汉语—语法—高等学校—教材 Ⅳ.H14

中国版本图书馆 CIP 数据核字(2008)第 151582 号

书　　　名：汉语语法专题研究(增订本)
著作责任者：邵敬敏 任芝锳 李家树 税昌锡 吴立红 著
责 任 编 辑：旷书文
标 准 书 号：ISBN 978-7-301-14302-5/H·2078
出 版 发 行：北京大学出版社
地　　　址：北京市海淀区成府路205号　100871
网　　　址：http://www.pup.cn　新浪官方微博:@北京大学出版社
电 子 邮 箱：zpup@pup.cn
电　　　话：邮购部 62752015　发行部 62750672　编辑部 62752028
　　　　　　出版部 62754962
印　刷　者：北京虎彩文化传播有限公司
经　销　者：新华书店
　　　　　　650 毫米×980 毫米　16 开本　17.75 印张　370 千字
　　　　　　2010 年 1 月第 1 版　2022 年 3 月第 8 次印刷
定　　　价：48.00 元

未经许可,不得以任何方式复制或抄袭本书之部分或全部内容。
版权所有,侵权必究
举报电话：010—62752024　　电子邮箱：fd@pup.pku.edu.cn

本书配有全新教学课件,请关注"北大博雅教研"公众号申请,联系电话 010—62752864

目 录

第一章 导论 / 1
    第一节 汉语语法学简史 / 1
    第二节 现代汉语语法特点 / 5
    第三节 汉语语法研究的成绩 / 10
    第四节 存在的问题以及发展的趋势 / 22

第二章 语素研究 / 24
    第一节 语素名称的演变 / 25
    第二节 语素的分类 / 27
    第三节 确定语素的原则和方法 / 29
    第四节 有关语素研究的若干问题 / 33

第三章 构词法研究 / 38
    第一节 词的确定 / 38
    第二节 构词类型 / 44
    第三节 构词法与造词法 / 47
    第四节 构词法和构形法 / 49
    第五节 构词法和构形法研究的特点 / 53

第四章 词类研究 / 56
    第一节 词类划分的标准 / 56
    第二节 吕叔湘、朱德熙的词类学说 / 62
    第三节 汉语词类研究的新尝试 / 64
    第四节 词类研究中的若干问题 / 69

第五章　短语研究 / 74
第一节　短语、词组、结构 / 74
第二节　短语研究简史 / 75
第三节　短语在语法研究中的地位与作用 / 77
第四节　短语的类型 / 79
第五节　短语和句子的区别 / 81
第六节　短语结构与层次分析法 / 82
第七节　向心结构理论的探讨 / 84
第八节　短语研究的新动向 / 87

第六章　句型研究 / 91
第一节　句型研究的对象 / 91
第二节　汉语句型研究简史 / 92
第三节　新时期汉语句型的研究 / 94
第四节　句型研究中的理论问题 / 101

第七章　句类研究 / 104
第一节　句类研究历史简况 / 104
第二节　疑问句分类的研究 / 108
第三节　疑问语气词的研究 / 111
第四节　疑问点与答问的研究 / 113
第五节　疑问程度的研究 / 114
第六节　疑问句的功能研究 / 115
第七节　疑问句内部类型的研究 / 116
第八节　祈使句研究 / 121
第九节　感叹句研究 / 124

第八章　句式研究 / 127
第一节　"把"字句研究 / 128
第二节　被字句研究 / 138
第三节　存现句研究 / 144
第四节　主谓谓语句 / 149

第九章 复句研究 / 156
- 第一节 复句研究简史 / 156
- 第二节 单复句的区分 / 158
- 第三节 关联词语 / 160
- 第四节 复句的类别 / 162
- 第五节 紧缩句 / 165
- 第六节 多重复句的分析 / 166
- 第七节 复句研究的新思路 / 167

第十章 歧义研究 / 170
- 第一节 歧义的类型 / 171
- 第二节 歧义分化的方法 / 173
- 第三节 消除歧义的手段 / 178
- 第四节 有关歧义研究的若干问题 / 180

第十一章 语义角色研究 / 183
- 第一节 语义角色研究概况 / 184
- 第二节 语义角色的理论探讨 / 186
- 第三节 语义角色的关系类型 / 189
- 第四节 语义角色研究的几个热点问题 / 198
- 第五节 汉语形容词和名词的语义角色研究 / 201
- 第六节 语义角色研究的意义 / 202

第十二章 语义指向研究 / 205
- 第一节 语义指向研究的历史 / 206
- 第二节 语义指向的定义和性质 / 209
- 第三节 语义配项与语义指向 / 212
- 第四节 语义联项与语义指向 / 215
- 第五节 语义指向的结构模式 / 218
- 第六节 关于语义指向研究的若干问题 / 222

第十三章 语义特征研究 / 226
- 第一节 语义特征研究的历史 / 226

第二节 义素分析法与语义特征分析法 / 230
  第三节 语义特征的分类 / 232
  第四节 语义特征的提取 / 235
  第五节 如何运用语义特征分析法 / 239
  第六节 语义特征分析的作用 / 242

第十四章 认知解释研究 / 246
  第一节 汉语认知语法研究概况 / 246
  第二节 认知语法的基本原则 / 250
  第三节 认知语法的解释力 / 259
  第四节 认知语法研究的发展方向 / 264

附录:汉语语法研究重要参考书目 / 268

第一版后记 / 275

增订本后记 / 277

作者简介 / 279

第一章 导 论

> **提示**：简述汉语语法研究的历史，汉语语法的主要特点，汉语语法研究所取得的成绩；重点介绍汉语语法研究的方法，并指出汉语语法研究存在的问题，预测汉语语法研究的发展趋势。

中国传统语言学，历来分为文字、音韵、训诂三大分支，基本上没有语法的地位。汉语语法学的建立，通常认为应该以1898年《马氏文通》（商务印书馆）的出版为标志。这一百多年来，汉语语法研究从无到有，从小到大，从幼稚到成熟，从一棵幼苗到成长为参天大树，经历了曲折的发展进程。现在，我们可以毫无愧色地说：现代汉语各个分支学科的研究中，语法研究的队伍最壮大，思想最活跃，成果最显著。进入了21世纪，我们有责任，也有义务，把这一百多年的研究历史，按照语法专题的框架，作一番认真的科学的梳理，以便总结成绩，找出不足，看清发展的趋势，为今后的研究提供新的思路。

第一节 汉语语法学简史

《马氏文通》的出版至今已逾百年。这一百多年的汉语语法研究，大致上可以分为前五十年和后六十年，以1949年中华人民共和国成立为界。

前五十年又可以分为前三十年和后二十年。

前三十年主要是汉语语法体系的构拟，有两本著作最为重要：马建忠的《马氏文通》以古代汉语为研究对象，仿照拉丁语语法建立了第一个以字（即"词"）为本位的语法体系，虽然还比较粗糙，但毕竟是第一次，所以草创之功不可抹杀。黎锦熙的《新著国语文法》（商务印书馆1924）则以现代汉语为研究对象，仿照纳氏文法（Nesfeild Grammar）建立了一个句本位的语法新体系,这一体系在中学语文学界产生过很大的影响。

后二十年主要有两件大事:第一,中国文法革新运动的讨论,第一次在理论上对汉语语法体系的建构,尤其是词类问题进行了有益的探索,这实际上是结构主义语法理论对传统语法的一次挑战,并且初步形成了语法学界所谓的"京派"和"海派"。海派主要是以方光焘和陈望道为代表。第二,京派的主要成员出版了三本重要的语法著作:王力的《中国现代语法》(商务印书馆 1943—1944)、吕叔湘的《中国文法要略》(商务印书馆 1942—1944)和高名凯的《汉语语法理论》(开明书店 1948),从而形成了汉语语法学界的主流派。

后六十年也可以分为前三十年和后三十年。

前三十年又可以分为前二十年和后十年。前二十年,语法知识的大普及、三次语法问题(汉语词类划分问题、主语宾语区分问题以及单句复句的划界问题)大讨论,以及《中学教学语法暂拟系统》的制订,都给了汉语语法学快速发展的空间,特别重要的是汉语描写语法学派得到了长足的发展,这可以吕叔湘和朱德熙的研究为杰出代表,他们二位的学说,对汉语语法学界产生了重大的深远的影响。后来的"十年浩劫"期间的语法研究则基本上是一片空白。

后三十年,汉语语法研究空前繁荣,这主要得益于改革开放国策的实施和深化。这三十年大体上可以分为三个阶段:

(一) 1978—1991,大致以汉语语法研究座谈会(1991 年)为界,这前十年左右是后结构主义语法一统天下的局面,朱德熙的语法思想占据主导地位。其特色是:

第一,提出"短语本位",在传统的词法和句法中间插入"短语法",强化了短语研究,大大提高了短语在汉语语法中的地位。

第二,宣称"语法研究的最终目的是弄清楚语法形式和语法意义之间的关系",从而大大加强了语义在句法研究中的作用。

第三,指出需要加强横向的汉语方言语法研究以及历史的比较语法的研究,并且跟现代汉语的语法研究相互参照、结合。

此外,胡裕树和张斌关于"句法、语义、语用"三个平面的思想也很有解释力,胡明扬关于"句法语义"的论述也很有启发性。

(二) 1991—1998,大致以纪念《马氏文通》出版 100 周年为界。随着朱德熙和吕叔湘先后去世,汉语语法学界进入了一个彷徨、探索、重整的阶段。各种语法研究的思潮,包括引进的自生的开始崛起。这大体上是个过渡时期。

（三）1998—2008,汉语语法学界开始呈现出多元化的态势。形式语法、功能语法、配价语法、语义语法、认知语法等都各显神通,表现出不同的解释能力。以新时期培养的研究生、博士生为主体的研究队伍开始形成,并且逐步成长为主力军。

新时期造就了一批优秀的语法学家脱颖而出。中年一代人才辈出,涌现出以陆俭明、邢福义为杰出代表的一个研究群体。比较有影响的还有：李临定、范继淹、范晓、史有为、范开泰、刘叔新、沈开木、傅雨贤等。几乎与此同时,以新时期培养的研究生为主体的年轻一代也开始登上历史舞台,其代表人物是马庆株、邵敬敏和沈家煊,此外,陆丙甫、尹世超、邹韶华、周小兵、李宇明、萧国政、齐沪扬、张国宪、孔令达、周国光等也相当活跃。更为值得称道的是90年代中期以后,新生代开始崛起,并已崭露头角,代表人物有：袁毓林、沈阳、郭锐、刘丹青、张伯江、方梅、戴耀晶、石毓智、徐杰、张谊生、金立鑫、崔希亮、张旺熹等。

当进入了21世纪,回顾这一百多年来汉语语法研究的历史,我们可以清楚地看到,汉语语法研究的范围扩大了,研究的内容充实了,研究的队伍也壮大了,特别是研究的方法大大地改进了,从简单的模仿性的构拟语法体系到借鉴先进的研究理论和方法来分析汉语语言事实,再到从汉语语法特点出发挖掘出具有中国特色的理论和方法来。总之,这100多年来汉语语法研究在不断的发展,已经取得了颇为丰硕的成果。为此,我们感到对这近百年的汉语语法研究按照专题作一个全面、系统、简明的总结,是十分必要而有益的。

在现代汉语的各个分支学科中,语法研究领域内学术思想之活跃、研究理论方法之领先,学术成果之显著,一直是较为突出的,并表现出若干显著的研究特色：

（一）语法研究的理论多元互补

20世纪50年代以前,汉语语法研究基本以传统语法理论为主；60年代结构主义理论风靡一时,成为语法研究理论的主流；80年代随着我国改革开放政策的实施,国外各种新的语法理论纷纷被介绍到国内,并在汉语语法研究中得以应用,转换生成语法、格语法、切夫语法、系统功能语法、配价语法、形式语法、构式语法、语义语法、认知语法等各种理论在汉语语法研究中并存、互补、交融。语法本身是一个立体的交叉的、由多个子系统构成的复杂系统,如果仅想凭借一种语法理论,即使是一种极为优秀的理论,也不可能解决语法研究中的所有问题,因此依靠各种语法理论的多元互补是语法研究的实际需要,是人们对语法研究认识深化的结果,也是语法研究发展的必然趋势。试图用一种语法理论来"包打天下"的想法,不仅是幼稚的,而且是有害的。

(二)语法研究领域的交叉开拓

20世纪初,汉语语法开始发展成为一门独立的学科,这标志着语法学的建立。经过一百多年语法研究的探索,人们逐渐认识到语法学不仅与语言学内部的各分支学科关系密切,而且跟其他学科也有着密切的内在联系,认识到语法研究与其他学科交叉研究的重要性。目前语法研究已不再是纯粹的语法范畴内的研究了,而是与语音、词汇、语义、语用、功能等结合在一起的研究,同时又与心理学、逻辑学、社会学、民族学、历史学、文化学、人类学、认知科学等结合,形成了各种边缘学科。尤其近年来随着计算机科学的普及与发展,又为语法研究提出了与人工智能、人机对话相结合研究的新课题。另一方面,由于对外汉语教学的迫切需要,也为语法研究提出了不少新的独特的课题。这不仅丰富了汉语语法研究的内容,扩大了语法研究的领域,也开阔了人们的视野,看到了语法学与语言学内部不同分支学科、乃至与各种社会学科和自然学科之间的种种联系,从而也加强了对语法规律自身的解释性。

(三)语法研究深化和强化的追求

从语法研究的对象看,早期的语法研究偏重于整个体系的构拟,而中期把重点转向某些专题的探讨,近期则试图逐步建立起汉语语法的理论体系。从语法研究的理论看,早期着力于传统的规范性语法研究,中期由于受美国描写语法学的影响而转向描写性语法研究,近期则倾向于解释性语法的探讨。从语法研究的方法看,早期的研究往往以逻辑的语义分析代替语法结构的分析,中期受结构主义理论影响侧重于形式分析,而忽略了相应的语义分析和语用分析,近期则强调形式与意义相结合并相互验证的探讨,并且开始致力于从认知上进行解释。这三个时期发展变化的轨迹,意味着汉语语法研究目的的强化与深化:在事实研究的基础上强化对理论研究的追求,在描写研究的基础上强化对解释研究的追求,在形式与语义结合研究的基础上强化认知解释的追求。

第二节 现代汉语语法特点

关于汉语语法的特点,早期的语法著作中都未作系统的分析和研究。马建忠《马氏文通》认为:"各国皆有本国的葛朗玛,大致相同,所异者音韵与字形耳。"即他认为各国语言的语法具有共性。正因为如此,他模仿拉丁语的语法来描写汉语语法。当然他也并非没有注意到汉语的个性,例如他发现"中国文字无变也,乃以介字济其穷","助字者,华文所独,所以济动字不变之穷"。黎锦熙《新著国语文法》也倾向于不同语言语法上的共性,所以语法体系也是以模仿纳氏文法为主,当然他也指出汉语的词类在词形上没有严格的区别。直到 30 年代文法革新时期,提出要摆脱西方文法的束缚,建立具有汉语特点的语法体系,大家才开始注意探讨汉语语法的特点。

现在通行的看法是:"汉语语法的特点是缺乏严格意义的形态变化",并认为这是汉语语法最根本的特点,正是由于这一特点造成了汉语语法不同于印欧语的其他一系列特点。吕叔湘《汉语语法分析问题》(商务印书馆 1979)指出:"汉语有没有形态变化?要说有,也是既不全面也不地道的玩意儿,在分析上发挥不了太大的作用。"朱德熙《语法答问》(商务印书馆 1985)指出:"传统语法受印欧语影响,所以一般把汉语与印欧语比较,其中最主要、最显著的一点是汉语字形没有变化,即汉语缺乏形态变化。"

汉语语法到底有没有形态变化,历来有不同的看法。有的认为汉语没有狭义的词形变化,但有广义的形态变化,如方光焘(《中国文法革新讨论集》,上海学艺社 1940)指出:"词与词的相互关系、词与词的结合,也不外是一种广义的形态。"其实这里所说的"广义形态"就是词的句法功能。有的认为汉语中也有狭义的形态变化,例如赵元任《汉语口语语法》(商务印书馆 1979)专门有一章"形态类型",包括词的重叠、派生词中的各类词缀。有的认为汉语中也有相当于印欧语的某些词法范畴,例如表人名词、代词后面可以加"们"以表复数,相当于英语中的-s;动词后面可加"着"、"了"、"过"表示动作持续、完成或曾经经历,相当于印欧语中的"体"等等。这些可以说明汉语中也有通过词形变化表示语法意义的狭义形态变化。

其实,"缺乏严格意义的形态变化"这一提法并不科学,它仍然站在主要依赖于严格意义的形态变化的印欧语言的立场上,带着有色眼镜来看待汉语。什么叫"缺乏"?本来应该有,但是没有,这才叫缺乏。如果本来就不必有,那就不能叫缺乏。比如,我们从来也不问我们为什么没有四条腿,如果站在牛、羊、狗的立场上,就会说人缺了两条腿。我们也从来不问为什么鱼缺了两条腿,因为鱼本来就不需要腿。汉语本来就不必依赖于形态变化来表示语法意义和语法关系,那么为什么要说"缺乏"呢?显然,"缺乏"说,对汉语是不公平的。最近,邵敬敏主编《现代汉语通论》(第二版)(上海教育出版社 2007)提出"现代汉语最根本的总特点是:不依赖严格意义的形态变化,而借助于语序、虚词等其他语法手段来表示语法关系和语法意义"。其基本出发点有三点:第一,希望用朴素的眼光来看汉语语法,尽可能地排除印欧语的干扰;第二,把形态变化和语序、虚词、重叠等都看作具有平等地位的语法手段;第三,任何一种高度发达语言的语法,都是各有所长,也各有所短,如果它多采用某种语法手段,那么,就必然少采用其他的语法手段,这里不存在优劣、长短之分,只显示其不同倾向的特点。

具体来说,汉语语法的特点主要表现为以下几点:

(一)语序的变化是一种重要的语法手段

语序的变化对语法结构的性质以及语法意义的鉴别起重大作用。比如"名词+动词/形容词"往往构成主谓结构,而次序一变化,"动词+名词"就构成了述宾结构,"形容词+名词"就构成了偏正结构。例如"鸟飞"和"飞鸟"、"红花"和"花红",语序不同,结构关系不同,意义也不同;"屡败屡战"和"屡战屡败"、"查无实据,事出有因"和"事出有因,查无实据",语序不同表示的意义也有很大的区别。所以几乎所有的汉语语法学家都认为,语序是汉语语法的重要特点之一。只有朱德熙持不同看法,他认为:"这种说法非常含糊。说汉语的词序特别重要,似乎暗示印欧语里的词序不那么重要。实际情况恐怕不是这样,拿英语来说,词在句子里的位置相当稳定,倒是汉语的词序显得有一定的灵活性。"(《语法答问》)他举的例是:

(1)我不吃羊肉~羊肉我(可)不吃~我羊肉不吃(吃牛肉)
(2)肉末夹烧饼~烧饼夹肉末
(3)你淋着雨没有~雨淋着你没有
(4)他住在城里~他在城里住
(5)借给他一笔钱~借一笔钱给他

这里实际上涉及两个问题:第一,这个语序是指短语内部还是句子内部的变化。吕叔湘《汉语语法分析问题》指出:"有一个现象很值得注意:短语内部的次序是不大能改变的,句子内部的次序就比较灵活。句子可以不改变其基本意义而改变内部的次序,短语很少能够这样。例如(a)我没看第一本,(b)第一本我没看,(c)我第一本没看,三句一个意思。可是'花纸'和'纸花','半斤'和'斤半','后头的小孩'和'小孩的后头','好商量'和'商量好'意思都完全改变了。"换句话说,语序在不同语法单位层面上的重要性并不相同。张斌、胡裕树《汉语语法研究》(商务印书馆1989)指出:"语序包括语法的、语义的和语用的。这三个层面既有区别,又有联系。"这一认识推动了语序研究的深入发展。吴为章《语序重要》(《中国语文》1995,6)主要论述语序在汉语语法研究中的重要性,她认为目前研究的情况涉及到不同平面的语序,也涉及到制约语序的各种因素。语序有广狭二义:狭义语序一般指语素、词的排列次序;广义语序通常指各个层面、各种长度的语言单位和成分的排列次序。语序实际上跟语言的类型有关。范晓《关于汉语的语序问题》(《汉语学习》2001,6)进一步指出:"研究语法要区别语法的三个平面……相应的也就要区别三种不同的语序,即句法语序(句法成分的次序,如主语和谓语的次序、定语和中心语的次序等)、语义语序(语义成分的次序,如施事和受事的次序、领事和属事的次序等)、语用语序(语用成分的次序,如主题和述题的次序)。"

关于区分三个平面的语序,邵敬敏《现代汉语通论》认为:(1)语法的语序变化,指词语次序变化了,语法结构关系也随之改变,语义也跟着变化,如"人来了—来人了";(2)语义语序变化,指词语的次序变化虽然没有引起语法结构关系的变化,但是语义却有明显的不同,如"猫捉老鼠——老鼠捉猫";(3)语用的语序变化,指在语言交际使用时出现的临时性的移位,实际上语法结构关系没有变化,句子所表达的基本意义也没有区别,只是增加了一些"追加"、"补充"语用上的色彩,如"你快走吧!"跟"快走吧,你!"。而范晓《关于汉语的语序问题》则持不同意见,他认为类似(1)中的两个句子的情况"只是句法结构不同(主谓、述宾),谈不上语序不同,而是次序不同或次序变动引起句法结构的变化。严格地说,只有相同结构的成分排序有变化才是语序变化"。类似(2)中的两个句子的情况,"语义成分的排序都是'施动受',所以语序没有变化;如果一定要说什么变化,那是句子的具体意义(施事和受事所指的具体的人)有变化,因为作施事和受事的具体的词语排序颠倒了。"类似(3)的两个句子的情况,"主要是句法语序发生变化,即主谓结构内部主语和谓语的位置颠倒了(主谓—谓主);虽然这种变化跟语用有一定关系"。可见人们对如何区别不同层面上的语序还存在不同看法。

近年来语序的研究仍是一个热门话题。主要涉及:(1)制约语序的各种因素。包括句法层面的因素,如词和词的选择关系、虚词的使用、数量结构的有无以及音节的配合等;语义层面的因素,如词的语义特征等;心理学家还注意到词的长度;认知语言学还提出了制约汉语语序的一些原则,如时间顺序原则、凸现原则、语序临摹原则等。(2)在语用层面上语序的变化,如口语交际中常出现的"易位"现象、"空位"现象、语序变化与信息类型的变化之间的关系等。(3)语序类型学研究,比如汉语是 SVO 型,还是SOV 型等,国外学者比较关心,国内有关研究有刘丹青《语序类型学与介词理论》(商务印书馆 2003)等。

(二)虚词的运用是一种重要的语法手段

虚词的有无、虚词的不同、甚至虚词出现的位置不同都有可能造成句法结构的不同。邵敬敏《现代汉语通论》指出虚词的运用对语法结构和语法意义的作用主要表现为以下几个方面:(1)某些语法结构,有或者没有这个虚词,结构关系或者语义会发生很大变化,例如"爸爸妈妈——爸爸的妈妈"、"修改书稿——修改的书稿";(2)某些语法结构,添加了某个虚词以后,虽然语法结构关系没有改变,但是对语义的影响十分大,例如"美国朋友——美国的朋友";(3)某些语法结构,加虚词或者不加虚词,结构关系以及语义关系似乎没有什么明显的不同,但是如果仔细体会,也会发现其在语用意义上的差异,例如"中国文化——中国的文化"有属性与领属的区别。也就是说虚词的不同也会造成句法、语义和语用不同层面的差异。范晓《三个平面的语法观》(北京语言学院出版社 1996)认为汉语的虚词比印欧语丰富得多,比较有特色的有:(1)有相当数量的助词,如"的、地、得"、"着、了、过"、"们"等。这类词有点像印欧语的狭义形态,但又不完全一样。(2)有一定数量的连词,用来连接两个或两个以上的结构成分,并表示成分之间的结构关系。(3)有一定数量的介词,大多用来引出与动作有关的语义成分。(4)有一定数量的语气词,印欧语缺乏语气词,有些"小品词"在作用上有点像语气词,但不像汉语语气词那样明确表示语气,也没有像汉语语气词那样能表示丰富的内容。(5)有十分丰富的量词。

朱德熙则不同意这种说法,他认为说汉语中虚词重要,"这就跟说汉语词序特别重要一样,似乎暗示着印欧语的虚词不太重要的意思。事实正好相反,印欧语里该用虚词的地方不能不用,汉语句子里的虚词倒是常常可以'省略',特别是在口语里。例如:'买不起别买'(要是买不起就别买)、'没带眼镜看不见'(因为没带眼镜,所以看不见。)这就是通常说的'意合法'。此外口语里甚至连一些表示结构关系的虚词有时候也可以不说出来。例如'你搁桌上吧'(你搁在桌上吧)、'洗干干净净收着'(洗得干干净净收着)。"(《语法答问》)其实,说汉语语法里,虚词特别重要,无非是两条理由:第一,虚词的种类和数量比印欧语多得多;第二,汉语虚词的作用特别大,可以表示各种各样细微而重要的语法意义。至于某些特殊场合虚词可以省略或隐含,那只说明汉语具有灵活性,并不说明汉语虚词就不重要,而事实上汉语虚词尤其在短语结构和单句里往往是不可以随便省略的。

（三）汉语的词类和句子成分不存在简单的一一对应的关系

在印欧语里,词类和句法成分之间有一种简单的一一对应关系。大致说来,动词跟谓语对应,名词跟主宾语对应,形容词跟定语对应,副词跟状语对应;而汉语词类和句法成分的关系是错综复杂的,大致的情形可以从下边的图示里看出来：

比如在印欧语中,动词作谓语必须是限定式动词,如果动词做主宾语,必须变化成动名词或不定式等名词性成分。而在汉语中,不管动词作谓语还是做主宾语或定语,其形式不变。例如：

(1) He flies a plane.（他开飞机。）
(2) To fly a plane is easy.（开飞机很容易。）
(3) Flying a plane is easy.（开飞机很容易。）

传统语法,例如《暂拟系统》把在主宾语位置上的动词看成已转化成名词了,称之为"名物化"。朱德熙(《语法答问》)则认为：(1)汉语的"动词和形容词既能做谓语,又能做主宾语。做主宾语的时候,还是动词、形容词,并没有改变性质。这是汉语区别于印欧语的一个很重要的特点"。(2)汉语中"名词无论做主宾语还是做定语都是一个形式。特别值得注意的是,汉语里名词修饰名词十分自由。……例如'我国南方各省丘陵地区粮食产量概况'"。(3)"在汉语里,做状语的不限于副词,形容词,特别是状态形容词(远远的、好好儿的、规规矩矩的、慢腾腾的)也经常做状语。"打个比方,英语的词类好像是性格演员,往往只擅长于演某一类角色;而汉语的词类则是多功能演员,可以扮演各种角色。但是必须说明一点:汉语的词类虽然可以充当多种句子成分，但是一定要区分主要、次要和偶然的功能，换言之，功能也要看频度，不是平等的。例如名词主要充当的是主语和宾语，其次是定语，至于作状语或谓语则有条件限制，绝不能作补语。

（四）短语结构跟句子结构以及词的结构基本一致

朱德熙认为："印欧语里的句子的构造跟词组的构造不同。拿英语来说，句子（sentence）的谓语必须有一个由限定式动词（finite verb）充任的主要动词（main verb）。词组（phrase）里只能是不定形式（infinitive）或者分词形式（clause），不能是限定形式。"（《语法答问》）因此英语的句子和短语的构造原则是不同的。而汉语的动词不管出现在什么位置上，形式完全一样。从理论上讲，汉语里任何一个自由短语带上语调，在特定的语境中出现，都可以成为句子。反之，任何一个句子离开了一定的语境，去掉语调，就成为一个短语。

此外，汉语里短语的结构和复合词的结构方式也基本一致。范晓《三个平面的语法观》指出：汉语里大多是"句法造词法"构成的复合词，复合词的构造法式与短语也基本一致。

当然，句子和短语的构造、短语和复合词的构造在某些方面还是有区别的。短语和句子构造的区别主要是：（1）并非所有的短语带上语调都可以成为句子，特别是黏着性短语，带上语调也不能成为句子，比如"他吃了饭"；（2）有些成分只有在句子中才出现，如插入语、提示成分等句子的特殊成分，一般只在句子层面出现，不出现在短语层面上。至于短语和词在构造上的区别，主要是：（1）构词方法，还有带词缀的派生词、重叠词；（2）有些复合词的构造方式在短语层面上是没有的。例如"名＋量"构造方式，如"花束"、"马匹"、"书本"等；再如"正＋偏"构造方式，如"肉松"、"饼干"等。

上述前两点属于中国语法学界传统的看法，后两点基本上是朱德熙的看法，这四点其实都颇为重要。除此之外，量词的使用、部分动词和形容词以及名词的重叠也是汉语语法相当重要的特点。

第三节　汉语语法研究的成绩

近几年来，在我国语言学界出现了两种不同的也可以说相反的看法：一种是从新"国粹主义"立场出发，夸大所谓汉语语法的个性，否认汉语与世界上其他语言之间的共性，对普通语言学原理、国外各种语法理论基本采取排斥态度，认为以往的研究成果都是模仿西方理论的结果，甚至于认为汉语语法研究落后的根源就在于"引进主义"。另一种则是一种新的"拿来主义"，过分崇拜国外语言学理论，认为汉语语法学应该主要研究"共性"、"普遍语法"，声称要实现"一体化"、无条件地参加"国际大循环"，要遵循外国制定的"游戏规则"等等。首先，必须指出，倒退肯定是没有出路的，回到"小学"传统研究的老路上去，只能扼杀汉语语法的研究。因此，我们一定要坚持改革开放，坚持借鉴引进，加强跟国际接轨；同时，我们也必须清醒地认识到：吸收国外的先进理论固然是必要的，"参加国际大循环"也无可厚非，问题是怎样参加语法研究的国际大循环？是亦步亦趋跟在外国理论后面去"循环"，还是立足汉语语法的客观事实，以我们具有中国特色的研究去循环。如果只是照搬国外的语言学理论，只是引进，没有输出，那么其结果不仅不能实现大循环，而且我们的研究还可能走入死胡同。这两种观点在对待国外理论的态度上截然相反，但有一点是相同的，即对百余年来我国的汉语语法研究基本持否定态度。这对我国汉语语法研究的继承、发展是十分有害的。朱德熙先生在给第二届现代语言学现代汉语语法研讨会(上海1990)的贺信中指出，"我国的语言学研究有许多弱点，但是也有它强的地方，特别是在汉语研究方面。""我们不能妄自尊大，但也不要妄自菲薄。"从这个意义上讲，总结汉语语法研究的历史，充分肯定已有的研究成果，以事实来驳斥那种悲观失望或者自以为是的论调，也是十分必要的。

20世纪80年代开始，尤其是90年代以来，汉语语法研究在各个方面都取得了较为显著的成绩。主要表现在以下几个方面：

(一) 提出了语法研究的句法、语义、语用"三个平面"的理论

80年代受国外符号学及相关语言学理论的影响，国内语法学界结合汉语实际，提出了"语法研究的三个平面"理论观点。这对以往语法研究一些纠缠不清的问题，提供了解决的新办法，也拓宽了语法研究的思路，促进了语法研究中形式和意义相结合、静态和动态相结合的研究方法，受到了语言学界的普遍关注。

所谓"三个平面"，是指跟语法研究有关的句法、语义、语用三个层面。具体的说，在语法分析过程中，有些属于句法方面的因素，有些属于语义方面的因素，有些则属于语用方面的因素，我们在进行语法分析时，既要把这三个层面的因素区分开，又要把这三方面的因素联系起来。"三个平面"理论中所说的语义、语用，仅指与语法有关的语义、语用因素。从表达的角度

看,句法是关键;从理解的角度看,语义是关键;从交际的角度看,语用是关键。从语法研究的角度说,句法研究是核心,以句法研究为基础,向里挖掘深层的语义,向外探求语用。"语法研究三个平面"的理论,对我国的语法研究影响很大,主要在以下两个方面:

(1) 把语法研究中句法、语义、语用三方面的因素区分开,有利于分析、解释一些原来复杂的问题。如主语、施事、主题是分属句法、语义、语用三个不同层面的概念,原来语法分析时常常把这三者混在一起,这对句子主语的确定、对某些较为特殊的句法结构的分析和解释都会带来混乱。如以前对"王冕七岁死了父亲"这个句子主语的确定存在着不同的看法,有的认为是"王冕",有的认为是"父亲"。但如果从三个不同层面来分析,问题就十分清楚了,"王冕"是句子的主题,也是句子的主语,而"父亲"则是施事宾语。

(2) 把语法分析中相关的句法、语义、语用等因素联系起来,推动了汉语语法研究的深入发展。从句子表达的角度看,句子是否合格不仅涉及到句法因素,同时也涉及到相关的语义、语用的因素。例如,"他送我一本书"可以变换成相应的"把"字句:"他把一本书送给我";而同样的结构"他偷我一本书"则不能变换成相应的"把"字句:"他把一本书偷给我"。究其原因,主要是这两个句子中的动词的语义特征不同,"送"具有"给予"义,"偷"则具有"获得"义;此外,这两个句子的语义结构也不同,前一句中"他"和"一本书"原先具有领属关系,通过"送","一本书"转移到"我"处,而后一句中原先是"我"和"一本书"有领属关系,通过"偷"转移到"他"处。再如"客人来了",我们可以改为"来客人了";而"小张来了",我们不能改为"来小张了"。其原因要从语用角度来解释,因为在汉语语法结构中,主语大多为有定事物,而宾语大多为无定事物。前句虽然可以把主语移到宾语位置,但意义略有区别,"客人"作主语,是有定的,是交际双方已知的,"客人"作宾语,是无定的,是不速之客;而"小张"是个具体的、特指的名词,因此只能作主语,不能直接移到动词后作施事宾语。同样从理解的角度考虑,也是既要考虑到句法结构关系,也要考虑到词与词之间的语义关系、词的语义指向等因素,同时也要考虑到话题、焦点等语用因素。跟语法有关的语义平面的研究包括词的语义特征的研究、语义指向的研究、语义角色的研究、语义结构的研究以及歧义的研究等。跟语法有关的语用平面的研究包括主题和述题、预设和焦点、指称和照应等方面的研究。

(二) 在形式研究的基础上强化了语义的研究

语法研究是以形式为主还是以意义为主,一直是个有争议的问题。传

第一章 导 论

统语法研究以意义为主,后来受结构主义影响,又侧重语法形式,主要是描写句法结构的组合方式及组合过程中产生的结构关系意义。其后由于乔姆斯基转换生成语法理论的出现,人们认识到句法结构不仅具有显性的表层结构,而且还具有隐性的深层语义结构。深层的语义关系不但可以把异形同义的句法结构联系起来,也可以把同形异义的句法结构区分开。因此句法结构的语义分析受到了高度重视。这主要涉及到三方面的问题:

(1) 语义结构分析

关于语义结构,不同的语言理论有不同的解释。这里所说的语义结构主要是指句内谓语动词跟论元的关系,即指句法结构内动词与相关名词之间潜在的逻辑语义关系,它是一定现实关系的概括反映。由语义结构所赋予的关系就是语义关系意义,如施事、受事、与事、处所、工具等。句法结构的显性语法关系和隐性语义关系,既有联系又有区别。语义关系有助于确定语法关系,如"学生学习"和"集体学习"两个结构都是"名词+动词",但"学生"是"学习"的施事,因此语法结构是主谓关系,而"集体"是"学习"的方式,所以语法结构为偏正关系。但语义关系和句法关系又有区别,句法关系主要依靠线性序列中的各种语法因素来决定的,而语义关系则主要依靠逻辑意义关系来决定的。句法关系相同的结构,语义关系未必相同,如"写毛笔"、"写黑板"、"写文章"三个结构的句法关系相同,都是动宾结构。但是它们的语义关系却不同,"毛笔"是"写"的工具,"黑板"是"写"的处所,而"文章"是"写"的结果。句法关系不同的,其语义关系倒可能相同,如"他看书"、"书他看了"、"他看的书"三个结构的句法关系并不相同,但其语义关系相同,"他"都是"看"的施事,"书"都是"看"的受事。有时同一个句法结构还可能有不同的语义结构关系,这就是一般所说的由语义关系不同造成的歧义结构,如"鸡不吃了","鸡"可能是施事,也可能是受事。正因为如此,我们可以通过语义结构分析区分一些比较特殊的歧义现象。例如:

(1) 他在树上刻字→他刻字 + 字在树上(S1)
　　　　　　　　他在树上 + 他刻字(S2)
(2) 他在树上摘花→他在树上 + 他摘花(S2)
　　　　　　　　花在树上 + 他摘花(S3)

表示处所的"在树上",在 S1 中是受事经动作行为后所到达的动态位置,因此 S1 可以变换为"他把字刻在树上";在 S2 中是施事在动作行为进行时所处的静态位置,此时不能变换成相应的"把"字句;在 S3 中是受事在动作行为之前所处的静态的位置,此句也不能变换成相应的"把"字句,但可以变换成"他从树上摘花"。其次,句法关系一般都发生在直接成分之间,而语义关系可以发生在直接成分之间,也可以发生在间接成分之间,如"他喝醉了酒"中的"醉"在句法上和"喝"发生结构关系,为述补结构;但在语义上则与主语"他"发生关系。

(2) 语义指向分析

语义指向是指句法结构中某个成分与结构中另外的成分在语义上发生联系。如"这个地方我们都去过"中的"都",语义指向"我们";"那几个地方我都去过"中的"都"语义指向"那几个地方"。根据某个成分语义指向的成分在线形序列中出现的位置在其前还是在其后,可以分为"前指"、"后指"、或者"双指"。例如:

(1) 我们总共借了六双鞋。
(2) 总共我们借了六双鞋。
(3) 我们借了总共六双鞋。

"总共"不论出现在句子的什么位置,语义总是后指,指向"六双鞋"。

(4) 他们互相学习对方的优点。
(5) 小张和小黎互相拍打身上的雪花。

"互相"的语义总是前指,前面的某个代词或名词必须是复数。

(6) 他们大都买了。
(7) 他大都买玫瑰花。
(8) 他们大都买玫瑰花。

"大都"的语义既可以前指"他们",也可以后指"玫瑰花"。所以例(8)可以前指和后指,形成歧义。

此外,还可以根据语义指向的成分是一个还是多个,分为"单项"、"多项"。例如:

(9) 昨天非常热。
(10) 昨天比较热。

"非常"的语义只能指向"热",是单项的。"比较"的语义除了指向"昨天",还要指向句子中没出现的"昨天"或者"今天",否则无所谓比较。

根据结构中某个成分的语义指向的成分是在同一结构中,还是在结构

第一章 导 论

以外(包括在上下文中或者未出现的),可以分为"内联"、或者"外联"。例如:

(11) 今年又是一个丰收年。

这里,与"又"发生语义关系的成分未出现在结构中,是潜在的信息"去年或前几年都是丰收年",因此副词"又"是个外联副词。

在语义指向研究中,"指"、"项"、"联"是三个重要的观念,有较强的解释力。如:

(12) 三个人就抬起了五百斤。(S)

'三个人就抬起了五百斤。(S1)

三个人'就抬起了五百斤。(S2)

三个人就'抬起了五百斤。(S3)

例(12)S 是歧义的。S1 中的"就"语义指向"三个人",从而限制了"三",表示人数少,相对地"五百斤"就显得重;S2 中"就"的语义指向"五百斤",从而限制了"五百斤",表示重量轻,相对地"三个人"就显得数量多;S3 中"就"的语义指向"抬起",从而限制了动作,表示只有"抬起"这个动作,没再干别的。

(3) 语义特征分析

语义特征是指构成词义的一组有区别性特征的范畴意义成分。从词汇角度看,每个实词的各个义项都可以分析为一组更小的语义特征的集合,如"男人"的词汇意义可以分析为是由"人类"、"男性"、"成年"一组语义特征构成的,这就是一般所说的义素分析法。语义特征在句法平面中十分重要,因为词和词的组合除了要受句法功能上的限制外,还要受语义选择的限制。而语义选择的限制则往往表现在语义特征上。比如:

吃:吃饭、吃菜、吃肉、吃蛋糕、吃苹果……

吃:*吃酒、吃水、吃奶、吃苹果汁……

喝:喝酒、喝水、喝奶、喝苹果汁……

喝:*喝饭、喝菜、喝肉、喝蛋糕、喝苹果

这就说明因为"吃"的语义特征决定了跟其组合的宾语必须具有[＋固体][＋食物]的特点,而"喝"的语义特征则决定了跟其组合的宾语必须是[＋液体][＋饮料];违背了这一语义特征的要求的组合就不可接受。

有些句法结构表层结构形式看起来相同,实际上其深层的语义结构并不相同,因此其变换方式也不同,这就可能是由于结构中词的语义特征差异造成的。换句话说,词的语义特征的不同可能造成句法结构语义关系上的差异。为此,我们可以通过语义特征分析来解释为什么相同的句法结构会有不同的变换结果;也可以根据词的语义特征的差异,对词进行次范畴分类。例如:

(1) S1 他卖了一本书→他把一本书卖了
    他寄了一封信→他把一封信寄了
    他倒了一杯茶→他把一杯茶倒了
    他烧了一车炭→他把一车炭烧了
(2) S2 他买了一本书→*他把一本书买了
    他写了一封信→*他把一封信写了
    他倒了一杯茶→*他把一杯茶倒了
    他烧了一车炭→*他把一车炭烧了

S1和S2两种句式的表层结构完全相同,但S1可以变换成"把"字句,而S2却不能变换成相应的"把"字句。要解释其原因,可以对两种句式中的动词进行语义特征分析。我们发现S1句式中的动词都具有[＋失去,－获得]的语义特征,而S2中的动词则具有[－失去,＋获得]的语义特征。根据这一点,我们可以把S1和S2中的动词分别记为Va和Vb两类。而动词"倒"和"烧"在表示不同义项时,可以分别具有这两类动词的语义特征,因此,由这两个动词构成的句式有歧义。

在句法结构中,动词的语义特征固然十分重要,但是与它相关的名词的语义特征也同样重要。例如:

(3) S1 他烧了一本书→他把一本书烧了
    S2 他烧了一壶茶→*他把一壶茶烧了
    S1/2 他烧了一车炭→他把一车炭烧了(S1)
              →*他把一车炭烧了(S2)

在以上三个句子中,虽然动词相同,但是它们的变换情况并不相同。这是因为"烧"这个动词是一个多义词,当它表示"燃烧"义时,它具有[＋失去,－获得]的语义特征;而当它表示"加热,并使其起变化"义时,它则具有[－失去,＋获得]的语义特征。众所周知,多义词在特定的上下文中,由于受语境的影响,词义往往会变得单一。这主要是受与其相关的名词的语义特征的制约,如 S1 中的"书"具有[＋可燃性]的语义特征,因此与其相关的"烧"就表示"燃烧"义;而 S2 中的"茶"则具有[－可燃性]的语义特征,它可以是制作的结果,所以与其相关的"烧"只能表示"加热,并使其起变化"义;而 S1/2 中的"炭"即可以表示具有"可燃性"的事物,也可以表示是"加热后制作成的事物",所以"烧"就可能具有两种不同的义项,因而产生歧义。

(三) 在静态研究的基础上强调动态的研究

以往的语法研究大多限于对孤立的结构、句子作静态的描写分析。其实语言作为一种交际工具,在具体的运用中往往受各种非语言因素影响,会出现种种变化。如果不考虑这些因素,那么语法研究就可能会脱离语言运用的实际,至少这样的语法研究是不全面的。所以近年来,大家开始注意语法的动态研究。所谓语法的动态研究,主要有以下几方面的内容:

(1) 用生成的观点来研究句子是如何产生的,句子是通过什么方式复杂化的,从而产生新的句型系统理论。

(2) 用变换的理论来研究句式之间的变换关系。相互之间具有变换关系的句式,就可以形成"同义句式系统"。这对研究句式表达多样化的选择有积极的意义。

(3) 通过句子在运用过程中所发生的移位、省略、插入、追补等语用现象,研究句子在使用中的变异对句子结构和语义的影响。

(4) 分析语境的种种制约因素,包括狭义的语境(上下文语境)以及广义语境(交际双方、社会背景、文化背景、交际环境、背景知识等构成的语境)。

在语法动态研究方面,最受关注的是与句法结构、语义理解有关的诸多因素。

(1) 预设和焦点

关于预设有不同的解释。大多数人认为,预设主要有两种类型:一种是语义预设,指一个判断能够成立(具有真值)所具备的条件,不管这个句子的意义是真还是假,只要有意义,那么其预设一定是真的。如"他学英语学得很好"这个句子,不管是真(学得很好),还是假(学得不好),这个句子的预设(他学英语)都是真的。另一种是语用预设,指保证句子真值的条件,即只有在预设是双方共知的条件下,句子才是合适的。"焦点"这个概念也有不同的理解,大多是指语言交际中的信息重点,是语用学中的重要概念。焦点有自然焦点(常规焦点)、对比焦点等。焦点与背景相对,自然焦点的背景大多在句内,而对比焦点的背景可以在句内,也可以在句外。

对比焦点在口语中大多以强调重音的形式出现。对比焦点一般都有其预设。因此预设也可以理解为是与"焦点"相对的背景,我们可以通过预设的分析来确定句中的焦点。同一个句子,如果预设不同,可能造成对比焦点的不同,从而导致句子意义的不同。例如:

(1) S1' 白吃了一顿饭(结果全吐了)
(2) S2 白'吃了一顿饭(别人请的客)

S1 的预设是:付出了代价应该获得某种利益。S2 的预设是:获得了某种利益应该付出相应的代价。副词"白"相当于一个否定词,但它否定的不是结构中的某一个词,而是句外的预设。S1 的焦点是"白",可以用"白白"替换;S2 的焦点是"吃",不能用"白白"替换。

(2) 隐含项

有时句中的一些词语可以暗示跟句外的某个对象有着某种语义联系,这就是句外的隐含项。同一个句子,如果句外的隐含项不同,也可能会影响到句子意义的差异。例如:

(3) S1(在那些人中)她最爱梅花。
(4) S2(在那些花中)她最爱梅花。
(5) S3(在那些人中、在那些花中)她最爱梅花。

括号内的都为句外隐含项,加黑点号的词语是与句外隐含项在语义上相联系的项。隐含项跟语境有着密切的关系。

(3) 语境

语境的因素对句法结构的分析也极为重要。首先是上下文语境对句子有制约作用,例如疑问句"小张?"离开特定的语境可看作是是非疑问句,与"小张吗?"相当;也可以看作为特指疑问句的省略形式,与"小张呢?"相当。但在特定的语境中"小张?"的意义及其句子类型就变得十分确定。比如大家在议论角色的分配:小王演诸葛亮,小赵演刘备,这时有人问:"小李演什么?""小李演周瑜。""小张?"这就相当于问"小张呢?"意思是"小张演什么?"其次是非语言的语境,也就是语言交际的社会环境,也非常重要,例如感叹句"今天是星期天!",我们可以假设有若干个不同的情境,这句话的意思就可能完全不同:A.父亲早上叫醒孩子去上学,孩子这么回答,意思是"不用上学了";B.丈夫要出去玩,妻子这么提醒他,意思可能是叫他打扫卫生;C.朋友让他提前去飞机场,他这么回答,意思是今天不会堵车,等等。

（四）在本体研究的基础上强化比较研究

所谓比较研究，主要是指突破原有的共时的、孤立的本体研究，通过与之有渊源关系的相关语言（包括方言、外语等）的比较研究，来促进本体研究的深化。这主要有三方面的比较研究：

(1) 横向比较研究

在普通话与方言之间进行共时的比较研究。从时间上看，普通话和方言都是共时的，但它们都是从古汉语发展变化来的，在发展变化过程中，由于受空间上的限制，某些变化在不同的地域范围内，变化的速度快慢并不相同，有些语言现象在普通话中已经消失了，但在方言中可能还保留着，或者出现不同的发展趋势。通过比较，就能用方言中的语法规则来帮助说明普通话中相应的语言现象了。例如，一般都把"盼头、赚头"与"看头、吃头"都看作是带名词性后缀"头"的名词。其实"动词＋头"有两种不同的组合，前者是固定性的组合，是词，而且只是有限的几个，这类组合是封闭性的；后者只是临时性组合的结构，这种组合是开放性的，凡是动作动词几乎都可以在后面加上"头"，具有共同的语法意义：表示一种"是否值得做"的价值观。这一结论在上海方言中得到了证明。在上海话中，不仅动词后可以加"头"，形容词后面也可以加"头"，如"有啥看头?"、"有啥漂亮头?"甚至动宾短语后面也可以加"头"，如"有啥拨伊头?"(有什么给他头?)。显然，这些"头"不宜再看作词缀，只能看作助词，或者叫做语缀。因此有些"动词＋头"结构在缺乏语境的前提下，可能有歧义的，如"来头"：这个人很有来头（有背景），这个旅游点没什么来头（不值得来）。

(2) 纵向比较研究

语法研究一般强调"共时"和"历时"的区分。主要是为了纯化不同时期语言研究的对象。但这也给语法研究带来一些负面影响，即纯共时的语法研究有时往往割断了语言发展的历史，致使不少问题弄不清它的形成过程。因此把现代汉语同古代汉语、尤其是同近代汉语联系起来进行纵向的历史比较研究，是语法研究进一步深化的需要。例如在探讨现代汉语中特殊的句式"把"字句的产生发展原因、过程时，一般人认为最重要的原因是由于结构上的需要（动词后面还有其他成分，宾语无法安排，所以只能用"把"把宾语提前）。这种说法，从共时角度考虑似乎也有一定道理，但从语言历史上看，事实并非如此。据祝彻敏研究，初期的"把"字句是从连动式虚化而来的，"目的语后面只跟着一个简单的叙述词，正是初期处置式的主要特征"（《论初期处置式》，《语言学论丛(一)》，新知识出版社 1957），例如

"把琴弄"、"把书看"。可见早期的处置式并不是因为宾语在动词后面无法安排才形成的。反而是因为有"把"字把原来在动词后的宾语提到动词前了,整个结构由原来封闭式变成开放式,致使要有一些词或短语来填补宾语前移后的空位,和动词构成新的结构,用来表达与原结构不同的语法意义,从而使"把"字句得以产生和发展。如果我们不联系语言发展历史来考察,就不可能真正弄清"把"字句发展的原因和变化的脉络。近年来"语法化"研究更是在实词虚化与结构定型化方面进行了大量的研究。

（3）外向比较研究

所谓外向比较研究,是指与汉语以外的其他语言进行比较的研究,并往往涉及语言类型学的研究。这有两种情况:一是在汉藏语系内部的语言之间的比较研究,这可称为"比较语法学";二是与无亲属关系的语言之间的比较研究,这可称为"对比语法学",这主要是为了语言教学的需要而作的研究。有些语法问题,孤立地研究汉语语法时可能不会察觉,但在与外语语法的比较研究中却可以发现。例如胡裕树《怎样看待汉语语法特点》(《语文导报》1986,1)指出,汉语中的"们"同英语中的"-s"虽然都表示复数,但二者并不是简单的对等关系。通过比较分析,我们可以发现二者有许多不同的特点:

英语中,名词后面加-s 表示复数,这个规则具有普遍性,几乎适合大多数的名词,而汉语中的"们"一般只能用在指人的名词后面。(指物名词后面加"们"只是修辞中的用法。)

英语中,名词后面有-s还是没有-s,这种对立是非常严格的。但在汉语中名词后有没有"们",有时并没有严格的区别意义的作用,如"学生们"是复数,"学生"并非就一定是单数。可见,在汉语中"们"字缺少强制性。

英语的-s只能附着在单个名词后面,不能附在短语后面。而汉语的"们"既可以附在单个词后面,也可以附着在短语后面,如"老师和同学们"。

英语中名词的单数或复数,要受句中其他相关词语的制约,即在语法上要保持一致,如名词前是 a 或 one,那么后面的名词必须是单数,如果前面是 two 或以上的数目,后面的名词必须有复数标志。汉语中却不同,前面有了"两"或以上的数字,后面的名词反而不能加"们",这是因为"们"表示的是不定量的多数。

（五）在形式描写的基础上转向功能的解释

形式语法认为,句法是独立、自主的系统,语法规则是普遍有效的,可以用来解释各种语法现象。而功能语法认为,语言是一种社会交际工具,

第一章　导　论

是一个传递信息的系统。语言结构来源于语言使用的环境和语言功能。在语言使用的过程中,有时不完全受语法规则的限制,这就与语义、语境、功能等因素密切相关。另一方面,形式语法认为人的语言能力是生来具有的,而功能主义则认为人的语言能力不是天生的,而是在社会、认知过程中逐步产生的,因此语言能力不限于语言知识,还包括使用语言的各种知识和交际能力。因此语法研究的重心应该是通过语言的语义、语境、功能等因素来解释语言结构现象。随着国外功能语言学派的兴起,产生了各种功能主义的语言理论,如格语法、切夫语法、配价语法、系统功能语法、认知语法以及关系语法、篇章语法等。这主要有两大派,一派认为,语言的基本功能是交际,分析研究语言应从它的交际功能出发,以 Halliday 为代表,其理论为系统功能语法;另一派认为,语言结构建立在人的认知本能上,所以语言分析应从认知着手,以 Ronald W. Langacker 为代表,其理论称为认知语法。受国外这些语言学理论的影响,20 世纪 90 年代以来,汉语语法研究也开始关注于功能方面的研究,在这方面也取得了一定的成绩。主要表现在以下方面:

(1) 语篇功能的研究

Halliday 认为,从语言的本质属性考虑,语言是一种交际工具,研究语言就要与语言的功能联系在一起。他认为语言功能的研究主要包括概念功能、人际功能、语篇功能的研究。受其理论的影响,国内也有人开始这方面的研究,尤其在语篇功能方面的研究,例如不少人认为汉语是属于话题优先类型的语言,所以开展了关于话题的特征、话题的类型、话题结构、话题和主语等的研究。此外,照应、回指是语篇衔接的手段之一,所以开展了对名词以及指示代词"这"、"那"、人称代词"他"、"自己"、"人家"等的回指特征、种类、分布情况、制约条件等的研究。

(2) 认知语法的研究

认知语言学认为,语言结构是认知过程的产物,它是在人对客观世界的感知和理解的基础上形成的感念结构。语言交际时,表达的一方或理解的一方对句法结构都有所选择。根据交际目的,反复运用某种结构形式就形成稳定的认知结构,这就是句法结构的认知基础。从认知角度对句法结构作出认知范畴的解释是认知语法研究的目的。语言活动受人的心理机制的制约,有许多普遍的规律,但由于语言类型学上的差异,不同的语言也表现出不同的特点。90 年代以来,国内外有不少人开始运用认知语言学理论进行汉语语法的研究。主要的议题有四个:A. 原型理论;B. 图像与背景;

C.隐喻与借喻。D.无界和有界。实践证明,它们对汉语语法有比较出色的解释力。

第四节　存在的问题以及发展的趋势

回顾这一百多年来汉语语法研究的成果,我们深深地感到,汉语语法研究确实还存在着许多弱点和不足,我们的研究还远远不能适应时代、社会、科学发展的需要,还有许多重要的、根本性的问题需要我们去解决。这主要表现在以下三个方面:

(一)没有建立起真正具有中国特色的语法研究的理论和方法。目前研究汉语语法的理论和方法基本来自国外,但如何把这些新的理论和方法与汉语实际相结合尚在摸索之中,有些人结合得好些,确实解决了一些具体问题;有些人则生搬硬套,有削足适履之嫌。我们不反对研究"普遍语法",我们更主张研究"个性语法";我们主张"借鉴",更提倡"原创"。当然,在百余年来的汉语语法研究中,我们也并非在理论和方法上完全没有自己特色的东西,例如"广义形态"、"自指和转指"、"短语本位"、"零句和小句"、"语义指向"、"转换分析中的平行性原则"以及"语法分析的三个平面"等理论,但总体上来说,数量还不多,也缺乏系统性,所以至今还难以建立一个完整的、具有中国特色的崭新的汉语语法理论体系。

(二)语法与语言各因素的综合研究还不够成熟。现在大家已认识到,语法研究绝对不能局限于静态句子的研究,而要进行动态语言的研究。如果研究的对象是口头交际行为,就势必会涉及到语音、语义、语用,乃至认知等因素,这时语法研究就要结合各种相关因素作综合研究了。而语音、语义、语用、认知等本身也是由多种因素、多个层次构成的。如语义平面包括词汇层次、结构层次、关系层次、语序层次、语境层次等,它们同句法结构能构成复杂的关系;语用平面更是涉及到狭义语境与广义语境的制约、表达与理解、预设与焦点等问题。这方面的研究虽然现在已有不少人在做了,但还远远不够,无论在理论还是在实践上,还有许多问题有待我们去解决。

(三)语法研究领域的开放性不够。尽管现在的语法研究大多不再局限在纯语法的范围内了,但比较多的是把语法研究与语言学内的分支学科

第一章 导　论

结合在一起,与其他学科结合的研究做得还很不够,比如心理语法学、神经语法学、生态语法学等,因而成果甚少,质量也不够高。此外,语法的应用研究也还做得不够,语言应用的三大领域:语言信息处理、对外汉语教学、社会语言运用中的许多具体问题还有待于我们去研究解决。总之,无论是语法的交叉学科研究还是语法的应用研究都亟待加强。

第二章　语素研究

> **提示**：介绍语素名称演变的简况，重点介绍语素的分类以及测定语素的原则和方法，并讨论有关语素的若干问题，包括语素的异同、语素的特点、语素的定量研究、剩余语素，以及词缀语素等。

"语素"这一术语来自西方语言学中的 morpheme，汉语语法中引用这一概念，曾有过三个译名：形素、词素、语素。名称不同，其所指的内涵实际上也有所不同。最早称作"形素"是指一个词内的形态成分，跟表示实在意义的义素（semanteme）相对；后来称为"词素"是指一个词的组成部分，不管它所表示的意义是虚还是实；现在称为"语素"是指语言中最小的音义结合的语法单位。

在汉语语法研究中，长期以来，语素的研究一直没有得到足够的重视，这种状况自 20 世纪 50 年代起才有所变化，一直到 70 年代末吕叔湘《汉语语法分析问题》问世，该书对语素的性质、地位、作用等作了比较深入的论述，并提出有关语素的大小、语素的异同、语素与汉字的对应关系、语素与词的对应关系等问题，这才引起大家对语素研究的重视。1981 年《中学教学语法系统提要》第一次明确地把语素定为五级语法单位（语素、词、短语、句子、句群）的第一级，并作为语法教学的基本内容。此时语素在汉语语法研究中的地位才真正得到确认。正如施光亨《语素研究述评》（《语文导报》1987，6）所指出的："建立起语素的概念就突破了语法研究以词为下限的框框，扩大了语法研究的视野，这对认识汉语语法的特点将是一个促进。"这个促进主要体现在以下三个方面：第一，有助于构词法向纵深方向发展；第二，加强了对语素直接组成词以上语法单位（短语、句子）的认识；第三，加强了词义的精细分析。

第二章 语素研究

第一节 语素名称的演变

　　语素是语言中客观存在的一种语法单位,对此早期的汉语语法学家虽有所觉察,但认识还比较模糊,往往把语素和汉字或音节混为一谈。如黎锦熙《新著国语文法》曾指出:"有时一个字就是一个词,如'人'、'马'、'红'、'来'等。有时要两个字以上组合起来才成为一个词,如'鹦鹉'、'老头子'、'便宜'、'吩咐'等。"由于受汉字字形的束缚,尽管人们已经意识到字与词并不相同,但仍难以讲清它们之间的关系,其主要原因就是没认清中间还存在着语素这一级语法单位。后来人们认识到语音和文字的区别,于是就改从音节(或叫音段、音缀、音)角度来分析词的构成,例如1938年陆志韦《国语单音词词汇》的"序论"中写到:"汉语的词有两三个音的,也有四个音的,也许又有五六个音的。"尽管当时人们在分析词的构造时已提出"附加字"、"词尾"、"语尾"等概念,但直到40年代末仍未提出"词素"这一概念来。1949年邢公畹在《汉台语构词法的一个比较研究》(《国文月刊》第77期)中仍把"干粮"、"松树"称作为"用一个以上的词所造成的'合词'",其中的"词"相当于词素,"合词"相当于合成词。

　　最早出现"词素"这一术语可能在1955年。由于汉语构词法研究与汉语拼音法研究的深入,要求给词的构成成分一个正规的名称。1955年陆志韦在《北京话单音词词汇》(科学出版社1956)重印时作补记时说:"从某种观点看来,这词汇所收的单音词,有的只是词素或是词根。"林汉达《什么不是词儿——小于词儿的不是词儿》(《中国语文》1955,4)也指出"不能单独运用的有义的音节不是词儿",但词素作为一个专门术语被普遍使用,还是在陆志韦等《汉语构词法》(科学出版社1957)出版后。该书明确提出:"最方便,也是最合理的办法是把凡是有意义的音节都当作词素。"即使如此,在当时中学试行的《汉语》课本(人民教育出版社1956)与丁声树等《现代汉语语法讲话》(商务印书馆1962)中还都没采用"词素"这一术语。这说明当时语文学界和语言学界对这个术语还有所保留。

　　第一个使用"语素"这一术语的当属吕叔湘,他在《汉语里"词"的问题概述》(俄译本,载苏联《语言学问题》1959,5)中说:"在现代汉语里,很多'字'已是一个语素。"但因发表在国外,所以影响不大。国内第一个采用"语素"的是朱德熙,他在《说"的"》(《中国语文》1961,12)的附注中对"语素"与"词素"的不同译法作了分析,并认为语素是指"最小的、有意义的语言单位"。从这以后,"语素"这一术语才普遍被采用,尤其是在一些有关结构主义语法理论的文章中,例如《语言学资料》1963年第6期是"描写语言学(语法部分)专辑",其中有好几篇译文的标题都译作语素,例如"非连续语素"、"语素分析的一些问题"、"语素的识别"等。此后,在相当一段时间内,语素和词素两个术语并存,但有语素逐渐取代词素的趋向,例如《汉语构词法》在1964年修订再版时,把初版中的"词素"全都改为"语素"。

1979年吕叔湘《汉语语法分析问题》强调了语素研究在汉语语法研究中的重要性,并指出使用"语素"比用"词素"更好些,其主要理由是:"因为语素的划分可以先于词的划分,词素的划分必得后于词的划分,而汉语的词的划分是问题比较多的。"后来撰文赞同吕氏观点的文章不少,以张志公在《谈汉语的语素》(《语言教学与研究》1981,4)中的分析最有代表性。他认为:"这不仅仅是名称问题,而是关系到对语言的观察和认识问题。"所谓观察问题,是指从语素构成词的角度还是从词分解为词素的角度来观察;所谓认识问题,是指morpheme本身是与词平行的一个独立的语言单位还是只把它看作是词内部的构成成分。除此以外,主张"语素说"的还有三条补充理由:

(一)从语言发展历史来看,语素在复合词产生之前就存在,例如"引申",原来有"引而申之";"和平",原来有"既和且平",把它说成是从词内划分出来的,不符合汉语词汇从单音词到复音词的历史发展过程。

(二)从实际使用情况来看,采用语素的说法可以更合理地解释某些比词大的语言单位,如成语的组合,因为成语不是词,而其内部的构成成分也不一定是独立的词,例如"食不知味"、"目不识丁"中的"食"、"目"称为词素,可能欠妥。

(三)从一些特殊的语言现象看,例如对"鞠躬、洗澡、睡觉、理发"等离合词以及某些词的临时分解用法,如"可不可以"、"应不应该"、"高不高兴"等语言现象都有较强的解释力。如果用词素这一术语,解释就要受到一些约束。

由于一些著名语言学家的倡导,从发展趋势看,"语素"已逐步取代了"词素"。但这种做法是否完全合适,还有待于商榷。因为现在在分析词的结构时还用词根、词缀等名称,如果构词成分没有一个统一的名称,在实际操作时会带来某种不便。例如胡裕树主编的《现代汉语》教材(上海教育出版社1995)只用"语素",不用"词素",继而取消了词根、词缀等名称,客观上

第二章 语素研究

给教和学都带来一定的困难。事实上,语素和词素各有其特定的涵义,谁也不能也不必取代谁。朱德熙《说"的"》(《中国语文》1961,12)认为:"morpheme有两种涵义,或指词内部的有意义的组成部分(词根、词缀、词尾等等),或指最小的有意义的语言单位,就前一种涵义说,译作'词素'是合适的。就后一种涵义说,译作'词素'会让人感到先有词,从词里头再分析出'词素'来。"因此比较明智的办法是,两个术语并存且有明确分工:作为独立的语法单位之一称为"语素",在构词法中作构词成分时则可称为"词素"(包括词根、词缀等)。

第二节 语素的分类

语素的分类可以从不同的角度采用不同的标准。常用的有音节、意义、功能三个标准:

(一)按语素音节多少来分类。可以分为:

1. 非音节语素(只有"花儿"等儿化音节中的"儿");
2. 单音节语素(如"泳");
3. 双音节语素(如"尴尬")等;
4. 多音节语素(如"高尔夫")等。

(二)按语素意义的虚实来分类。这有两种具有代表性的分法:

1. 分为两类:(1)实词素(如"人"、"民"、"和"等);(2)虚词素(如"画儿"、"喷子"中的"儿"、"子")。实词素又叫词根,虚词素又叫词缀。(张寿康《略论汉语构词法》,《中国语文》1957,6)

2. 分为四类:(1)实语素,包括名素、动素、形素等;(2)半实素,如:"你"、"这"、"谁"、"哪";(3)半虚素,如"第"、"老"、"者"、"员";(4)虚素,如"而"、"的"、"了"、"吗"。(张志公主编《现代汉语》,人民教育出版社1980)

(三)按语素功能的分类。最有影响的有以下几种:

1. 以张志公主编的《现代汉语》(修订本)(人民教育出版社1982)为代表,把语素分为三类:(1)自由语素,能独立成词,也能与别的语素自由组合成词。相当于"成词语素",如"花"、"跑"、"硬"。(2)半自由语素,不能独立成词,但能自由地和别的语素组合成词。相当于"不成词语素",如"牧"、"基"。(3)不自由语素,既不能独立成词,跟别的语素组合时又有固定的位置,活动能力有限。如"老"(老虎/老师)、"子"(桌子/车子)。

2. 以朱德熙的《语法讲义》(商务印书馆1982)为代表,用三种不同标准把语素分为三类:(1)以能否单独成句为标准,能单独成句的叫自由语素,不能单独成句的叫黏着语素;(2)以能否单独成词为标准,能单独成词的为成词语素,不能单独成词的为不成词语素;(3)以语素在组合时位置是否固定为标准,结合时位置固定的语素叫定位语素,位置不固定的语素叫不定位语素。

3. 以胡裕树主编的《现代汉语》(上海教育出版社1995)为代表,用"能否单独成词"(能单独成词的为自由语素,不能单独成词的为不自由语素)、"与别的语素组合成词时位置是否固定"(位置固定的为定位语素,位置不固定的为不定位语素)两条标准,把语素分为四类:(1)自由的不定位语素,如"胆"、"动";(2)自由的定位语素,如"们"、"吗";(3)不自由的不定位的语素,如"习"、"袖";(4)不自由的定位语素,如"阿"、"子"。

这里所说的成词语素,一般是指能单说、单用的语素。"单说"与"单用"是两种不同的标准。吕叔湘对此有过十分明确的解释:"语素有能单用的,有不能单用的。能单用的又有两种,一种是能单说的,如'来';一种是不能单说的,如'再'。这两种都是词。不能单用的语素或者是语缀,或者是词根。"(《汉语语法分析问题》)可见,"单说"是指可以单独成句,"单用"是指可以单独成词、在句中单独运用。能单说的语素一定可以单用,而能单用的语素则不一定可以单说。

在语素分类的问题上,张志公采用的是双重标准,即先以是否能单独成词划出自由语素,剩下不能单独成词的语素,再以与其他语素组合位置是否固定划出半自由语素和不自由语素。其关系如下图:

语素 { 自由语素 / 半自由语素 / 不自由语素

朱德熙采用的是三维标准,即按每一个标准分为两类,相互交叉,最后得出的结果是四类,其关系如下图:

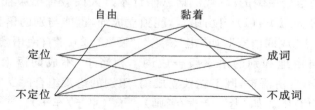

第二章　语素研究

成词不定位自由语素,如:"人、吃、好"。
成词定位黏着语素,如:"和、而、了、吗"。
不成词不定位黏着语素,如:"民、丽、习、观"。
不成词定位黏着语素,如:"阿、子、头、儿"。

第三节　确定语素的原则和方法

一般地说,汉语语素以单音节为主,即一个语素往往用一个音节来表示。这话原则上并不错,但由于汉语的音节数目有限,因而出现同一个音节代表不同语素的情况,例如 xiān 这个音节用汉字记录下来就至少有"仙、先、掀、鲜、锨、先、氙、籼、酰、纤"等不同形式。可见汉字客观上起到了区分同音语素的作用,因此人们常说,一个汉字代表了一个语素,这话似乎也有道理。但实际情况却并非如此简单,其原因在于语素、汉字、音节之间的关系十分复杂:

（一）汉语中的儿化音节,如"花儿"(huār)念起来是一个音节,写下来是两个汉字,一般认为是两个语素("儿"是词缀),但也有人认为文字形式应服从语音形式,只能算一个语素。

（二）汉语中的合音字,如"甭、孬、仨、俩、廿"等形式上只有一个音节、一个汉字,但语义却是复合的。一般也认为是两个语素,但也有人认为应坚持形义结合的原则,只能算一个语素。

（三）汉语中的联绵词、音译词、口语词等往往是两个或两个以上音节、汉字,但只能以整体形式表示一个意义,拆开后单个音节或单个汉字都没有意义,故而只能算一个语素,如"苗条、沙发、溜达"。

排除以上几种特殊情况以后,确定语素的原则和方法还要分清以下三种界限:

（一）语素与词的界限

古汉语以单音节词为主,那时的语素基本上都能单独成词。而在现代汉语中,词的双音节化已成为发展趋势。根据吕叔湘《现代汉语单双音节初探》(《中国语文》1963,1)对《普通话三千常用词表(初稿)》的统计,该表共收名词、动词、形容词 3013 个,其中多音节(大多数为双音节)为 2265 个,占总数的 75%。大量的单音节语素不能单独成词,但是有时在某种特定的语境中却又能成词。这是因为成词不成词要受到各种因素的制约。关于这一点,吕叔湘在《说"自由"和"黏着"》(《中国语文》1962,1)中作了详细的分析。他列举了六个方面的因素:(1) 方言不同(鞋/鞋子、梨/梨子);(2) 书面语和口语不同(但/但是、花/花儿);(3) 文体不同(金/金子、氧/氧气);(4) 风格不同(你一言,我一语/言语)(5) 所处结构不同(春秋两季/春季秋季);(6) 意义不完全相同(下车/下班)。此后,他又在《汉语语法分析问题》中作了归纳,提出了两条处理原则:"(1) 能单用的,单用的时候是词,不单用的时候是构词成分;(2) 一般不单用,在特殊情况下单用的,单用的时候是词。"对此,王宗炎《关于语素、词和短语》(《中国语文》1985,5)提出不同意见,他列举了"楼、院、氧、叶、虎、云、时、春",认为:"决定一个个项目是词还是构词成分不能用太狭隘的标准,不能只凭日常口语。"郭良夫《语素和词与词和短语》(《中国语文》1988,6)对王文提出了反批评,认为"讨论这些问题应当拿口语做标准",否则"势必漫无标准",并提出"聚合词"、"黏着词"来解释某些语法现象。关于这个问题,许德楠在《说单音节与语素在构形上的同一性》(《语言教学与研究》1981,4)的分析也颇有启发。他着重讨论了半黏着单音节名词一般不能独立运用,如要进入句子必须有以"五定"为主的短语形式,这"五定"具体为:(1) 定向(杯里、桌上);(2) 定性(黑发、白云);(3) 定位(兔皮、氧原子);(4) 定元(腰背、鞋袜);(5) 定量(两耳、五指)。

其实,汉语的词和语素之间没有一个绝对的界限。现代汉语是一个从古到今逐渐演变的连续体,也是各地方言、各种语体、各种风格语言的混合体,如果把它看作绝对纯化的东西,反而会使人感到困惑。因此在确定语素还是词的问题上,应该采取较为弹性的处理方法,即根据语境来判定某个语素在某种特定的条件下是词还是词的一个组成部分。总之,这是个汉语语法中很值得深入研究的课题。

(二) 语素与音节的界限

这主要涉及联绵词、重叠词、拟声词等几种情况。有些联绵词,其中某个音节可以与别的语素组成其他的词,这个音节是不是一个语素? 如果算一个语素,那么原先的联绵词还只算一个语素吗? 例如:

蝴蝶:粉蝶　　彩蝶　　蝶恋花　　蝶形花
螳螂:螳臂　　螳斧　　屎壳螂　　刀螂
含胡:含混　　胡涂
什么:这么　　那么

第二章 语素研究

有些联绵词甚至可以拆开来使用。例如：

尴尬：不尴不尬　　　　堂皇：堂而皇之

音译词的情况更为复杂，大致有以下四种情况：

（1）多个音节（汉字）只表示一个语素，如：比基尼（bikini）、雷达（radar）、咖啡（coffee）、拷贝（copy）

（2）音义兼译的，如：基因（gene）、引得（index）、俱乐部（club）、香波（shampoo）、可口可乐（Coca-Cola）

（3）音译加类属义注的，如：卡车（car）、啤酒（beer）、高尔夫（球）（golf）、芭蕾（舞）（ballet）

（4）一半音译一半意译的，如：冰淇淋（ice-cream）、空中巴士（airbus）、梳打饼干（sodá biscuit）

对以上两种情况，唐发饶《怎样确定汉语的语素》（《语文学习》1984，3）和周一农《语素特例分析》（《丽水师专学报》1985，2）都作过比较细致的分析。

关于重叠词，朱德熙的《语法讲义》的处理很有见地。他认为重叠式名词有两类，一类是亲属称谓的名词，如"妈妈、爸爸、姐姐"等以及"娃娃、星星、宝宝"等，是语素的重叠；另一类如"蝈蝈儿、蛐蛐儿、饽饽、猩猩"则是音节的重叠。至于"看看"、"吃吃"则是动词的句法重叠形式，"冷冷清清"、"火红火红"、"古里古怪"是形容词的句法重叠现象，都有特定的语法意义。

至于拟声词，不管有几个音节，一般都看作一个语素。石安石《分割汉语语素的几个问题》（《黑龙江电大》1983，2）认为："现代汉语中每一个拟声音节就得算作一个语素，因为几乎所有的拟声字都可以单个儿的起拟声作用，只有极少数叠音例外，如'潺潺、怦怦、侃侃'，它们是双音节的单语素。"

在单纯词的研究中，已有不少人注意到部分音译词中的非语素音节（尤其是第一个音节）已经开始"语素化"了。王芃《汉语切分中"替代"法的得失》（《汉语学习》1988，2）指出：

美利坚 → 美（美元、美式装备）
苏维埃 → 苏（苏联、苏制导弹）

苏锡肖《试说现代汉语复音单纯词中的音节符号向语素转化》（《汉语学习》1989，2）指出第一个音节转化为语素的现象，如："珠峰、奥运会、美籍"，第二个音节转化为语素的如"蛛网、凤毛麟角"。其他还有如：

31

涤纶 → 腈纶　棉纶　丙纶
的士 → 打的　面的　的哥　的姐
啤酒 → 黑啤　黄啤　冰啤　扎啤　生啤　熟啤
骆驼 → 驼毛　驼峰　驼背　驼色　驼铃　驼绒
酒吧 → 网吧　水吧　氧吧　陶吧　吧台　吧女

（三）语素和汉字的界限

每个汉字基本上都有音、形、义三个要素，这三个要素之间的关系较为复杂。根据吕叔湘《汉语语法分析问题》的分析，这三方面因素相互间的关系，除了完全相同以及完全不同之外，还有六种可能：

（音）	（义）	（形）	（例）	（语素）	（字）	
(1) 同	同	异	园、圆	1	2	（异体字）
(2) 同	异	同	会(合)、会(能)	2	1	（同音同形字）
(3) 异	同	同	坊 fāng、坊 fáng	1	1	（多音字）
(4) 异	异	同	行 xíng、行 háng	2	1	（多音多义字）
(5) 异	同	异	行、走	2	2	（同义字）
(6) 同	异	异	圆、园	2	2	（同音异形字）

此外，还有一种情况值得注意，同一个汉字，有时是语素，有时只是一个音节。例如：

马(mǎ)：马匹（"马"是语素）　　马达（"马"是音节）
雪(xuě)：雪花（"雪"是语素）　　雪茄（"雪"是音节）
沙(shā)：沙丘（"沙"是语素）　　沙发（"沙"是音节）

鉴定多音节语言单位是一个语素还是几个语素，目前最通行的方法是"替换法"。例如要检验"汉语"是几个语素，可以用已知语素进行双向替换：

汉语：英语　　日语　　口语
汉语：汉族　　汉人　　汉字

能进行双向替换的，说明是两个语素。三音节的语言单位也是如此，例如：

科学家：艺术家　　思想家
科学家：科学史　　科学城

这说明"家"是一个语素，"科学"是一个语素还是两个语素，可以再进行替换,替换的结果证明它是两个语素。问题在于,一个双音节语言单位,如果只能作单向替换,那么是几个语素? 对此有不同的看法,胡裕树的《现代汉语》跟李兆同、徐思益《语言学导论》(新疆人民出版社 1981)认为双音节语言单位只能作单向替换的,那就得视为一个语素,例如"啤酒"是一个语素:

　　啤酒　　黄酒　　白酒
　　啤?　　啤?
　　黑啤　　冰啤

也有的认为,只能作单向替换的语言单位中,其中的一个音节虽然不能与其他语素组合成别的词语,但它在词中显然是有表义作用的,例如"苹果"的语义不等于"果",可见"苹"在词中还是具有区别意义作用的,可看作"剩余语素"。

第四节　有关语素研究的若干问题

一、语素异同问题

所谓语素的异同,指同音同形的最小的语言单位是相同的一个语素,还是不同的几个语素。判别的主要标准是,它的若干语义项之间是否有联系。如果没有联系,它们就属于不同的几个语素;如果有联系,就可以视为一个语素。问题就在于如何确定意义是否有联系。例如表示快速、锐利的"快"与表示愉快、痛快的"快",表示雕刻的"刻"跟表示钟点的"刻",意义上到底有没有一定的联系? 是算一个语素还是两个不同的语素? 这跟同音词与多义词的区别相类似,是个比较棘手的问题。事实上,这种判断往往跟一个人对古汉语了解深浅程度有关,古书读得多的,往往倾向于联系得上;古书读得少的,往往倾向于联系不上,因此结论常常因人而异。

二、汉语语素的特点

关于汉语语素的特点,有两种观点颇具代表性:一是张志公,他总结出三点:(1)除了少数例外,"一个语素是一个带调的音节";(2)"汉语语素的自由性,或者,非依附性";(3)"在语言里很活跃,活动能量很大"。(《谈汉语的语素》,《语言教学与研究》1981,4)二是尹斌庸,他也总结了三点:A. 语音上的单音性。双音节的语素只占整个语素的3‰,而且出现频率很小,构词能力非常弱。因而汉语中生命力最强的、起决定作用的是单音节语素。B. 形式上的不变性。即语音形式在任何情况下保持不变。C. 结合上的自由性。即语素和语素之间的结合显得十分自由,或者说十分松散。汉语的这个特点,使我们在传统上重视语素,而不大重视词。(《汉语语素的定量研究》,《中国语文》1984,5)此外,[捷克]雅•沃哈拉《漫谈汉语语素的特征》(《中国语文》1987,2)也从语音形式与文字形式两个角度进行了有益的探讨。

三、汉语语素的定量研究

以往的研究往往偏重于定性的研究,以尹斌庸《汉语语素的定量研究》为开端,开始了定量研究。该文对4871个语素各种性质特点进行了定量统计,结论有四点:(1)汉语语素的词性。名词性的占41%,动词性的占38%,形容词性的占13%,其余只占8%。(2)汉语语素的独立性。一方面指出绝大多数语素在独立程度上的表现是模糊的,另一方面为了实际应用的需要,有必要建立"独立语素"与"不独立语素"之间的"门槛",汉语独立的单音节语素占49%;独立的语素中动词性语素遥遥领先。(3)汉语语素的结合性。以语素的构词能力为主要标志,得出三个重要结论:A. 名、动、形三类语素合计的构词能力概率分布,大体上符合普阿松分布(Poisson's distribution);B. 三类语素都是以构词能力为2的最多(即三类语素都是当构词力为2时达到最高点);C. 三类语素的结合性和相对独立性恰好构成一种反相关系。(4)汉字、音节和语素的对应关系。一字一素占87.5%,一字二素的占10.2%,按均值计算,合计为93%。而一音一素的只占25%。可见汉语拼音语素定性程度很低。尹文在汉语语素研究上具有开创性的意义。

四、关于"剩余语素"的研究

"剩余语素"的看法最早是朱德熙在北京大学中文系语言专业讲授《现代汉语》(2)时提出来的。后来下觉非在《略论语素、词、短语的分辨及其区分方法》(《语文研究》1983,1)中引用了朱氏的说法,并下定义为:"除了在特定的格式里出现之外,从不跟别的语素结合的语素,叫剩余语素。"阎立羽《汉语的独一无二成分》(《语言研究论丛》(六),天津教育出版社1991)认为"苹果"同"芒果、沙果、青果、红果、黄果、白果、海棠果"对立,是因为它含有这个固定的音位组合,可见,"苹"不是一个没有意义的音节,因此是个语素。"从理论上讲,一个语言成分的一部分是语素,那么这个语素的剩余部分也是一个语素。"作者认为这种现象在汉语里并非少数,例如:"芹菜、荸荠、芭蕉、牦牛、鲍鱼、崂山、彗星"等等。不但汉语,外语中也有,如英语中cran 只出现在 cranberry 中。这类语素的特点是:它们都只能出现在某一个特定的语言成分里,而从不单独出现,也从不在这个特定的语言成分之外的任何一个语言成分里出现,除非那个语言成分包含这个特定语言成分更大的语言成分。对此可用布龙菲尔德的叫法,称之为"独一无二的成分"。石安石《论语素的结合能力和一用语素》(《语文研究》1993,1)认为"任何语素都有组合能力,否则就不成其为语素。"他根据语素的组合能力,把语素分为两类:"甲类,结合能力有限,它的结合对象可以或几乎可以列举;乙类,结合能力无限,它的结合对象无法穷尽地列举。""甲类语素中最极端的情况是只有一种组合能力,它只与某个特定的语素或语素组结合,即结合指数为1。"并称之为"一用语素"。"一用语素的存在以与它相结合的语素不止一种组合能力为条件。""一用语素在英语等西方语言中非常少见,在汉语中则不是个别现象。"他把"一用语素"分为两种情况:前一成分为一用语素的,如"茭白、菠菜、豌豆"等;后一成分为一用语素的,如"麻痹、贿赂、保姆"等。陈保亚《对剩余语素提取法的限制》(《汉语学习》1997,3)对剩余语素的确定作了限制条件。他认为"剩余语素的地位是通过'剩余法'确定的,所谓剩余法是指把一个言语片段可对比的部分提取出来以后,剩下的不可对比的部分作为剩余语素处理"。但对剩余比较法有条件限制:与剩余语素相结合的另一个成分必须有资格出现在其他可以双项对比的言语片段中。例如"苹果"一词中"果"是可比的,同时用"果"构成的其他言语片段,如"鲜果"可以作双项对比:

鲜果　　鲜肉　　鲜鱼　　鲜菜
鲜果　　硕果　　水果　　糖果

五、关于汉语词缀语素的研究

有关汉语词缀语素整体的研究,以前做得比较少。郭良夫《现代汉语的前缀和后缀》(《中国语文》1983,4)认为"语缀,主要是词的前缀、后缀,有时候是短语的前缀、后缀,但极有限制",所以称语缀比较妥当。"确定一个语素是不是前缀或后缀,一要看它在语义上虚化程度,二要看它能产的程度。""语缀特别是后缀的语法功能是固定的,如名词的后缀、动词的后缀、形容词的后缀等。语缀特别是后缀表示的类义可以是变动的,例如'儿'原来有指小的意义,后来这意义消失了;又如表示具体或抽象,并不是一成不变的。"语素意义的虚实不是绝对的,因此除了典型的前缀、后缀之外,还有一种类前缀、类后缀。"汉语里典型的前缀不多,只有几个,而且使用范围极其有限。"如"老"、"第"、"初",还有新兴的前缀,如"单、超、非、无、不、反、自"等。后缀比前缀多,典型的后缀都是虚语素,一般都附在词后头,表示词的语法功能,它们大都是轻声音节,如"们、子、家、者、坛"(甚至有的不成音节,如"儿");动词性后缀如"着、了、过",还有零后缀。所谓零后缀,是指一些多音节的动词可以表示人的身份或职业,这就成了名词,这种名词就是带零后缀的。零后缀表示的是"执事者"的名词,如"领导、编辑、编剧"等。有的也可以带上"者"后缀,如"领导者、编辑者"。朱亚军《现代汉语词缀的性质及其分类研究》(《汉语学习》2001,2)对汉语词缀的性质和分类作了较为全面的分析,他认为汉语词缀语素具有以下一些性质:(1)位置固定性,(2)语义类属性,(3)构词能产性,(4)结构黏附性,(5)语音弱化性。汉语词缀可以从不同的角度、用不同的标准分成不同的类型:(1)根据定位性的原则,再结合语义的虚化程度划分为典型的词缀和类词缀。(2)根据词缀在构词时出现的位置划分为前缀、后缀和中缀。(3)根据词缀音节的多少划分为单音节、双音节和多音节词缀。(4)根据构词能力的强弱划分为能产性词缀和非能产性词缀。(5)根据词缀的来源划分为自源词缀和他源词缀。(6)按照标示词性的功能划分为名词性词缀、动词性词缀、形容词性词缀等。(7)根据词缀的功能分为构词词缀和构形词缀。

六、语素研究的作用和地位

最近几年来,语素研究在整个汉语语法研究中的地位有逐步上升的趋势。人们普遍对语素的注意力加强了,有人甚至于认为可以"绕过词的概念,直接用语素来说明句法结构的组合",例如张茜《对语素的认识》(《逻辑与语言学习》1989,6)。当然也有人对语素存在的价值表示了否定意见,例如陈重愚《关于语素理论的思考》(《汉字文化》1991,1)便认为语素是汉语语言学中不具有解释力的虚有的主观单位,这一概念是"舶来品",不适合汉语汉字的"国情",而语素理论更是"一个充满矛盾、很难自圆其说的体系",因而"注定是没有生命力的"。王洪君《从字和字组看词和短语》(《中国语文》1994,2)认为"汉语中所谓'语素'仅在'最小的音义结合体'这一意义上与英语的 morpheme 相当,而在是否是语音、语法单位的交汇,是否是以不变之音形参与更大结构的构造等特点上都不同于 morpheme,而与 word 相当"。她认为"'字'的名称比'语素'更能确切地反映该级语法单位在汉语中的特殊地位"。再如杨成凯《关于汉语语法单位的反思——汉语语法特点散论之三》(《汉语学习》1994,6)认为语素不应看作语法单位。他认为,"迄今为止,所有的汉语语法书都是讲以词造句,而不是讲以语素造句,那就证明语素只能是构词法的基本单位,而不是语法的基本单位"。"在我们还不能以用语素造句的规则取代用词造句的规则的情况下,讲语素是语法单位,一切词都是由语素构成的,没有实际意义。"他认为,"在语法中讲语素是最小的语法单位、一切词都是由语素构成的,还有体系内部不协调的问题"。

这两种走极端的观点,尤其是后一种"语素取消论"显然很难令人信服。因为不管重视还是反对语素的研究,"语素"实际上是客观存在的,它无法用中国传统的"字"来替代,也不等于"音节"或"词"。它在构词法以及词义研究方面的作用更是显而易见的。关于语素比较全面的研究,可参见杨锡彭《汉语语素论》(南京大学出版社 2003)。

第三章 构词法研究

> **提示**：系统介绍确定汉语单词的若干方法，包括同形替代法、隔开法和转换法；重点分析扩展法的程序以及运用时的注意事项。建立汉语构词类型，着重区分构词法和造词法、构词法和构形法。

构词法，顾名思义是语素构成词的方法、规律，因而它应该属于语法学的词法范畴；然而它又涉及词的语素义的组合，因而它又是词汇学的一个有机组成部分。可以说它是兼属语法学与词汇学的一门跨类学科。在一些形态变化丰富的印欧语里，主要通过词的形式变化来表示一定的语法意义，所以构形法和构词法同样重要，构形法称之为"word formation"，指词的形式在形态上有语法意义的变化，这种变化主要有以下几种形式：(1) 附加，在词后添加词缀或词尾，如 teacher(单数)——teachers(复数)；(2) 内部屈折，词内元音或辅音变化，如 sing(现在时)——sang(过去时)；(3) 重音变化，通过词内重音位置的移动，如 'record(名词)——re'cord（动词）；(4) 异根，用不同的词根形式来表示不同的语法意义，如 go(现在时)——went(过去时)。然而，由于汉语很少严格意义的形态变化，所以一般对汉语构形法研究得不多。

构词法与构形法是汉语语法研究的一个重要方面。1949 年以后，由于研究汉语拼音文字的需要，并受国外，主要是当时苏联语言学研究的影响，这方面的研究才得到充分的重视，在 20 世纪 50 年代中及 80 年代初形成过两次高潮。

第一节 词的确定

现代汉语各类语法单位没有严格的形式标记，在书写时词与词之间也

第三章 构词法研究

没有界限标记。语素基本上是单音节的,在书写形式上表现为一个汉字(儿化音节除外)。词可以是单音节的,也可以是多音节的,语素与词之间没有明确的标记;再加上汉语的复音词大多是从短语长期使用凝固发展而来,而这种"词化"的过程有快有慢,因而词与短语之间的界限并不十分清楚,词与短语之间存在着广阔的"中间地带"。对汉语来说,确定词比确定语素要困难得多。

确定汉语的词,主要是词与两头语法单位划界的问题。一头是词与语素的区分,这方面曾提出过两个鉴别标准:(1) 意义,即看它是否表示一个完整的明确的意义;(2) 功能,即能否独立运用,具体的说,是否能单说或单用。所谓单说,指能单独回答问题;单用,指能在句中独立运用。标准(1)只能作参考,因为意义问题往往因人因境而异,很难作为一个客观的、可供操作的标准;标准(2)在具体操作时也存在不少问题需要妥善处理。词的另一头划界,是与短语的区分。这里主要是指合成词,即由两个语素组合而成的复合词与短语的区别。应当承认,这一区别比词与语素的区别还要困难,但也更有实用价值。历来的区别方法主要有三种:

(一)同形替代法

这是陆志韦在《国语单音词词汇·序论》(1938)中首先提出来的,该书后改名为《北京话单音词词汇》(科学出版社 1956)。这种方法具体的操作是,取一个语段,然后用相近成分去替换被测试成分,如果可以被替换,则承认它具有"词"的资格,换言之,"'词'是同形替代的法子的最后产品"。例如要确定"我吃饭"中的"吃"是不是词,可以作如下替换:

```
我吃饭           我吃饭
他吃面           我盛饭
猴儿吃花生       我煮饭
……            ……
```

实行"同形替代",关键是如何理解"同形",因而必须保证三个前提:(1)替代的成分必须与被替代的成分同词类,因此"他回家→他的家"不属于同形替代;(2)两个成分的语义必须相近,因此"谷穗儿→谷皮子"也不属于同形替代;(3)替代前后的结构必须相同。这一方法的实质是看被测试的成分结合的范围大小,或叫结合能力的大小。但问题在于:第一,替代成分必须也是一个词,而不是语素或短语,但又如何能证明这一点呢?这样难免要陷入循环论证的困境;第二,结合频率的高低不能证明是否具有词的资格,例如:布鞋(棉鞋、皮鞋、草鞋/布袋、布娃娃、布手套)、黑板(黑色、黑洞、黑豆、黑管/木板、铁板、钢板、砧板)、铁路(铁道、铁矿、铁砂、铁钉/公路、马路、车路、大路)、火车(火光、火灾、火星、火苗/汽车、马车、拖车、班车)……人们从直觉上都认为这些组合应该是词,可是其中每个成分都可以大量被替换。可见,这一方法对词来讲太严,对短语来讲又太宽,致使许多合成词被划入短语,从而得出汉语似乎是以单音词为主的语言这一错误结论。陆氏后来在《对于单音词的一种错误见解》(《中国语文》1955,4)中作了自我批评,又在《北京话单音词词汇》修订本(科学出版社 1956)的声明中指出:"书里所用的'同形替代法',用在语法结构的分析上是适当的,也许是任何研究法所不能避免的,但是用在构词法上,就是基本错误。同形替代也是分析词素和音位的正当手续,不过用他来认识词,为词下定义,特别是对于像汉语那样的语言来说,这手续是学院式的,不切合作为社会交际手段的汉语实在结构。"

(二) 隔开法和转换法

王力在《中国语法理论》(商务印书馆 1944—1945)中专门论述了区别词与仂语(短语)的两种方法:"第一,复音词是不能被隔开的,仂语则可以被隔开。如'老婆'不能说'老的婆'而且意义改变;'老人'可以说'老的人'而且意义不变。第二,仂语是可以转为连系式的,复音词则不能。例如'老人'可以转为'这人是老的','老婆'不能转为'这婆是老的'。"

隔开法的实质是看被测试单位的组合是否紧密,松散的是短语,紧密的是词。实践证明这种方法还是有效的。转换法的实质是看被测试单位中的每个成分是否在句中具有独立活动的能力。各自有独立活动能力的为短语,否则是词。这种方法如果碰到黏着语素也许有用,如果碰到自由语素就显得无能为力了。因而作者补充说,这两个标准有时要并用,例如"黄河"虽然可以转换为"这河是黄的",但不能把"黄河"叫做"黄的河",故而它仍是词。可见第二条标准还得服从于第一条标准。作者还说:这种实验是容许加字的,例如"马车"可以说成是"用马拉的车",又可以转成"这车是用马拉的",所以结论"马车"是短语而不是词。这样一来,势必造成许多复合词变成了短语,结果是短语范围扩大,复合词大大减少,因而是不足取的。

(三) 扩展法(插入法)

这是陆志韦等在《汉语的构词法》中提出来的,它同"隔开法"的基本原理相同,但经过改进,更为完善和严密。例如,"'金子'不能扩展,中间不能插入任何东西,所以是词。"这种方法的实质仍是依据词内部的结合紧密性，或叫词的不可分离性。运用这种方法必须注意四点：(1) 插入某个成分后，语法结构形式保持不变。例如"羊肉→羊的肉"都是前面修饰后面，形式相同，而"羊肉→羊身上有肉"就是不同形式。(2) 扩展要分句内与句外，即有的扩展在句内不行，在句外可以。例如"羊肉"在句外可以扩展为"羊的肉"，句内则不行。(3) 被测试单位中有一个成分如不能单说，整个单位必定是一个词（虚词例外）。例如"人民"、"立即"。(4) 形态上有一些标志。例如"儿化"标志，可以帮助确定词的资格。

假设被测定的单位为 AB，插入成分为 C。运用扩展法，不仅可以把 C 插在 AB 中间，也可以插在 AB 前面或后面。只是要注意的是，插在 AB 中间，无论 AC 还是 CB，组合都可以成立。例如：

```
  A C B      说 话
  |—|—|      说了话
  |———|      说大话
```

但是插在前面或后面时，必须与其中的一个成分先组合，否则这种插入无效。例如"手酸"，可以扩展为"这只手酸"，但不能扩展为"他手酸"：

```
  C A B     手酸         A B C    他吃
  |—|—|     这只手酸     |—|—|    他吃饭
  |———|     *他手酸      |———|    *他吃行
```

扩展法是迄今为止在区别词和短语上比较有效的一种方法，但在使用时仍需有一定的限制：(1) 插入成分必须是一个语言单位，例如"中国→中（华人民共和）国"则不行。(2) 插入后不能跟 A 或 B 直接构成一个词，否则即成为同形替代法（用 AC 替代 A，或用 CB 替代 B），例如"机枪→机（关）枪"则不行。(3) 扩展格式与原格式必须同构，例如"马车→马拉车"则不行。

相比较而言，各种方法中扩展法最有效，也容易操作，使用价值较大。因此现在一般都采用这一方法来区分词和短语。例如：

测试单位	扩展式	结论	测试单位	扩展式	结论
黑板	≠ 黑的板	词	黑布	= 黑的布	短语
骨肉	≠ 骨和肉	词	血肉	= 血和肉	短语
眼热	≠ 眼很热	词	手热	= 手很热	短语
杀生	*杀了生	词	杀鸡	= 杀了鸡	短语
说明	*说得明	词	说完	= 说得完	短语

然而扩展法并不是没有缺陷,也不能解决所有的问题。事实上有些语言单位既像词,又像短语。这主要是由于词既是词汇单位,又是语法单位,因此在确定词时可以运用不同的标准。吕叔湘《汉语语法分析问题》中指出:"词和短语的区分大致涉及五个因素;第一,这个组合能不能单用,这个组合的成分能不能单用;第二,这个组合能不能拆开,也就是这个组合的成分能不能变换位置或者让别的语素隔开;第三,这个组合的成分能不能扩展;第四,这个组合的意义是不是等于它的成分的意义的总和;第五,这个组合包含多少个语素,也就是它有多长。"这五个因素中前三个属于语法上的标准,后两个则属词汇上的标准。"语法原则强调的是这个组合不容易拆开,它的组成部分不能随意扩展。词汇原则强调的是这个组合不能太长,有比较统一的意义。"这两种标准有时不大一致,例如"走路"从语法角度看,组合的成分都可以单用,中间可以插入成分(走着路)或移位(路走了一半),应看作短语;但从词汇角度看,长度与一般双音节词一样,意义也不是两个成分意义的简单相加,应看作词。这种现象主要集中在两个问题上:

(一)动补式结构

a. 单词: 说明 改善 注重 坏透 刷新 拒绝
b. 短语: 做好 弄坏 抓紧 站稳 压碎 烧红
c. 离合词:打倒 看见 听懂 挤出 救活 捉住

上述例子,王力称之为"使成式",认为都是仂语,其理由主要有两条:(1)"它们是由一个外动词加一个形容词或内动词而成的,这两个成分各有其独立性和重要性,前者表示一种动作,后者表示动作的结果";(2)"就结构形式来说,外动词和形容词或内动词中间可以插进一个'得'或'不'字"(《词和仂语的界限问题》,《中国语文》1953,9)钟梫则持相反观点,认为都应看作词,问题是 b 类,其理由是:(1)它不表示动作连用的两个动作的意义;(2)后一成分不起独立的形容词的作用,即"好"已成了"学好"这个词的一部分;(3)只能说"学好了中文",不能说"学了好中文"(《谈怎样区别词和语》,《中国语文》1954,12)。这代表了两种极端的观点。现在一般倾向于对这三类作不同的处理。a 类中间不能插入"得/不",显然是词;b 类是短语,因为 b 类结构不但两个语素都是能独用的,而且可以自由扩展,应看作述补短语。有争议的是 c 类,张寿康认为它没有"x 得 y 不 y"格式,这证明这类词的后一部分不是词,而是语素。(《构词法和构形法》,湖北人民出版社 1981)但问题在于 c 类词可以插入"得/不",即可作有条件限制的扩展,

第三章 构词法研究

例如"打得倒打不倒"、"看得见看不见",因而可以看作是离合词。

(二)动宾式结构

  a. 单词： 出席　　得罪　　着力　　捧场　　捣蛋　　司机
  b. 短语： 说话　　走路　　种地　　唱歌　　写字　　钓鱼
  c. 离合词：革命　　理发　　洗澡　　打仗　　睡觉　　鞠躬

a 类是词,这没什么争议。至于 b 类,王力认为是仂语,因为可以有"说大话"、"走小路"等说法。(《汉语语法纲要》,开明书店 1951)林汉达则认为它们是"结合词",因为它们"只是表达一种动作,而不是一种动作加上动作所及的一个目的。"(《什么不是词儿——小于词儿的不是词儿》,《中国语文》1954,10)从扩展法和语素的自由度来看,b 类看作短语比较合适。关键是 c 类,其中的语素大多是黏着的,从直觉上看也像一个词,可是它们又可以作有条件的扩展,例如"革你的命"、"理了个发"等,因而也可以看作离合词。

  对以上两种格式中的 c 类,目前有两种处理办法:一是赵元任在《汉语口语语法》中给它们起了个名称,叫"离合词",即认为这种结构的性质"介乎造句和造词之间",不分开时是词,分开时为短语。二是吕叔湘在《汉语语法分析问题》里建议,语法上可以认为是一个词,而词汇上宁可认为是一个短语的,可称为"短语词",如"大树";词汇上可以认为是一个词,而语法上宁可认为是一个短语的,最好归入短语,如"走路、打仗、睡觉"。目前"离合词"的提法比较流行,赵淑华、张宝林的《离合词的确定和离合词的性质》(《语言教学与研究》1996,1)最有代表性,该文指出"离合词是词,不是短语,但它又可以扩展,不同于一般的词,而是一种比较特殊的词。"关键就在于合起来的时候是词,扩展的时候就是短语。饶勤《离合词的结构特点和语用分析——兼论中高级对外汉语离合词的教学》(《汉语学习》1997,1)则从对外汉语教学角度,对汉语中离合词的语法特点和语用条件作了分析,以便外国学生掌握离合词的特点,能正确地使用这种词。有关的研究有黄小萍《浅谈动宾式的离合词》(《河南师大学报》1982,2)、李清华《谈离合词的特点和用法》(《语法教学和研究》1983,3)、金锡谟《合成词中的双音离合动词》(《语文论集》1984,2)、刘顺《论现代汉语离合词》(《齐齐哈尔大学学报》1999,5)、梁驰华《离合词的价值及处理方式》(《广西师范学院学报》2000,4)、王海峰《现代汉语离合词离析动因刍议》(《语文研究》)等。专著有周上之《汉语离合词研究》(上海外语教育出版社 2006)。

43

第二节　构词类型

《马氏文通》虽说已经看到汉语中客观存在着一些复音词,指出"两字同义"(如"规模"、"威仪"、"形容")、"两字对待"(如"古今"、"是非"、"升沉")以及"偏正"、"双声"、"叠韵"等语言现象,但尚未正式提出构词法的范畴。因此,第一个指出汉语构词法规律的是胡以鲁,在《国语学草创》(商务印书馆1923)中,他依照梵语的"六合释"来解释汉语相应的六种构词方式:(1)带数释,即"以数词状词与实词复合",如"四海"、"十方";(2)有财释,即"状以特点以称其人",如"苍头"、"方丈"、"近视";(3)限定释,如"雪花"、"园丁"、"车夫";(4)连置释,即"并立者,合同义之语即所谓俪语者为一语词",如"溪谷"、"典章"、"制度","对立发亦然 …… 融合其义使之深厚,或急遽其义使之强烈",如"上下"、"尊卑"、"轻重"。不仅如此,胡氏还在"形式部"中专门谈到:"体词之袭用者添'儿'添'子'"以及"'前'、'后'等状词附以'头'、'面'等形式词以示方位","'看',用词也,附'了'以示其过去,附'着'以示其现在"等构形法。潘文国等《汉语构词法研究的先驱薛祥绥》(《中国语文》1993,1)认为最早提出汉语构词法体系的应推薛氏,薛的《中国言语文字说略》(《国故》1919,4)是一篇"具有相当的研究价值"的文章,其价值在于:(1)它在汉语研究史上第一个提出了词根和词缀(他叫做语根和语系)的概念;(2)第一次提出了构词成分单用和不单用问题(他叫做'能析立成字'和'不能析立成字')(3)他是最早将构词法和造句法结合起来进行考虑的;(4)首次提出了一个比较完整的构词法体系。

对汉语构词法进行全面分析、并最早建立起构词类型系统的是黎锦熙,当时他为了推行拼音方案,专门研究"词类连书"(即"词儿连写"),在《词类连书条例》(《黎锦熙的国语讲坛》,中华书局1921)以及稍后的《复音词构成方式简谱》(《国语旬刊》1929,1卷12期)中已作了细致分析,把复音词分为三大类:(1)分体的(双声、叠韵等);(2)并行的(双字同义、双字对待、双字重叠);(3)相属的(向心结构、动宾结构、主谓结构、词尾、词头、词嵌)。经过几十年的研究修订,最终代表他看法的是与刘世儒合写的《汉语语法教材》第二编"词类和构词法"(商务印书馆1959),该书把汉语构词法分为三类六型:

第三章　构词法研究

(一) 成分结构(合成词)也叫句法构词：
　　a. 联合式(并立格)，如"弟兄"、"建设"
　　b. 附加式(偏正格)，(又向心、主从)，如"夜班"、"鲜红"
　　c. 支配式(动宾格)，如"动员"、"出版"
　　d. 述说式(主谓格、子句)，如"民主"、"自治"

(二) 形态结构(派生词)，也叫形态构词法：
　　a. 黏附式(词尾、词头)如"阿Q"、"老虎"、"桌子"、"人们"
　　b. 镶嵌式，如"吃得消"、"了不起"等
　　c. 重叠式(即重叠格)，如"人人"、"时时"

(三) 语音结构(单纯词)，也叫语音构词法：
　　a. 双声式，如"蜘蛛"、"枇杷"、"吩咐"
　　b. 叠韵式，如"骆驼"、"蜻蜓"、"哆嗦"
　　c. 连绵式，如"蝴蝶"、"胭脂"、"疙瘩"
　　d. 衍音式，如"胡同"、"骨碌"、"什么"
　　e. 叠音式，如"奶奶"、"往往"、"纷纷"
　　f. 标音式，如"苏维埃"、"葡萄"、"马达"

赵元任在《国语入门》(哈佛大学出版社1948)中把构词法分为两大类：第一类又分为单音节的和双音节的，第二类分为"字的重叠和变读"、"附加成分"和"复合词"三种。后来他在《汉语口语语法》中作了更为详细的分析，分为：

(一) 形态类型：1. 重叠，2. 前缀，3. 后缀，4. 中缀

(二) 句法类型：1. 主谓复合词，2. 并列复合词，3. 主从复合词，4. 动宾复合词，5. 动补复合词

50年代中期，汉语构词法的研究又一次活跃起来，尤其是陆志韦等的《汉语构词法》在分析北京口语材料四万多条后建立起一个新的构词法类型体系：

(1) 多音的根词　　玻璃　　凡士林　　噼里啪啦
(2) 并立　　　　　弟兄　　工农兵　　横七竖八
(3) 重叠　　　　　哥哥　　明明儿　　想想　　思想思想　　思思想想
(4) 向心(修辞)　　羊肉　　飞船　　通红　　快走　　开路神
　　红绿眼镜儿
(5) 后补　　　　　红透　　吓坏　　走出来　　来不及

(6) 动宾	写字	鞠躬	打哈哈	红脸	
(7) 主谓	心焦	老头儿乐	驴打滚儿		
(8) 前置成分	老黄	第三			
(9) 后置成分	桌子	看头儿	说着	看了	美得

几乎所有的语法学家及其著作对汉语构词法都做过分析，各家的结论也大同小异，比较有代表性的并且产生过较大影响的是以上所介绍的黎锦熙、赵元任和陆志韦三家体系。另外，要特别指出的是，在构词法方面有比较深入研究的还有张寿康《关于汉语构词法》(《语法和语法教学》，人民教育出版社 1956)和《略论汉语构词法》(《中国语文》1957，6)。后来他又写了《构词法和构形法》(湖北人民出版社 1981)一书，对这一问题作了比较全面的阐述，书后附有"构词法研究的简史"。

近年来有一种主张，认为汉语的语法特点之一为"简易性"，并以汉语中词法结构、短语结构和句子结构大体一致为依据，这可以郭绍虞《汉语语法修辞新探》(商务印书馆 1979)为代表。其实，这种相似性不能夸大，更不能绝对化。汉语的构词法，即使是复合词的内部结构关系同短语的结构关系仍有许多不同之处，换言之，构词法有不少特殊性。刘叔新《复合词结构的词汇属性》(《中国语文》1990，4)便指出了好几种特殊的构词类型：(1) 同义逆序词(火柴/柴火、猫熊/熊猫、卷烟/烟卷、脚注/注脚)；(2) 逆修饰词(石墨、饼干、肉松)；(3) 动宾倒序(石刻、麦收、理解)；(4) 量在名后(人口、车辆、马匹)。显然，把它们都勉强纳入短语模式是简单化的处理方式。陆俭明《名词性"来信"是词还是短语》(《中国语文》1988，5)通过对名词性"来信"的分析，指出像"来信、炒菜、存款、烤肉、腌菜、烙饼、煎鸡蛋"以及"宠弟、成功、绝世、蔓草、显使"等属于"动＋名 →名"格式，而"这种组合方式基本上只在构词中还保留着"，换言之，在句法结构中"动＋名"只能是动宾短语，如"来信"为歧义的同形异构组合，作为词是名词性的，作为短语(即"来了一封信")，是动词性的。这种说法不太准确，因为短语的结构关系，除了与构成成分的性质有关，还与词义搭配关系有关，如"学习外语"与"学习园地"都为"动＋名"的短语，但前者是动词性的动宾短语，后者是名词性的偏正结构。(邵敬敏《"双音节 V＋N"结构的配价分析》，《现代汉语配价语法研究》，北京大学出版社 1955)傅力《复合式合成词中应该有"同位型"的地位》(《汉语学习》1989，4)指出"楠木树、昆仑山、坦克车、雪茄烟"实际上应称为"同位型"，而非偏正式，其特点为：不能加"的"来理解，两个语素之间是种属关系,而且排列为"种+属",并可以用"这/那"指代,如"楠木这/那树"。其实这一语言现象邢公畹在《汉台语构词法的一个比较研究》(《国文月刊》1949,77期)中早已指出,称为"大名冠小名",举的例为"楠木、莲花、籼米、茅草"等,并以为它们的关系是一种选择,同限制法的构词词序恰好相反。

这些研究有力地说明,汉语构词法既有同句法结构相同的规律,也存在着其特殊的规律,对后者尤其要加强研究。

此外,汉语构词法中还有一种特殊类型:缩略语,也叫简略词,即由短语缩减、凝结而成。吕叔湘认为:"从意义方面看,简称代表全称,是短语性质,可是从形式方面看,简称不同于全称,更像一个词。实际上简称是一种过渡形式。"(《汉语语法分析问题》)有关的研究有:陈建民《现代汉语里的简称——附论统称和词语的简缩》(《中国语文》1963,4)、濮侃、蔚群《谈词语的简缩》(《郑州大学学报》1979,2)、马庆株《缩略语的性质、语法功能和运用》(《语言教学与研究》1987,3)等,全面的论述当推俞理明的《汉语缩略语研究》(巴蜀书社2005),有关研究情况也可参阅刘杰《汉语缩略语研究的回顾与展望》(《阜阳师范学院学报》2007,1)。

第三节 构词法与造词法

语法学界讨论构词方式,通常称之为"构词法",也有少数人称之为"造词法",例如赵元任《国语入门》。两者一般情况下并不严格区分。孙常叙《汉语词汇》(吉林人民出版社1956)第一次把这两者区别开,他认为:"造词的素材和方法可以决定词的结构,可是词的结构却不能完全反映造词方法,因为不同的造词方法是可以产生相同的结构关系和形式的。例如:'白茶'和'木马'在结构上都是主从关系构成的,但是,单从这种关系不能理解为什么'白茶'是'茶'而'木马'并不是'马'。"他区分出语音造词法、语义造词法、结构造词法三种,后者又分为词根造词法、非词根造词法、音变造词法、附缀造词法。

任学良吸取并发展了孙叙常的观点,撰写了有关造词法的第一部专著《汉语造词法》(中国科学出版社1981),作者的观点主要有三条:(1)造词法"研究用什么原料和方法创造新词",构词法"研究词的内部结构形式",两者的关系为"纲"和"目"的关系,换言之,"造词法是决定因素,构词法只能在造词法统属下起作用"。(2)词法学、句法学构成的词,既有造词法又有构词法问题,而语音学、修辞学造成的词只有造词法的问题,没有构词法的问题,因为这两类词"不具备语法学的性质,分析语法性质就成了画蛇添足"。(3)造词法还要研究"造词意图",即"造一个词所想表示的意思",换言之,还要分析词的语义。

任氏造词法体系分为五大类别:

(一)词法学造词法:

1. 附加法:(1)加词头,(2)加词尾,(3)多重词尾,(4)加量词,(5)加词嵌;

2. 重叠式:(1)全部重叠式,(2)部分重叠式;

3. 音变式:(1)变调,(2)改变音节结构,(3)转类式。

(二)句法学造词法:

1. 主谓式;2. 谓宾式;3. 补充式;4. 并立式;5. 主从式;6. 其他的格式:(1)承接式,(2)兼语式,(3)代替式,(4)"以……为"式,(5)变叙式。

(三)修辞学造词法:

1. 比喻式;2. 借代式;3. 夸张式;4. 敬称式;5. 谦称式;6. 婉言式;7. 对比式;8. 仿词式。

(四)语音学造词法:

1. 取声命名式;2. 取声表情式;3. 单纯拟声式;4. 双声式;5. 叠韵式;6. 合音式;7. 音译式。

(五)综合式造词法:

1. 词法内部综合式;2. 句法内部综合式;3. 词法——句法综合式;4. 语音——句法综合式;5. 修辞——句法综合式。

任氏对汉语造词法的探索是可取的,并已产生了一定的影响。该书收例也很丰富,自成一家之说。但对他的一些基本观点,有不少人提出了商榷意见。葛本仪《汉语的造词与构词》(《文史哲》1985,4)认为:"'造词'是指词的创制说的","它是解决一个词从无到有的问题",而"'构词'是指词的结构规律说的",因此,"造词法相同的词,构词法并不完全相同;相反,构词法相同的词,造词法也会有所区别"。该文着重分析了造词法,并且提出了八种类型:(1)音义任意结合法(人、手);(2)摹声法(猫、咖啡);(3)音变法(扣、扣儿);(4)说明法(国营、菊花)(5)比拟法(龙眼、木耳);(6)引申法(领袖、江湖);(7)双音法(妈妈、道路);(8)简缩法(文教、外专)。该文没有直接批评任氏的观点,只是正面阐述自己的看法。谭达人《造词法和构词法的两个问题》(《逻辑与语言学习》1989,6)认为这两者不是纲与目的关系,"构词法在一定程度上反映着造词法的某种差别"。因此,"语言中所有的词都有造词法的问题,也都有构词法的问题"。刘景丽《谈造词与构词》(《逻辑与语言学习》1989,6)则从另一角度提出看法,他认为通过造词的研究,可以帮助我们比较深刻地去理解词的内容。因此造词法所研究的是历时语言现象,指创造新词,重在创造;构词法所研究的是共时的语言现象,指词的内部结构形式,重在结构。两者"既存在着对立关系,又有一致的关系"。例如"铅笔"、"笔直"、"三好"都是双音词、合成词、偏正式复合词,从造词角度讲,分别为"说明"、"比拟"、"简缩"三种方法。刘叔新《复合词结构的词汇属性》(《中国语文》1990,4)认为构词法只是其派生词结构和派生法,能由语法学研究,而复合词结构无论其词素的顺序形式还是意义关系都无句法性质,也非词法现象,而只是词汇性的。因此建议构词法与构形法并行,属于语法学;词式与造词法则属词汇学。

把造词法和构词法区分开来,将有助于词的词汇属性与语法属性的深入研究。前者着眼于词的历史形成,偏重于词义分析以及造词目的与语义组合;后者偏重于词的结构形式以及词素之间的结构关系,偏重于形式分析。因此一个词从原则上讲,既有造词法问题,又有构词法问题,两者形成纵横交叉关系。事实上,同一种构词形式,可以有不同的造词方式,而同一种造词方式,也可以有不同的构词形式。这一问题值得进一步深入探讨,尤其是复合词内部的语义模式的建立。可惜的是,关于造词法研究近年来没有太大的进展,只是局限于新词新语的造词以及利用某些修辞手段的造词。另有陈宝勤《汉语造词研究》(巴蜀书社 2002)研究的对象主要是古汉语(包括近代汉语),分为"语位造词"、"语音造词"、"语义造词"和"语法造词"四类,颇有启发。

第四节 构词法和构形法

关于构词法和构形法,汉语语法学界历来有两种截然对立的看法:一种认为构词法包括了构形法,因此没有必要单列构形学,至于"们、了、着、过"等等都可看作虚词;另一种认为构词法应同构形法分开,换言之,对构形学要单独进行研究。汉语虽然没有严格意义的形态,但还是有特殊形态的。但即使承认汉语有构形法的,具体认识也很不相同,其症结在于哪些语言现象算形态，以及其中哪些同构词法有关。

陆宗达、俞敏《现代汉语语法（上）》（群众书店 1954）对汉语形态的研究最积极。作者受当时苏联语言学家观点的影响，以北京口语为调查材料，列举了许多所谓的"形态"，包括重音、重叠、词头、词尾、词嵌等，其范围极宽泛，例如动词的词尾除"了、着、过"之外，把"见、成、死、给、到、开、下、住"等都划了进来。高名凯《汉语语法论》（科学出版社 1957 修订本）认为"词的变化或词的形态是词本身之内的变形而表达某种语法意义的"，并分为内部形态变化和外部形态变化。前者包括：（1）声调变化，如"好"（上声）与"好"（去声）；（2）辅音屈折，如"长"（上声不吐气）与"长"（阳平吐气）；（3）附加成分的添加，如"阿"、"老"、"子"、"儿"、"头"、"者"；（4）元辅音的替换，如"弟"（不吐气）与"悌"（吐气）。

不同观点分歧的焦点集中在词缀到底是属于构词法还是构形法，以及对重叠方式的性质如何认识。高名凯、石安石主编《语言学概论》（中华书局 1962）认为："在通用的语言学术语中，把位于词根词素后的只包含语法意义的词素和位于词根之后的其他附加词素区分开，前者叫词尾，后者叫后缀。"尔后，高名凯在《语言论》（商务印书馆 1962）中更明确地区分了"作为限定性结构成分的词缀"和"作为单纯的语法成分的词尾"。换言之，词根后面的附加词素有两类，一类是词的语法成分，另一类是词的结构成分。王纲《论词尾和构形后缀的区别》（《外语学刊》1980,3）进一步认为："无论前缀、中缀或后缀都可以按其作用分成构形和构词的两种。"

构词法研究的是词的结构方式，构形法研究的是词的形态变化，两者既有联系又有区别，有交叉但并不相等。构词法中的派生词和重叠词与形态变化有密切关系，因而也是构形法研究的对象，而构形法除此以外还要研究同一个词的不同词形变化，即一个词附加某些成分后并不构成新词却具有某种语法意义，显然这不属于构词法范畴，而复合词的结构情况只属于构词法却同构形法无关。因此，兼属于构词法的附加语素，可以称之为词缀，包括词头、词尾、词嵌；而只属于构形法不属于构词法的附加成分，可以称之为语缀，包括前缀、后缀、中缀。严格区别"词缀"和"语缀"将有助于构词法和构形法的深入研究。这两者的区别可以从以下几个方面来观察：

（1）词缀和词根的组合是封闭的，而语缀与词的组合则是开放的。前者组合成词，可以一一列举，故词典都已予以收录；后者并不构成新词，也无法列举，故词典一律不予收录。对此吕叔湘也早已指出："关于语缀还有一点可以提一下的是能产和不能产的区别，说得通俗点就是活和死的分别。有些语缀是活的,能产生新词的,例如第可以加在任何数字前边,者、们、性、化等都可以随意用来造新词。相反,像初、老、子、然等就是死的,不能产生新词。"(《汉语语法分析问题》)

(2)跟词缀组合的是词根,属于构词法范畴,部分词根是黏着的,无法单独成词,如"桌子"、"木头",这反过来证明词缀的构词作用。而跟语缀组合的是词,而且基本上是实词,都具有自由活动的能力,属于词法范畴。有时,跟语缀组合的还可能是短语,例如"老师和同学们"、"讨论并通过了",这更证明了语缀不起构词作用。

(3)语缀同词的组合因为是属句法组合,所以要受到句式条件的制约,它的活动不那么自由。试以虚语素"头"为例:

头₁:浇头　　对头　　念头　　盼头　　赚头
头₂:浇头儿　看头儿　吃头儿　来头儿　打头儿

头₁组成的词,词典上都收录了,而且是有限的;而头₂组成的结构,表示一种价值观念,并且只能出现在有限的句式中,例如:"什么(一点)看头也没有"、"有什么看头"、"没有什么看头"、"有看头"、"没有看头"。在上海方言中,头₂还可以附在动宾短语以及形容词之后,例如:"有啥拨伊头"、"有啥清爽头"。因此,"浇头"是多义的,"浇头₁"是加在主食上的菜肴,"浇头₂"是表示对"浇"动作的一种价值观念。(邵敬敏《两种不同性质的虚语素》,《中国语文通讯》1984,3)

因此,"们"、"的"、"第"、"似的"、"的话"、"了"、"着"、"过"、"起来"、"下去"、"(试试)看"、"(吃)头"、"(理解)法"都应属于语缀,而非词缀,当然也都只属于构形法。

同理,重叠结构实际上有三种情况:一是音节重叠,不是语素重叠,其中每个音节单独都没有意义,如"蛐蛐"、"蝈蝈"、"猩猩"、"饽饽",这只能说是重叠式语素。二是语素重叠,例如"爸爸"、"妈妈"、"哥哥"、"舅舅"等亲属称呼和"娃娃"、"宝宝"、"星星"等少数名词以及"偏偏"、"刚刚"等副词,还有一些"花花绿绿、歪歪扭扭"等形容词("花绿"、"歪扭"都不成词),这些属于构词形态重叠。三是词的重叠,它不产生新词,而表示某种附加的语法意义,例如量词重叠("个个"、"张张"、"句句"),表示周遍性"每"的含义;动词重叠("看看"、"走走"、"打扫打扫"、"休息休息"),表示动作的时量短或动量小;形容词重叠("小小儿的"、"干干净净"、"冰冷冰冷"、"古里古怪")表示的语法意义比较复杂。

汉语里到底有没有中缀,这是个有争议的问题。赵元任举了"糊里糊涂"、"酸不溜溜"中的"里"、"不"以及"看得见""看不见"中的"得"、"不"。(《汉语口语语法》)任学良举了"黑不溜秋"、"叽里咕噜"、"乱七八糟"等。(《汉语构词法》)其实,出现在某个语法结构中的附加成分也有两种,一种是词嵌,例如"巴不得、恨不得、了不得",以及"对得起/对不起"、"看得起/看不起"、"对得住/对不住"、"靠得住/靠不住"、"合得来/合不来"中处于中间的"得"与"不"。因为如果抽掉"得"或"不",便不成词,也不成结构,可见"得"与"不"是必不可少的构词成分。二是中缀,例如"看得见/看不见"中的"得"与"不",这种组合是开放性的。

汉语中的词缀(语缀)都是从词根(实词)发展虚化而来的,因此划清词根与词缀的界限不是那么容易的事。郭良夫《现代汉语的前缀和后缀》(《中国语文》1983,4)认为"确定一个语素是不是前缀或后缀,一要看它的语义上的虚化程度,二要看它能产的程度,两者又是互相联系的。"吕叔湘《汉语语法分析问题》给语缀下的定义为"不单用,但是活动能力较强,结合面较宽,有单向性,即只位于别的语素之前,或别的语素之后,或两个语素之间。"张静《汉语语法问题》(中国社会科学出版社 1987)则列举了语缀四个特点:(1)意义比词根抽象、概括;(2)永远不能以其在合成词里的意义独立成词;(3)不能用作简称的;(4)构词时位置固定的。综合以上所说,可见,词缀应该具备这么几个条件:(1)不能单独运用;(2)语义已经虚化;(3)能产性比较强;(4)构词位置固定。但实际上各家掌握这些标准的宽严程度是不相同的。

陆志韦等《汉语的构词法》列举了八个后置成分:"儿、子、头、们、的、着、了、过",三个前置成分"第、老、小"。除此以外,又另设"类于后置成分的东西十个":读者、作家、软化、不价、昨(儿个)、扒拉、折腾、锅巴、后来、天然、近乎。换言之,在词缀和词根之间还存在着一些过渡状态的语素,吕叔湘《汉语语法分析问题》正式命名为"类前缀"、"类后缀":"有不少语素差不多可以算是前缀或后缀,然而还差点儿,只可以称为类前缀和类后缀。""因为它们在语义上还没有完全虚化,有时还以词根的面貌出现。"类前缀有"可、好、难、准、类、亚、次、超、半、多、不、无、非、反、自、前、代"等;类后缀有:"员、人、民、界、物、品、具、件、子、种、类、别、度、率、法、学、体、质、力、气、性、化"等。赵元任《汉语口语语法》也采用了类似的方法,区分开"严格意义的"前缀、后缀,以及"复合词中结合面宽的"第一语素、末了语素。

词缀范围最宽的是任学良的《汉语造词法》,"词头"包括了:老师、阿姨、小姐、可怜、第一、初二、巴掌、反革命、被压迫、见怪、所闻、而且、非凡、不法;"准词头"包括:准尉、二房东、以前。"词尾"包括:帽子、盖儿、石头、演员、画家、读者、硕士、律师、书生、舵手、好汉、农夫、园丁、新郎、观众、亲属、烟鬼、赌棍、球迷、战犯、左派、积极分子、社会主义、党性、好处、补品、尾巴、美化、敢于、似乎、借以、什么、突然、尤其、迫切、从而、偶尔、况且、真的、特地、认得、为了、本着、唯物论、深度、蛙式、忘却、文豪。当然,这些列举的到底是不是词缀,尚须作进一步研究。随着现代社会生活节奏的加快,一些语素的能产性特别强,并有词缀化倾向,沈孟璎《汉语新的词缀化倾向》(《南京师大学报》1986,4)便分析了这种语言现象,举的例为:多渠道、旅游热、专业户、紧迫感、排坛等。

周荐的《汉语词汇结构论》(上海辞书出版社 2004)则是近年来研究词汇结构的一部力作。除了对单纯词、派生词、复合词的常规研究之外,还专门分析了双字格、三字格、四字格乃至五字以上的组合,以及特殊格式和同族词语。角度新颖,见解独创。

第五节 构词法和构形法研究的特点

关于构词法和构形法的研究,除以上四个基本课题之外,还有若干课题也颇有成效:

(一)研究复合词内部语义关系的,例如刘叔新《汉语复合词内部形式的特点和类别》(《中国语文》1987,7)、王绍新《谈汉语复合词内部的语义构成》(《语言教学与研究》1987,3)、王艾录《论偏正复词的内部组合特征》(《汉语学习》1989,4)等;近年董秀芳的《汉语的词库与词法》(北京大学出版社 2004)就对复合词的语义模式进行了有效的分析;朱彦的《汉语复合词语义构词法研究》(北京大学出版社 2004)在这方面也迈出了扎实的一步,她着重运用认知语言学的理论,探索复合词语义构词机制,为沟通词汇研究和句法研究做出尝试和思考。此外,还有朱志平《汉语双音复合词属性研究》(北京大学出版社 2005)。

(二)研究个别词缀、语缀特点的,例如胡裕树《从"们"字谈到汉语语法的特点》(《语文园地》1985,12)、周慎钦《带后缀"化"和"性"的词构成及语法特点》(《淮阴师范高等专科学校学报》1981,3)以及朱茂汉《名词前缀"阿"和"老"的形式和发展》(《安徽师大学报》1983,4)、孙艳《现代汉语词缀问题探讨》(《河北师范大学学报》2000,3)、朱亚军《现代汉语词缀的性质及其分类研究》(《汉语学习》2001,4)等。

（三）研究汉外构词法对比的,例如余云霞《汉俄构词后缀的对比》(《语言教学与研究》1986,1)、潘文国《汉英构词法对比研究》(《汉语论丛》,华东师大出版 1990)以及万惠洲的专著《英汉构词法比较研究》(中国对外经济贸易出版社 1989)等。专著有潘文国、叶步青、韩洋的《汉语的构词法研究》(华东师范大学出版社 2004)。

自80年代以来,有关汉语构词法研究的文章不是很多,总的来说有以下特点:

1. 研究的角度和对象更为广泛。以前对构词法的研究重点在于形式描写:构成词的语素多少、语素的类型、语素之间的结构关系等。近二十年来,除了形式描写的研究之外,更多的是从语义、语用甚至文化视角来分析汉语构词法。例如王政红《形名语素构词格分析——复合词构成格式研究之一》(《语法研究和语法应用》,北京语言学院出版社 1994)讨论了"形""名"语素构成合成词的格式、对语素语义类型的选择以及语素语义类型选择与合成词词性类型的制约等。而张国宪《并立合成词的语义构词原则与中国传统文化》(《汉语学习》1992,5)认为汉语中名词性的并立式合成词中两个语素的语义值并不是等价的,两个语素排列的先后次序也不是任意的,它反映了汉人由尊及卑、由长及幼、由亲及疏、由善及恶等传统心态,从文化角度探讨了部分并立式合成词构词的语义原则。

在现代汉语中,两个语素构成的双音节复合词占大多数。但随着语言的发展、人对客观事物认识的深化,三语素组成的合成词在增多。这一现象引起了研究者的注意。例如李赓钧《三语素合成词说略》(《中国语文》1992,2)、卞成林《现代汉语三音节复合词结构分析》(《汉语学习》1998,4)对三语素构成的合成词的范围、结构方式、组合层次、结构特征、词性、词义等作了较为细致的描写。

2. 研究的内容更加深化。以前的构词法研究许多只对语素如何构成词作共时、静态的研究。而近年来有人对汉语构词法作历时或动态的研究。例如沈怀兴《汉语偏正式构词探微》(《中国语文》1998,3)认为"从先秦到现代,汉语复合构词法中始终以偏正式构词法最能产",究其原因大致有三点:(1) 这是人对客观事物性质特点的认识在语言中的反映;(2) 社会在发展变化,新事物出现要用新名称,大多新事物的产生不是凭空的,总和已有事物有联系;(3) 偏正式复合词在语素性质、语义搭配上限制最少。顾

第三章 构词法研究

阳、沈阳《汉语合成复合词的构造过程》(《中国语文》2001,2)对汉语中合成复合词的构造过程作了研究。所谓"合成复合词"指"谓词性语素(V)+名词性语素(S)"构成的名词性向心复合词,其中 V 与 S 具有动作与施事或客体等关系。例如"伴郎"、"主持人"等。这种合成复合词是通过动词论元结构的变化形式构造的,其中中心语(S)一定是论元结构中的论元,通过论元成分位置变化构成这类复合词。这种变化过程不是在句法中形成的,而只是词汇层面结构变化的结果,合成复合词的结构性质不同于短语,有其自身的衍生机制。

3. 构词法的研究更趋于定量、具体。近年来对汉语合成词的研究许多是对某种性质的合成词或某种结构类型的合成词作分析描写。例如张登岐《汉语合成动词的研究》(《中国语文》1997,5)以《实用汉语用法词典》中2638个双音复合动词为对象,把合成动词与合成名词、合成形容词、合成副词进行比较,说明合成动词在结构上的特点:(1)大多由表动作行为的语素参与构成,两个都是动词性语素构成的合成动词占 67%;(2)构成方式和语素组合互为选择,组合方式共有六种,其中"动+动"占三分之一;语素组合关系有五种,其中以联合式居多,占53%;(3)没有专属动词的词缀;(4)动词没有重叠的构词方式。施茂权《述宾复合词的语法研究》(《语言教学与研究》1999,1)描写了汉语述宾式复合词的语法特点:(1)结构松散,非离合词、离合词、短语三者的界限不明显;(2)构成的大多是动作动词,也有由动作虚化而成的形容词(如"动人"、"吃香"等)、名词(如"司令"、"绑腿"等);(3)述宾式构成的动词由于在表意上往往能自足,所以带宾语的数量、类型有限制,能带宾语的大多是不及物动词,所带的宾语一般是处所宾语。

由于近年来新词出现比较多,所以也有人对汉语新词的造词方式从认知角度进行了研究。例如李宇明《析字构词——隐语构词法研究》(《汉语研究》1995,4)、史锡尧《名词比喻造词》(《中国语文》1996,6)、凌云《汉语类比造词研究初探》(《语言教学与研究》1999,2)等。有关研究可参见苑春法《汉语构词法研究》(《语言文字应用》2000,1)、占勇《汉语构词法研究述评》(《兰州学刊》2006,9)。

第四章 词类研究

> 提示:全面阐述汉语词类划分的几种标准,着重介绍吕叔湘、朱德熙的词类学说,以及汉语词类研究的新尝试,最后讨论汉语词类研究中的若干疑难问题,包括兼类词、同音词、词的活用以及名物化等。

汉语词类的划分是个老大难问题,长期以来,汉语语法学家们作了多方面多角度的探索,虽然已取得了相当大的成绩,但仍存在许多悬而未决的问题,有些问题至今仍然分歧很大。其主要原因就在于汉语严格意义的形态标志比较少,而形态标志本来是识别词类最简易、最显著的标准。从历史上讲,关于汉语词类的研究曾出现过三次高潮。第一次是 20 世纪 30 年代的中国文法革新讨论,讨论的三个中心议题中有两个都同词类划分密切相关:(1)究竟实行"一线制"还是"双轴制"?其实质即汉语的词类与句成分到底是两码事,还是干脆合二为一?(2)划分词类的标准到底是什么?第二次是 50 年代是关于汉语词类问题的讨论,中心议题有四个:(1)汉语有没有形态?(2)汉语有没有词类分别?(3)如果有词类划分,其划分标准又是什么?(4)划分标准是一个还是几个?几个标准中哪个是主要的?几个标准同时使用呢,还是一次以用一个为主?第三次是 80 年代,在对以往研究总结的基础上,对汉语词类问题进行再认识:(1)试图提出解决词类问题的新途径;(2)建立起有层次的词类系统;(3)提出确定词性的具体方法;(4)对词类进行定量分析与研究。

第一节 词类划分的标准

划分词类的标准,从总体上讲,可以说有四个单体标准,即:句成分标

第四章 词类研究

准、语义标准、形态标准、功能标准。此外还有由若干单体标准结合起来的合体标准，例如"词汇·语法范畴"双重标准，"形态语义功能"三结合标准等。

一、句成分标准

马建忠《马氏文通》第一个建立了字（词）类系统，他采用的是双标制。即凡一字一义者，用的是字的类别义，因此他说："义不同而其类亦别焉，故字类亦类其义耳。"例如："凡实字以名一切事物者，曰名字"，"凡实字以言事物之行者，曰动字"；碰到一字有数义者，则考察该字在句中充当什么成分的功能，例如"'奚'、'曷'、'胡'、'恶'、'安'、'焉'六字，亦所以为询问者，而或为代字，或为状字，则以其所用为定。"所以他认为"凡字有数义者，未能拘于一类必欲相其句中所处之位，乃可类耳。""字无定义，故无定类，而欲知其类，当先知上下之文义何如耳。"换言之，字如果有固定的义，则有固定的类，如果没有固定的义，就不能决定其类，而要知其类，则必须依其句中位置来作决定。可见，在马氏看来，字是有定类的，问题是有的字可以分属几个类。

黎锦熙《新著国语文法》用的则是双轨制，即下定义用的是词的类别义，但真正分析时却全部改用句成分标准，这同马氏相比就更彻底了，换言之，类别义标准只是一般性原则，具体运用则是另一种标准。黎氏认为："汉语的词类，在词的本身上（即在字形上）虽有分别，还须看它在句中的种种位置、职务，才能确定这一个词是属于何种词类。""本书以句法为本位，词类多从句的成分上分别出来。"换言之，句成分决定了词的分类，句成分同词全面对应。即：主语、宾语和某些补足语与名词对应，述语与动词对应，名词附加语与形容词对应，动词、形容词的附加语与副词对应。故而，黎氏的结论是："凡词，依句辨品，离句无品。"即一方面词有定类，但那只是词典上的词类，用的是类别义标准，而语法中的词类必须入句才能显示，离开了句子就无所谓词类。后来黎氏的这一结论因为受到很多人的批评，作了改动："凡词，依靠句形，显示词类。"口气上虽然缓和了一点，但其实质仍然不变。

不管怎么说，黎氏还保留了名义上的词有定类，实行的是双轨制。比黎氏更为彻底的是傅东华，他在中国文法革新讨论中，完全抛弃了从语义上给词类下定义的做法，否认词的本身有分类的可能性，认为词不在句中使用便不能分类，故而提出了一个总原则，"分部依于析句"，"析句依于分

57

部"(《中国文法革新讨论集》,上海学艺社1940),这实际上就是要把句子分析出来的句成分与充当句成分的词类合二为一。换言之,演员与剧中角色二位一体,让句成分同词类全面对等。由于分部、析句都只需用一套术语,故而称为"一线制",从本质上讲这是否认了汉语有划分词类的必要性与可能性。"一线制"的主张,从理论到实践都是行不通的,因而受到了方光焘的严厉批评,后来傅氏也觉得无法坚持,在《文法稽古篇》一文中仍然分为"字类"与"辞例"(句成分),实际上放弃了原先的主张。

马氏的"字无定义,故无定类",只是针对部分词来讲的,黎氏的"依句辨品,离句无品"则是针对全体词而言的,傅氏的"分部依于析句,析句依于分部"则最为彻底。从中可以清楚地看出其中一脉相承的继承、发展的关系。由于傅氏把这种理论推到极端,从而充分暴露出它的致命弱点,可见,只凭已实现的句成分这一功能来确定词类,必然导致汉语实词无法分类的结论。

二、语义标准

由于汉语的词类与句成分之间不存在一一对应的关系,因此只依靠句成分来决定词类,必然导致词无定类,这条路看来行不通。40年代王力、吕叔湘干脆直接用词的类别义来作划分词类的标准。王力《中国语法理论》认为:"这二三十年来,中国语法学家所争论的全是分类问题和术语问题。……这样,所争论的只是语法的皮毛,不是语法的主要部分。"这一认识促使王氏在词类问题上采取的是一条不花太大力气的捷径,即主张"实词的分类,当依概念的种类为依据;虚词的分类,当依其句中的职务为依据。"因为"汉语的词完全没有词类标记,正好让咱们纯然从概念的范畴上分类,不受形式拘束",所以,词类"也就越发失了它在语法上的重要性"。王氏为什么反对用句成分给词分类呢?他认为"词类是可以在字典中表明的","不必等它们进了句子里才能决定的"。为了解决词类与句成分不对应的矛盾,王氏从叶斯泊森那儿借来了"三品说"理论,即词类可以脱离句子而存在,词进入句子后则实现其"词品","词在句中,居于首要的地位者,叫做首品,地位次于首品者,叫做次品;地位不及次品者,叫做末品。"王氏建立的语法体系偏重于句子格式,对词类颇不重视,他有句话说得相当坦率:"咱们研究词类,唯一的兴趣乃在于看它和词品发生些什么关系,换句话说,是要看逻辑上的范畴在语句的组织里发生些什么关系。"在这一点上,吕叔湘与王力的观点相当接近,一也是从类别义上给词分类,二是仿"三品"建立"三级"说,三是词类在整个语法体系上不占什么重要位置。对

第四章 词类研究

此,吕氏认为,"区分词类,是为的讲语法方便"(《关于词类的一些原则性问题》,《中国语文》1954,9)。言下之意,如果不是为了讲语法方便,词类也不一定非分不可。在50年代词类问题讨论中,胡附、文炼对此提出了批评:"问题就出在分类方法上,他们把孤立的词拿来作分类的对象,因此只能从意义上去区分,当然即使区分出来,在语法使用与研究上都没有多大实用价值。"(《谈词的分类》,《中国语文》1954,2)这个批评是有一定道理的。

凭类别义给词分类本身也存在许多问题,第一,类别义本身的区分就是个麻烦,往往因人而异,导致词类数目不同;第二,即使类别义相同,不同的人进行分析完全可能得出不同的结果;第三,有不少词难于决断,即使同一个人,不同时候不同场合也会得出不同的结论。一句话,这样划分词类缺乏客观性和可操作性。随着结构主义语法"分布"理论影响的扩大,光凭语义给词分类很快就没有市场了。然而到了80年代后期,申小龙等在激烈批判结构主义语法的同时,提出"汉语根本没有语法上的词类,只有意义上的词类"。其实质是用传统的训诂学来替代语法学,这在某种程度上可以说是历史的倒退。

三、狭义形态标准

印欧语划分词类主要依据词的形态变化,这一点也深深地在汉语词类划分问题上打上了烙印。部分语法学家,不管是否认还是承认汉语有狭义形态变化的,他们都有一个大前提,即认为词类的划分必须以狭义形态为唯一标准。高名凯一直认为:汉语虽然也有一些狭义形态,但它们对划分词类没有用,例如"'白面'的后面加上'儿',成为'白面儿'(海洛因),'儿'是形态,但没有使这词起词类的分别。"至于"汉语的'着'、'的'、'了'等等只是语法工具,只是虚词,不是形态,与形态有本质的不同。"(《关于汉语的词类分别》,《中国语文》1953,10)按照高氏的逻辑推理:既然"实词的词类是按词的形态划分的"(大前提),"汉语的实词没有形态"(小前提),因此,"汉语的实词不能分类"(推理)。当时支持高氏观点的有李行健、刘正埮等人。80年代后期,申小龙在《汉语词类之争及其文化心态》(《烟台大学学报》1988,1)中主张汉语实词没有词类,其理论依据同高氏一脉相承,不同的是申氏还从文化心态上挖掘了根源,认为这是种"盲目认同的心态"。对此,符达维《关于汉语词类的几个问题》(《烟台大学学报》1989,3)提出了尖锐的批评,指出申氏这种试图完全以狭义形态的有无来决定汉语词类能否分类,本身才恰恰是一种"盲目认同的心理"。

陆宗达、俞敏也主张实词的分类应以狭义形态为标准,他们观察了大量汉语口语现象后,认为汉语事实上有大量的形态存在。他们在《现代汉语语法(上)》(北京群众书店1954)一书以及《汉语的词的分类》(《语文学习》1953,12)中,均主张以重叠方式给实词分类。例如:

原词	重叠后的样子	变了什么	是几个词	代表的意思	词类
'ren 人	ren'ren	挪重音,儿化	1	每	名
'hao 好	xau'xour	挪重音,变调,儿化	1	很	形
'fei 飞	fei'fei	轻音	1	一下儿	动
'san 三	san'san	零	2	乘起来	数

此外,他们还比照俄语的"性、数、态、体"等语法范畴列举了汉语的许多所谓形态。因此,他们认为汉语的实词完全可以凭狭义形态来分类。可见他们同高氏的大前提相同,小前提不同,结论则截然相反。对此吕叔湘曾发表过评论:"这一着实在高","就是可惜普遍性还差点儿"(《关于汉语词类的一些原则性问题》,《中国语文》1954,9)。

现在汉语语法学界一般认为汉语有狭义形态,但并不丰富,对词类划分可以有某些参考作用,但要像印欧语那样成为主要的唯一的标准,是不切实际的。而且根本问题还在于,"我们能根据形态划分词类,是因为形态反映了功能。形态不过是功能的标志。"(朱德熙《语法答问》)因此不必把争论焦点集中在汉语有没有形态以及汉语有哪些形态上。高氏完全否认汉语有可以帮助区分词类的形态,以及陆、俞两位认为汉语存在丰富的形态,这两种极端对立的观点都缺乏足够的依据。对高氏的观点,大部分学者不同意,认为汉语实词确可分类,然而划分的标准可不必以狭义形态为主要依据;至于陆、俞的分析,虽有启发性,但因为狭义形态在汉语中既不具有强制性的,也不具备普遍性,所以很难作为划分词类的主要标准。

四、词汇·语法范畴

这是当时苏联学者谢尔巴等人针对俄语词类研究提出来的划分词类的原则,后由龙果夫在《现代汉语语法研究》(苏联科学院1952,科学出版社1958中译本)中首先运用于汉语的词类研究。1956年《中学语法教学暂拟系统》接受了这一观点,根据《暂拟系统》编写的《汉语》课本以及而后修改

第四章 词类研究

而成的《汉语知识》(人民教育出版社 1959)更是明确提出汉语的词类"是根据词的意义和词的语法特点来划分"的。在当时特定的社会形势下,汉语语法学家们也纷纷表示赞赏这一做法,并称之为体现了"语法形式和语法意义的结合"的新观点。但问题在于,这二元化的标准如何真正结合起来?所谓"词的意义"指的是哪一个层次上的意义?是个别词的意义,还是抽象词的意义?是词汇义,还是语法义?这两个标准是平等的,还是有主次的?如果分主次,哪个为主,哪个为辅?而且尽管如《暂拟系统》所讲"有相同语法特点的词,在意义上大都有共同之处;在意义上有共同之处的词,也大致有相同或相近的语法特点",但"大都"、"大致"这些模糊词语恰恰说明这两者并不一致。那么,如果按词义与按语法特点分类发生矛盾,如何处理?更进一步说,这一办法也不适用于虚词的分类。

五、语法功能

受到以索绪尔为代表的结构主义语法理论的深刻影响,在中国文法革新讨论中,方光焘率先提出了"广义形态"说。他认为"文法学是以形态为对象的,是要从形态中发见含义",而"词与词的互相关系,词与词的结合,也不外是一种广义形态",并据此提出了一个著名的论断:"凭形态而建立范畴,集范畴而构成体系"。(《中国文法革新讨论集》,上海学艺社 1940)方氏不同意当时流行的以句成分为功能来确定词类的做法,他认为"词性却不一定要在句中才能辨别出来,从词与词的互相关系上、词与词的结合上(结合不必是句子),也可以认清词的性质。"(《中国文法革新讨论集》,上海学艺社 1940)这一见解是相当深刻的。陈望道基本同意方氏的观点,只是建议以"表现关系"代替"广义形态"的提法,并概括为"功能"说。但是,方氏与陈氏只是在理论上作了探索,并没有付诸实践而建立起一个汉语词类系统。

第一个运用词与词的结合功能去作汉语词类划分尝试的当推陆志韦,他在《国语单音词词汇·序论》(1938 年)中,用两种最常见的代表不同结构关系的格式"红花"和"吃饭"来规定三类基本词:名词、变化词(动词)和形容词。"红花"代表附加关系,附加的是形容词,被附加的是名词。然后又用另外一些格式规定三种指代词、两种副词以及作用词、杂词等等。要特别指出的是:陆氏所用标准同句成分划词类标准有本质区别。对此,吕叔湘曾作过精辟分析:"第一,句子成分定类法考虑的是一个词的已经实现的结构关系(词已经进入句子),而且只考虑其中的一种关系(词在句子里的"职务");结构关系分类法考虑的是一个词可能有的结构关系。第二,句子成分定类法不得不随着词在句子里的职务的变更而变更它的类;结构关系分类法不受这个拘束,可以另外考虑变类不变类的条件"。(《汉语语法论文集》增订本,商务印书馆1984)陆氏的分类方法虽然还比较粗疏,许多问题尚未妥帖处理,尤其是"选哪种结构关系"作分类标准以及是否需要几个标准协调配合,更需要仔细权衡,但是这一分类方法是相当有潜力的。

赵元任的《国语入门》在词类问题上虽然没在理论上加以阐述,但实际上采用的也是词与词的结合关系,并得出了一个词类系统:体词(名词、代词)、动词、形容词、介词、副词、连词、单呼词、决定词(数字、指示字、疑问字)、助名词(即量词)。丁声树等《现代汉语语法讲话》的分类方法"按性质和用法"采用列举法,同时对其语法特点稍加说明。

胡附、文炼《谈词的分类》(《中国语文》1954,2—3)继承并发展了方光焘的观点,他们认为"单词形态变化不多的汉语,却必须从结构上来区分,从词和词的相互关系、词和词的结合上来区分,即是说从形态学上来区分",并就如何从广义形态去区别汉语词类以及如何处理各种关系作了进一步探讨,指出"(1)承认句成分功能也是广义形态的一部分;(2)还可以注意词序来帮助辨认词性;(3)排斥词的具体的特殊的意义,至于抽象的一般的意义则是应该积极注意的。"后来,文炼《与分类有关的几个问题》(《汉语学习》1993,3)、《关于分类的依据和标准》(《中国语文》1995,4)专门讨论如何处理几条标准同时使用的问题。

由此可见,从方光焘、陈望道到胡附、文炼,偏重于词类理论的探讨;从陆志韦到赵元任,再到丁声树等,则偏重于汉语具体词类系统的建立。他们各自侧重虽然有所不同,但所依据的都是结构主义语法理论,从本质上讲是相同的。

第二节 吕叔湘、朱德熙的词类学说

80年代汉语词类研究的总框架是在吕叔湘、朱德熙关于词类学说的理论指导下进行的。长期以来,吕氏与朱氏对汉语词类划分问题作了深入研究,并提出了一系列颇有代表性的看法,对汉语词类的研究产生了重大的影响。

吕叔湘《关于汉语词类的一些原则问题》(《中国语文》1954,9)实际上是对当时汉语词类问题讨论的一个小结,因此,着力于对各种观点、理论的

第四章 词类研究

评述与分析,并探讨分歧的原因及可供参考的解决办法。吕氏的基本观点概括起来有七条:(1)"词类是根据词的语法特点来分的",这便意味着词类不是词义的类,必须用语法特点来分类。不同意汉语实词不能分类的说法。(2)"划分词类要基本做到词有定类,类有定词。"词基本上应对号入座,"一词多类"尽管有,但不应大量存在,这可以通过划类标准来掌握。(3)"结构关系、'鉴定字'、能否重叠以及用什么方式重叠——这些都可以用来划分词类,问题在于怎样配合。"可见,对"语法特点"的理解比较宽泛。(4)"结构关系能照顾的面最大,宜于用来做主要的分类标准。"即若干语法特点中,词和词可能有的结构组合关系最重要,其他的可做参考。(5)"按句子成分定词类,也就是'依句辨品'。这必然导致词无定类,因而不可取。"(6)词类通假说是依句辨品的加工形式。(7)词在句子里,用法变化有各种情况,不能一概而论,可分为兼类、活用及其他。

这一些思想,在《汉语语法分析问题》中又有新的发展。这主要表现为:

(1)汉语缺乏严格意义的形态变化,就不能不主要依靠句法功能,即指出广义的句法功能标准。

(2)用句法功能作为划分词类的依据,有单一标准和多重标准,而多重标准的结果总是参差的,就有个协调问题。理想的标准应该是对内有普遍性,对外有排他性。即指出标准的配合问题。

(3)词类的划分,一方面大类应进一步划分小类,大类又可以概括成更大的类。即指出词类系统的层级性问题。

(4)划分为实词与虚词两大类的实用意义不大,建议可以分为"可列举的类"(封闭的类)以及"不能列举的类"(开放的类)。即指出词类划分的新角度。

这些想法,无疑为汉语词类的划分打开了新的思路,有重要的现实指导意义。

朱德熙的词类学说集中体现在《语法讲义》与《语法答问》两本书中,前者侧重于词类系统的构拟,后者侧重于理论上的阐述。归纳起来,朱氏的观点主要有以下七点:

(1)用"分布"理论对词的语法功能进行解释,指出:"一个词的语法功能指它占据的语法位置的总和",即"词的语法分布(distributions)"。

(2)阐述了语法功能与词汇意义的关系,指出"划分词类的时候,都只能根据功能,不能根据意义"。意义只有在"确定词的同一性的时候"才需要考虑。

（3）阐述了功能与形态的关系,认为:"我们能够根据形态划分词类是因为形态反映了功能,形态不过是功能的标志。"

（4）指出汉语词类与句子成分之间错综复杂的对应关系,不是一对一,而是一对多。

（5）指出从内涵来讲,语法性质＞语法特点＞划类标准。

（6）分析了词的共性与个性,指出词类划分的层次性与相对性的原则。

（7）指出实词与虚词之间存在着三种重要的区别:自由与黏着,定位与不定位,开放与封闭。

朱氏的这些看法与吕氏相比,更为彻底地运用了结构主义语法理论,更为明确地阐述了词类划分问题上的一些重大问题,因而在汉语语法学界产生了相当大的影响。

第三节 汉语词类研究的新尝试

一、建立词类系统的新尝试

汉语中词的分类,可以根据各类词的共性归纳成几个大类,也可以根据某类词内部个性的差异,再分成若干小类。因此一般认为词的划类是有层次性的。但是在具体划分成多少层次、每个层次的划分标准等上面,各家说法并不完全相同。

石安石进行了"逐层系统划分汉语词类"的全面尝试(《汉语词类划分问题上的再探讨》,《语言研究论丛》,天津人民出版社1980),具体做法为:(1)每次划分的具体标准应当是有周遍性的和排他性的。(2)每次分类按一个标准而不是同时考虑几个标准。原则上每次一分为二,然后层层二分(少数一分为三)。(3)建立起一个多层次的词类系统,并逐层用编码说明。例如1/2为第一层,11/21为第二层,111/112、121/122为第三层,依次类推。

卢甲文《现代汉语词类划分标准及层次》(《中州学报》1982,6)提出了另一种分类尝试。他的做法既有同石氏相同之处,即每次只用一个标准,逐层建立词类系统;也有不同之处,这主要是:(1)每层次用一个具体标准,一分为二;(2)大小不同的词类分别处在不同的层次上。建立词类系统的具体方法为:每次一个标准,切分出一个词类。

第四章 词类研究

石氏和卢氏所建立的词类系统，坚持层次观念并基本上采用一分为二的方法，因而对计算机处理语言来讲，特别有吸引力。鲁川《现代汉语信息语法和词类问题》(《河南财经学院学报》1989,3)正是吸收了石、卢两文的优点，从计算机处理角度进行了适当的改造。其划分的方法为：(1) 词类是有层次的系统，划分为四个层次，总类(实/虚)，大类(体/谓等)，基本词类(13种)，小类(如动词之下可再分自动/他动等)；(2) 每层用一个判别条件，都一分为二，对内有普遍性，对外有排他性；(3) 划分要严格按照顺序，决不能颠倒。

可见，从石安石到卢甲文再到鲁川，具体做法和结果虽然有区别，但是其指导思想是一致的，即十分注意可操作性，致力于"多层次、有序的"汉语词类系统的标准，这对为计算机语法服务是相当有用的。

孙锡信《汉语实词分类程序》(《语言研究》集刊，复旦大学出版社1987)运用朱德熙《语法讲义》中划分词类的方法，再略加变更，设计出一套可供操作的"程序"。其特点有三：(1) 按词在语言中分布的情况来分类；(2) 划出的词类有层次系统；(3) 存在过渡性词类；(4) 有的词类采用列举式(封闭性词类)。此外还有陈爱文《汉语词类研究和分类实验》(北京大学出版社1986)也提出了一套词类划分的程序：(1) 按"必要性能、不容许性能、一般性能、可容许性能"四种概念来区别词类词性，其中一、二项构成了词类的特征。(2) 建立一个新的句子成分"前谓语"。(3) 讲究划分的程序，依次划分出数词、量词、名词、形容词、动词和助动词、介词和代词等。

二、划分词类的新标准

由朱德熙、陆俭明等为首的北京大学有关研究人员在致力于为现代汉语词典所收的词条标明词性的工作中，遇到的难点在于实词，实词中的代词、时间词、处所词、方位词、趋向动词、助动词等都是封闭性的，比较容易分辨。工作的重点在名、动词、形容词、区别词、状态词、副词等的分辨。他们提出四条区分的标准：(1) 能否受程度副词的修饰；(2) 能否受"不"的否定；(3) 能否带宾语；(4) 能否带补语。然后依此把词分为七类。能具有这四条标准之一的归入第一类，否则为第二类，然后，第一类又根据标准(1)得出形容词，否则是动词等等。(《北大的现代汉语词类研究》，《语言学通讯》1985,3)

继承朱氏词类学说，并且有所发展的是郭锐，他的博士论文《现代汉语词类研究》(商务印书馆2002)提出词类不是由"分布"决定的，而是取决于

"表述功能",并且分为四种类型:a. 陈述,表示断言;b. 指称,表示对象;c. 修饰,对陈述和指称的修饰、限制;d. 辅助,起调节作用。他还把表述功能区分为内在的(固有的)和外在的(在某个语法位置所实现的)两类,比如"小王黄头发"这一表述,"小王"无论内在外在都是指称,但是"黄头发"内在是指称,外在却是陈述。他还提出一系列具体区分词类的新的操作程序和方法,体现了国内新时期关于词类问题最新的研究水平。

近年来,"连续统"(continuum)与"原型范畴"(prototype-based category)的理论开始运用到词类划分问题上来了。张伯江《词类活用的功能解释》(《中国语文》1994,5)认为"名词具有空间性属性,动词具有时间性属性,名量词和时体助词是二者的典型表现"。"名词和动词是两个最基本的类,其他词类大多是从这两个词类里分化出来的"。他以时间性和空间性为两极,描写了名词和动词之间的连续统:

名词——非谓形容词——形容词——不及物动词——及物动词

张国宪《现代汉语的动态形容词》(《中国语文》1995,3)也用连续统的观点给形容词内部进行再分类。他认为现代汉语的形容词有动态、静态两类。根据形容词动性的强弱、量的弥散和凝结的差异,动态形容词和静态形容词也是一个连续统:

	动态形容词——准动态形容词——静态形容词		
动性	强	中	弱
量的凝结度	低	中	高

李宇明《非谓形容词的词类地位》(《中国语文》1996,1)从空间性、时间性、程度性三个维度讨论非谓形容词的地位,认为非谓形容词在三个维度上的值几乎等于零,成为一个"功能最容易发生游移"的词类。它在"名词——非谓形容词——形容词——不及物动词——及物动词"这一词类连续统中,较容易向右发生功能游移,所以以前把它归在形容词内。非谓形容词也会进一步向动词游移,"非谓形容词是体词向谓词方向发展这一趋势中的关键一站"。非谓形容词也可能向名词游移,他认为这方面的例子可能"比游移为动词更常见、更自然"。

值得一提的是张谊生《说"永远"——兼论汉语词类研究中若干理论问题》(《语言教学与研究》1998,2),在对现代汉语中"永远"一词的语法意义、句法功能及动态发展过程作详细描写的基础上,提出了对汉语词类划分的新看法:(1)"划分词类应该以原型范畴(prototype-based category)为基础,以特征范畴(feature-based category)为辅助。原型范畴理论认为:实体是根据其属性加以范畴化的,范畴边缘是模糊不清的;同一范畴内各成员之间有典型和非典型之分。"所以确定某个词的类别要分清它的典型用法和非典型用法。此外,"在具体归类时,又必须考虑到词类的各种句法特征,不然就会令人无从入手,所以特征范畴仍然是不可少的辅助鉴别标准。"(2)必须用动态眼光来观察、分析,因为词的语法意义、句法功能都有一个动态发展过程。(3)应该以连续的、联系的观点来进行汉语词类的宏观和微观研究。词类之间在句法、语义方面的差别实际上都是以一种程度强弱为序的连续统。

三、词类研究的定量分析

在定性研究的基础上引进数理统计进行定量分析,是语法研究一个新的发展趋势。近年来,在词类定量研究方面主要是:

(一)通过主次功能统计探索词类模糊性和相对性。莫彭龄、单青《三大类实词句法功能的统计分析》(《南京师大学报》1985,3)发现存在一条从大到小的渐变功能线,因此,作为"类",名词、动词、形容词之间有着相当清楚的界限,这表现为主要语法功能的自身验定性和相互区别性,但次要功能的界限则是模糊的。莫氏的《词的模糊类聚初探》(《常州工业技术学院学报》1988,3)对《骆驼祥子》中的表人或事物名称的词的句法功能作了统计;其功能都集中在主、宾、定三种成分上,因此,证明词类的模糊性和复杂性决定了词类的客观性和相对性。后来莫氏在《关于词类问题的几点再认识》(《南京师大学报》1990,1)中又指出,词本身是个模糊集合,不仅词同非词是模糊的,词的功能也具有模糊性。并指出可以用模糊类聚统计把词分成若干个相对类别。对此,胡明扬《现代汉语词类问题考察》(《中国语文》1995,5)认为"语言既有系统的一面,又有非系统的一面,既有相对静止的一面,又有绝对流动的一面",所以在分析、解释语言现象时"应该留有余地,区分一般和特殊、常规和例外,不能处处'非此即彼'、'说一不二'"。他认为如果根据词在句子中的功能给词定类,虽然做到"类有定职",但却导致了"离句无品";如果采用句法功能作为标准,尽管大体上做到了"词有定类",却导致了"类无定职"。所以他主张,如果在区分词类上贯彻"区分一般和特殊的原则",那么尽管词类和句子成分功能不是简单的一对一的对应关系,也可以说是"类有定职"。他根据莫彭龄、单青的统计结果及自己的统计情况认为,汉语中名词的主要功能是作主语、宾语,动词主要功能是作谓语,形容词的主要功能是既能作谓语、又能作定语。

这一研究最精彩的是尹斌庸《汉语词类的定量分析》(《中国语文》1986,6),他从三个方面对汉语词类作了概括性的定量研究:(1)汉语词类的数量结构,即各类词的词数及所占的百分比。名动形三类词占全部词数的92%,这三类词数的比约8:4:1。四字成语占6%,其他词为2%。(2)汉语词类的概率分布,即对不同文体,书面语和口语、上古、中古、近古和现代汉语的词类分布作统计,发现在历时的变换下,词类分布基本上是一个"不变量"。(3)汉语词类的平均位置,即用一个词类的总数去除这个词出现的频率,得出词类的平均出现频率,可以用来刻划这个词类的平均活动能力。如名词的平均活动能力为1,动词为2,代词为72,助动词为344等。而词类的平均能量和词类的平均信息量成反关系。这一研究为汉语词类研究提出了新观念、新方法。

(二)归类定性的统计测试。李宇明《词性判定能力的测试》(《华中师大学报》1989,2)在语言群体上抽取到足以代表群体词性的调查样本,然后对有代表性的样本进行"离句断品"、"离句测标"和"依句审标"三个方面的测试,最后对所有测试的答案进行统计,并在此基础上,依据一定的数值标准来给测试的词归类定性。这一研究工作对例外具体词的词性确定有一定的辅助作用。王启龙《带宾形容词的统计分析》(《语言教学与研究》1995,2)对2098个形容词带宾情况作了统计分析,"其中能带宾的单音节形容词占全部单音节形容词的20.6%,能带宾的复音节形容词占全部复音节形容词的3%"。"凡能带宾语的形容词无论单音还是双音,绝大多数是使动用法。"谢红华《单双音节同义方位词补说》(《语言教学与研究》2001,2)统计了30万字的口语及书面语材料,对16个单音节方位词与57个双音节方位词的异同进行了详尽的描写,发现了两者在构词能力、作句子成分、与介词的结合、与名词的结合及语体色彩等方面存在着一系列的差异。

(三)具体词归类的方法。邢福义《词类辩难》(甘肃人民出版社1981)试图从方法论上着手解决这一问题,该书列举了二百多个难归类的词,介绍运用"直接判定法"、"排他法"与"类比法"给词归类。后来邢氏在《词类判别四要点》(《语言教学与研究》1989,7)中进一步指出,在定性归类时要特别注意四点:(1)依靠充足性语法特征,(2)慎用非充足性语法特征,(3)联系具体的入句结果,(4)灵活运用直接判定法、排他法、类比法等证明方法。应该说这些方法都是在具体实践中总结归纳出来的、行之有效的方

第四章 词类研究

法,但在运用这些方法,特别是"排他法"时,务必慎重,因为客观的语言现象是复杂的,不能因为不是甲就必然是乙,也可能是丙或丁。

(四)汉语词类是个老大难问题,因为问题复杂,界限不清,致使长期以来得不到彻底的解决。即使如此,语法学家仍然为此付出了辛勤的汗水,不仅在整个系统方面继续进行探索,而且对具体的词类进行了细致的调查研究。胡明扬主编的《词类问题考察》(北京语言文化大学出版社 1996)以及《汉语词类问题考察续集》(北京语言文化大学出版社 2004)所收录的几十篇论文就反映了这一多方位的探索成果。其中胡明扬的《现代汉语词类问题考察》(《中国语文》1995,5)就是一篇难得的带总结性并有独创性的好文章。

第四节 词类研究中的若干问题

一、兼类词

词的兼类又叫"跨类",是指一个词兼属不同的词类,即在某种场合下为甲类词,在另一种场合下为乙类词。词的转类和兼类不同,所谓转类,即某词本属甲类词,只有在某种场合时转变为乙类词,而在另一种场合可能转变为丙类词。这是因为汉语中确实有一部分词的词性确定起来比较麻烦,为解决这种麻烦,语法学家提出了一些解决的方法。兼类和转类就是两种不同的处理。

《马氏文通》最早提出"词类通假"说,如"通名往往假借静字"、"假借动字","更有假借状字者",即形容词、动词、副词假借为名词。例如"夫心之精微,口不能言也","受与报不宜在门下诸从事后","天之苍苍,其正色耶"。但同时他又提出"兼类"说:"庄德充符:'人莫鉴于流水而鉴于止水,惟止能止众止','止'字四用:'止水'之'止'静字,言水不流之形也。'惟止'与'众止'两'止'字,泛论一切不动之物名也。'能止'之'止',有使然之意,动字也。是一'止'字而兼三类矣。"可见《文通》对"通假"和"兼类"并没有严格的区分。

黎氏《新著国语文法》在马氏"词类假借"说基础上,进一步又提出了"转类"。由于他是凭借句子成分来确定词类的(依句辨品),因此几乎任何一个可以充当句子成分的词都可以看作转类。词的本类由它的词汇意义决定,转类则由句成分决定。

陈承泽《国文法草创》（商务印书馆1922）不同意黎氏的处理方法，提出"本用＋活用"的说法："盖凡字一义只有一质而可有数用，从其本来之质而用之者，谓之本用。"汉语的词则以其"本用分类"。陈氏特别指出"像字（即形容词）自动字有兼他动者，他动字有兼关系动者"，"凡此皆认为兼类，而不认为活用"。这主要是因为"殆不能分别其主从，不能强认其一为其他之活用"。换言之，当区分不出是本用还是活用的，则认为是兼类。如能区分主从的（从词义本质上讲），如"春风风人"，第一个"风"为本用，第二个"风"为活用。

马氏的"通假"与"兼类"实际上是一回事，黎氏的"转类"说必然导致"词无定类"，陈氏的"本用"、"活用"说与"兼类"并存，并有分工，根本一点在于坚持了"词有定类"，即使用作他用，也只是"活用"，而不是"转类"。三种说法中，陈氏的说法相对比较合理，因此王力、吕叔湘基本上继承了陈氏的观点。

王力在《中国文法学初探》（《清华学报》1936，第11卷第1期）中主张词有"本性"、"变性"，即分为"本用"与"活用"。到了《中国语法理论》中参考了叶斯泊森的观点，提出了"三品"说，认为"本性就是叶氏所谓的词类，变性就是叶氏所谓的名词用为次品或末品等等"。即用"词品"插入词类与句成分两类范畴之间，以解释它们之间不协调的情况。

吕叔湘《中国文法要略》提出了词类有"本用"与"活用"的区别，本用是指该词类最常用的语法功能。例如"名词是作短语里的端语、词结里的主语、动词的止词或补词的时候多"，"此外用法就算是活用"，可见与传统的说法是一脉相承的。

吕叔湘与朱德熙的《语法修辞讲话》（开明书店1952）提出，根据意义变不变和地位变不变作为衡量标准，把词的兼类内部分成两种：（1）地位不同、意义不同，是一个词属于两类，如"拿把锁把门锁上"，前一个"锁"是名词，后一个"锁"是动词；（2）地位不变而意义变了，部分词的词类可能变，就看这一变化是一般的，还是特殊的。凡是在相同条件下同类词都可以这样用的，不算是转类；凡是在相同条件下同类的词不是都能这样用而是决定于习惯的，是词类转变。该书虽然提出了解决的原则，但对这一问题仍未能妥善解决。

二、同音词与词的活用

兼类词与同形同音词的区别关键在于后者在语义上没有联系，仅仅是

第四章 词类研究

语音形式和书写形式偶然相同。如"米"(量词)与"(一粒)米"(名词)。但问题在于语义之间是否有联系,往往难以把握,这涉及到词的同一性问题。不同的人往往有不同的看法。同样一个例子"拿把锁把门锁好",吕叔湘认为"这是真正的一词多类,就是认为两个词也不为过,也许更好。"(《关于汉语词类的一些原则性问题》)朱德熙则认为:"因为这两种意义区别很明显,我们有理由把指东西的'锁'和指动作的'锁'看成两个不同的词。"(《语法讲义》)而且兼类词只能是极少数,可以叫"名动词"、"名形词"。

词的活用,是指这类用法并不是经常性的,只是偶尔这样用,而且语义的变化也比较特殊。这不同于永久性的词类转变,例如"别那么近视眼"、"她很女人"里的"近视眼"、"女人"是名词临时活用为形容词。问题是如何判定这样用法是"临时"还是"永久",往往是凭语感,而科学的结论应该是经过统计分析的研究。

改革开放以来,随着电脑和网络的极大普及,越来越多的人获得了话语的制作权和发布权,汉语的面貌也发生了日新月异的变化,新的组合高频使用,例如程度副词修饰名词,如:很阳光、很男人、很广东;经典中国、美食广州、新闻奥运;太平平常常、非常冷冰冰、很雪白;等等。到底是活用,还是已经成为新的合法的组合结构?还需要我们观察。

三、确定兼类词的原则与方法

陆俭明《关于词的兼类问题》(《中国语文》1994,1)比较全面地讨论了现代汉语兼类词的界定问题,列举了八组有争议的情况,认为要确定这些词是否属于兼类,主要涉及到三个问题:(1)词的同一性问题。同一个词才有兼类的问题,不同的词不存在兼类问题。同一性的原则是同音同义,同义是"指在现代汉语这个共时平面上二者意义是否相同"。(2)划分词类的相对性。词的语法功能是相对的,关键在于是哪一种处理合适,要放到整个语法系统中去考虑。(3)兼类词所占的比例问题。"兼类词只能是少数",这是一个原则。

现在一般认为,凡兼类词必须符合三个条件:(1)是一个词,而且在语义上不变(或基本不变);(2)用法上有根本区别,即甲用法与乙用法在划分词类标准上是相对立的,如"一项工作"中的"工作"可受数量词修饰,属名词,决不能是动词;"不工作"中的"工作"可以受否定副词修饰,只能是动词,决不能是名词。(3)两种用法很难区分出用法普遍性、固定性和特殊性、临时性,这就必须借助于统计法。

马彪《运用统计法进行词类划界的一个尝试》(《中国语文》1994,5)尝试采用统计法处理汉语兼类词的划界问题。他首先确定了各类词的"区别性功能特征",通过兼类词成因、发展趋势的分析为运用统计法划界提供依据;然后通过一百多万字语料中上千个词的分布情况进行了考察、分析,主要解决两个问题:(1)界定兼类词的标准。对一些跨类的词依据统计比率分辨哪些词已取得兼类资格,哪些词虽有跨类用法但还只处于活用阶段,哪些词是个别偶用。(2)兼类主次。这既是个定名问题,又涉及到词在语法书中和词典中的排列顺序问题。过去一般是按词源或语感来决定的,比如"活动"、"关系"一般认为是动词兼名词,根据统计"活动"的名、动用法比率为94:10,"关系"的名、动用法比率为135:11,这两个词叫"动兼名"就不太合适了,应为"名兼动"。根据统计结果,也有一些特殊情况有待探讨,像"科学"、"精神"这两个词在我们语感中无疑是"名兼形"的兼类词,但根据统计比率,只能列为活用。

四、名物化问题

在主宾语位置上出现的动词、形容词,传统的观点认为这时它们已转变成名词,或相当于名词了。《暂拟系统》采用了一个比较含糊的说法叫"名物化"。其理由主要有以下三条:(1)处在主语或宾语位置上的动词、形容词,在意义上已经由原来的"行为范畴"或"特性范畴"转为"事物范畴";(2)用作主宾语的动词、形容词具有一系列名词的语法特点:可以受定语修饰,可以用代词、名词复指,可以和名词构成联合结构;(3)这种位置的动词、形容词失去了它们原有的全部或部分的语法特点,例如不能重叠、不能受副词修饰、不能带宾语等等。(黎锦熙、刘世儒《语法再探讨——词类区分和名词问题》《中国语文》1960,12月)

朱德熙、卢甲文、马真《关于动词形容词名物化问题》(《北京大学学报》1961,4)对这一说法提出了尖锐的批评。批评的主要意见是要严格区别同类词的语法意义,必须是同一个词在不同语法环境中体现出来的语法意义,还是属不同的语法范畴;(1)所谓三个"名词语法特征"实际上动词、形容词也都具有,即为名词、动词、形容词的共性,而不是名词所具有的个性。(2)同类的词在不同的语法位置上表现出来的语法性质可以不一样。(3)确定一个修饰成分是定语还是状语,不能简单地从中心语的性质着眼,必须同时考虑充任这个修饰语的词本身的性质以及整个偏正结构的性质。(4)事实上几乎所有的动词、形容词都能作主语、宾语,甚至带宾语的动词。

第四章　词类研究

如都看作名词就会导致词无定类的结果。该文发表以后,"名物化"的说法受到了沉重的打击。一直到 90 年代以后才有人重新提出了这一敏感的课题。

胡裕树、范晓《动词形容词的"名物化"和"名词化"》(《中国语文》1994,2)主张区分开句法平面的"名词化"与语义平面的"名物化"。"'名物化'是专指动词、形容词的'述谓'义在语义平面转化为'名物'(或'事物'),'名词化'则是专指在句法平面转化为名词的现象。'名物化'和'名词化'既有联系,又有区别。"

作出新探索和新尝试的有:姚振武《汉语谓词性成分名词化的原因及规律》(《中国语文》1996,1)认为亚里斯多德的范畴说是传统语言学的基础,它符合人类基本的认知心理。亚氏认为现实世界可以分为十个范畴:本体、数量、性质、关系、地点、时间、姿态、状况、动作、遭受,其中"本体"占有特殊的地位,其他范畴是本体的属性。反映到语言中,本体表现为主语,其他几个范畴表现为谓语。因此主语和谓语的关系也可以归结为现实世界本体和属性关系。依照这个观点,谓语不仅可以陈述主语,也完全可以指称主语。陈述转化为指称有两种情况:一种是名词化,当然也必然指称化,一种是仅指称化,而尚未名词化。其结论看起来与前面胡氏的观点相同,不同的是,姚氏指出谓词性成分由陈述转化为指称,其根本机制不在于有无形式标记,因此谓词性成分名词化有两种情况:一种是在没有形式标记的情况下转化为名词,如"教授"、"摆设"、"补助"等;另一种是带有形式标记的名词化,有两类:一类是构词平面的,即加"子、儿、头"如"骗子"、"卷儿"等,另一类是句法平面的,即加"的",如"躺着的"、"红的"。关于"名物化"问题的争议以及研究还方兴未艾。此外,李宇明在《所谓的"名物化"问题新解》(《华中师大学报》1986,3)中,提出当一个词或词组占据句中某个语法位置时,便具有某种位置义,例如,主语、宾语位置上有指称义,谓语位置上有陈述义等等。所以当动词或形容词在主宾语位置出现时,它们的词性没变(因而仍可以受"不"修辞等等),但同时又获得了位置义,因此可以用"这种……"指称构成同位词组,这一解释是颇有启发意义的。此外,还有程工《名物化与向心结构理论新探》(《现代外语》1999,2)、何元建《论汉语中的名物化》(《汉语学习》2007,1)等。

第五章　短语研究

> **提示**：辨析短语、词组、结构三者的关系，阐述短语研究的历史，短语在汉语语法研究中的地位和作用，建立短语的基本类型，进行短语和句子的区分，重点介绍层次分析法以及向心结构理论。

第一节　短语、词组、结构

词与词组合成一个语言单位，而又尚未进入句子平面，这就是短语。短语，在汉语语法研究历史上，曾有过许多不同的名称：读、顿、短语、字群、扩词、仂语等，目前比较有影响的名称主要有三个：短语、词组、结构。名称的改变，实际上反映了人们对这类语言单位认识的不断深化。20世纪五六十年代一般以"词组"为通名，间或也有称为"结构"的。到70年代末，吕叔湘的《汉语语法分析问题》明确倾向于叫做"短语"，吕氏认为："词组一般理解为必须包含两个以上的实词，一个实词搭上一个虚词，像'我们的'、'从这里'之类就不大好叫做词组（只能叫做'的字结构'、'介词结构'什么的），可是管它叫短语就没有什么可为难的。"至于"结构"，不仅语音、语义、语法都有各自的结构系统，而且词、词与词的组合乃至句子也都有自身的结构，因此"结构"是个多义词，再加上它既可以指结构本身，又可以兼指结构关系，因而"结构"这一名称似乎内涵太多，所指太杂。目前的趋势是这三个名称有所分工，例如胡裕树主编《现代汉语》增订本（1981）把"实词与实词依靠一定的语法手段组合起来的语言单位"叫做"词组"，另把"实词和虚词各为一方的组合"叫做"结构"。邵敬敏《现代汉语通论》把"实词与实词按照一定的结构方式组合起来的短语叫'词组'"；"实词与实词的非结构组合以及实词与虚词的组合叫'结构'"（包括数量、方位、介词、"的"字四种结构)。两者合称短语。可见,从发展趋势看,"短语"将逐步取得正统的地位,但从教学方便起见,区分词组与结构,两者再合称为短语,也不失为一种切实可行的办法。

第二节 短语研究简史

对短语的研究大体经历了四个阶段。

第一阶段:《马氏文通》对短语的认识是相当模糊的,虽然提出了"顿"与"读"的观念,但它们并不如有人所分析的那样,"顿"指非主谓词组,"读"为主谓词组。马氏说:"顿者,集数字而成者也。盖起词、止词、司词之冗长者,因其冗长,文中必点断,使读时不至气促。"可见,"顿"主要从语气节奏上着眼的。马氏另一段话说得更为清楚:"凡句读中字面少长,而辞气应少住者,曰顿。顿者,所以便诵读,于句读之义无涉。"换言之"顿"是与"句读"交叉的不同平面的概念,即"读"也可能是"顿"。至于"读",马氏认为"凡有起词、语词而辞气未全者,曰读。"表面上看,"读"似乎是有起词(主语)和语词(谓语),而又不成句者,应为"主谓短语",其实,内涵更大,因为"读"还包括"无起词为联者"等各种情况。我们切忌用现代语言学的观点去"创造性"地解释前人的论述。马氏当时对"语法"的分析,主要是仿拉丁文"葛郎玛"而作,依据的是"字(词)本位",还没有充分认识到短语及其作用,这是不足为奇的。

黎锦熙的《新著国语文法》在这一点上比马建忠略高一筹。他第一个把这类语言单位命名为"短语"(又叫"兼词"),定义为:"两个以上的词组合起来,还没有成句的,叫做'短语',简称'语。'"但黎氏实际的分析同这一定义并不完全一致:(1)动词述语及其连带成分或附带成分的组合不算短语,分别看作为句内各种成分;(2)主谓短语叫做"子句";(3)对短语没作进一步分类。可见,短语在黎氏"句本位"的语法体系中的地位并不重要,只是为了解决充当主语、宾语、补足语、定语的一些动词性、名词性或副词性词语,例如"种花是一件很快乐的事。"其中"种花"是两个词联结而成的一个短语。

第二阶段:王力的《中国现代语法》把短语命名为"仂语",定义为:"两个以上的词造成一种复合的意义单位"。王力的仂语范围比较宽泛,往往把一些复合词也拉了进来,问题就出在定义上漏洞较大,因为"复合的意义单位"是从语义出发来鉴定仂语,而汉语单音节字大多是有意义的,词与语素的界限不大清楚,以至于复合词与仂语的界限也不分明。王氏的贡献在于:(1)运用布龙菲尔德的向心结构与离心结构理论给仂语进行分类,"凡仂语,其中有一个中心词者,叫做主从仂语","凡仂语系同品组合者,叫做等立仂语。"每类仂语内都又分成若干小类。(2)初步具有了仂语内部组合的层次观念,王氏指出:"首仂本身仍旧可以和别的仂语联结,成为较复杂的组合。这种组合,我们叫它做递组式。"例如:(次品+首品)+首品=仂语,如[红萝卜]汤。(3)设立"句子形式"与"谓语形式",一个句子形式可以是一个句子,如"张先生教书。"也可以是句子的一部分,如"张先生教书的学校在重庆。"一个谓语形式可以是一个谓语,如"我在家里",也可以是谓语的一部分,如"我在家里念书。"

吕叔湘的《中国文法要略》把这种词和词的结合关系分为三种:(1)联合关系,即两个同类的词连系起来。(2)组合关系,即两个词里面有一个是主体,一个是附加上去的,这叫做"词组"。(3)结合关系,又称造句关系,即主语和谓语的结合,不论独立与否,可以称为"词结"。吕氏的贡献在于:(1)认识到组合的层次性,指出几个加语可能是并立的,也可能是"一层一层加上去的"。组合情况有所区别,例如:"[小的]红花"与"[嫩红的]小花"。(2)指出"词结"并不一定是句子,也可以充当句子中的一个成分,例如:"'你看过鸟飞?'这里面的'鸟'和'飞'之间是结合关系,'鸟飞'本可独立成句,但在这里不独立。"(3)指出"词组代句"的现象,即"词组"也可以独立成句,尽管这还只是"代句子用",例如"多么热的天哪!"(4)指出词组与句子之间存在某种转换关系。例如:"山高→高山"。还特别讨论了句子转化为词组的一种特殊方式,例如"她的质问"、"我的羞愧"。

总之,这一阶段对短语进行了初步分析,但对它内部的结构关系以及与句子的关系等的认识,不少还是相当模糊的。

第三阶段:由于结构主义语法理论的影响,把短语研究提高到了一个新的高度。首先是赵元任《国语入门》提出汉语有五种基本结构格式:(1)主谓结构;(2)并列结构;(3)主从结构;(4)动宾结构;(5)动词结构连用式。以后丁声树等《现代汉语语法讲话》对此作了调整,确定五种基本语法结构为:主谓、补充、动宾、偏正、并列。另外又从谓语形式角度建立连动式、兼语式和连锁式。这就确立了汉语的基本短语的框架。此外,还有人注意到实词与虚词的组合,例如张志公《汉语语法常识》(中国青年出版社1953)提出了:系词结构、助词结构、连词结构、介词结构、副词结构等。

胡裕树主编《现代汉语》(1962年初版本)正式分出七种词组与四种结

构;(1)偏正词组;(2)动宾词组;(3)主谓词组;(4)联合词组;(5)同位词组;(6)连动词组;(7)兼语词组;(8)量词结构;(9)方位结构;(10)介词结构;(11)"的"字结构。这是对以往有关短语研究分类问题的一个小结,反映了60年代我国汉语语法学界的基本认识。不仅如此,该教材还在"思考与练习"中介绍了对复杂词组进行层次分析,并运用了图解切分法。另外,值得一提的还有北京大学中文系编的《现代汉语》(商务印书馆1962),除列举偏正、述宾、述补、主谓、联合五种基本结构,特殊词组还包括连动、递系和介词结构,并在正文中分析了复杂词组的内部组合层次。

总之,对短语的认识,20世纪从50年代初到60年代已开始深化,这主要表现在:

(一)名称由词组向结构演变,其范围也逐步扩大,不仅包括实词与实词的组合,而且也包括实词与虚词的组合。

(二)分类趋于细致,除五种基本结构之外,对特殊结构也开始引起重视,主要是连动结构与兼语结构。

(三)对结构的作用开始有正确的认识,尤其是认识到主谓结构同其他结构处于平等的地位,不再叫做子句或者句子形式。

(四)对复杂结构内部的组合关系开始尝试运用层次分析法来进行分析。

第四阶段:从1978年到现在,短语研究受到空前重视,并取得了前所未有的成绩,并在此基础上形成了"词组本位"(短语本位)理论。

第三节　短语在语法研究中的地位与作用

传统的语法研究,不是以词为本位,便是以句为本位。在分析句子时,都是从词到句,短语没有正式的地位,这明显地是受到印欧语法模式的影响。真正深刻认识到汉语语法中短语重要作用的是吕叔湘、朱德熙、郭绍虞等人,尤其是朱氏在短语研究中倾注了大量心血,并取得了丰硕的成果。

吕叔湘《汉语语法分析问题》把语言单位分为两类:"词、短语,包括主谓短语,都是语言的静态单位,备用单位;而句子则是语言的动态单位,使用单位。"因此,他认为"把短语定为词(或者语素)和句子之间的中间站,对于汉语好像特别合适。"并指出:"总之,不联系结构关系来研究,光划分句子成分,问题还比较简单;进一步研究结构关系,就大有文章可做,语法研究要取得进展,这应该是重要方面之一。"对这观点,吕冀平《两种平面,两种性质——词组和句子的分析》(《学习与探索》1979,4)有相当详尽的阐述和发挥。

郭绍虞在《汉语词组对汉语语法研究的重要性》(《复旦学报》1978年1月)中指出:"汉语的构词法和造句法是基本一致的。中间还有词组一级,它的结构形式也是与之基本一致的。"因此,"词组能在词与句之间起灵活而多变的桥梁作用。"尔后,在他的长篇巨著《汉语语法修辞新探》(商务印书馆1979)一书中又作了进一步发挥,提出"用词组为中心,作为研究汉语语法的关键"。可惜的是郭氏的出发点还只局限于从"词、词组、句子"结构形式基本一致以证明汉语语法具有"简易性",并着重说明"汉语语法必须结合修辞"的论点,因而未能从理论上透彻地分析短语研究的重要性,而且实际上也没有进行短语的具体研究。

朱德熙早在60年代初就发表了《论句法结构》(《中国语文》1962,8—9)一文,系统地运用结构主义语法理论对汉语的句法结构进行了分析,不仅指出了句法结构内部的层次性及其分析方法,而且着重讨论了在不同层面上的句法结构的同一性问题,分析了"狭义同构"、"广义同构"、"异类同构"、"同型结构"以及深层同构各种类型。朱氏的《语法讲义》则完全不讲句子的几大成分,而以六大词组结构(偏正、述宾、述补、主谓、联合、连谓)为基本骨架,可见已初具"词组本位"的雏形。正式提出"词组本位"的是《语法答问》一书,朱氏认为:词、词组和句子的关系如下图:

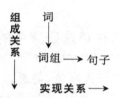

朱氏认为:"句子不过是独立的词组而已",因此,我们可以"在词组的基础上来描写句法,建立一种以词组为基点的语法体系。"朱氏分析的基本出发点是把汉语同印欧语作比较,发现印欧语里句子的构造跟词组构造不同,以英语为例,sentence的谓语部分必须有一个由限定式动词充任主要动词,而phrase则不允许有限定式动词,它只能是不定形式或分词形式,而句子里的分句clause则跟独立的句子一样,也由限定动词任谓语,可见这里是两套构造。而汉语则不然,动词和动词结构不管在哪里出现,形式完全一样,特别是主谓结构,也是一种词组,跟其他类型的词组地位完全平等。因此,汉语句子的构造原则跟词组的构造原则基本上是一致的,词组带上表述性就可以成为句子。而且词组内部的结构关系又与复合词的结构关系基本一致,因此,以词组为基点的语法体系,可以与构词法、造句法联系起来,达到内部一致,这样使语法体系显得十分简明。马庆株《词组的研究》(《语言教学与研究》1997,4)指出:"朱先生提出了词组本位的语法体系,把词组的重要性提到了前所未有的高度,这是对汉语语法研究的一大贡献。"

从词本位到句本位,再到词组本位,这一变化反映了汉语语法学家们不断地在探索汉语语法的特点,试图找出描写汉语语法体系的最佳方案。对"词组本位"的提法,有人热情地支持,也有人激烈地反对。我们认为,这一提法加深了对词组在汉语语法体系中的重要性的认识,是有积极意义的。但是,词组结构层面的分析只是语法分析的一个方面,句子平面有许多问题是词组结构分析所无法解决的。事实上,句子结构除了跟词组结构有一致的地方,它自身也有许多特点,因此,加强词组分析并不意味着要取消句子分析,这两者既有联系又有区别,它们不应对立而应互补。所以,最好不要提什么"本位",否则容易引起某种误解。

第四节 短语的类型

短语是由词和词构成的,但它与词一样,也能作为一个成分进入更大的结构,此时短语的功能相当于一个词。可见短语具有结构性和功能性的特点。因此短语的分类,可以从内部结构关系上进行,也可以从整体功能上进行,前者叫结构类型,后者叫功能类型。

(一)功能分类,实质上是看该短语在更大的语言结构中所起的作用。由于这时整个短语的作用好像一个词,因而常常用词的功能来作类比。刘复《中国文法讲话》(北新书局 1932)就曾经提出过"动词性扩词"术语,以后廖庶谦《口语文法》(读书出版社 1946)首先创立了短语的功能类别系统:(1)连词短语,(2)感叹短语,(3)副词语,(4)动词语,(5)形容语,(6)名词性短语。关于短语的功能分类,一般语法书都分为名词性、动词性、形容性三种短语,胡裕树主编《现代汉语》(1981年增订本)增加了一种"修饰性词组"认为"它的特点是不充当主语或谓语,但可以充当定语或状语"。例如"有生以来"、"无时无刻"以及"排山倒海"、"经年累月"等。但问题在于

"会议的召开""动作的敏捷"这类短语整体功能与中心词的性质发生矛盾,很难处理。林祥楣主编《现代汉语》(语文出版社 1991)则分为"体词性短语"、"谓词性短语"和"加词性短语"三类。看来,完全依据现成词类的功能来类比短语的功能,虽然比较简易,但有时难免有牵强之嫌。

(二)结构分类,这是短语研究的重点所在。70 年代末,围绕着张寿康《说"结构"》(《中国语文》1978,4)一文所开展的讨论把这一研究向前推进了一步。张文认为"词和词按照一定的方式组织起来,作句子里的一个成分的,叫作'结构'。"他列举了 21 种结构:主谓、动宾、判断、谓补、连谓、偏正、固定、数量、指量、方位、介词、"所"字、"的"字、"是……的"、复指、能愿、趋向、联合、紧缩、否定、比况等结构。由于"在现代汉语里,这种结构是成'块儿'地自由运用的",因此,"语法研究应以研究结构为主"。张文一发表即引起汉语语法学界的广泛注意。李人鉴《对〈说"结构"〉一文的几点看法》(《中国语文》1979,7)从三个方面批评了张文:(1) 不是逻辑的分类;(2) 没区分单层次结构与多层次结构;(3) 分类太细,21 种结构可以合并为几大类型。这场讨论中最值得一提的是邢福义《略论"结构"研究中的几个问题》(《华中师院学报》1980,1),该文比较了张文与李文,认为张文比较重视结构的个性,李文则注重共性,由于目前我们对结构的个性研究不够,因而充分肯定了张文的积极意义,并对涉及结构研究的五个理论问题作了阐述,明确反对"词、词组、句子"一级比一级大的三级论,认为结构和句子只是着眼点不同,却不存在着量的区别,它们的关系应为:

除此之外,还有不少文章就短语的类型及其鉴别方法等做了有益的探讨。石安石《汉语词组基本类型的鉴别问题》(《天津师院学报》1978,4)提出用"肯定式/否定式"、"选择问句"等比较成套的变化格式来鉴别某些词组的类型。这实质上已体现了根据变化格式的平行性原则来判定短语同一性质的方法。范晓《关于结构和短语问题》(《中国语文》1980,2)则建立了一个有层次的短语系统,第一级分为复合与派生两大类,第二级分为四类,第三级分为十九类。此外比较重要的文章还有张志公《汉语的词组》(《语言教学与研究》1982,4)、周一农《现代汉语结构规律初探》(复印资料

第五章 短语研究

1981,8)、吴葆棠《现代汉语词组构造基本类型》(《汉语学习》1983,6)等。专著有李子云的《汉语句法规则》(安徽教育出版社1991)、熊文华的《短语别裁》(民族出版社2003)等。

第五节 短语和句子的区别

朱德熙《语法答问》强调汉语句子的构造原则跟词组的构造原则是一致的,因此,句子的结构实际上就是词组的结构,但同时他又认为:句子跟词组终究是两回事,不能混为一谈。这主要涉及两个问题:(1)是不是所有的词组都能独立成句?(2)是不是所有的句子都能还原为被包孕的词组,就是说能不能作为更大的词组里的一个组成部分?对于(1),朱氏的回答是否定的,因为词组也有黏着与自由之分,粘着词组,如"V+了+O"(吃了饭｜打了电话),"V+C+O"(吃完饭｜拿出一本书)等等不能够独立成句。对于(2),可以肯定的是有一部分句子是无法还原为词组的,最明显的是所谓"易位句"以及带语气词"吧、呢、吗"的句子。吕叔湘《汉语语法分析问题》也提醒大家注意短语与句子的区别:"短语内部的次序是不大能改变的,句子内部的次序就比较灵活,句子可以不改变其基本意义而改变其内部次序,短语很少能够这样。"对这一课题作过探讨的还有王维贤《现代汉语的短语结构和句子结构》(《语文研究》1984,3)。王文指出:短语是构成句子的基础,但短语并不等于句子,区别主要有以下几点:(1)只有赋予短语以一定的语调以后,短语才能成为句子。(2)句子里还可以出现短语里没有的成分和结构形式。(3)句子有所谓直接引语。(4)某些成分倒置现象和分句之间的关系,也是句子所特有的。侯学超《说词组的自由与粘着》(《语文研究》1987,2)指出:在任何语境中都不能成句子的语言形式,称之为黏着词组。侯文还特别强调:(1)说句子和词组是一套结构仅仅是指抽象的结构,而不应包括一切具体意义上的格式。(2)打破主谓结构最能作句子的传统观念,即主谓词组也有黏着的,如"老的老"。(3)同一句法结构,有时是自由的,有时是黏着的。在吴竞存、侯学超合著的《现代汉语句法分析》(北京大学出版社1982)中,还详细地列举了汉语中的黏着词组,例如:顶A,再A,新V,怪A,V了N_1,V起来等等。

总之,从没有认识到词组与句子之间的有机联系,到认识到两者结构上的对应性是一个进步。然后再认识到两者之间存在的差异,这应该说又是一个进步。因此,从这个意义上讲,短语分析只完成了句子结构关系一个方面的分析,句子还应进行句型、句类以及句式等多角度的分析。

第六节 短语结构与层次分析法

层次分析法,即直接成分分析法(Immediate Constituent Analysis),简称 IC,是美国描写语法学派用来分析句法结构的基本方法,其目的是为了揭示句法内部各要素组合时的先后次序。由于短语既具有结构性,又具有功能性,所以当短语是由多个词构成时,就形成了句法结构层层包容的关系,即若干词(或语素)组成了一个复杂短语时,并不是一次组合而成的,而是先由词和词组成短语、再由短语和其他词或短语这样逐层组合而成的。虽然在王力、吕叔湘的早期语法著作中已初步具有"层次组合"的观念,但层次分析作为一种析句方法运用到汉语语法中来,最早当推赵元任《国语入门》。尽管赵氏并没有明确宣布,但实际上已经运用。作者认为"要是一个句子有两三个名词,里头包括时间词、地点词,整个句子可以当作好些层主谓结构谓语看"。例如"我今天城里有事","我"是"今天城里有事"的主语,"今天"是"城里有事"的主语,"城里"是"有事"的主语。丁声树等的《现代汉语语法讲话》则明确引进了层次分析法,指出汉语构造的特点,是"一个结构套着另外一个,或是这个结构跟那个并列",因此"除了并列结构可以由两个以上的成分组成之外,其他都是由两个成分组成的。这种结构方式规定了析句的步骤:对并列结构采取'多分法',其他结构一律用'二分法'"。

第一个全面从方法论高度介绍层次分析法并系统地运用于汉语句法结构的是朱德熙,他的《论句法结构》(《中国语文》1962,7—8)通过对歧义格式"咬死了猎人的狗"的分析,分化了词形相同,词的排列顺序相同然而层次构造不同的同型结构,指出"这种顺次找出一个语言格式的直接成分的方法叫作层次分析法"。该文认为"层次是独立于词形和词序之外的一个'初始观念'"(即不需要论证、推导的公理)。这一观点后来在《语法分析和语法体系》(《中国语文》1982,4)中又作了进一步阐述,认为"层次性是语言的本质属性之一",因此"层次分析是语法分析的一部分,是进行语法分析不可缺少的手续之一,不是一种可以采用也可以不采用的方法"。

运用层次分析法的原理具体分析汉语各种句法结构形式,摸索其规律最深入最全面的当推吴竞存、侯学超《现代汉语句法分析》(北京大学出版

社1982)。该书的贡献在于:

(一)介绍层次分析中所依据的切分三原则:

(1)结构原则,即切分后的每个成分都仍然是一个结构体,例如:

"本新书"不成结构,a切分不成立;"一本新"在某个场合虽可成为结构,但那只是与"一本旧"相对成句时,在本语言结构中仍不成结构,c切分也不成立;只有b切分才成立"一本"与"新书"分别自成结构体。

(2)功能原则,即切分后的成分仍然可以重新按汉语语法组合规则进行组合,例如:

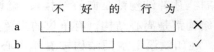

"不"与"好的行为"虽然各自成为结构体,但汉语中,否定副词"不"不能同名词或名词性词组组合,因此a切分不成立;b切分既符合结构原则也符合功能原则。

(3)意义原则,即切分后不能改变或歪曲原意,例如:

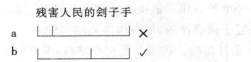

"残害"是贬义词,"残害"的对象一般是好的、善的,因此a切分虽然符合(1)、(2)原则,却违背原意,故不成立;只有b切分符合以上三项原则。

(二)区分同形歧义结构与多切分结构,所谓同形结构是指"不同意义、不同层次而所包含的词及其排列次序相同的语段",如"告别/山区的/青年";所谓多切分结构是指"同一意义的可作不同层次切分的同一语段",如"努力/学习/外语"。

(三)讨论了独用结构、零形式、非连续结构等特殊的语法现象,并就层次分析法在双宾语、递系结构、联合结构等特殊结构中的运用进行了探讨。

（四）指出层次分析法所遇到的困难,关键在于对层次相同、关系相同、而意思不同的同形结构无能为力;对处于不同层次上间接成分的语义联系不能有效地揭示;此外,对意义和功能不一致的语段的切分也有困难。

第七节 向心结构理论的探讨

布龙菲尔德(L. Bloomfield)把句法结构分为两类:(1)至少有一个直接成分跟整体的语法功能相同的结构叫向心结构(Endocentric Construction),向心结构里跟整体功能相同的直接成分叫"核心"(head);(2)所有的直接成分都跟整体的语法功能不同的结构叫离心结构(Exocentric Construction)。这一理论沟通了一个句法结构的内部结构关系与外部整体功能之间的联系。一般认为:汉语里的偏正结构(包括定心与状心结构)、述宾结构、述补结构都是向心结构,由虚词组成的句法结构,如介词结构,"的"字结构都是离心结构。有争议的主要是三种结构:

（一）主谓结构。在印欧语里主谓结构被看作离心结构,而在汉语中,有不少人看作向心结构,是谓词性的。当然也有人认为是名词性的;也有人认为一部分是谓词性的(如"他来了"),一部分是名词性的(如"他上海人")。施关淦则认为主谓结构不能受"不"否定,作谓语也要受限制,既不同于名词,又不同于动词或形容词的功能,当然不能看作向心结构。其实,主谓结构可以受副词修饰(不一定是"不"),例如"他上海人→也许他上海人",大部分也可以作谓语构成主谓谓语结构,因此,按照平行性原则,它的功能更接近于谓语性的,似看作向心结构较好。

（二）动补结构。这当然是向心结构,但对"核心"的理解则不一致。朱德熙认为有两种情况:甲式:写得好/飞得高;乙式:写得很好/飞得高高的。甲式与乙式的区别在于补语分别为甲类成分(性质形容词)与乙类成分(状态形容词)。从功能上讲,甲式相当于一个甲类成分,乙式相当于一个乙类成分。因此,事实上,朱氏认为动补结构有两种不同的核心。李临定《动补格句式》(《中国语文》1980,2)认为:"从谓语表述重心来看,往往是在'动补'格的后部分(动$_2$),而不是在前部分(动$_1$)。"其理由是动$_1$往往可以省,而动$_2$则不能省。马希文《与动结式动词有关的某些句式》(《中国语文》1987,1)也从另外的角度证明某些动结式是由"结"扩展而来的。施关淦不同意这一分析,认为都是以动词为中心的向心结构。

第五章 短语研究

（三）"名＋的＋动"结构。从整体功能上看，它是名词性的，从结构形式看，属偏正结构，可是它的核心却是个动词。这便与向心结构的定义发生了矛盾。传统语法处理这一类结构时，把其中的动词或形容词说成是名物化了或者已经变为名词了。朱德熙、卢甲文、马真合写的《关于动词形容词"名物化"的问题》对"名物化"理论提出了尖锐的批评后，从此，"名物化"观点很少有人采用了。一般把出现在主宾语位置的动词形容词仍看作词性不变，换言之，把动词形容词作主宾语看成也是它固有的语法功能之一。这是有解释力的，但是，碰到"这本书的出版"这一类特殊结构便有点儿难以自圆其说了。吕叔湘从《中国文法要略》到《语法修辞讲话》都把它看作是一种"主谓结构"，这是用语义分析代替了句法分析，后来也放弃了。

"这本书的出版"是典型例句，"出版"到底是动词还是在已经变为名词了呢？也涉及到该结构能不能用向心结构和离心结构的经典理论来解释，语法学界历来争议很大。

80年代初，施关淦《"这本书的出版"中"出版"的词性——从"向心结构"理论说起》(《中国语文通讯》1981,4)又一次提出了这一棘手的问题。要解决这一问题，至少有四条路子：

(1) 证明布氏关于向心结构的理论是不准确的，或不完整的，应予以修正。

(2) 不再把其中的"出版"看作是动词，即采用"名物化"或类似的词性转变说。

(3) 证明"这本书的出版"不是以"出版"为中心词的名词性偏正结构。

(4) 在坚持布氏向心结构理论以及"出版"仍为动词的前提下，另找出路，寻找新的解释。

朱德熙《关于向心结构的定义》(《中国语文》1984,6)提出在考虑语法关系的同时，必须也考虑语义问题，即"从语义上说，受到相同的语义选择限制"，所谓语义选择限制，就是指语义上的搭配关系，例如：

| 住木头房子 | 住房子 | *住木头 |
| 一所木头房子 | 一所房子 | *一所木头 |

可见"木头房子"只有一个核心"房子"，据此，朱氏把向心结构的定义修改为："向心结构指的是至少有一个直接成分与整体在语法上功能相同，在语义上受到相同的语义选择限制的语法结构。向心结构中与整体功能相同并且受到相同的语义选择限制的直接成分是它的核心。"引进"语义选择限

制"比只单纯考虑"功能"进了一步,这对理解为什么"木头房子"不是两个核心有解释力,但是对"技术的进步"(N 的 V)仍然无能为力,因为"技术的进步非常快"与"进步非常快"有相同的语义选择,这只能证明"进步"确为"技术的进步"的核心。这类中心语同整体功能仍然不同,朱氏把"技术的进步"与"(N 的 V)"看作广义的同构,显得理由不够充分。陆丙甫《关于语言结构的内向、外向分类的核心的定义》(《语法研究和探索》(三),北京大学出版社 1985)也对布氏的向心结构理论提出了修正,他引进"规定性"标准替代"等同性"标准,即如果结构体 AB 的功能取决于(不再是等同于)A 或 B,则 A 或 B 就是核心。所谓"规定性"标准,也可以说是功能类的"稳定性"标准。陆氏为了合理解释一方面 AB 功能由 B 决定,另一方面 AB 的功能与 B 不同这种语言现象,例如"肉麻"由"麻"决定,可是整体功能不等于"肉"或"麻"而为形容词,从而提出"向心结构"也可能是外向的(即核心与整体功能不同)。但无论朱氏还是陆氏的修正办法,解决的只是确定一个结构体中 A 还是 B 为核心的问题,整体功能与核心功能矛盾的问题仍未能解决。金立鑫进一步发挥了陆丙甫关于"内向"、"外向"结构的观点,并形成一套与"向心"、"离心"结构并行的概念。他在《关于"向心结构"理论问题的再思考》(《语言学通讯》1988,4)中指出:各种分歧意见同对"核心"的不同理解有关。一种理解是:核心指跟短语的功能相同的直接成分(施关淦 1988),另一种理解是:核心是结构模式的结构意义,结构体功能的主要载负者的规定者(陆丙甫 1985)。从功能出发,"主谓结构"、"虚词结构"是"离心结构",而从结构关系出发,则应该是"向心结构",既然汉语的功能类同结构关系之间没有简单的对应关系,便应该用不同的方法来处理:"内向结构"和"外向结构"用来处理短语与词的功能关系,"向心结构"与"离心结构"用来处理短语内部的结构关系。后来他在《现代汉语的结构分析和句型》(《九十年代的语法思考》,北京语言学院出版社 1994)更明确地提出"用'向心'和'并立'处理组合关系,用'内向'和'外向'处理聚合关系"。并"根据现代汉语的情况,在聚合关系方面我们修改布龙菲尔德的定义为:如果向心结构中的核心成分或者并立结构中的各个成分在功能上与整体一致,则这个结构就是内向结构,并且与整体功能一致的那个核心(或并立成分)也就是内向结构中的功能核心,否则就是外向结构"。"区分出'向心'和'内向'(组合关系和聚合关系)我们就可以顺利地处理下面的一些结构:向心的内向结构(美丽的西湖)、向心的外向结构(他的不来)、并立的内向结构(生动活泼)、并立的外向结构(一本书又一本书)。""这样区分,其中的一个意义在于指出'向心的内向结构'其结构核心与功能核心的一致性,'向心的外向结构'其结构核心与整体功能的不一致性。"这样就可以顺利地把"木头房子"看作"向心的内向结构",而不是"并立的向心结构",不再需要"语义选择原则";而把"这本书的出版"看作"向心的外向结构",可以避免"名物化"的缺陷。但问题在于这样一来,离心结构实际上已没有存在的价值了,因为包括主谓结构、虚词结构都解释为外向结构的向心结构。可见,如何用向心结构理论来分析解释汉语语法,仍需作进一步探讨。相关的论文还有:项梦冰《论"这本书的出版"中的"出版"的词性》(《天津师范大学学报》1991,4)、吴长安《"这本书的出版"与向心结构理论的难题》(《当代语言学》2006,4)等。

第八节 短语研究的新动向

20世纪90年代以来,短语研究转向从语义、认知角度的分析。主要集中在以下几个方面。

(一) 从语义角度分析短语的语义特点、语义关系以及语义差异。

(1)短语的构成以前比较注重探讨词的句法条件,现在则较多的是讨论词进入某种结构的语义条件。如詹卫东《关于"N+的+V"偏正结构》(《汉语学习》1998,2)考察了不同动词进入这一结构能力的差异,分析了这一结构对NP不同的语义选择、VP跟NP构成的不同的语义关系,并尝试从认知语法角度作出解释。吴继光《用事成分的语义序列与语法规则》(《中国语文》1999,3)认为在汉语中"用+N"这一表用事的介词结构,从语义上看可以分为表方式、工具、材料、时间等类,这些不同小类的用事成分要共现时有一个优先序列:工具>方式>时间>材料,优先成分可用"用"出现在谓词前,其他成分只能选择另外的标记。而且"用"字程度的虚实也与用事成分的类型有关,按工具>材料>方式>时间,由实到虚,这证明"用"字处在语法化的过程中。

(2) 短语的分类以前主要依据句法功能标准,现在开始尝试从语义角度进行分类。如黄河《关于同位结构》(《汉语学习》1992,1)从语义角度,根据同位结构的语义类型、同位成分之间的语义关系,把同位结构分为指人(包括表人身份、限定或强调所指范围、强调所指数量指代范围三类)和指物(包括所指性质、范围、类别、内容等类),等量复指和部分复指,双项复指和多项复指等类别。

(3) 短语的整体功能以前大多是分析其句法功能,现在则从语义、语用等不同角度进行。如郭良夫《试说能愿动词的句法结构形式及其语用功能》(《中国语文》1993,3)认为能愿动词内部各成员具体的词汇意义不尽相同,但它们的句法结构形式却有相同的语用意义,即都表示对谓词所指对象的真值进行主观上的判断(确认或推测)。他把能愿动词的结构形式分为五大类,其判断意义分为七种:完全肯定、基本肯定、倾向肯定、无定、倾向否定、基本否定、完全否定。俞咏梅《论"在＋处所"的语义功能和语序制约原则》(《中国语文》1999,1)认为:状语性处所范畴的"在＋处所"短语,在结构中由于语义指向不同以及动词的制约作用,可以被次范畴化为［起点］、［原点］、［终点］的对立。如"在教室里写字"(施事［原点］)、"在黑板上写字"(受事［终点］)、"在顶棚上卸灯泡"(受事［起点］)、"在盆里洗衣服"(受事［原点］)等。李芳杰、冯雪梅《指代称谓的"的"字结构的表达功能》(《汉语学习》1999,5)指出在语言交际中称谓词的使用相当频繁,但汉语称谓有时不用称谓词,而用"的"字结构"VP的"指代。根据"VP的"构成特点可以把这类"的"字结构分成三类:A 包含亲属、职衔称谓词,如"当妈妈的"、"作老师的";B 包含姓氏称谓词,如"姓李的";C 包含表示人物生理、职业等特征的词语,如"戴眼镜的"、"教书的"。这三类的表达功能不同:A 类用于强调责任和义务,B 类多带贬义色彩,C 类较为复杂。

(二) 从认知角度解释句法结构的构成基础。廖序东《现代汉语并列名词性成分的语序》(《中国语文》1992,3)考察了汉语并列名词性成分的排列顺序,提出了当并列名词性成分地位不等或不对称时其排列顺序要遵守以下原则:重要性的原则、时间先后的原则、熟悉程度的原则、显著性的原则、积极态度的原则、立足点的原则、单一方向的原则、同类的原则、对应的原则等等。刘宁生《汉语偏正结构的认知基础及其语序类型学上的问题》(《中国语文》1995,2)讨论了汉语偏正结构,特别是名词性偏正结构的语序,证明(1)偏正结构中中心语和修饰语先后的认知基础是"目的物"和"参照物";(2)汉语中存在着一个称作"参照物先于目的物"的语序原则,决定了"修饰语"位于"中心语"之前的语序一致性。张国宪《"V 双＋N 双"短语的理解因素》(《中国语文》1997,3)运用原型理论研究"V 双＋N 双"短语的认知图式,并把这种图式分解为若干个基本组成部分,以寻求短语的理解因素;给出了由支配关系向修饰关系游移的优势理解序列。在汉语中,"动词＋名词"可以有两种句法关系:动宾关系(如"收听广播")、偏正关系(如

"竞争机制")。动词用作定语,从词类系统来看是功能的游移,所以这类结构可以用一个连续轴来表示:

动宾	动宾/偏正	偏正
研究佛教	研究问题	研究机关

"V+N"是处于连续轴的左端还是右端主要与几种理解因素有关:a. 名词的生命度、定指度、控制度、语义角色。b. 动词的及物性、动性强弱、语义制约。c. 结构节律的语法重音和音步。

(三)从中文信息处理的角度认识短语的特点和作用。这方面的研究首推詹卫东的博士论文《面向中文信息处理的现代汉语短语结构规则研究》(清华大学出版社2001)。该书以形式化的方式对现代汉语短语结构的组合规则进行了全面的描写,提出"广义配价模式",列举出89条句法语义规则,基本上反映了现代汉语短语结构规则的主体面貌,并且探讨解决短语歧义问题的途径,为计算机中文信息处理提供了处理和理解现代汉语句子的汉语语法理论框架。相关的论文还有吴云芳《面向中文信息处理的现代汉语并列短语结构研究》(《语言文字应用》2004,2)、刘华《汉语信息处理中短语优势的理据及实验证明》(语言文字应用2007,4)等。

总之,短语研究在汉语语法的研究中的重要性,现在已为大家所公认。但汉语短语的研究还有许多工作有待我们去做。马庆株《词组的研究》(《语言教学与研究》1997,4)提出词组的研究可以从以下几个方面着手:研究固定词组和临时词组、自由词组和黏着词组、单义词组和多义词组、定位词组和不定位词组。归纳起来,我们认为,关于短语的研究可以从下面几个方面进行:

1. 短语和词的关系。汉语的短语和词由于其结构方式以及语义关系构成一种平行关系,所以要区分出语法词、离合词、正词法的词和词汇的词。

2. 短语的结构类型及其复杂化。(1)影响短语结构类型的因素,主要有词序、虚词、成分类(同类词或异类词共现时的序列及位置,与词的小类有关)、关系(成分之间的关系应该既是语义的分类,又是有形式标志的语法分类)、功能(应包括短语的结构功能、语义功能和表达功能,短语的表达功能,包括短语的人际功能和语篇功能)。(2)派生短语。包括重叠式短语和一个直接成分是虚词的短语。(3)复合短语与派生词组的相互转化、虚词的隐现规律也很值得研究。(4)短语的复杂化。包括同类包含(包含与自身结构关系性质相同的句法结构)和异类包含。

3.短语的功能类型。影响短语功能类型的因素有:(1)短语与指称和陈述。指称和陈述又可各自下分为不同的类型。(2)短语和词的功能差异。

4.短语的转化,有两大类:一类是不改变语法单位的级别,一类则改变语法单位的级别。这包括:(1)短语——短语,同级转化;(2)短语——词/语素组合,降级转化。

5.短语和句子的关系——短语成句,升级转化。这与短语的自由和黏着有关。

第六章 句型研究

提示：重点介绍新时期汉语句型研究的突破,包括句型系统的构拟、探索汉语句型的新思路、动词和句型的关系以及句型的语义特征和语用功能。最后讨论句型研究的若干理论问题。

第一节 句型研究的对象

句子是语言表达的基本单位。从语言运用的角度考虑,句子应该是语法研究的重点。我们平时说话、写文章使用的句子都是临时的、具体的语言单位,而从语法研究的角度考虑,我们研究的各级语法单位都是概括的、抽象的,句子的分析也是如此。由于汉语的特点,句子结构和短语的结构基本一致,因此句子内部的结构关系一般不再是句子分析的内容,而是对句子结构的基本模式进行概括、归类,这就是句型分析。人们掌握了这些有限的句子结构类型,就能生成无限的合法的句子了。

对句型的理解历来有广义和狭义的区别,广义的句型指对句子运用不同标准进行综合分类。这些标准主要有七种：

（1）按句子的结构分类,这是狭义的句型,例如主谓句、非主谓句等。

（2）按句子的语气、功能分类,又叫句类,例如陈述句、疑问句、祈使句、感叹句。

（3）按句子的特征分类,即有些句子的结构比较特殊或有特殊标记的,又叫句式,例如"把"字句、"被"字句、"是"字句等。

（4）按句子的语义范畴分类,即看整个句子所表示的语义范畴,也叫句式,例如存在句、比较句等。

（5）按照句子成分的语义关系分类,又叫句模,例如：施事主语句、受事主语句。

(6) 按句子谓语部分功能的分类,例如叙述句(动句)、描写句(形句)、判断句(名句)等。

(7) 按句子的用途分类,即句子在一组句子里的地位和作用的分类,例如始发句、后续句等。

范晓《略说句系学》(《汉语学习》1999,6)主张运用三个平面理论研究分析句子。认为:句子都是句法、语义和语用的统一体,从句法平面可以抽象出句型,从语义平面可以抽象出句模,从语用平面可以抽象出句类。这三方面综合起来的抽象的句子即句样,一个具体的句子为句例。除此之外,还可以从句子的功能角度给句子分类。例如吴为章《关于句子的功能分类》(《语言教学与研究》1994,1)根据吕叔湘的观点,把句子分为始发句、后续句和终止句,并对这三类按功能分类的句子的分布、特征及其应用作了较为细致的分析和描写。

第二节 汉语句型研究简史

受西方传统语法研究的影响,汉语句型的研究最初并未受到语法学家的关注。黎锦熙《新著国语文法》把句子六大成分分为三个等级:主要成分为主语、述语,连带成分为宾语和补足语,附加成分为形容词附加语和副词附加语。并根据前四种成分的组合方式,归纳出四种句子的基本结构形式:(1) 主语‖述语,(2) 主语‖述语｜宾语,(3) 主语‖述语/补足语,(4) 主语‖述语｜宾语/补足语。这一归纳虽然不能概括汉语所有句子的结构格局,但构成了汉语句型的雏形。

20世纪40年代王力、吕叔湘、高名凯三大家在句型研究上也并未取得很大的进展。王力《中国现代语法》把句子分为"叙述句"、"描写句"、"判断句"三类,另外又论述了"能愿式"、"使成式"、"处置式"、"被动式"、"递系式"、"紧缩式"等句子形式。从而开创了描写汉语特殊句式的先河。吕叔湘《中国文法要略》除了把句子分为"叙事句、表态句、判断句、有无句"之外,着重从语义范畴角度对汉语中某些句子作了详细的分析,例如表时间、处所、否定、比较、传信、传疑等等。从而开创了从语义范畴角度对句子结构模式的研究。高名凯《汉语语法论》专门设有"句型论"一编,但实际上不是讲句子格局,而是讲句子的语气类型,包括"否定、询问、疑惑、命令、感叹"等命题。可见,在汉语语法学史上,狭义的句型系统研究出现得比较晚。

第六章 句型研究

50年代以后,开始注重句子成分之间的联系,从而发现句子成分不同组合形成的句子结构。这同结构主义语法理论强调的"聚合关系"和"组合关系"有一定关系。《中学暂拟汉语教学语法系统》已开始具有"句型"的萌芽思想。它把句子分为"双部句"和"单部句",即"由主语谓语两部分构成的句子是双部句","由谓语一部分或者不能断定是主语还是谓语的一部分构成的句子是单部句"。但第一个真正建立汉语语法句型系统的,当推在《暂拟汉语教学语法系统》基础上所编写而成的《汉语知识》(人民教育出版社1956)。它指出"主语、谓语、宾语、补语、定语、状语这些句子成分相互配合,产生各种各样的句子格式",并列出最基本的单句句式有三大类十八种:

1. 包含主、谓的句子
(1)主语‖谓语(2)主语‖合成谓语(加判断词的)
(3)主语‖合成谓语(加能愿动词的)(4)主语‖合成谓语(加趋向动词的)

2. 包含主、谓、宾、补的句子
(1)主语‖谓语—宾语(2)主语‖谓语—(近)宾语—(远)宾语
(3)主语‖谓语—补语(4)主语‖谓语—宾语—补语(5)主语‖谓语—补语—宾语

3. 包含主、谓、宾、补、定、状的句子
(1)定语—主语‖谓语(2)主语‖(是)—定语—谓语(名词)
(3)主语‖谓语—定语—宾语(4)定语—主语‖谓语—定语—宾语
(5)主语‖状语—谓语(6)主语‖谓语—状语—补语
(7)主语‖状语—谓语—状语—补语(8)主语‖宾语—状语—谓语
(9)主语‖定语—宾语—状语—谓语

这一句型系统的特点是把句子的成分分为三级,主语和谓语为第一级,宾语和补语为第二级,定语和状语为第三级,并以句子成分的等级、有无、多少来决定句型。当然这一句型系统也存在不少问题,主要有以下三点:(1)句型本身缺乏层次观念,(2)不管成分的主次,只要增加任何一个成分,句型就得发生变化,(3)"合成谓语"本身并不能反映句型的特点。

句型研究直到70年代末,才引起广泛的重视。吕叔湘《汉语语法分析问题》指出:"怎样用有限的格式去说明繁简多方、变化无穷的语句,这应该是语法分析的最终目的,也应该是对于学习的人更为有用的工作。"在他的影响下,80年代汉语句型研究形成了一个高潮,并成为汉语语法中成果显著的一个重要组成部分。

第三节 新时期汉语句型的研究

80年代的汉语句型研究颇具特色。一是汉语教学,包括对外汉语教学,比较重视句型教学;二是对句型的研究和探索进一步深入,产生了不少新的句型系统框架,出版了几本句型研究的专著;三是在句型研究理论上提出了一些新的设想,尤其在句型和动词关系上有一些新的突破;四是对汉语的句型结构形式进行深入细致的描写。

80年代句型研究之所以会取得如此成绩,主要有以下几方面的原因:(1)时代和社会的需要。随着我国的改革开放,中国的国际地位日益提高,学习汉语的人越来越多。对外汉语教学要求归纳出汉语的基本句型,为教学服务;(2)80年代初开展了汉语析句法的讨论,汉语句子的分析受到了特别的重视,汉语的句型研究也从中吸取了不少有益的东西;(3)受国外语言学理论的影响,包括结构主义理论的影响,例如层次分析、向心结构、扩展和替换等观点和方法,加强了对汉语句型静态的分析,尤其是乔姆斯基的转换生成语法理论的影响。"转换"涉及到句型之间的内部变换关系,"生成"涉及到句型中从简单到复杂的变换过程,促使句型研究在静态分析的基础上进一步开展动态分析的研究。

一、句型系统的构拟

80年代在句型研究中最早提出汉语句型系统的是吕叔湘主编的《现代汉语八百词》(商务印书馆1980)中所附的"汉语谓语句型表"。该表列举了汉语的十三种句式。它的特点是:(1)区分句型时同时采用四个标准:a.根据动词的功能分出"及物动词句"、"不及物动词句";b.根据谓语的特殊结构分出"连动句"、"兼语句";c.根据动词所带的是宾语或补语及宾语的性质、数量、出现位置分出"动词做宾语句"、"双宾句"、"小句做宾语句"、"数量宾语句""宾语前置句"、"补语句";d.根据全句的语法意义分出"被动句"、"存在句";e.根据某些特殊标记分出"把字句"等。(2)强调动词与句型的关系。部分句型先概括动词的特点,再分出下位句型类型。尽管下位小类的句型并无正式的名称,但区分出同类句型中动词性质、功能的差别,例如"动词做宾语句"又分为AB两类,A类中动词可以带动词宾语,也可以带名词宾语,如:"你喜欢看小说吗?"B类动词只能带动词性宾语,如:"机器正在进行改装。"(3)除了列表的十三种句式外,该书还另有"动趋式动词有关句式表",列举了四种句式:a.主语+动趋;b.主语(处所)+动趋+宾语(事物);c.主语+动趋+宾语(事物);d.主语+动趋+宾语(处所)。总的看来,该书中所列的句式表不强调句型的系统性,而是着重分析汉语中常用的句式和特有的句式,因此比较简明、实用。但是由于句型分析采用多标准、同时又缺乏系统的层次观念,句式的分类有时发生交叉的现象。此外把"动趋式"一律看成一个动词的观点,也值得商榷。

构建汉语句型系统,首先是为了教学的需要,这可以胡裕树主编的《现代汉语》(上海教育出版社 1981 年版)为代表。该教材 1962 初版没提句型,1979 年修订本也仅仅提到"句子的基本类型是主谓句……"极为简单。1981 年增订本才把"句型分析"提到相当重要的地位。该句型系统吸收了结构主义的某些理论和方法。它的特点是(1)明确区分句型和句类;划分类型依据单一的标准,即以结构的关系来确定。(2)指出"句子结构分析的最终目的,是为了确定句型"。明确了句型分析在语法体系中的中心地位。(3)指出了不影响句型的各种因素:a.句中表示语气的成分;b.句中功能相同词语的替换;c.扩展(增加修饰语);d.增加独立成分;e.语用上的语序变换。(4)句型系统有层次性,分为上位句型和下位句型。(5)依照向心结构理论,按谓语中心语确定句型。有关句型分析的理论依据在《现代汉语使用说明》(上海教育出版社 1981)以及《句子分析漫谈》(《中国语文》1982,3)、《如何确定句型》(《中文自修》1984,4)中都有比较充分的论述。该教材第一次系统地提出了一个有层次的句型系统,在理论上有所创新,也具有一定的特色,因此不仅在语法教学,而且在语法研究中都产生了很大的影响。

黄伯荣、廖序东主编的《现代汉语》(甘肃人民出版社 1981)也提出了一个句型系统。该系统的特点主要是:(1)对"句型"是广义的理解;(2)主谓句下面根据不同的情况分为五种格式:主谓式、主谓宾式、双宾式、连谓式、兼语式,除此以外又另外"从不同角度"分析一些"需要着重说明的句式":主谓谓语句、"把"字句、"被"字句、存在句等等。该句型系统同时使用多标准,又缺乏层次观念,在理论上也显得比较凌乱。1997 年增订二版(高等教育出版社)只是略作调整,主谓句分为"名词谓语句"、"动词谓语句"、"形容词谓语句"以及"主谓谓语句",非主谓句分为"动词性"、"形容词性"、"名词性"以及"叹词句"。另外着重介绍有结构特点的几种句式,对整个句型系统未作说明。

此外,林杏光《汉语句型 500 句》(陕西人民出版社 1980)采用六个不同标准把汉语句子分为 100 类共 500 句。由于标准交叉,这样分出来的句型显得相当杂乱。郭德润《汉语常见句型的用法》(新华出版社1981)主要介绍了现代汉语中最常见的9种句型,有的从介词角度命名的,包括"把"字句、"被"字句、"对"字句、"在"字句;有的从句子所具有的语义特点命名的,包括存在句、祈使句;也有的从谓语部分特点命名的,包括兼语句、谓词宾语句和"是"字句。所以实际上讨论的是句式。吴启主《句型和句型的选择》(甘肃人民出版社1981)是黄伯荣、廖序东所编的《现代汉语》配套的教参书。该书对句型研究作了一些理论上的探讨,材料较为丰富。有两点较为有价值:(1)讨论了句型的转换,提出了"内转"和"外转"。"内转"指不改变句子基本结构的内部局部转换,所谓不改变句子基本结构是指扩展、省略、变序、离合等;"外转"指由一种基本句型转换为另一种基本句型。(2)讨论句型的选择,提出歧义句的作用和同义句的选择。

二、探索建立汉语句型的新思路

语法学家不能满足教学的句型系统,因此开展了各种新的句型系统的设想,形成各自的特色。比较有代表性的有:邢福义《论现代汉语句型系统》(《语法研究和探索》(一),北京大学出版社1983)提出的句型系统主要特点是:提出句子结构"分层向核"的性质,即分析句型时把结构主义的"层次"观点和传统语法的"动词中心说"观点结合在一起,试图寻找建立汉语句型的新途径。该系统的实质是以句子的谓语动词为"核心成分",然后句子的其他成分按层次与之一一组合起来,因而形成句型结构成分在组合时的向核性和层次性,如:

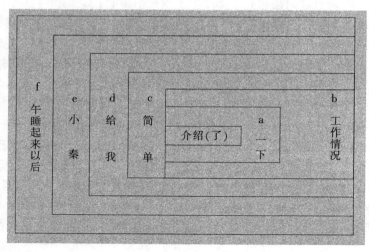

第六章 句型研究

这种分类在一定程度上解决了把句子各种成分放在一个平面上处理的弊病。该句型系统的特点是：(1)把句子成分分为"质成分"(凡是对句型基本面目有决定性影响的成分，包括主语、谓语)与一般成分(与动作语或中心语相对的宾语、补语、状语、定语)；(2)建立句型的基本方法为：侧重结构核，依据质成分，兼顾一般成分；(3)句型系统本身也有系统的，下位句型则分别采用"多标准"从不同的角度给某种句型再分类，它们之间存在一种"加合孳生"的关系。这一句型系统分析的尝试是十分有益的，特别是探索了句子结构的"分层向核"性尤为重要，但问题在于(1)"核心词"对动词性谓语句有较强的解释力，但对非主谓句的解释力不强，(2)区分"质成分"和"一般成分"缺乏有说服力的论证。

跟邢氏观点相近的是邵敬敏《句型的分类及其原则》(《杭州大学学报》(增刊)1984)、《基础短语析句法》(《语言学年刊》杭州大学学报编辑部1982)以及《对外汉语教学生成句型系统刍议》(《语法研究与语法应用》，北京语言学院出版社1994)，邵氏句型系统的特点是：(1)区分"词化短语"和"句化短语"。"词化短语"是静态单位、造句单位，"句化短语"则是动态单位，属于句子。这样就可避免层次分析法层层切分到词而忽略了短语也可以充当句子成分的特点。(2)指出句子复杂化的手段主要有两种：A.迭加扩展，B.局部扩展。前者属句型分析的问题，后者属短语平面分析的问题。(3)区分"基础短语"和"扩展短语"。句型分析以基础短语为核心，在此基础上建立基本短语的扩展类型，从而弥补了传统语法"动词中心论"所造成的不足。该系统吸收了"短语本位"的思想，提出了"短语中心说"，认为根据基础短语的类型就能建立起汉语句子的基本类型。该系统还吸收了"层次观念"，坚持句子是由各造句单位在基础短语作核心的基础上逐层迭加生成的。不仅句型本身有层次性，而且句型内部的类型也有层次性。因此，这一句型系统是有限的、有层次的、有序列的生成性的结构系统。

值得一提的还有两位学者的研究：一是李临定《现代汉语句型》(商务印书馆1986)、《划分句型的原则和标准》(《句型和动词》，语文出版社1987)，作者建立句型的标准是"依据句子构造的系列性区别特征(对比特征)"。该句型的特点是：(1)确定句型从多个角度、采用多种标准来观察、来确立句型的。主要根据句子成分来确定，可称为"句成分型"，除此以外，还采用了句子格式、代表字、语气、语义、变换等标准确立了结构格式型、代表字型、语气型、语义型、异变换型等句型。(2)特别强调动词与句型的关系。根据动词的小类来确立句型,如区分了"意志动词句型"和"非意志动词句型"、"复指动词句型"和"非复指动词句型"、"动作行为动词句型"和"非动作行为动词句型"、"及物动词句型"和"不及物动词句型"等。一是陈建民《现代汉语句型论》(语文出版社1986),他建立的句型系统是多层次的。该句型系统的特点是:(1)强调"中介物"的分类思想,主张取消单、复句的区分;(2)强调句型的层次性,提出上位句型、中位句型、下位句型、下下位句型构造;(3)比较注重形式,并用意义加以验证;(4)重视口语中的句型;(5)每种句型都有其基本格式,并可以转化为其他成型的句子结构格式,叫转化式;也可以派生出非成型的结构格式,叫派生式。基本格式是有限的,而转化式和派生式却是多样的。

三、动词和句型关系的研究

由于句型中最多、最复杂的是动词谓语句,因此动词的类与句型密切相关。吕叔湘(《汉语语法分析问题》)认为"动词和句型"这是语法研究中第一号重要的问题。因为从某种意义上说,动词是句子的中心、核心、重心,别的词都是同它挂钩的,因此,"句型问题往往与动词的性质分不开"。1985年在厦门举行的"句型和动词"学术讨论会上,就集中讨论了这个问题,从而开始转入比较深入、细致的具体动词句型的研究。主要涉及以下几个方面的问题:

(一)根据某些动词语义小类构成的句型的研究。例如史有为《包装义动词及其有关句型》、范晓《交接类动词及其构成的句式》(均见《语言教学与研究》1986,3)。

(二)根据动词的"向"来研究句型。例如吴为章《单向动词及其句型》(《语法研究与探索》(二)北京大学出版社1984)、《"X得"及其句型——兼说动词的"向"》(《中国语文》1987,3)。

(三)根据动词所带的相关成分构成的句型研究。这方面研究最有成就的是李临定,他长期从事这方面的研究,取得了一定的成就,如《双宾句类型分类》(《语言研究与探索》(二)、《动补格句式》(《中国语文》1980,2)。其他还有马庆株《双宾句类型分类》、杨成凯《小句作宾语的划界问题》。

(四)句型理论的综合探讨。李行健《动词和句型的研究献疑》(《句型与动词》,语文出版社1987)着重讨论了:(1)动词与名词、形容词的区分,建议分为名词、动词、动名词三类;(2)动词的内部分类要服从句型研究的需要,因此要在动词组合关系中去区分它的小类;(3)句型的分类标准,应以"句子构造的规律"为划分标准。史有为《句型的要素、变体和价值》(《句型与动词》,语文出版社 1987)运用统计学的观点分析了句型和句例的关系,其特点是:(1)区分四种不同的"句型要素":a. 语义句型要素:核心成分、格成分、能愿成分等;b. 句法句型要素:关系、关系元、关系手段等;c. 语音句型要素:停顿、重音、句调等;d. 语用句型要素:话语主成分、语气成分、强调成分等。(2)提出"句型变体",即具有同一语义框架,但在句法、语音、语用等平面上却有某些变化,但保持关系元相对位置基本一致。(3)认为"句型成分"的资格是"渐变"的,即是程度不等的,而不是顿变的。

四、句型的语义特征和语用功能研究

这主要表现在以下几个方面:

(一)具体句型功能的探讨。例如项开喜《体词谓语句的功能透视》(《汉语学习》2001,1)主要探讨了汉语体词谓语句的功能价值和认知基础。指出汉语中的一些名词性短语由于某种范畴性语义特征的作用,出现功能游移现象,因而具有陈述功能。

(二)句子语义类型的分析。例如张黎《试论汉语语义句型的划分》(《汉语学习》1995,5)建立了一个语义句型系统。这个系统有五个层面:

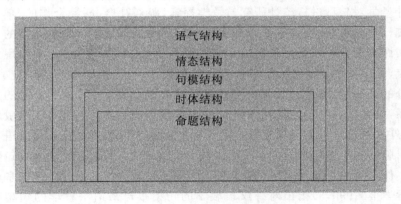

每个层面都对句子进行了分类,比如情态结构层面上分为肯定句和否定句,否定句又可分为存在性否定、意愿性否定和态度性否定三类;句模结构层面则把陈述句分为动态句和静态句。句模首先是范晓提出来的,他在《论句模研究方式》(《徐州师范大学学报》1999,4)作了相近的说明,朱晓亚《现代汉语句模研究》(北京大学出版社 2001)则具体实践了范晓的主张,主要探讨句子的语义结构类型,根据语义角色的组合重点揭示句型背后的句

模系统。鲁川、缑隆瑞、董丽萍《现代汉语句模》(《世界汉语教学》2000,4)实际上运用语义角色的组合成 122 个句模。

（三）沟通句子的语义类型与结构类型的关系。例如张学成《表层句型和深层句型》(《语法修辞方法论》复旦大学出版社 1991)认为句型可以分为表层句型和深层句型。根据句子结构和格局概括出不同的模式为表层句型，是静态观察句子结构的方法。从深层出发，按照一定的逻辑程序，建立深层句型系统，用动态研究的方法。深层句型可以理解为由深层的基础结构推导出来的基本结构形式。所谓基础结构是在一类语义关系相同的结构中由几个语义成分组成的非线形序列。例如："动词＋施事＋受事"就是一个基础结构，由此可推导出：a. 施事＋动词＋受事，b. 受事＋施事＋动词，c. 施事＋受事＋动词等不同模式。通常把 a 称为基本式，b、c 看作变式。句型研究需要找出由深层结构生成表层结构、由基本式生成变式的条件。

（四）对外汉语教学句型的构建。句型跟对外汉语教学密切相关，所以很早就有人开始把这两者结合起来进行研究。开创者是赵淑华，从 1989 年开始就在《世界汉语教学》连载《现代汉语句型》，她的专论《句型研究与对外汉语教学》(世界汉语教学 1992,3)还提出了句型的语用分类，她还利用计量学对句型进行统计研究与教学探索，跟刘社会、胡翔合作的《单句句型统计与分析》(《语言教学与研究》1997,2)用统计方法对 28 万字的小学语文课本进行了句型分类统计和句法结构分析，试图建立"一个体现汉语特点、突出汉语语法教学重点的常用句型表"。在讨论了单句的确定、句型成分的范围后，通过大量的统计调查和细致的句法分析，按照它们的层级关系，排列出一个句型网络系统。这方面的研究成果不少，比如邵敬敏的《对外汉语教学生成句型系统刍议》(《语法研究与语法应用》，北京语言学院出版社 1994)则试图建立一个以短语为基础的由简单到复杂的句型系统。徐子亮《试论对外汉语教学语法的句型系统及其特殊性》(《华东师范大学学报》1995,3)指出对外汉语教学的句型跟母语语法教学的句型存在差异，提出以实用性和简明性为原则，把句型分为形式类和功能类；形式类再分为结构句型和标记句型，功能类再分为语气句型和意义范畴句型。可见她们的句型是广义的，包括通常的句类、句式和句模。此外，还有吕文华《句型结合语义分析的构想》(《汉语学习》1998,6)、温云水《现代汉语句型和对外汉语句型教学》(《世界汉语教学》1999,1)和《论现代汉语句型》(《世界汉语教学。2001,4)、李芳杰《小句中枢说与句型研究和教学》(《世界汉

第六章 句型研究

语教学》2001,3)、卢福波《对外汉语教学基本句型的确定依据与排序研究》(《语言文字应用》2005,4)、李晟宇、伏学凤、朱志平《对外汉语教学句型选择和确定原则》(《语言文字应用》2006,2)等。

第四节　句型研究中的理论问题

一、单一标准和多项标准

原则上讲,确定句型只能使用单一标准。如果使用多项标准,那么各种所谓的句型往往交叉在一起,句型系统就必然是杂乱无章的。但我们不是一概反对使用多项标准,而是反对同时使用多项标准。事实上随着句型系统研究的深入,引进结构关系以外的因素,尤其是动词的次范畴类作为划分标准,是一种必然的发展趋势。问题的关键是,在同一层次上只能采用同一标准,或者从不同角度采用不同的标准,然后形成一个交叉的网络。

二、句型成分和非句型成分

什么是句型成分,各人理解很不一样。主要有两种情况:一是句子结构成分以外的因素,如"插入语",有的认为是句型成分,如范晓讨论了"插动"句型;有的认为不是,如胡裕树《现代汉语》认为句型分析要排除句子成分以外的东西,如语调、语气词、插入语、提示成分、句首状语等,这些都是语用成分,而不是句型成分。二是句子的六大成分的处理,各家也不尽相同。对主、述、宾这三个成分的资格,尤其是述语的资格没有异议。主要是补、定、状是否属句型成分说法不一。胡裕树《现代汉语》认为补语是,定语和状语不是;黄伯荣《现代汉语》认为定、状、补都不是;《现代汉语八百词》认为定语、状语不是,补语有的是、有的不是。《中学语法系统提要》认为定语不是句型成分,补语和状语两种情况都有。我们认为补语看作句型成分比较合理,因为有些句子没有补语无法成立,如"他跑断了腿"、"她哭红了眼"。定语一般情况下是名词的局部扩展,不影响句型,可以不看作句型成分。但是汉语中有一种特殊句型,即定心句与定心谓语句,如"王大妈的家"、"他黄头发",这里句子缺少定语,就不能成立,可见定语在某些特殊的句型中还是句型成分,不能简单地作一刀切地认为定语不是句型成分。比较有争议的是状语,李临定的《现代汉语句型》(商务印书馆1986)已表明:如"我们要为大家着想",其中的介词结构是句子的必有成分。其实这类情况不止此例,如"这本书把他的眼睛都看花了。"句中的介词结构同样必不可少。更重要的是状语可以分为句子状语和短语状语两类,例如:

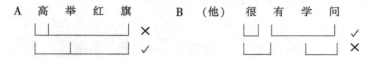

A 中的"高"是先修饰"举"后再作述语,是短语状语;而 B 中的"很"是作谓语"有学问"的状语,是句子状语,因此 A 类状语是非句型成分,B 类状语是句型成分。由此可见,定语大部分情况下为非句型成分,小部分情况下是句型成分;而状语大部分情况下是句型成分,小部分情况下为非句型成分。史有为的《句型的要素、变体和价值》(《句型和动词》,语文出版社 1987)指出"句型成分"的资格是"渐变"的,即是程度不等的,而不是顿变的。我们认为这一点是十分重要的,但需要说明的是这只是就其在整个句子系统中的作用而言的,在某一种具体的句型系统中,是句型成分还是非句型成分的界限应该是明确的,不可能呈现这种"渐变"状态。

三、线形观念与层次观念

句型的层次观念主要有两方面的问题:一是句型系统本身是呈线形排列还是按层次组合。这个问题看来已无须争议了,句型系统的层次性现已为大家广泛接受。至于到底分成几个层次,则因不同的分类标准而不同。二是句型成分组合的层次性,目前句型结构反映的都是线性观念,而不是结构的层次,例如"她哭哑了嗓子。"的句型归纳为"主‖谓—补—宾"。胡裕树《现代汉语》认为应该严格区分"句子成分"和"句法成分",即句子平面作句型分析,句法平面作短语层次分析,因此上述例句谓语部分虽然是"(动+补)+宾",可以按照同功能替换的原则,把它归入"动宾"类句型,而"动补"关系则在短语平面再作句法分析。这一看法我们认为理由是不充分的。邢福义、邵敬敏、陆丙甫等认为句型成分的组合也是有层次的。如上例在句型系统中应为"心补带宾谓语句"。

四、核心层和外围层

不少人认为句型有核心,但具体的理解又有不同。邢福义《论现代汉语句型系统》(《语法研究和探索》(一),北京大学出版社 1983)认为是"谓语核心词"或者相当于谓语的"核心词"。邵敬敏《句型的分类及其原则》(《杭

第六章 句型研究

州大学学报增刊》1984)理解为"基础短语",即句子得以生成的出发点。对此陆丙甫《主干成分分析法》(《语文研究》1981,1)从心理学角度,进一步在理论上作了阐述,认为"核心不仅规定了结构项的有限性和结构类的明确性,而且也规定了结构项的语义功能"。所谓外围层,陆丙甫认为"任何一个语法结构都可以切分成为限度为七左右的有限多项式"。

总之句型研究的分歧产生的背景是采用的句型分析方法的不同。旧的句型分析采用的是句成分分析法,新的句型分析则是在传统的句成分分析法的基础上,同时吸取了层次分析法的长处,试图把二者融为一体。目前句型系统中的大小句型构成不同的层次,这一点已普遍被大家所接受。问题是对句型内部的句型成分的组合的层次性,仍有不同的理解,需要我们作进一步的研究。相关研究可参见张潜《近百年来汉语句型研究概述》(《河北师范大学学报 1998,3-4》)。

第七章　句类研究

> **提示**：句类包括陈述句、疑问句、祈使句和感叹句，重点介绍疑问句的五大分类系统、疑问语气词研究、疑问点与答问的研究、疑问程度和疑问功能的研究、疑问句四大类型的特点研究。最后简略介绍祈使句和感叹句的特点和功能。

按句子的语气给句子分类，得出的结果即为"句类"。现在一般把句类分为四种：陈述句、疑问句、祈使句和感叹句。结构分析的重点是陈述句，而语气分析的重点是疑问句，这方面的成果也比较显著。近年来祈使句和感叹句的研究也取得了一定的进展。

第一节　句类研究历史简况

一、早期的语气词研究

早期的语法学家们对句子的语气的分类有两个角度：

（一）以助词为纲来分析句子语气。《马氏文通》把句子按助字所传之语气分为两大类：传信、传疑。"传信"相当于陈述句（判断句），"传疑"则分为三种："一则有疑而用以设问者"，如："或曰：'管仲俭乎？'""一则无疑而用以拟议者"，如："子曰：'学而时习之，不亦乐乎？'""一则不疑而用以咏叹者"，如："一之谓甚，其可再乎？"前者相当于一般疑问句，中者相当于反问句，后者相当于感叹句。黎锦熙《新著国语文法》继承了马氏的观点，仍以助词为纲，把句子放在"语气——助词纲目"中去论述，他把句类分为五种：决定句、商榷句、疑问句、惊叹句和祈使句。其中祈使句分别归属决定句和商榷句。疑问句又分为"表然否的疑问句"、"助抉择或寻求疑问"和"无疑而反诘语气"三种。

(二) 以句子的语气为纲,辅之以助词以及其他手段。这就摆脱了以助字为纲的束缚,从整个句子的表达作用入手。这一研究最早当推章士钊的《中等国文典》(商务印书馆 1907),他第一次把句子分为陈述句、疑问句、命令句和感叹句四类。这样的四分法,基本上沿袭至今。赵元任《北京苏州常州语助词的研究》(《清华学报》1926,3 卷 2 期)则认为,除了语助词之外还有五种表口气的方法,即(1)用实词,(2)用副词或连词,(3)用语法上词式的变化(inflection),(4)单呼词(interjection),(5)用语调变化。可见,赵氏的"口气"范围或内涵要比黎氏的"语气"宽泛得多。

何容《中国文法论》(独立出版社 1942)中专门讨论了"助词、语气与句类"。何氏指出,马建忠对语气的认识是相当含糊的,马氏认为在印欧语里"凡一切动字之尾音,则随语气而为之改变。""惟其动字之有变,故无助字一门。"因而说,"助字者,华文所独,所以济浮动字不变之穷。"可见马氏的语气似乎包括印欧语中各种 mood(语气)以及不同的 tense(时态)。何氏对黎锦熙以动词为纲讨论语气的做法提出质疑,指出"助词只是帮助表示语气的","事实上没有助词的语句也一样可以有语气"。这一点是相当有见识的。这里何氏第一次明确提出句子按语气分类应称为"句类"。

二、语气系统的建立

20 世纪 40 年代以王力、吕叔湘、高名凯的三部语法著作对语气的探讨为代表。

(一) 王力《中国现代语法》认为:(1)凡语言对于各种情绪的表示方式,叫做语气;(2)语气有时是由语调表示的,但是语调表示的情绪毕竟有限,所以还有一些虚词帮助语调表示各种语气;(3)大体上按语气词为纲,把语气词分为十二类,并一一指出各类语气用什么样的语气词,从而第一次建立了一个语气系统。

此外又按语气末品(副词)分列七种语气:诧异语气(只、竟)、不满语气(倒、却、可、敢)、顿挫语气(也、还、到底)、重视语气(又、弄、简直、就)、辩驳语气(才)、慷慨语气(索性)、反诘语气(岂、难道)。王氏从以语气词为纲改为以语气为纲,这是个进步。

(二) 吕叔湘《中国文法要略》对语气的分析尤为详尽。(1)把语气分为狭义和广义两种:狭义的"语气"指"概念内容相同的语句,因使用目的不同所生的分别"。广义的"语气"除了包括狭义的语气以外,还包括"语意"

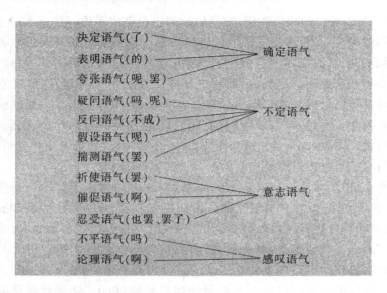

和"语势"两种。"语意"指正和反、定和不定、虚和实的区别。"语势"指说话的轻或重、缓或急。"语气"、"语意"、"语势"这三者说法不尽相同：语意以加用限制词为主，语势以语调为主，而语气则兼用语调与语气词，但三者关系密切，从而构成一个较为完整的语气系统。

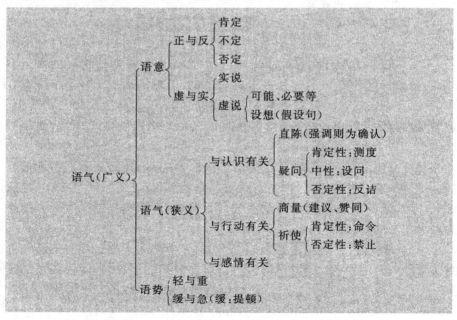

(2)指出语气的表达,"语调是必需的,语气词则可有可无,尤其是在直陈语气。"语气词和语气不是一一相配的,这里的情况相当复杂。(3)在语气分析时,介绍运用比较法。因而分析特别细致而准确。例如同样表示确定的"的"和"呢","的"字是说事实确凿、毫无疑问,偏于表自信之坚;"呢"字是说事实显然、一望而知,偏于叫别人信服。这些为后人研究"语气"开创了一个范例。(4)对狭义"语气"讨论得特别深入,尤其是对"疑问"的语气分析得特别精粹,指出"疑"和"问"的范围不完全一致。有传疑而不发问的句子,也有不疑而故问的句子,只有询问句是疑而且问的句子,因此,询问、反诘、测度,总称为疑问句。并对疑问句从结构、特点、作用等方面作了详细的分析。

（三）高名凯《汉语语法论》尖锐地批评了以往的句类研究,认为不能只是把语气放在词类范畴中来分析。他认为,相同的语言材料,不同的说法,这些都可能形成不同的句型。"这些句子所用的词语和平面的造句法所用的完全一样,只是加些成分,或变更方式,而用另一种'型'来说而已。"因此,就"平面的直陈型"相比较而存在的就有另外五种句型,从而建立了他的句型系统:(1)否定命题(包括确定命题);(2)询问命题;(3)疑惑命题;(4)命令命题;(5)感叹命题。高氏的句型系统有以下特点:(1)强调结合语气因素分析,如感叹命题有语调的急缓、高低、粗柔等分别。(2)注意到语音之外的因素,如"说话人的环境"、"说话者的心理状态"等,在当时能认清这一点是相当可贵的。(3)区分了"询问命题"和"疑惑命题"。

王力、吕叔湘、高名凯三人关于语气的研究各有侧重,各有特色。王氏对语气的分类最为细致,吕氏对理论的探索最为深入,高氏对语气句型的认识最全面。

三、疑问句与祈使句的研究

20世纪50年代中学教学语法的"暂拟系统"把句子按语气分为"直陈句、疑问句、祈使句、感叹句"四种。黄伯荣为此专门编写了《陈述句　疑问句　祈使句　感叹句》(新知识出版社1957),他认为,影响句子语气或用途的分类的主要有四种因素:(1)语调;(2)语气助词;(3)语序;(4)说话人的态度表情。其中"语调起着很重要的作用"。

但是当时语法学界的注意力集中在词类、句法结构形式的描写上,因而对句类研究不够,这种状况一直到20世纪80年代才有所改变。首先是疑问句研究形成了一个高潮。陆俭明《由"非疑问句形式＋呢"造成的疑问句》(《中国语文》1982,6)和《关于现代汉语里的疑问语气词》(《中国语文》1984,5)以及范继淹《是非问句的句法形式》(《中国语文》1982,4)形成了第一次冲击波,标志着有关句类的研究开始从宏观的分类转入微观的分析。林裕文的《谈疑问句》(《中国语文》1985,2)以及吕叔湘《疑问·肯定·否定》(《中国语文》1985,4)形成第二次冲击波。这些文章偏重于理论上的探讨。由朱德熙《汉语方言里的两种反复问》(《中国语文》1985,1)及其引发的若干篇讨论方言中两种反复问句的一批文章,形成了第三次冲击波。

近年来这一研究又有了新的发展,疑问句研究的代表作是邵敬敏的《现代汉语疑问句研究》(华东师范大学出版社1996年),这是迄今为止对疑问句研究最全面的专著;有关论文主要有两类:第一,总论及其专题研究,例如徐杰《疑问范畴与疑问句式》(《世界汉语教学》2000,4)、胡孝斌《反问句的话语制约因素》(《世界汉语教学》1999,1)、沈韶蓓《选择疑问句的认知研究》(《西南交通大学学报》2006,4)、柴同文《是非疑问句的典型研究》(《北京第二外国语大学学报》2007,4)。第二,古代汉语、近代汉语的专书疑问句研究,例如祝敏彻《"国语""战国策"中疑问句》(《湖北大学学报》1999,1)、傅惠钧《"儿女英雄传"选择问句研究》(《北京大学学报》2000,1)、曹小云《"论衡"疑问句式研究》(《安徽师范大学学报》2000,2)、李焱《"醒世姻缘传"正反问句研究》(《古汉语研究》2003,3)等。

在此同时,台湾等地的学者对疑问句也作了大量的研究。他们研究的特点是采用了一些新的理论方法,如 Chomsky 的生成语法理论,例如汤廷池《汉语疑问句的研究》(《台湾师大学报》1981,26期)及《汉语疑问句综述》(《台湾师大学报》1984,29期)等。

第二节 疑问句分类的研究

一、疑问句的六大分类系统

疑问句从不同角度、按不同标准进行分类,会得出不同的结果。分类的角度大致有六种情况:

(一)根据疑问句内部小类的派生关系来分类,可称为"派生系统",这以吕叔湘《疑问·否定·肯定》为代表。他认为特指问与是非问是两种基本类型,而正反问与选择问是从是非问中派生出来的,因为它们是由"两句是非问合并而成的"。即:

你去？你不去？→ 你去不去？　　你去？我去？→ 你去还是我去？

疑问句派生系统的内部关系应为：

（二）根据疑问句与陈述句之间的转换关系，可称为"转换系统"。这以朱德熙《语法讲义》为代表，他认为：(1)"只要把相应的陈述句的语调变换成疑问语调，就成了是非问句"；(2)"在相应的陈述句里代入疑问词语、加上疑问语调，就变成了特指问"；(3)"把陈述句的谓语部分换成并列的几项，再加上疑问语调，就变成了选择问"。总之，可以把这三类问句都看成是由陈述句转换来的句式。疑问句的转换系统内部关系如下：

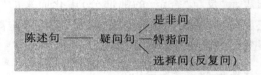

（三）根据疑问句的结构形式特点来分类的，可称为"形式系统"。这以林裕文、陆俭明为代表。林氏认为疑问句在形式上的特点有四点：(1)疑问代词；(2)"是A还是B"选择形式；(3)"X不X"的正反并立形式；(4)语气词与句调。因此疑问句内部的对立应建立在这四项形式对立上。陆氏《由"非疑问形式＋呢"造成的疑问句》（《中国语文》1982,6)在具体比较了疑问句各种类型后认为，特指问和选择问有两项重要的共同点跟是非问形成对立：(1)前两种疑问句都是由疑问形式的语言成分构成的，而是非问句则是由非疑问形式的语言成分构成的；(2)前两种疑问句末尾都能带语气词"呢"，不能带"吗"，而是非问正好相反。疑问句形式系统的内部分类如下：

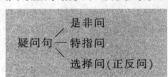

（四）根据语句的交际功能，即说话的意图，可称为"功能系统"。这以范继淹《是非问句的句法形式》为代表。他认为：除特指问句外，其他的疑问句都是一种选择关系,因此是非问句是选择问句的一种特殊形式。他的出发点是语义理解,对人工智能、信息处理和机器翻译等更具有实用价值。疑问句功能系统的内部关系如下:

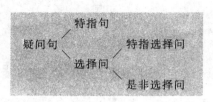

（五）根据对疑问项的选择,可称为"选择系统"。这以邵敬敏《现代汉语疑问句研究》为代表,他把所有的疑问句都看成是一种选择。作为选择,可以有两种:一种是是非选择,一种是特指选择。二者的根本区别在于回答时,前者为肯定或否定,后者为针对性回答。是非选择,即在正反两方面进行选择。黄国营《"吗"字用法研究》(《语言研究》1986,2)认为"'吗'字就是从正反问句末表示'反'('否定'的那部分)虚化而来的",即现代汉语的是非问句是由正反问句发展而来的,语气词"吗"是由否定副词"不"虚化而来的。这种发展变化的轨迹可以简单描述为:

你去不去？→你去不？→你去吗？

因此从历史演变的角度看,也可以把是非问看作是是非选择问的一种特殊形式。但从共时来看,是非问的形式更为简便,是一种常规形式,而正反问是一种补充形式。特指选择,例如"你去还是他去？"实际上同"谁去？"基本同义,这主要可以从三方面得到证明:(1)从回答看,特指问和选择问都是从中选一项作针对性回答;(2)特指问和选择问的外延都是开放性的。(3)选择问的范围总是确定的,而特指问由于受上下文及语境的制约,其范围也完全可能是确定的,例如:"你们两位,谁去？"综上所述,新的疑问句系统可称为"选择系统",其内部小类关系如下:

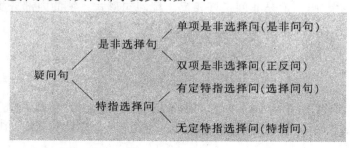

第七章 句类研究

（六）根据历史和方言的特点,可成为"泛时系统"。这可以袁毓林《正反问句及相关的类型学参项》(《中国语文》1993,2)为代表,他提出建立一个兼顾历史和方言的汉语疑问系统,并认为是非问至少可以分为两类:A靠语调构成的,B靠语气词"吗"构成的。从历时观点看,B类归入反复问较好。并且提出一个泛时性疑问句层级系统:

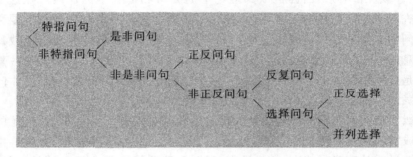

疑问句分类的多样化与精密化反映了语法研究的深入。这些研究的结论虽不尽相同,但有几点共识是相当重要的:

（1）疑问句内部分类的不同,反映了人们对事物之间联系的多角度认识,也反映了各种疑问句之间存在着多维的交叉性的联系。

（2）疑问句内部的小类分布具有层次性,不同的小类在疑问句系统中的地位不是平等的。

（3）除朱氏三分之外,另外五家都是两分,实际上反映了这样的对立关系:吕氏是特指问与非特指问的对立;林氏和陆氏是是非问与非是非问的对立;范氏是选择问与非选择问的对立;邵氏是是非选择问与特指选择问的对立;袁氏是特指问与非特指问的对立。

第三节 疑问语气词的研究

疑问语气词,早期也称为传疑助词。《马氏文通》以来不少人以它为纲来研究疑问句。

这些研究有两点不足:第一,局限于书面语的研究,把语调与语气词两者的作用混为一谈,缺乏准确性;第二,对语气词的作用与意义的分析,仅凭语感,缺少验证与比较,缺乏科学性。近年来这方面的研究有所突破,首先是胡明扬《北京话的语气助词和叹词》(《中国语文》1981,5—6)颇多建树,该文特别重视口语,因而能分辨同一语气词在口语中的不同变体及其表示的不同意义;特别注意到把语调所表示的意义和语气词表示的意义区分开,重视语气词本身所具有的基本语义,因此发现了不少以前鲜为人知的特点和规律。例如指出"用'呢'和不用'呢'的区别在于用'呢'是提醒对方"。该文富有启发性,但缺少理论上的分析和形式上的证明。在这方面研究卓有成效的还有陆俭明《关于现代汉语里的疑问语气》,他认为要判断疑问句末尾的语气词是否是疑问语气词,必须"要看它是否真正负载疑问信息,这一点又必须能在形式上验证,验证的办法是比较"。陆氏对一般认为是疑问语气词的"吗、呢、吧、啊"逐个进行了分析,结论是:(1)是非问句的疑问信息主要由"升调"与"吗"分别承担,因此"吗"是疑问语气词。(2)一般特指问句与选择问句的疑问信息由疑问词或疑问结构承担,句尾的升调或"呢"只是一种羡余信息;但在:"丁四呢?""我不要钱呢?"这种特指问和选择问的简略形式中,如果没有"呢",只能理解为是非问句,所以这里的"呢"也是个负载疑问信息的疑问语气词。(3)"吧"是个表示"信疑之间语气"的语气词。(4)"啊"不负载任何疑问信息。最后的结论是:现代汉语中的疑问语气词有两个半:"吗"、"呢"和半个"吧"。该文主要用比较来论证,在方法论上具有一定的意义。

关于疑问语气词,争论最大的是"呢"及由非疑问形式带"呢"构成的问句。邵敬敏《语气词"呢"在疑问句中的作用》(《中国语文》1989,3)用大量语言事实证明,即使在"非疑问形式+呢"这类特殊疑问句中,"呢"事实上也不承担疑问信息。疑问句的性质不是由语气词"吗"或"呢"决定的,而是由疑问句的性质决定选择什么语气词。因此"呢"只是非是非问的一种形式标志,有无这个形式标志并不影响疑问句的性质。"呢"的基本作用是表示"提醒",在非是非问句中表示"提醒"兼"深究",在非是非问的简略式中还兼起"话题"标志的作用。史金生《语气词"呢"在疑问句中的功能》(《面临新世纪挑战的汉语语法研究》山东教育出版社2000)则提出不同的看法,该文对"呢"在三种环境中使用的情况进行了考察,认为"呢"的基本语义功能是表疑惑;在不同的语境中还有以疑为问、追问等附加功能;在语法上有成句作用;在语篇上有预示功能、连接功能和转移话题功能。

第七章 句类研究

第四节 疑问点与答问的研究

疑问点即疑问句的信息焦点，最早是由吕叔湘在《中国文法要略》中提出来的，他认为在是非问中"我们的疑问点不是在这件事情的哪一部分，而是在这整个事件的正确性"，特指问句中，"用疑问指称词来指称疑问所在"。后来在《疑问·否定·肯定》中对疑问点的理论又有所发展，主要是指出是非问句的疑问点的变化："是非问句一般是对整个命题的疑问，但有时也会集中在某一点，形成一个焦点，这个焦点在说话时可以用对比重音来表示"，"无论说和写，也都可以用'是'字来表示"。

林裕文《谈疑问句》对吕氏的这一思想作了进一步的发展，该文指出：(1) 疑问句的疑问点与表疑问的词语和特殊格式及答问都是相联系的。(2) 在特指问中，疑问点也就是疑问代词，因此一个疑问句可同时有几个疑问点，如："这是谁给谁买的药？"(3) 选择问中(A 还是 B)中，疑问点往往是由 A 或 B 中不同的成分来表示，如"你吃饭还是吃面？"疑问点是"饭"还是"面"，这只是一个疑问点。(4) 正反问(X 不 X)中，"X 不 X"既负载疑问信息，也是疑问点。(5) 是非问句"是对整个句子的肯定或否定，这就无所谓疑问点了"，如果要突出疑问点，可以用句中重音来表示。林文对疑问点的分析更为细致，但关于一般是非问句没有疑问点的看法，实际上是与吕氏的观点相悖的。

跟疑问点密切相关的是"答语"。吕氏指出"回答问话，一般不用全句，只要针对疑问点，用一个词或短语就够了"。答语主要是显示听话人心目中的疑问点，它可以跟问话人心目中的疑问点相一致，但也可以不一致，因此疑问点还要区分是问话人表达的疑问点还是听话人理解的疑问点。例如：甲问："谁去北京？"乙答："北京？"甲问句的疑问点显然是"谁？"，而乙答句显示的疑问点却是"北京"。

关于答句的研究还刚刚起步。吕明臣《汉语答句的意义》(《语法求索》华中师大出版社 1989)从语用角度作了初步的有意义的探索。该文着重分析了"答非所问"的句子，指出：(1) 疑问句中必须有疑问点，没有疑问点就无所谓疑问句，这是疑问句的本质。(2) 发问前必须遵守：a. 答话人愿遵守合作原则，b. 回答人有能力回答问题，c. 回答除了明确指向疑问点外，还有一些答句是指向发问前提的，如："昨天你和谁在一起？""你没有必要知道。"(不愿遵守合作原则)或"妈妈她为什么生气?""我也不清楚。"(没能力回答问题)。据此,归纳出答句的几种意义类型:1.完成型意义的答句:A.超标准完成型,B.弱标准完成型;2.非完成型意义的答句:A.取消意义,B.无力意义,C.回避意义。萧国政《现代汉语非特指问简答式的基本类型》(《语法研究和语法应用》北京语言学院出版社1994)讨论了非特指问(是非问、选择问、反复问)简答式及其类型。认为从形式构成来看,这类简答式可分为"选词简答式"(从问句中选取词语构成的答式)和"派词简答式"(另取词语构成的答式)。从简答式的形式与所传信息的对应关系看,可分为基础式和复合式(是基础单质简答式的增字扩展式)。周小兵《特指问的否定应答》(《汉语学习》1996,6)联系言语交际中预设、语境等语用因素对特指问的否定回答所包含的特定含义作了分析。比较集中研究答句的是朱晓亚的《现代汉语问答系统研究》(《现代汉语句模研究》,北京大学出版社2001),她建立了问答系统的基本结构模式,分为:毗邻式、交叉式、环扣式、嵌入式。尤为重要的是还建立了答句的语义系统框架。

第五节 疑问程度的研究

吕叔湘在《中国文法要略》中指出:"疑问语气是一个总名,'疑'和'问'的范围不完全一致。一方面有传疑而不发问的句子,例如'也许会下雨吧',可以用问句语调,也可以不用问句语调;一方面也有不疑而故问的句子,例如'这还用说?'等于说'这不用说'。前者是测度,后者是反诘;测度句介乎疑信之间,反诘句有疑问之形无疑问之实。只有询问句是疑且问。""询问、反诘、测度,总称为疑问语气。"这实际上是按疑问程度把疑问句分为三类。赵元任《汉语口语语法》对此也有所论述:"吗"字是非问句"对于肯定的答案抱有或多或少的怀疑,也就是可能性在50%以下","V-不-V的问话是不偏于哪一边的"。这些见解虽不是很系统,但却很有见地。

疑问程度涉及到多种因素:疑问句的内部类型、语气词与语气副词、句调以及上下文和语境等。其中疑问句的类型是最基本的。徐杰、张林林《疑问程度和疑问句式》(《江西师大学报》1985,2)把疑问程度予以量化,分为100%、80%、60%、40%四级,主要考察疑问句类型与疑问程度的关系,结论有两条:(1)疑问程度越低,其表达形式越灵活,可选用的疑问句式越多;疑问程度越高,其表达形式受到的限制就越多,可选用的疑问句式就越少。(2)高程度疑问的典型句式适应的范围最广泛,而低程度疑问的典型句式适应的范围较窄。该文做了有益的尝试,但疑问程度参数的确定带有较大的随意性,句式和疑问程度的照应也缺少必要的证明,而且在分析时采用的方法也不够一致,这就必然会影响到结论的准确性。黄国营《"吗"字句用法初探》(《语言研究》1986,2)则根据前文或语境把疑问程度定为五级:

SQ 0	真的概率为 0	无疑而问
SQ 1/4	真的概率为 1/4	表示怀疑和猜测
SQ 1/2	真的概率为 1/2	真正疑问句
SQ 1/4	真的概率为 3/4	表示怀疑和猜测
SQ 1	真的概率为 1	无疑而问

这实际上是把吕氏按疑问程度所分的三类情况具体化而已。由于疑问句疑问程度实际上要涉及到多种因素,因此这一分析还显得比较粗疏。此后李宇明、唐志东《汉族儿童问句系统习得探索》(华中师大出版社 1992),把疑问句分为高疑问句、低疑问句和无疑问句三种,其思路实质上也是一样的。

我们认为:信与疑是两种互为消长的因素,信增一分,疑就减一分;反之,疑增一分,信就减一分。因此,当信为 1 时,疑为 0;信为 3/4 时,疑为 1/4;信为 1/2 时,疑为 1/2;信为 1/4 时,疑为 3/4;信为 0 时,疑为 1。对疑问程度起决定性作用的是疑问句类型,其次是疑问句语气词。正反问由于提出肯定、否定两项,因此可能与不可能各占一半,疑惑程度居中,即信、疑各为 1/2,特指问对所询问对象完全不知,疑惑程度最强,即信 0 而疑 1;反诘问虽采用疑问形式,但问话人心中已有明确的看法,答案就在问句中,没什么疑惑,即信 1 疑 0。至于"吗"字是非问句则为信 1/4 而疑 3/4,"吧"字是非疑问句为信 3/4 而疑 1/4。除疑问句类型以外,句中的某些副词、助动词以及上下文语境都会对疑问程度有所影响,但这种影响是有一定限制的,即不可能超越某一种界限,否则就要变为另一种疑问句类型了。换句话说,其他因素只能起到"微调"的作用。

第六节 疑问句的功能研究

近些年来,一个新动向是运用功能语法来研究疑问句的功能,主要涉及疑问句的疑问域、疑问信息、疑问标记、疑问功能的衰变和迁移等。张伯江《疑问句功能琐议》(《中国语文》1997,2)运用共时语法化的观点来辨析疑问句中的几个主要问题。他认为疑问句的疑问域有大有小,主要有三种:点、部分和整体。疑问域为一个点,就是特指问所反映的事实;疑问域为一个包含析取关系的集合,就是选择问所反映的事实;疑问域为整个命题,就是广义是非问所反映的事实。据此可分为 A.特指问句,B.选择问句,C.是非问句。疑问域的不同反映了期待信息量的不同。因此在话语中表现出强度不等的倾向性功能:疑问域小的问句所需要的信息量小,往往标志着一个话轮的结束;疑问域大的问句所需要的信息量大,常常标志着一个新的话轮的诱导;即广义的是非问句常常在话轮转换中发挥积极的作用。他把各类疑问句的功能描述如下:

> 疑问域:A 一个点＜B 一个区域＜C 一个命题
> 转轮作用:A 较弱＜B 中性＜C 较强

李宇明《疑问句的复用及标记功能的衰退》(《中国语文》1997,2)认为:仅用一个疑问标记来传递一个问元的疑问信息,称为疑问标记的独用,用两个或三个疑问标记共同传递一个问元的疑问信息,称为疑问标记的复用。疑问标记的复用会带来疑问信息的羡余,但是疑问标记并不羡余。在某些特殊的条件下,句中出现了疑问标记,但它并不负载疑问信息,或不能很好地负载起它所应负载的疑问信息,称为疑问功能衰变。徐盛恒《疑问句探询功能的迁移》(《中国语文》1999,1)认为:如果疑问句的形式表达陈述性内容或指令性内容,这就是疑问句功能的迁移。疑问句的功能是"全疑而问——半疑(猜测)而问——无疑而问",与之相应的是"强发问——弱发问——非问";非问包括陈述性内容和指令性内容。疑问句探询功能的变化是从强发问过渡到弱发问,探询功能的迁移是从"问"迁移到"非问"。

第七节 疑问句内部类型的研究

一、是非问句

这主要有两类,一是由语调承担疑问信息的句子,二是由语气词"吗"承担疑问信息的句子。刘月华《用"吗"的是非问句和正反问句用法比较》(《句型和动词》语文出版社 1987)中指出"S 吗"的询问意义有三种:(1)问

第七章 句类研究

话人预先有倾向性的答案,问话人的目的是为了从对方得到答案。(2)答案对问话人并不重要,或问话的目的不是为了求答案,而是另有目的。(3)问话人预先没有倾向性的答案,问话的目的是为了从对方那里得到答案。她另外一篇文章《语调是非问句》(《语言教学与研究》1988,2)主要讨论了由语调构成的是非问句的形式特点及表达功能。一是"S1+?"即重复性问句,也叫回声句,表达功能是对刚刚听到的话表示怀疑和惊讶;二是"S2+?"即接引性问句,由上下文、语境引起,对答案有明显的倾向性,询问功能很弱,发问是为了进一步证明。邵敬敏《"吧"字疑问句及其相关句式比较研究》(《第四届国际汉语教学讨论会论文选》1995)重点讨论这类是非疑问句所表示的四种语法意义,并且比较了各类疑问句的疑惑程度。

二、选择问句

邵敬敏《现代汉语选择问研究》(《语言教学与研究》1994,2)对选择问句从形式到意义作了比较全面的分析。首先是总结出选择问句的形式特点,据此归纳出选择问句的五种基本类型;并且进一步根据前后选项的语义关系,归纳出三种语义类型:A. 对立关系(包括正反型、反义型、颠倒型、语境型);B. 差异关系;C. 相容关系。此外,还讨论了相同项的省略规则。吴振国《选择问的删除规则》(《语法研究与语法应用》北京语言学院出版社1994)认为选择问句中的同指成分都可以按一定规则删除,但不同句式删除规则不同。

三、正反问句

关于正反问句的形式变化,吕叔湘《疑问·否定·肯定》指出:"总的原则是:如果谓语很短,只有一个格式(你去不去?),稍微长点就要省去后一部分,只反复前一部分。全部反复虽然也可以,不免显得繁重。反复部分又有相连不相连两种格式。"范继淹《是非问句的句法形式》对此作了比较详细的分析。该文把"吗"疑问句与"V 不(没)V"的各种形式都归入是非问句,认为它们是一种"同义歧形句",例如:

a. 你带雨衣不带雨衣? ——带(不带)
b. 你带　　不带雨衣? ——带(不带)
c. 你带雨衣不带? ——带(不带)
d. 你带雨衣不? ——带(不带)

117

e. 你带雨衣吗？——带（不带）

范氏认为是非问句句法形式的增减变化,决定于动词的各种体范畴(包括未然体、曾然体、已然体、持续体)和谓语结构(主要是单纯动词句、兼及助动短语句、动结短语句、动趋短语句)。邵敬敏《现代汉语正反问研究》(《汉语言文化研究》(四)1994)比较全面地分析了正反问的删略变式以及应用价值,特别是指出了南方方言的"V 不 VO"格式有取代北方方言"VO 不 V"格式的趋势,并从认知上分析了原因。

有关特指疑问句发研究比较少,例如邵敬敏的《"怎么"疑问句的语法意义及功能类型》(《语法研究和探索》(七)1995)。

四、特殊疑问句

特殊疑问句是相对一般疑问句而言的,包含三个方面的"特殊":一是具有特殊结构形式的疑问句,如"非疑问形式＋呢"问句、叹词独用问句;二是具有特别表达功能的问句,如附加问、回声问;三是不表疑惑的疑问形式,如反问句、间接问句。这方面的研究主要集中在以下几种类型:

（一）"非疑问形式＋呢"问句

第一个对这类句式作深入研究的是陆俭明《由"非疑问形式＋呢"造成的疑问句》(《中国语文》1982,6),陆氏把非疑问形式记作 W,"W＋呢"问句有两种句式:"Np＋呢"、"Vp＋呢"。(1)指出"W＋呢"疑问句既可以跟特指问句对应,也可以跟选择问句对应,这种对应关系要受到上下文的制约,而不是像一般所认为的只能跟特指问句相对应。(2)认为"W＋呢"问句实际上是非是非问句的一种简略形式。(3)"W＋呢"问句用作始发句时,询问人或物的所在;不作始发句时,则不限于询问处所。(4)"W＋呢"都不能用作始发问句。李宇明《"呢"句式的理解》(《汉语学习》1989,3)认为"Np 呢"主要表示两种语义:甲、询问人或物之所在,乙、其他情况。李文指出这类问句的三条规律:(1)甲类意义问句可以是始发句,也可以是后续句;乙类意义的问句只能是后续句。进入乙类意义问句的 Np 的外延大于进入甲类意义问句中的 Np 的外延。(2)先行句和后补句是理解"Np 呢"问句的两把钥匙。当先行句为疑问句时,"Np 呢"可以理解为对句义信息核心的提问。"Np 呢"与后补句同解。(3)"Np 呢"在句式上属于特指问、选择问带"呢"问句的简略形式,但在语义上也可以理解为是非问,这是由语形与语义错综性而造成的。邵敬敏《"非疑问形式＋呢"疑问句研究》(《现代汉语疑问句研究》)主要讨论了"NP呢?"与"VP呢?"两类问句对语境的依赖性及其对不同语法意义的制约。李大勤《"WP呢?"问句疑问功能的成因试析》(《语言教学与研究》2001,6)赞同目前大多数人的看法,即"WP呢?"中的"呢"并不负载疑问语气,但他认为"呢"是该问句疑问语气得以形成的一个内在因素。

(二) 反问句

反问句,又叫反诘句,在句法结构形式上同一般疑问句没什么区别,但其表达功能却完全不同。吕叔湘在《中国文法要略》中指出:"反诘实在是一种否定的方式,反诘句里没有否定词,这句话的用意就在否定;反诘句里有否定词,这句话的用意就在肯定。""特指问和是非问都可以用作反诘句,而以是非问的作用为最明显","抉择式和反复式因为都是两歧的形式,反诘的语气不显","但一般的说,抉择式问句多半肯定后句","反复式的问句多半肯定正面"。这些见解为以后的有关研究奠定了基础。

有关反问句研究,主要涉及几个问题:

1. 探讨反问句的性质与划界。于根元《反问句的性质和作用》(《中国语文》1984,6)指出:由于反问句实际包含有答案,因此一般不需要回答,但从听话人角度分析,发现反问句不少是可以回答的,而且实际上是有回答的,一种是自问自答,一种是此问彼答。关键是反问句往往要对方不作反对的回答。符达维《不宜扩大反问句的范围》(《中国语文天地》1989,6)则持比较谨慎态度,他认为反问句"是一种运用语法结构(语法上的疑问句)达到某种语用目的的修辞手段"。因此表推测的疑问句不是反问句,表责问的也不一定是反问句。他还提出了确定反问句的两个语用与语义的必要条件,即它不需要对方作出回答,对方也不能作出与说话者意愿不同的回答。刘汉松《反问句新探》(《南京师大学报》1989,1)运用表层结构和深层结构理论来区别一般疑问句和反问句。

2. 探讨反问句的意义和作用。许皓光《试谈反问句语义形成的因素》(《辽宁大学学报》1985,3)认为影响反问句的语义因素至少有五个:(1) 语言环境,(2) 副词"不是"或"还",(3) 语句重音的转移,(4) 词序的变化,(5) 词语意义的虚化。其中前三项最为重要。沈开木《反问语气怎样起否定作用》(《中国语文通讯》1985,6)指出反问句"寄托体"的实质性成分受否定时,要看这个成分的等级以及是不是在关联副词之后而定。等级有三个:一等,疑问代词开头的;二等,待定词语(如"是"、助动词、"不+副词"、"有"等)开头的;三等,其余词语(包括前面有否定词)开头的。常玉钟《试析反问句的语用含义》(《汉语学习》1992,5)提出在语境中把握反问句的语用含义,指出它具有隐含性、行为性和多样化三个特点。运用语用学的理论来研究反问句的语义,这是对传统语法研究的一个突破。郭继懋《反问句的意义和作用》(《汉语语法特点面面观》北京语言文化大学出版社 1999)指出反问句的作用不是单纯强调,而是间接地告诉别人他做的事是不合情理的。邵敬敏《反问句的类型与语用意义分析》(《现代汉语疑问句研究》)指出:反问句在语用上显示说话者的"不满情绪"、"独到见解"以及"约束力量";并根据反问语气,分出三种强弱不等的程度:责怪和反驳为强级,催促和提醒是中级,困惑和申辩是弱级。

3. 其他疑问句

除了以上所述特殊疑问句之外,还有一些很有特色的疑问句。例如:王志《回声问》(《中国语文》1991,2)、邵敬敏《回声问的形式特点和语用特征分析》(《华东师范大学学报》1992,2)等。陈炯《关于疑问形式的子句作宾语的问题》(《安徽大学学报》1984,1)、邵敬敏《间接问句及其相关句类比较》(《华东师范大学学报》1994,5)等。其他还有设问句、附加问、追问等等。

五、汉语方言里的正反问句

朱德熙《汉语方言里两种反复问句》(《中国语文》1985,1)认为某些方言中,如苏州话的"耐阿晓得?"为反复问句,而"可 Vp"和"Vp 不 Vp"两种反复问句无论在历史上还是现代,始终相互排斥,不在同一方言里共存。至于"可 Vp 不 Vp"句式则应看作"可 Vp"和"Vp 不 Vp"两种句式糅合在一起的混合句式,可看作是"可 Vp"型反复问句的一种变例。朱文发表以后引起广泛的兴趣,并发表了一系列有关论文,对朱氏的观点进行讨论、商榷。王世华《扬州话里两种反复问句共存》(《中国语文》1985,6)认为扬州方言中有两种反复问句共存的现象,并推测这与其他方言的影响有关,是不同方言留下的痕迹。刘丹青《苏州方言的发问句"可 Vp 句式"》(《中国语文》1991,1)则对朱氏把"可 Vp"式归为反复问句提出质疑,并从几个方面证明应把它看作是非问。施其生《汕头方言的反复问句》(《中国语文》1990,3)指出汕头方言有"可 Vp"、"不 Vp"以及"可 Vp"与"不 Vp"的混合型三种反复问句,并认为它们都是潮州方言所固有的,而且应把混合型看作第三种类型,而不是看作"可 Vp"的变例。此外还有李子凡《也谈"反复问"》(《语言学与汉语教学》北京语言学院出版社,1990)从答问方式、句末语气词以及疑问句系统三个方面论证苏州方言中的"阿 Vp 型疑问句跟普通话的是非问句相对应,苏州话疑问系统中"非特指问"有两类:是非问和选择问"。贺巍《获嘉方言的疑问句——兼论反复问两种句型的关系》(《中国语文》1991,5)对有关研究进行了小结,并进行了理论上的探索。

朱德熙在进一步比较各方言的反复问句后,又写了《"V-Neg-VO"与"VO-Neg-V"两种反复问句在汉语方言里的分布》(《中国语文》1991,5),指出:(1)这两种不同的语序代表了方言的不同句法类型,前者主要见于南方方言,后者主要见于北方方言。(2)某些方言中,"V-Neg-VO"经常紧缩为"VV(O)"形式,它实际上有两种情况:A.省略式 V-Ø-V(O),B.融合式 VV(O)。(3)反复问句中的各种句式形成不同层次。这一研究不仅揭示了反复问句的动态变化层次,而且具有类型学的意义。

第八节 祈使句研究

以前的语法著作虽然也提到祈使句,但大多在语气或语气词中进行讨论,很少从表达功能角度对它作专门的讨论。直到高名凯《汉语语法论》才指出表示命令不是词语问题,而是用整个句子来表示的。这才对祈使句作了较为全面的分析。

一、祈使句的句法结构特点

(一)构成祈使句的谓语动词。高名凯《汉语语法论》认为必须是动句。朱德熙《语法讲义》认为"祈使句的谓语只能是表示动作或行为的动词或动词性结构"。黄伯荣《陈述句 疑问句 祈使句 感叹句》也认为"祈使句的谓语大都是表示具体动作的动词或动词词组"。

那么,到底哪些动词可以进入祈使句呢?这就需要考察动词的小类。刘月华《从〈雷雨〉〈日出〉〈北京人〉看汉语的祈使句》(《语法研究和探索》(三),北京大学出版社 1985)用统计法分析了三部作品中的 2000 多个祈使句,先按肯定、否定对祈使句的基本结构类型及其特点进行描写,指出只有自主动作动词可以构成肯定式的祈使句,非自主动词不能。蒋平《形容词谓语祈使句》(《中国语文》1984,5)总结了形容词进入祈使句的四个条件限制:(1)褒义形容词不太容易进入否定式(如"别太 A"或"别那么 A")。(2)贬义形容词不太容易进入肯定式。(3)积极形容词容易进入肯定式、否定式。(4)消极形容词不太容易进入肯定式。刘月华也指出：具有贬义或消极意义的动词不能进入肯定式，而可以进入否定式；褒义动词则相反。因此她认为"动词形容词能否构成祈使句以及构成哪种祈使句，主要取决于意义。"

最精彩的是袁毓林《祈使句式与动词的类》（《中国语文》1991,1），他认为自主动词褒义的动词（如"尊重、改善、赞美"）一般只能进入肯定性祈使句，不能进入否定性祈使句；自主动词中的贬义动词（如"欺骗、埋怨、敲诈"）及非自主动词（如"忘记、害怕、后悔"）一般只能进入否定性祈使句，不能进入肯定性祈使句；而中性的自主动词既适合肯定性祈使句，也适合否定性祈使句。王红旗《"别 V 了"的意义是什么——兼论句子格式意义的概括》（《汉语学习》1996,4），根据"别、了"的意义，认为书面上的"别 V 了"有六种意义，这主要决定于在"别 V 了"中出现的动词的语义特征。马清华《汉语祈使句理论本质》（日本《中国语研究》1998）则认为汉语的祈使句本质上是一个表命令的功能类别。此外，还有方霁《现代汉语祈使句的语用研究》（《语文研究》1999,4/2000,1）、徐阳春《祈使句的构成、预设和恰当性》（《绍兴文理学院学报》2004,4）以及齐沪扬《现代汉语祈使句句末语气词选择性研究》（《上海师范大学学报》2005,2）等。

(二)祈使句的主语。朱德熙《语法讲义》认为往往是第二人称代词，作主语时往往可以省略；第一人称代词包括式"咱们"以及"我们"用于包括式时，也能做祈使句的主语。祈使句的主语不能是第一人称代词"我"和第三人称代词"他"、"他们"，如果把祈使句的主语换成"我、他、他们"，原来的祈使句就会改变性质，转换为陈述句。有时用听话人的名字作主语，例如"小赵把门关上"，由于人名在一般情况下是第三人称，所以这类句子在缺少语境的情况下会产生歧义：如果是对小赵说的，"小赵"就是第二人称，这个句子就是祈使句；如果是对小赵以外的人说的，"小赵"是第三人称，句子就不是祈使句了，而是陈述句。沈阳《祈使句主语省略的不同类型》（《汉语学习》1994,1）指出祈使句中主语的省略有两种情况：一类是通常要省略，但必要时可以补出；另一类是主语通常要出现，但必要时可以省略。马清华《论汉语祈使句的特征问题》（《语言研究》1995,1）指祈使句的主语并不总是指听话人，应该把"施事"与"听话人"区别开来。

(三)祈使句的语气词。这个问题讨论得较早，也讨论得较细。如在《马氏文通》中讨论助字时提到"谕令之句"、"禁令之句"中的助词。黎锦熙《新著国语文法》指出祈使句的末尾可以出现完结助词"了"，"若不用这完

第七章 句类研究

结助词,语气变强硬些;请求变成命令,劝阻好似禁止";也可使用表商榷的语气词"罢(吧)"。吕叔湘《中国文法要略》认为,说话"以支配我们的行为为目的,这就是祈使之类的语气。这种差别和语调有绝大关系,但也借助不同的语气词"。祈使语气常用的语气词有"吧"、"啊"两个,间或也用"呢"。用"吧"带有劝阻的语气,也有比较直率近于命令,有时有准许之意。"啊"比"吧"响亮,劝阻意味较少,敦促语气较重。用"呢"字是讽喻的口气,好像是说"你……好不好?"或"你能不能……呢?"。丁声树《汉语语法讲话》指出"啊"主要表示嘱咐、催促语气,"吧"劝说意味重些。黄伯荣《现代汉语》认为,祈使句可用可不用语气助词,不同的语气助词具有不同的附加意义。用"吧"表示商量口气;用"啊"来缓和语气,有亲切色彩;"哟"表示劝告;带"了"一般表示变化。两个语气词有时可以连用,合成一个音,相连的两个语气词各有自己的意义,后一个起决定句类的作用。

二、祈使句的语义分析

(一)祈使句语气的强弱。吕叔湘《中国文法要略》认为"祈使有刚柔缓急,可有命令、请求、敦促、劝说的分别,其反面则是禁止"。不用语气词,语气比较率直,语调比较急促,就是所谓命令;比较客气的祈使句常加用"请"、"愿"等字。王力《中国现代语法》也认为"表命令、劝告、请求、告诫者,叫做祈使语气,可用语气词'罢'。用'罢'时往往表委婉、商量或恳求,若不用'罢'就往往表示非如此不可的意义。"高名凯《汉语语法论》指出"所谓命令式都分有强制式和客气式两种。狭义的命令是权威的命令,一般是强制的命令,客气的命令即请求式的命令。"丁声树等《现代汉语语法讲话》指出,强制性的命令语调很急促,通常不用语气词。

(二)祈使句的肯定式与否定式。吕叔湘在《中国文法要略》中就指出"否定性的命令为禁止,语气柔和的也可称为劝止。这类句子必然要用否定词,即禁止词"。禁止句里所使用的语气词与肯定性的祈使句不尽相同,不用"呢"、"罢",而用"了"或"啊"。用"了"有劝阻语气,用"啊"则有警戒提醒之意。丁声树等《现代汉语语法讲话》指出,祈使的反面是禁止,句中常用否定词"不准、不要、不用、别、甭"等。句尾用"了"多半表示禁止已经发生的行为,"啊"不论行为发生或未发生都能用。黄伯荣《陈述句 疑问句 祈使句 感叹句》(新知识出版社1957)对此作了较为详细的描写:"祈使句表示要听话人做什么或不做什么。它可以分为两类:一类是要听话人发出某种动作,这包括命令、请求等;一类是要听话人停止或不发出某种动作,这包括禁止、劝阻等。"

三、祈使句的全面研究

祈使句的全面研究当推袁毓林的《现代汉语祈使句研究》(北京大学出版社 1993),该书对现代汉语祈使句的性质、范围、使用条件、内部分类等作了较为全面、系统的讨论,并对现代汉语中十来种典型的祈使句作了细致深入的描写。该书主要讨论了以下问题:(1)祈使句的性质。祈使句是从语用平面上分出来的句子类型。句子的结构形式与特定的表达功能之间有某种稳定的联系。(2)祈使句的范围,即从句法形式和表达功能两方面来考察:既具备祈使句结构特点,又能表达祈使意义的,是核心祈使句;如果形式上不具备祈使句的结构特点,如"还不快 VP"、"你少 VP+行不行?"等句式、或带祈使句语气词"吧"的疑问句,在功能上也表达祈使意义,也看作边缘祈使句。(3)祈使句的分类系统。可以从形式和意义两个方面分出两种类型:A 从表意功能上,根据语气的强弱可以分为三类六种:命令句和禁止句、建议句和劝阻句、请求句和乞免句。B 从结构形式上看,根据肯定和否定的有标记和无标记分为三类:有强调标记的强调式祈使句、有否定标记的否定式祈使句、有零形式标记的肯定式祈使句。(4)祈使句的使用语境。是否有明确的听话人、听话人是否在现场尤其重要。(5)祈使句的语用约束。比较重要的约束有三种:一是祈使句语用选择的随意性的约束;二是祈使句语用常规的约束;三是祈使句的语用预设的约束。

第九节 感叹句研究

感叹句作为一种句类作专门的研究,起步较晚,也不够系统。专著有杜道流的《现代汉语感叹句研究》(安徽大学出版社 2005)。主要涉及到以下几个问题。

一、感叹句的性质

《马氏文通》仅在叹词中提到"以示人心中之不平"的表达作用。高名凯《汉语语法论》把感情的表达作为命题之一来讨论。他认为感叹不光指叹息,"是包括一切感情的表达而言"。"感情的表达,在语言方面可以由语义和语法两种成分来实行"。吕叔湘《中国文法要略》指出:"以感情表达为主要任务的叫感叹语气。平时言语大多兼有知识和感情成分。""以表达感情为基本作用的语句,可称为本来的感叹句。"赵元任《中国话的文法》认为句类有各自的句值,感叹句有表达价值。朱德熙《语法讲义》认为感叹句的作用是表达情感,但同时也传递信息。黄伯荣《陈述句　疑问句　祈使句　感叹句》与朱氏持相同观点,认为句子带有快乐、惊讶、悲哀、愤怒、厌恶、恐惧等感情时,就是感叹句了。

二、感叹句的结构特点

高名凯《汉语语法论》认为,表情的方法不仅可以用语调(急缓、高低、粗柔、四声变化)、词的重叠(同一词重叠、同义词重叠、结构的重叠)、词序的颠倒(如谓语前置)、语法意义替代、感叹词的应用,甚至也可以用名词、动词、形容词表示,如"什么东西!"、"讨厌!"。赵元任《汉语口语语法》(商务印书馆1979)认为,感叹句大都是小型句(非主谓结构的句子)。黄伯荣《陈述句　疑问句　祈使句　感叹句》分析感叹句的结构形式大致可以分为五类:(1)由叹词构成的,叫叹词句,如"哦"表示醒悟。(2)用一个名词(或名词性词组)跟"啊"结合起来表示感叹,如"天哪!"(3)只有很简单的一两个词构成的,但是含义很丰富。如"狼!狼呀!"(4)有的感叹句只是一句口号,有的是祝词,它们总带有强烈的感情,例如:"侵略者滚出去!"(5)带有"多、多么、好、真"等副词和语气助词的,例如:"多么不容易呀!"法国汉学家 Viviane Alleton《现代汉语中的感叹语气》(王秀丽译,《国外语言学》1992,4)认为汉语感叹最常用的句段标志是副词和结尾助词。

三、感叹句的类型

吕叔湘《中国文法要略》从两个角度对感叹句加以分类:A."从感叹的发生来看,感叹句有三种:(1)我们的感情为某一事物的某种属性所引起的,我们就指出这个属性而加以赞叹,如'这件衣服好漂亮!'(2)我们的感情为整个事物所激动,我们指不出某种引起感叹的属性,只说明所产生的是那种情绪,如'这叫人多么难受!'(3)连那种情绪也不说明,只表示一种混然的慨叹,如'竟有这样的事情啊!'前两种感叹句必有一个感叹的中心,一个形容词,或表外物的属性,或表内心的情感;第三种没有。这三种里头最常见的是第一种。B.从形式上来看,感叹句又可分两个类型。一类含有指示程度的指称词或限制词,如'好'、'多'、'多么'、'这么'等,加以感叹中心的形容词之前。一类不用指示词,也不借助疑问,直接发为慨叹。此外还有独立表示感叹语气的语气词,称为感叹词。"

　　近年来对感叹句的研究开始启动。例如朱晓亚《现代汉语感叹句初探》(《徐州师范学院学报》1994,2)、吕明臣《汉语的感情指向和感叹句》(《汉语学习》,1998,6)、王光和《汉语感叹句形式特点浅析》(《贵州大学学报》2002,5)、华宏仪《感叹句语气结构与表情》(《烟台师范学院学报》2004,1)、郝雪飞《感叹句原型类别及其基本句式分析》(《北京地区第三届对外汉语教学学术研讨会论文集》,北京大学出版社 2004)等,涉及感叹句的标志、格式、语气、语境以及语用特点等方方面面的问题。

第八章 句式研究

> **提示**：根据关键词、特殊结构以及特定语义范畴三个标准，建立起汉语句式的三大系列，重点介绍把字句、被字句、存现句和主谓谓语句的研究。涉及各类重要句式的主要特点、研究历史、语法意义、转换关系、内部类型等。

句子的分类，一般的语法书以句型（结构类型）与句类（语气类型）为主。在介绍句型时，有时也顺便介绍一些常用的或有特殊作用的句子格式，因而句型与句式常常混淆在一起。事实上"句型"与"句式"的分类出发点不同，句式是指那些在汉语中有某种特殊标志或有特殊表达作用的常用句子格式。因此，客观上部分句型也成了句式。确定句式的标准往往不是单一的，即是多标准的。大体上有以下几种情况：

（一）以关键词（介词或动词）来命名，如把字句、被字句、比字句、连字句、对字句、是字句、有字句等。

（二）以特殊结构命名的，如主谓谓语句、双宾语句、连动句、兼语句、动词重叠句、重动句等。

（三）以特定语义范畴命名的，如存现句、否定句、被动句、比较句、使动句、估测句、位移句等。

对汉语句式展开专门讨论，是从王力《中国现代语法》开始的。他分析了六种重要的句式：能愿式、使成式、处置式、被动式、递系式、紧缩式。这一研究打开了汉语语法研究的新角度，但此后的语法著作在词类分析、句法结构分析上花的功夫较大，而对句式研究都不太重视，这种状况一直到80年代才有所改变。进入90年代后，在汉语教学中也纷纷把句式列为教学的重要内容，邵敬敏《现代汉语通论》正式建立了句式系统。现把有关语法著作中论述到的句式列举如下：

	把字句	被字句(被动句)	比字句(比较句)	主谓谓语句	双宾句	连动句	兼语句	是字句	存现句
刘月华等	√	√	√	√		√	√		√
陈建民	√	√		√	√	√	√	√	
李临定									
黄伯荣	√	√	√	√	√	√	√		√
邢福义	√	√		√		√	√		√
林祥楣	√	√				√	√	√	√
邵敬敏	√	√		√	√				√

(以上统计详见:刘月华《实用现代汉语语法》1983,陈建民《现代汉语句型论》1986,李临定《现代汉语句型》1986,黄伯荣《现代汉语》1991,邢福义《现代汉语》1991,林祥楣《现代汉语》1991,邵敬敏《现代汉语通论》2001)由此可见,有几种句式是大家都认为属现代汉语中相当重要的。下面我们主要论述"把"字句、"被"字句、存现句和主谓谓语句。

第一节 "把"字句研究

"把"字句是现代汉语所特有的、而且是运用最频繁、作用最显著的句式之一。这种句式的产生、发展及其运用突出地反映了汉语句法的某些特点,因而必然成为语法学界密切关注的重大课题。

一、把字句研究的历史

第一阶段:黎锦熙首创了"提宾"说,认为介词"把"的作用是把原先位于动词之后的宾语提到了动词之前(《新著国语文法》1924)。王力从该句式所表示的语法意义这一角度提出了"处置"说,认为"'把'字所介绍者乃是一种'做'的行为,是一种施行(execution),是一种处置"(《中国语法理论》1943)。这两种观点在国内外语法学界的影响极其深远。尔后,吕叔湘又另辟新径,着重从句法结构入手,提出了"行为动词"说、"宾语有定"说以及"谓语复杂"说(《把字用法的研究》,《金陵、齐鲁、华西大学中国文化汇刊第八卷》1948)。该文分析细致而且中肯,至今仍有重要的参考价值。

第二阶段:把字句研究主要集中在平面的和历史的两个方面。前者主

第八章 句式研究

要是对黎、王、吕三家的学说进行某些修正或补充。比较重要的论著有：胡附、文炼《"把"字句问题》(《现代汉语语法探索》东方书店1957)、王还《"把"字句和"被"字句》(《汉语知识讲话》，新知识出版社1957)和梁东汉《论"把"字句》(《语言学论丛》第二辑，新知识出版社1958)。后者着重考察把字句的早期形式，并探讨其产生、发展的历史原因。主要有王力《处置式的产生及其发展》(《汉语史稿》中册，中华书局1958)以及他当时的两名研究生祝敏彻和向熹的《论初期处置式》(《语言学论丛》第一辑，新知识出版社1957)与《〈水浒〉中的"把"字句、"将"字句和"被"字句》(《语言学论丛》第二辑)。此外还有戈弋《把字句(处置式)的起源》(《中国语文》1958，3)。

第三阶段：20世纪80年代以来，把字句的研究又一次出现高潮。这可分为三类情况：

1. 基本上是在传统语法框架内，对以往的研究进行讨论，着重探讨把字句的语法意义、结构特点以及构成把字句的条件。例如潘文娱《对"把"字句的进一步探讨》(《语言教学与研究》1978年试刊3集)、宋玉柱《"处置"新解——略论"把"字句的语法作用》(《天津师院学报》1979，3)、郭德润《"把"字句的动词》(《江淮论坛》1981，8)、季永兴《把被句管窥》(《中国语文通讯》1981，6)、王还《把字句中的"把"的宾语》(《中国语文》1985，1)〔美〕薛凤生《试论"把"字句的语法特性》(《语言教学与研究》1987，1)。除此以外，还有专门研究"把"字句特殊格式的，例如詹开第《把字句谓语中动词的方向》(《中国语文》1983，2)、邵敬敏《"把"字句和"被"字句合用小议》(《汉语学习》1983，1)、王志《浅谈谓语另带宾语的"把"字句》(《汉语学习》1984，5)、赵洪勋《试谈非处置式的"把"字句》(《语文学习》1985，12)、吴葆棠《一种丧失义倾向的"把"字句》(《句型与动词》语文出版社1987)、龚千炎《论"把"字兼语句》(《语文研究与探索》(四)北京大学出版社1988)等。其中宋玉柱的研究尤为着力，他还发表了《关于"把"字句的两个问题》(《语文研究》1981，2)、《运用把字句的条件》(《汉语学习》1982，3)等。

2. 受转换深层语法及格语法理论影响，着力研究把字句内部深层语义的联系以及把字句和其他句式相互变换的关系及变换条件的限制。有的是在讨论其他相关句式时涉及到把字句的，例如朱德熙《"在黑板上写字"及其相关句式》(《语言教学与研究》1981，1)、施关淦《关于"在＋Np＋V＋N"句式的分化问题》(《中国语文》1980，6)、邵敬敏《关于"在黑板上写字"句式变换和分化的若干问题》(《语言教学与研究》1982，3)、李临定《动补格句式》(《中国语文》1980，2)。有的则是专门讨论把字句及其变换句式的，例如傅雨贤《"把"字句于"主谓宾"句的转换及其条件》(《语言教学与研究》1981,1)、邵敬敏《把字句及其变换句式》(《研究生论文选集·语言文字分册》,江苏古籍出版社 1985)以及台湾的汤廷池《处置式变形》(《国语变形法研究》台北学生书局 1977)、梅广《把字句》(《文史哲学报》台湾大学 1978)等。

3. 继续探讨把字句形成的历史发展线索。主要有金湘泽《"把"字结构的历史情况》(《宁波师专学报》1979,1)、张亦堂《古汉语处动用法试谈》(《齐鲁学刊》1983,4)、陈初生《早期处置式略论》(《中国语文》1983,3)、张华文《〈早期处置式略论〉质疑》(《广州师院学报》1984,3—4)、〔法〕A 贝罗贝《早期"把"字句的几个问题》(《语文研究》1989,1)。此外,潘允中《汉语语法史概要》(中州书画社,1982)和史存直《汉语语法史纲要》(华东师大出版社,1986)两本著作也有专节作了讨论。

90 年代以来,把字句的研究仍是一个热门话题,主要集中在两个方面:

一是从语义语用角度研究把字句的特点,主要有张旺熹《"把"字结构的语义及其语用分析》(《语言教学与研究》1991,3)、吕文华《把字句的语义类型》(《汉语学习》1994,4)、崔希亮《把字句的若干句法语义问题》(《世界汉语教学》1995,3)、金立鑫《"把"字句的句法、语义、语境特征》(《中国语文》1997,6)、刘一之《"把"字句的语用语法限制及语义解释》(《语言探索与研究》(十)2000,9)和范晓《动词的配价与汉语的把字句》(《中国语文》2001,4)等。

二是探讨把字句的生成条件、原因及过程等,主要有沈阳《名词短语的多重移位形式及把字句的构造过程与语义解释》(《中国语文》1997,6)金立鑫《选择使用"把"字句的流程》(《汉语学习》1998,4)以及张旺熹《"把"字句的位移图式》(《语言教学与研究》2001,3)等。

二、把字句研究的焦点

(一)把字句的语法意义

关于把字句的语法意义,可以说是众说纷纭,最有影响的是"处置说"和"致果"说。王力《中国现代语法》认为"处置式是把人怎样安排、怎样支使、怎样对付,或把物怎样处理,或把事怎样进行",因而"表示这行为是一种处置或支配";同时,又为不表示"处置"义的"活用"另立一个"继事式"(如"偏又把凤丫头病了")。吕叔湘《把字用法的研究》(《中国文化研究汇刊》1948)批评说:"倘若我们不把原来的称为处置式,也就无须另立继事式的名目了。"梁东汉《论"把"字句》(《语言学论丛》(二),新知识出版社 1958)则举了不少例子来说明许多把字句根本没有什么"处置"义(如:"我把他那五十块钱丢了,还要赔他!")因而主张改用"把字句"名称。一方面,"处置"说仍得到不少人赞同,许多语法教科书也沿用这一说法;另一方面,不断有人提出质疑,直到 70 年代末出现了一种新的"致果"说。首先是潘文娱《对把字句的进一步探讨》(《语言教学与研究》1978,3)提出"广义的处置"说,实际上就是把"对动作行为的状况或程度起到限定作用都看作是个广义的结果",它包括表结果、程度、趋向、状态、时间与动量。这一认识是个很大的突破,但他同时又认为"那一广义的结果必须是落到框(3)(即'把'的宾语)对象上的,只有这样对框(3)对象才能实现广义的处置作用"。对此,宋玉柱《处置新解》(《天津师范学院学报》1979,3)提出了商榷意见,并就把字句的语法意义作了较为详细的阐述:"句中谓语动词所表示的动作对'把'字所介绍的受动成分施加某种积极的影响,这影响往往使得该成分发生某种变化,产生某种结果或处于某种状态。"这种说法比较新颖,也比较全面,但尚不够准确。这主要表现在:(1)"把"的宾语不一定是后面谓语动词的受动成分(如"这件事把他急病了");(2)把字句的最终意义不一定只是"把"的宾语获得某种结果(如"祥子把车看得似乎暂时可以休息会儿了");(3)处于某种状态的只能是动词本身(如"把碗端着")。因此邵敬敏《把字句及其变换句式》进一步修正为:"由于某种动作或某种原因,使'把'的宾语、全句主语或整个事件获得某种结果,或使动作达到某种状态。"简称之为"致果"或"致态"。〔美〕薛凤生《"把"字句和"被"字句的结构意义》(《功能主义与汉语语法》,北京语言学院出版社 1994)则认为"把"字句语义诠解应为"由于 A(主语)的关系,B('把'的宾语)变成了 Vp 所描述的状态"。目前对"新结果说"的具体解释虽不尽相同,但它已逐步替代了"旧处置说",而被比较多的学者所接受。

但是,争议远远没有结束。90 年代以来,对把字句语法意义的研究更加深入。一是"分化"说,即细化为几种语法意义,例如金立鑫《"把"字句的句法、语义、语境特征》(《中国语文》1997,5)认为:根据把字句的结构特征,与此相应的语义特征也有三类:结果类、情状类、动量类。吕文华《把字句的语义类型》(《汉语学习》1994,4)分析出与不同结构特征相对应的六种语义类型。二是"因果"说,例如张旺熹《"把"字结构的语义及其语用分析》(《语言教学与研究》1991,3)考察了 53 万语料,分析了 1188 个"把"字结构,指出把字结构在语用上的基本规律是:它始终处于一个明确的因果关系

(包括条件关系、目的关系)的意义范畴之中,当人们强调这种因果关系时,便使用"把"字结构的语句形式。三是"终结"说,例如杨素英《从情状类型来看"把"字句》(《汉语学习》1998,2—3)认为把字句表现某物、某人、某事经历一个完整的变化过程,或者有终结的事件,这个变化过程或事件不一定是已然的,但却必须是有终结点的。四是"位移"说,张旺熹《"把"字句的位移图式》(《语言教学与研究》2001,3)从认知语言学的角度指出,典型的"把"字句凸显的是一个物体在外力作用下发生空间位移的过程。五是"新处置"说,沈家煊《如何处置"处置式"》(《中国语文》2002,5)认为显示的是一种"主观性",可以解释为新的处置义。六是"焦点"说,邵敬敏和赵春利《"致使把字句"和"省隐被字句"及其语用解释》(《汉语学习》2005,4)则认为把字句可分为"处置把字句"和"致使把字句"两类,尤其是后者显示"把"实质上是焦点标记,属于前置标记,凸显的是动作在逆方向上对事物的主动性影响。七是"界变"说,张黎《汉语"把字句"的认知类型学解释》(《世界汉语教学》2007,3)认为把字句是的语义结构是一个有层次的复合命题体,其最外层是对'缘由—事象界变'的主观认定性命题,其中间层是表'事象界变'的复合命题,其底层是表达客观事象的单纯命题。可以看出,以上其中解释,实际上都已经超越句法结构本身,而着眼于语用和认知,这不但反映了把字句的复杂性和多面性,也显示了语法学家不懈的追求,试图从语用,乃至认知的角度进行新的探索。

(二)构成把字句的条件

1. "把"的宾语

第一个提出"'把'的宾语必须是有定的"是比利时人约瑟福·莫里。吕叔湘《把字用法的研究》认为他的观察是正确的,并进一步指出"宾语代表无定的事物,不能用'把'"。例如"他把一本书卖了"可以说,而"他把一本书买了"不能说,那是因为前句中的"一本书"是有定的,后句中的"一本书"是无定的。对此,梁东汉和王还都表示了不同的看法。梁东汉《论"把"字句》认为"宾语不一定有定,也可以是无定的"(如"这儿是这么脏,把人熏也熏病了")。王还《"把"字句与"被"字句》(新知识出版社1957)原主张"把"的宾语分属三个范畴:"特指"、"有定"和"无定",后来《"把"字句中"把"的宾语》(《中国语文》1985,1)又修正了原先的观点,认为"有定"、"无定"的说法来源于英语的"有定冠词"和"不定冠词",而汉语应以用"专指"、"泛指"为宜,因而"把"的宾语有三种性质:"确指的"(如"小林把一件毛背心织得又肥又长")、"专指的"(如"你赶快把两篇文章写了吧")和"泛指的"(如"他

第八章 句式研究

们把一般真理看成是凭空出现的东西")。其实"有定"和"无定"是属于句法范畴的一对概念,而"确指"和"泛指"则是属于语义范畴的一对概念,二者分别属于不同平面,最好不要混为一谈。在形式上,"把"的宾语可能是有定的(比如可用"这"、"那"限制),也可能是无定的,或者没有什么标志,但在语义上应该是确指的。"专指"也是一种"确指"(即说话人和听话人已经约定的谈话对象),"全指"也应该是一种"确指",如前例所举的"一般真理"并非随便哪一个真理,而是把它看作一个整体,是区别于他物的对象。显然,问题在于语义平面到底有哪几种范畴,它们之间的联系与区别是什么,只有把这些问题搞清楚了,才有可能真正把握住"把"的宾语在语义上的性质。薛凤生《"把"字句和"被"字句的结构意义——真的表示"处置"和"被动"?》(《功能主义与汉语语法》北京语言学院出版社 1994)认为"把"字句(A 把 B+C)中的 B,句法上是谓语 C 的主语,语义上是全句的主要话题,因此 B 既不能省略,也不是宾语提前,B 可以是定指,也可以是不定指。曹逢甫《从主题-评论的观点看"把"字句》(《中国语言学报》1987,15 卷 1 期)则认为"把"字句典型结构序列"Np1 把 Np2Vp"中,Np1 是第一主题,Np2 是第二主题,作为主题,Np1 和 Np2 都是已知信息。陶红印、张伯江《无定式把字句在近、现代汉语中的地位及其理论意义》(《中国语文》2000,5)专门探讨了无定式把字句("把"字后面的名词为无定形式)在现代汉语中的地位问题以及相关格式的功能分工。认为在现代汉语中"把一个"的功能主要表达几种性质不同的东西:a. 表全称的(如"他恨不得把一肚子玩意儿掏给孙子")、b. 表通指的(如"从来没有把一本书讲完过")、c. 表数目的(如"把一辆租出去")、d. 是无定成分的标记("把一篮草倒在羊棚里")。其中通指性出现频率最高,为基本语义,其表示的信息性质主要是偶现新信息。

2. 动词的限制

什么样的动词才能构成把字句,历来有两种说法:第一种说法来源于王力的"处置"说,王力《中国现代语法》认为:"它既然专为处置而设,如果行为不带处置性质,就不能用处置式。"赵元任《汉语口语语法》因此把动词分为"处置动词"和"非处置动词"。但事实上不少所谓"非处置动词"也可以构成把字句,例如"他把我恨死了"。第二种说法来源于吕叔湘的"行为动词"说,吕叔湘《把字用法的研究》认为:"动词得有一定的动作性,像'看见'之类的纯然表示感受的动词是不能用在把字句里的。"汤廷池因此把动词分为"动态动词"和"静态动词"。但是季永兴《现代汉语语法结构分析》(广西师范大学出版社 1990)在具体考察了一组表示感官活动和心理活动的动词进入把字句的情况后,发现"喜欢、高兴、了解、看"等可以构成把字句,而"同情、希望、知道、看见"等则不能构成把字句。可见,笼统地把动词分为"处置/非处置"或"动态/静态"都不能真正解决问题。我们认为关键还是在于这些动词能否满足把字句语法意义对结构形式的基本要求,即凡是可以带结果补语(包括带"得"的结果补语)或结果宾语的动词都可以构成把字句。反之,根本不能带结果补语或结果宾语的动词,在任何情况下都不能构成把字句。我们称前者为"致果动词",后者为"非致果动词"。

3. 句式结构的要求

王力《中国现代语法》首先提出把字句在句式结构上的要求是"处置式的目的语的后面,不能只跟着一个简单的叙述词",必须附带末品补语等。赵元任《汉语口语语法》也说:"只有在主要动词的后面跟着补足语,或是跟着数词加上适用于动词的助名词,或动词重复的时候才能用把字。"在这一问题上贡献最大的还推吕叔湘,他在《把字用法的研究》中指出"动词的处置义,宾语的有定性,这些都是消极条件,只有这第三个条件——动词的前后成分——才具有积极性质,才是近代汉语里发展这个把字句式的推动力。"事实证明:动词前后表示结果或状态的成分(可能是补语、宾语、状语,或者是表动态的助词)是把字句得以成立的必要条件。范晓(《动词的配价与把字句》)根据把字句内部结构特征归纳出10种把字句句式:1)光杆动词把字句;2)动体式把字句;3)动结式把字句;4)动趋式把字句;5)动介式把字句;6)动宾式把字句;7)动得式把字句;8)动量式把字句;9)动副式把字句;10)状动式把字句。

三、把字句及相关句式的变换关系

受转换生成语法学派理论的影响,吕叔湘《被字句、把字句动词带宾语》(《中国语文》1965,4)早就提出:"全面地考察一下被字句和把字句以及不用被也不用把的句式(以下称为中性句)互相转换的范围和条件,是一个很有意思的课题。"80年代以来,这一研究成为把字句研究中最引人注目的课题。

(一)"把"的宾语与谓语动词的语义关系

传统的看法认为"把"的宾语在意念上必定是后面谓语动词的受事(除了"继事式"中的施事)。后来受格语法理论的影响,詹开第《"把"字句谓语中动作的方向》(《语法研究和探索》(二),北京大学出版社1984)提出,这种语义关系应该有五种:(1)受事;(2)施事;(3)系事;(4)施受不能确定;(5)处所。其中"受事"的范畴比一般的理解要宽泛,即认为动补结构也可

第八章 句式研究

以带受事,例如"他把眼睛哭红了"中,"眼睛"解释为"哭红"的受事。这一研究摆脱了传统语法的束缚,从深层语义关系上揭示了"把"的宾语与动词的语义联系。不过这一研究尚可深入,有些把字句中的"把"的宾语的语义联系实际上已超出了上述五类,例如:(1)表示工具或材料,如"我要把那些东西喂了狗"、"弟弟把毛笔写秃了顶";(2)表示直接影响的对象,如"我说了一句话,把队长说乐了"、"把新来的学员编了班";(3)表示间接影响的对象,如"这一仗把我先生打得下落不明"、"把脸喝红了";(4)表示使动者,如"把他累得直喘气"、"把小张气得病了"。此外,对"受事"这一大类也还可以作进一步分析,因为其中包含了不少较为复杂的情况。杨素英(《从情状类型来看把字句》)从语义上分析了"把"字后面名词(Np2)的特性,她认为:"'把'字句表现某物、某人、某事经历一个完整的变化过程,或者有终结的事件,而 Np2 则必须是这个变化的经历者,或者在这个有终结点的事件中受到影响的物、人或事。"

(二)把字句与其他句式的变换关系

受黎锦熙"提宾"说的影响,长期以来语法学界普遍认为把字句是从一般的"主——动——宾"句式变化而来的。张志公在《汉语语法常识》中提出的"常式"、"变式"说,梅广《把字句》(台湾大学文学院《文史哲学报》1978)的"基式"、"变式"说便是一种代表。王力《中国现代语法》也早就注意到把字句与被字句之间存在着一种互相转换的关系,认为"多数被动式是可以改为处置式的"。梁东汉《论"把"字句》(《语言学论丛》第二辑,新知识出版社,1958年)是坚决反对"转化论"和"还原论"的,他列举了六种必须用"把"的句式,证明它们没有相对应的"主动宾"句式存在(如"我们不能把线装书束之高阁"、"应把它们普及于军队和人民"),又列举了四种似乎可以互相变换的句式说明"宾语位置的改变,不但使得结构起了变化,而且也标志着意义的变化"。例如:"他摔坏了你的表/你的表他摔坏了/他把你的表摔坏了/你的表让(被)他摔坏了"。因而认为把字句与其他句式之间根本不存在什么变换关系。

随着研究的深入,人们的认识深化了,认为断言句式之间不存在变换关系的说法太绝对了,但是"常式"、"变式"说又有很大的局限性,不能准确合理地解释句式之间的复杂的变换关系。我们可以把这些能相互变换的句式看作是具有一个共同深层语义基础的、而反映在表层结构上的不同形式。对这些可相互变换的句式来讲,这个共同的深层语义关系是其赖以变换的基础和出发点。因此,把字句不仅同一般的主动句、被动句有变换关系,而且同其他句式,尤其是受事主语句也有着密切的关系。薛凤生《试论"把"字句的语义特性》(《语言教学与研究》1987,1)认为"把"字句和"被"字句两种句式除标记词不同以外,基本成分完全一致,但成分之间相互关系有重大差别。"把"字句的语义诠释为:由于 A 的关系 B 变成 C 所描述的状态,B 是全句的主要话题;"被"字句的语义诠释为:由于 B 的关系 A 变成 C 所描述的状态,A 是全句的主要话题。所以两种句式之间最根本的区别是:说话人想把听话人的注意吸引到 B 或 A 上来。

(三) 句式相互变换的条件制约

李临定《现代汉语句型》(商务印书馆 1986)曾详细讨论过动补等句式跟把字句被字句等句式之间的变换关系能否成立等问题,举例丰富,分类细致,但只罗列了事实,未对变换条件作进一步说明。朱德熙的《"在黑板上写字"及相关句式》(《语言教学与研究》1981,1)以及邵敬敏的《关于"在黑板上写字"句式分化和变换的若干问题》(《语言教学与研究》1982,3)等围绕"在黑板上写字"这类歧义句式的分化,用能否变换成"把字写在黑板上"作为一种分化的方法,展开过讨论。虽说讨论只限于某一具体句式,但涉及到动词的精确再分类以及对隐性语法关系的认识,在方法论上颇有启迪。

详细讨论有关变换关系及条件限制的,首先是傅雨贤的《"把"字句与"主谓宾"句的转换及其条件》(《语言教学与研究》1981,1),他先讨论了可以直接转换成"S+P+O"(即"主+动+宾")句式的把字句,共有九种;又讨论了不能如此转换的把字句共有八种。结论是:"把字句能否转换成普通的'S+P+O'句式,关键在于动词谓语是否存在一个非人称名词的宾语。"例如"他们把侵略军打败了"可以转换,而"他把墙壁挖了一个洞"则不能转换。至于碰到不符合此规则的所谓"例外",就认为"是属于语言搭配习惯或音节节奏问题"。这种看法似乎把问题简单化了。对这一问题探讨最详细的是邵敬敏,在《把字句及其变换句式》(《研究生论文选集·语言文字分册》,江苏古籍出版社 1985)中,从其他句式变换成把字句以及把字句变换成其他句式两个角度,讨论了变换的种种条件限制,指出:某些表层结构形式相同的句式,有的能变换,有的不能变换,这正反映了这些句式深层语义关系并不相同。我们的研究就是要对此进行分化,挖掘出其中的差异来。而这种差异则往往表现为词的内部小类不同,特别是动词内部小类的不同,以及词与词在句法结构中的隐性语法关系(即语义关系)的不同。

(四) 把字句的历史发展

有关把字句的起源、历史演变、发展原因的研究形成过两次高潮。50

第八章 句式研究

年代以祝敏彻《论初期处置式》(《语言学论丛》(一)，新知识出版社 1957)为代表，他认为："将"字句比"把"字句产生得早；它们都是从连动式动词虚化变来的；初期处置式在结构上有两个主要特征：a. 目的语后经常只有一个叙述词，因而叙述词后缺乏补语成分和宾语成分。b. 宾语和动词有时距离较远，它们之间往往有动词的修饰成分。80 年代形成三种不同的观点：a. 陈初生《早期处置式略论》(《中国语文》1983,3)认为"以"字句是处置式的更早期形式，后来的"将"字句、"把"字句只不过是随着语言不断的发展，从用"将"的连动式以及用"把"的连动式演变而来的。〔法〕贝罗贝《双宾语结构从汉代至唐代的历史发展》(《中国语文》1986,3)也主张把字句是从连动式变化而来的，这是"语法化"(虚化)在起作用。B. 张华文不同意陈的分析，指出"以"字并无提宾作用，"以"字句也不能同"把"字句相提并论，"以"的宾语可以省略，也可以倒装。C. 张亦堂则提出一个新的观点，认为古代有一种"处动用法"，逐渐演变为在活用词前面加上一个及物动词，明确表示及物的动作，这样才演变为更明确的"把"字句的表现形式了。

（五）把字句的生成原因

有关把字句的生成原因，不同的文章从不同角度作了解释。一种为"宾语提前"说，这是大多数人所持的观点，因为"把"字的作用就是把动词后的宾语提前，所以把字句是由主动句(主—动—宾)变化而来的。另一种为"受事主语"说，如朱德熙《语法讲义》认为"把"字后面的名词在语义上是动词的受事，在句法上则是从受事主语句变化而来，因为大量的把字句是不能还原成主动宾句的。沈阳《名词短语的多重移位形式及把字句的构造过程与语义解释》(《中国语文》1997,6)则认为"宾语"说与"主语"说都有一定的局限性，他认为，把字后面的名词"为汉语各种句法结构中由动词（动词短语）或结构决定，可以经过多重移位（即以不同形式后移至主要动词后的位置，并再次前移）的 Np。"曹逢甫认为"把"字句的功能是用"把"字将其后的 Np2 标示为特殊的主题，以强调第一主题与第二主题之间的及物关系。根据主题说的观点，他认为把字句与双主句(主谓谓语句)在结构上有相似之处。

金立鑫《"把"字句的句法语义语境特点》认为把字句的生成主要是受句法和篇章的强制性。在句法上，如果动词后面既有宾语又有补语，又无法同现，解决的办法：一是重复动词，构成重动句；二是把宾语前移，宾语可以前移到主语前，构成话题句；也可以前移到主语后，构成把字句。沈阳(《名词短语的多重移位形式及把字句的构造过程及语义解释》)从句法角度考虑,认为"由于把字句成分数量多,结构形式复杂,所以才需要一种特殊的能够在结构并合过程中保持成分一致性和结构一致性的语法形式,而名词的多重移位正是使把字句能够用简单一致的形式构造复杂结构类型的一种重要手段"。张旺熹《"把"字句的位移图式》(《语言教学与研究》2001,3)从认知语言学的角度指出,典型的"把"字句凸显的是一个物体在外力作用下发生空间位移的过程。这种空间位移图式以物理空间位移框架为基础,还包括物体在诸如时间、人体空间、社会空间、心理空间、范围空间以及泛方向空间等不同空间层面上的移位。

第二节 被字句研究

一、被字句研究的历史

马建忠、黎锦熙对"被动式"都有所涉及,但第一个对被动句进行系统研究的是王力,他在《中国现代语法》中专门列了"被动式"一节,他的"被动式"是狭义的,即"被"字句。研究的范围涉及到句式的语法意义,结构形式,与主动句、处置式的关系以及内部的语义关系等。对王力的观点提出商榷意见的是梁东汉《现代汉语被动式》(《内蒙古大学学报》1960,2),该文有的观点是很有启发性的,是20世纪五六十年代有关研究中最重要的一篇文章。还有吕叔湘《"被"字句"把"字句动词带宾语》(《中国语文》1965,4),该文的贡献主要有两点:一是提出了被字句、把字句以及中性句之间的变换关系;二是对被字句把字句动词带宾语的性质进行了讨论。

80年代初期,被字句研究又活跃起来。当时最重要的文章有两篇:李临定《被字句》(《中国语文》1980,6)和龚千炎《现代汉语里的受事主语句》(《中国语文》1980,5)。李文是对被字句的分析描写,他运用变换方法考察了被字句与其他各中句式的内在关系;另外从深层结构对被字句的语义关系进行分析。龚千炎把受事主语句分成6种类型,并逐类进行描写。

80年代后期到90年代初,被字句的研究兴旺起来。范剑华《论现代汉语被动式》(《华东师大学报》1990,11)比较系统地对被动式进行了带有小结性的研究,提出了一些颇有价值的看法。此外还有傅雨贤《被动句式与主动句式的变换问题》(《汉语学习》1986,2)、柳士镇《百喻经中的被动式》(《南京大学学报》1985,2)、吕文华《"被"字句中的几组语义关系》(《世界汉语教学》1990,2)、蔺璜《动宾谓语"被"字句》(《山西大学学报》1988,1)以及

第八章 句式研究

宋玉柱《处所主语"被"字句》(《天津师大学报》1990,1)等。

被字句一直是汉语语法研究的热点之一,90年代以来的探索始终没有停止过。这一探索,主要有两条思路:第一,是运用生成语法的理论去进行解释,围绕"被"的属性,先后提出"动词"说(桥本万太郎、余霭芹、冯胜利、邓思颖等),"助词"说(汤庭池)以及"轻动词"说(黄正德、吴庚堂、熊仲儒),发展到"被动标记"和"介词"分列说(石定栩)等。第二,是走语用探索的路子,把"被"看作语用标记。邵敬敏和赵春利《"致使把字句"和"省隐被字句"及其语用解释》(《汉语学习》2005,4)认为"被字句"则可分为"动因被字句"和"省隐被字句",尤其是后者显示"被"实质上是话题标记,属于后置标记,凸显的是动作在逆方向上对事物的被动性影响。

"被"引进的只是发生某个动作行为或事件的"动因"。"动因"应该是属于语用层面的要素。动因还可以分为"自主性动因"和"非自主性动因",而施事则可以理解为一种自主性动因,其他"准施事"、"喻施事"和"伪施事"都属于非自主性动因。因此,我们可以根据"被"的宾语的语义属性把"被字句"分为两类:"自主性被字句"和"非自主性被字句"。"被"的前面的主语不一定就是受事,而只是需要凸显遭受到某个动作行为影响的对象。

二、被字句研究的课题

(一)被字句的范围

关于被动句的范围,可以有两种理解:狭义理解即指"被"字句(包括"叫、让、给"字句);广义理解则包括无形式标志的被动意义的句子,即被动句。最严格的是王力《汉语史稿》(科学出版社,1957—1958),他认为"当我们讨论被动式时,指的是具有结构特点的被动式,而不是概念的被动。"范剑华具体归纳为6种:(1) N1+被+N2+V;(2) N1+叫、让、给+N2+V(口语式);(3) N1+被、为+N2+所+V;(4) N1+被+V;(5) N1+被+N2+把+N3+V;(6) 被 N2+v+n3。龚千炎《现代汉语里的受事主语句》(《中国语文》1980,5)的范围最宽,列举了6种类型:A型 Np+V;B型 Np+受、遭+V;C型 Np+被+V;D型 Np+被(叫、给)+Na+V(附:Np+为、给+Na+所+V);E型 Np+由、归+Na+V;F型 Np+Na+V。其中B型和E型是有争议的。

(二)被字句的语法意义

王力的"不如意说"最有影响,他在《中国现代语法》中指出:"被动者所叙述,若对主语而言,是不如意或不企望的事,如受祸、受欺骗、受损害或引起不利的结果等等。"后来他在《汉语被动式的发展》(《汉语论丛》,新知识出版社1957)中又补充说,"'五四'以后,汉语受西洋语法影响,被动式的使用范围扩大了。这就是说,不一定限于不幸或不愉快的事情。"归纳起来,被字句的语法意义有三点:(1)主要表示"贬义"目的;(2)针对主语而言;(3)以后的非贬义用法是受西洋文法的影响。

此后不断有人作出补充或修正。梁东汉《现代汉语的被动式》(《内蒙古大学学报》1960,2)指出"被字句不表示不如意的用法早已存在"。他举了《红楼梦》中的例子,不仅有表示"中性性质"的句子,还有表示"高兴性质"的句子。但是梁氏因此而得出这样一个结论:意义的概括是不可以说明任何一种句子格式的规律性的。这不免太绝对化了。王还《把字句和被字句》也认为王力的说法"不准确",她认为"所谓不如意不愉快指的是后面动词所代表的动作是这样的"。李临定《现代汉语句型》的修正主要有两点:(1)"在现代汉语里'被'字句型表示中性以至褒义有扩大之势,但还是以表示贬义为常见。"(2)"贬义问题应从宽理解,不能认为只是针对主语的,或只是动词的褒贬词义问题。"有时这种"不如意"是针对其他成分讲的,如"他也去,把小缸儿藏起来,省得(小缸儿)教四嫂看见又得哭一场",这里"看见"的行为对"教"后的"四嫂"来说则是不如意的,要引起不利的结果。

近年来,有人试图作出新的解释。范剑华《论现代汉语被动式》认为"如意不如意"无法概括被动句的语义,被动式的语义是指"对N1而言不可抗拒的事",它可以指褒义(如"妈妈果然被闺女逗笑了"),或中性(如"被子不知何时已经被泪流湿了"),或贬义(如"她一不小心被碾碌子碾坏了扫帚")。范的这一见解颇有新意,但"不可抗拒"这一提法似乎不够准确,宜改为:这一动作行为的发生是不以N1的主观愿望而决定的。换言之,"被"强调动作行为的非主观性。由于不是主观愿望决定的,因此不少事情甚至往往是违背N1主观愿望的,所以"被"字句的语法意义是倾向于贬义也就不足为奇了。

(三)"被"字的词性

《马氏文通》把"被"看作外动词,那是有一定道理的。因为在古汉语中"被"的字义还比较实在,表示"遭受"、"蒙受"的意思,如"错卒以被戮"(《史记·酷吏列传》)、"身被重劾"(《汉书·张敞传》)。但在现代汉语中,尤其是"被"带上施事宾语后,"被"的词义已明显虚化。"被"的词性历来有不同的看法,大体上有以下三种:

第八章 句式研究

第一种认为"被"在古汉语中是动词,但在现代汉语中词义已虚化,功能也改变了,所以是助动词;吕、朱认为是副动词(《语法修辞讲话》);丁声树认为是次动词(《现代汉语语法讲话》);其本质都是"介词",只是名称不同而已。第二种是把"被"看作一种特殊的动词,如李人鉴《关于"被"字句》:"'被'跟'遭、挨'等一样表示遭受的意义。"这一观点赞同的人不少。后来桥本万太郎在《汉语被动式的历史区域发展》(《中国语文》1987,1)指出了"介词"说与"副词"说的种种不足,认为"如果把'被'字解释为(及物的)动词而把'被'字以后的词组当作这个及物动词的宾语的话,以上所列举的种种困难,便都迎刃而解了。"第三种看法是梁东汉的《现代汉语被动式》,他认为"被"字的作用是辅助它后面的动词,使它带着被动的性质,因而是"助词"。至于把"被"看作一个的理由是,首先两种格式中"被"的语义不变,都表示被动义,只是带不带施事上有所区别,"施事宾语"可能省略了。我们的意见也倾向于看作一个"被",但并不认为另一种格式是"省略",而仅认为是"隐含"了施事宾语。严格地说,这个"被"不能算是典型的介词,还是看作助动词更有道理。但是鉴于助动词另有其严格的标准,因此还是看作介词为妥。

当然也有人认为"被"有两种不同的词性:凡是用在名词之前以引进施事的,大多数认为是介词。分歧主要在于直接用在动词前的"被":黎氏认为是助动词;吕叔湘认为是"有点儿像一种表被动化的副词或词头";王还则把它看作助词,《中学语法暂拟系统》以及《现代汉语八百词》也都采用了这一看法。

(四)被字句的语义关系

根据一般的理解,被字句的主语应该是受事,但事实并非完全如此。吕叔湘《"被"字句、"把"字句动词带宾语》列举了"被"字句动词带宾语的七种情况,探讨了被字句中存在的复杂的语义关系。李临定《被字句》(《中国语文》1980,6)主要分析了"N2 被 N1VN3"句式,重点在 N3 和 N2 与 N1 的语义关系,指出有 10 种语义关系:(1) N3 属于 N2,(2) N3 是名量(N2 的一部分),(3) N3 是时量、动量,(4) N3 是工具,(5) N3 是结果,(6) N2 是处所,(7) N2 是质料、工具,(8) V 是"动+趋",N3 表处所,(9) V 是"动+介",N3 表处所,(10) V+N3 是熟语。吕文华《被字句语义分析》(〔美〕《中国语文教师学会学报》1990,1)是有关被字句语义分析中最为细致的文章,主要讨论了"Na+被(Nb)+V+Nc"句式的各种语义关系。认为除了 Na 为受事、Nb 是施事是被字句常见的情况外,还有各种复杂的关系:Na 除了是受事外，还可以是 V 感受的主体、当事、处所、时间等；Nb 除了是施事外，还可以是工具、原因、间接施事，甚至是受事；Nc 为从属 Na 的部分，还可以是处所、现状、接受对象等。

为什么"被"字句有这么多的语义关系？范剑华《论现代汉语被动式》作了解释：这是因为"V 不仅表示动作行为，而且带上附加成分，表示动作行为的影响或结果。这样 N2 可以是这种影响结果的发生者、致使者，N1 也可以是这种影响或结果的承受者。因此形成了"N2 发出或致使 V，V 影响或支配 N1"的关系，因而 N2 也可以表示原因、工具等，N1 也可以是处所、当事等。

（五）被字句产生的原因

范剑华《论现代汉语被动式》认为："由于'被'字句在被动式中的主要作用是提醒或强调主语是受事，因此主语 N 如果是非动物性的，V 一般不能与之构成施动关系，就不需要采用被动式；如果 N 是动物性的，不用'被'，会使句子意义含混不清，为了使 N 明确作为受事，必须在 V 前用'被'字提示"。袁义林持相同看法，他在《被动式发展琐议》（《山东师大学报》1984，1）认为"当受事是无生命的事物，而施事是有生命的事物时，受事这一动作影响的对象是不指自明的"，而"当受事也是有生命的事物时，因为它与施事作为有生命的事物都能与动词组成'施事＋动作'的语义关系，所以必须用语法形式指明动作的影响到底指向谁了"。后来在另一篇《汉语被动句与其基础句的关系问题》（《山东师大学报》1990，1）又进一步提出"生命度"的看法，即出现在谓语动词前的两个名词性成分的"生命度"是影响由一般的"意念被动句"变为"形式被动句"的最主要的因素，即一共有四种情况：a. ［－生命］：［＋生命］，b. ［－生命］：［－生命］，c. ［＋生命］：［－生命］，d. ［＋生命］：［＋生命］。a 的组合以意念被动句出现可能最大，d 的组合则以意念被动句出现的可能性最小。

三、被字句与其他句式的转换关系

（一）主动句和被动句的关系。

王力《中国现代语法》强调的是主动句式与被动句式的差异：主动式与被动式"非但意义不完全相同，其作用也不完全相同"；而且"并非一切的主动式都可以改为被动式"，"被动式的用途较主动式狭得多，然而它的特殊任务却不是主动式所能替代的"。傅雨贤《被动句式与主动句式的变换关系》（《汉语学习》1986，2）是讨论被字句变换中的重头文章。该文指出，一个主动句式能否变换成被动句式,主要取决于句中的动词是否具有"被动性"。动词产生被动性的决定因素在于它本身是否具有支配涉及作用,这包括具体的动作行为活动、心理活动动作、选任义等各种动词。汤廷池《国语变形语法研究:移位研究》(台北学生书局1977)则运用生成语法理论,认为被动式可以用两种方法生成:一是主动式与被动式都从同一深层结构产生,而两种句式在表层结构上的差异是由于运用"主语变形"时选择的"格范畴"的不同所致。二是主动式与被动式从不同深层结构产生,只有以施事与工具为主语、以主体为宾语的主动式才能变为被动式,以经验为主语或宾语的主动式,不能变为被动式。近年来受Chomsky转换深层语法理论的影响,国外的一些语法学者也着手研究主动句和被动句之间的转换关系。一般认为,被字句在深层结构中是由一个主动句加上一个"被"字推导出来的。安妮·Y.桥本《现代汉语句法结构》(黑龙江人民出版社1982)提出不同的看法,认为上述观点虽然可以解释"张三被李四骂",但无法说明下列句子的变换:"张三被打了"("被"字直接修饰动词)、"张三给人偷了钱"(后面带宾语)、"我的心给妹妹哭乱了"("哭"为不及物动词),因此把"被动结构"看成是以"被"为被动动词的嵌套结构。(美)Chian-Li-Hsn《试论汉语主动句与被动句的关系》(《语文研究论丛》南开大学出版社1984)则与桥本持相反观点,认为所有的被字句都有主动语法形式。

(二)"被"字句和"把"字句的关系。

王力《汉语被动式的发展》(《语言学论丛》(一),新知识出版社1957)认为"被动式和处置式的形式虽不同","而其所叙行为的性质却大致相同"。王氏只指出这两种句式转换的可能,但并没作详细分析。吕叔湘《"被"字句"把"字句动词带宾语》初步讨论了句式互相转换的条件限制,认为"这种限制来自两个方面:句法方面和语义方面"。但是真正开展这方面研究的还是80年代之后的事。首先是李临定《被字句》(《中国语文》1980,6)进行了被字句与各种句式能否转换的细致描写,认为"被"字句可以由一般动词句、双宾句、兼语句、连动句、并立动词谓语句、主谓作宾句等多种句式变换而来,但缺乏规律性的描写。此外,邵敬敏《把字句及其变换句式》中也涉及到主动句变换成被字句式的某些问题。

(三)主动句、受事主语句、"把"字句与"被"字句的关系。

全面探讨这些句式之间变换关系的是李临定《汉语比较语法》(中国社会科学出版社1988)一书。该书运用比较、变换的方法,根据同义构形找出"受事格类"的形式,用变化方式作形式化的描写。变换主要采用:a. 推导变换,即从主动句模式到使用模式的变换;b. 移位变换,即用使用模式之间的变换。张伯江《被字句和把字句的对称与不对称》(《中国语文》2001,6)运用认知语言学的理论,对被字句和把字句在句式语义和句子结构方面的异同作了探讨,认为这两种句式的相同点是:a. 与主动句相比,在语义上都具有"强影响性"和"弱施动性"的特点。B. 在句式语义上的差异主要是"强影响性"的对象不同,以及"弱施事性"特点——"使成性"有差别。

第三节 存现句研究

存现句也是汉语中很有特点的一种句式。但把"存现句"作为一种特殊的句子格式作专题研究起步较晚。王力《中国现代语法》只认为类似"村子里又死了一个人"这类句子是无主语的句式,是一种主语倒装。吕叔湘《中国文法要略》提到"存在句",但主要是从意义上讲的,他认为有无句中的两种类型:一种是无起词的有无句,如"没你的事";一种是"分母性起词"的有无句,如"船有两种",这两种才是"真正表'存在'的句子"。自 50 年代开始,才把存现句作为一种独特的句式加以讨论和研究。

一、存现句研究的历史

最早提出存在句的是陈庭珍《汉语中处所词作主语的存在句》(《中国语文》1952,8),但由于存在句的范围过于宽泛,研究不够深入。龙果夫《论现代汉语简单句的分类问题——存在句和占有句》(《中国语文》1957,10)也有相关的论述。真正意义上的研究是范方莲的《存在句》(《中国语文》1963,5),该文着重讨论了狭义的存在句(仅指"N 处+V+NP")结构特点,并对各段的成分作了细腻的分析描写。80 年代以来,存在句的研究更加深入,取得了突破性的研究成果。尤其是宋玉柱对存在句进行了系统深入的研究,取得突出的成绩。宋氏的研究主要有以下的特点:(1)建立了"定心谓语存在句"、"名词谓语存在句"等新的存在句类型;(2)研究对象从静态存在句扩大到动态存在句;(3)对存在句的特点、内部类型等进行了系统的研究。比较有影响的论文还有聂文龙《存在和存在句的分类》(《中国语文》1989,2)、雷涛《存在句的范围、构成和分类》(《中国语文》1993,4)。有关研究可参见王健《现代汉语存现句研究综述》(《常熟理工学院学报》2007,1)。

二、存现句的范围

"存现句"以前又叫"存在句",名称不同也反映了对这一句式认识的变化。"存在句"只讲客观存在,如"桌上有书"、"桌上放着书"。"存现句"不仅包括"存在",还包括"出现"与"消失",如"树上飞来一只鸟"、"村里死了一个人"。因此"存现句"的范围显然要比"存在句"大。

早期主要是对存在句的研究。陈庭珍以"处所词作主语"为标准,谓语可以是名词性的,也可以是动词性的或形容词性的,甚至是主谓结构。还把"一本书在桌上"、"一本书在桌上放着"、"一本书放在桌上"也都看作存在句,显然,范围太宽泛。张志公《汉语语法常识》认为存在句包括两种格式:(1)某人某物存在于某处,(2)某处存在着某人某物。这其实是以意义为标准来确定存在句的。

范方莲提到的存在句范围则太窄,仅指"Np处+V+NP"形式,而且通过变换方式把某些同形格式分化出去,如 A."桌上放着两本书→有两本书放在桌上"B."船里点着一盏油灯→*有一盏油灯点在船里"。B类不属于存在句。

宋玉柱对存在句的研究最为系统细致,先后发表了《动态存在句》(《汉语学习》1982,6)、《完成动态存在句》(《汉语学习》1989,6)《经历体存在句》(《汉语学习》1991,5)等文章,他明确区分了"存现句"和"存在句",指出表存在、出现或消失某人或某物的句式统称为"存现句",其中表存在的句式叫存在句,表出现或消失的称为隐现句。并且通过变换方式区分出静态存在句和动态存在句等。因此他的分类比较细致:

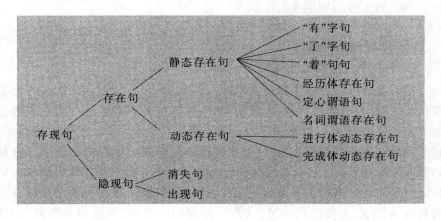

雷涛《存在句的范围、构成和分类》(《中国语文》1993,4)认为"存在句必须符合三个条件:(1) 在语义上具有表'存在'的功能,是某个地方(已知)有什么(新知),确认人或物的存在;(2) 在结构上具备是 A→B→C 的结构顺序,他认为 A、B、C 中,C 段是必须有的成分,A、B 在一定条件下可以不出现,所以存在句格式强调的是三段构成的次序;(3) 可以用"…有…"格式替换。他认为,存在句的分类"一要标准分明,二要层次分明,在不同的层次使用不同的标准"。具体分类如下:

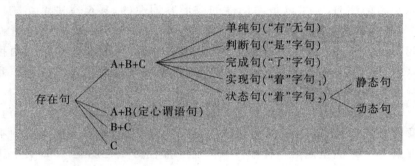

我们认为,存在句作为现代汉语中的一种特殊句式,首先必须以形式标志作为判断的标准,即存在句必须具有"名(处)＋动＋名"的结构特点,其次必须具有表存在的语法意义。有些句子结构形式虽然相同,如"台上摆着酒席",实际上有两种不同的语法意义:一是表静态,一是表动态。语法意义不同,其变换的方式也不同。表动态的句子可以补出施事者,如"台上摆着酒席→他们在台上摆着酒席",表静态的句子只能变换成"酒席摆在台上"或"台上有酒席摆着"。

三、存现句结构特点

(一)存现句结构形式特点

范方莲《存在句》(《中国语文》1963,5)认为,存在句的结构在形式上必须具有三段:A 段处所词语,B 段动词,C 段数量名组合。这一观点现在已为大多数人所接受。后来宋玉柱《定心谓语存在句》(《语言教学与研究》1982,3)和《名词谓语存在句》(《徐州师范学院学报》1988,6)又提出了存在句的两种新类型:a. 定心谓语存在句,如"远处山谷里一片青青的森林";b. 名词谓语句,如"满脸青春美丽豆儿"。这样就打破了存在句的结构成分必须具有 A、B、C 三段的观点了。雷涛《存在句的范围、构成和分类》(《中语文》1993,4)进一步指出:尽管大多数存在句都有 A、B、C 三部分,但"除了 C 段是必不可少的以外,其余部分均可以在一定条件下不出现"。例如"A+C"(如"山下一座古庙")或"B+C"("从前,有一个渔夫"),甚至仅"C"(如"大大的玻璃窗")等形式。

范方莲指出,如果 A 段是由几个处所词语构成的,这几个处所词语之间最常见的有两种类型:"一是大包小的关系,二是并立关系"。雷涛则改称为"聚焦"、"并立"两种排列方式。并认为这两种方式同样适用于 A 段与 C 段之间的关系,C 段全部占据 A 段所表示的空间,为并立型,是 A 段自然延伸的结果,如"在电线杆上,在店铺门前,在墙上,都贴着标语";C 段部分地占据 A 段所表示的空间处所,为聚焦型,C 段是 A 段聚焦的结果,如"大仙庙,神龛前面,在一个打破了的玻璃瓶子里,插着寒儿要回的那枝山茶花"。B 段在 A 段和 C 段之间起过渡作用。

(二)存现句结构成分的句法性质

50 年代关于主宾语问题的讨论,提出了"台上坐着主席团"这类句子的分析。当时在讨论中主要有五种观点:(1) 主—动—宾(动词谓语句),(2) 状(附)—动—宾(倒装句或变式),(3) 状(附)—动—宾(无主句),(4) 主—动—主,(5) 主—动—补。尤其是对句首的处所名词的性质,大家持不同看法。现在比较一致的看法是看作主语。黄南松《论存在句》(《汉语学习》1996,8)则根据语义学理论,同时比照英语中相似的句式指出,这类句式应根据句中动词的及物或不及物,分成两种类型:A.动词是不及物动词,后面的 NP 是主语;B.动词是及物动词,后面的 NP 是宾语。

至于句首表处所的,如果是介词结构应是何种性质的句法成分,也有不同的看法。范方莲、陈庭珍等认为应看作为无主句,而宋玉柱认为介词结构也可以作主语,理由是这里的介词可以省略,而一般句子中的介词结构不能省略介词。

(三)存现句中的动词

作为一种特殊句式,构成存在句的谓语动词也必须具有一定的句法和语义上的限制。范方莲认为,存在句中的动词有两个特点:(1) 都是动作动词,(2) 动词在意义上与"位置"或"位移"有关。范晓等《汉语动词概说》(上海教育出版社 1983)认为存在句中的动词主要有三类:(1) 表示事物存在的动词,如"有、在、存在";(2) 表出现消失的动词,如"消失、出现、隐没"(3) 表事物增加减少的动词,如"增加、减少、缩小"。李临定《现代汉语句型》中对动词的分类尤为精细,有专门"存在句型"一节,列出了 8 种动词类型:

"坐"型、"垂"型、"长"型、"挂"型、"绣"型、"戴"型、"飘"型、"坐满"等。宋玉柱则进一步在考察了静态存在句和动态存在句之间的差异后认为：动态存在句中的动词是表示持续动作而不能表转瞬即逝的动作；而且都是不及物动词，不能是及物动词。雷涛认为 B 段的动词主要有三类：单个动词、V＋了或 V＋着、其他动词性结构。崔建强《隐现句的谓语动词》(《语言教学与研究》1987,2)认为隐现句中的动词要具备两点：(1) 必须具有隐没性或趋向性，即表示出现或消失的动作动词，或本身与趋向动词相结合来表现隐没信息；(2) 必须是单向体宾动词。谭景春《一种表破损义的隐现句》(《中国语文》1996,6)提出一种表破损义的隐现句，如"脸上划了一个大口子"、"鞋底磨了一个大窟窿"，它与一般的隐现句在结构上有一致的地方，但又有自身的特点。构成这类句子的动词大多是及物动词；基本是表动作的，很少表变化的；大多是具有破损义或能造成污染的非自主动词。

除了动词的性质以外，不少文章还讨论了动词后面带"着、了、过"的情况。李临定指出"存在句型动词带'着'是基本形式。这是因为，存在句是表示事物持续存在状态的，这样用'着'来体现最为合适。之所以也可以用'了'，是因为存在句表示的是已经实现的存在状态，这样用上表示完成的'了'也未尝不可。动词既不带'着'，也不带'了'则是有条件的"。静态存在句后带"着"或"了"都可以，但动态存在句一般只能带"着"，至于有的动词后带了"了"则成为隐现句，如"村里跑了一个人"；如果动词后带"过"，则属于静态存在句，如"隔壁墙上挖过一个洞"。宋玉柱则认为静态存在句跟动态存在句的"着"、"了"表示不同的语法意义，所以前者"着"跟"了"可以替换，后者不可替换。

(四) 存现句的语法意义

存在句不表示真正的动作，主要是表示人或事物的存在。李临定认为"这种语义的句型，最适宜描写场景。因为描写场景时总是把物件所处的位置作为说话的出发点(话题)"。这里所说的存在句主要指静态的存在句。后来宋玉柱提出一种动态的存在句，认为动态存在句不是表静态的存在状态，而是表示动作正在持续进行，即这类句子既表存在，但句子中的动词还表示动作行为，从而修正了前人的说法。他还指出完成体的动态存在句(如"台上已经站了几排人")的语法意义是"从变化过程角度叙述什么地方有什么人或物"。朱德熙《论句法结构》(1962)运用变换方法，指出"台上坐着主席团"(S1)与"台上唱着戏"(S2)不同，据此"屋里摆着酒席"是一歧义格式，具有不同的语法意义：S1 可以变换为"酒席摆在屋里"，不能变换为

"屋里正在摆着酒席";S2 不能变换为"酒席摆在屋里",但能变换为"屋里正在摆着酒席"。S1 表存在,说明事物位置,着眼于空间;S2 表动作行为的持续,着眼于时间。

四、存在句与相关句式之间的变换关系

雷涛认为存在句中各小类相互变换,基本语义不变,但附加义有所改变。(1) A+C、B+C、C式较容易地变为 A+B+C,其中的 B 段为单纯存在的"有",但不能反之亦然。这儿的变换不是自由的相互变换,而是单向的。(2) 所有 A+B+C 都可以用"有"替换 B,成为"有"字句,替换后基本语义不变,但原来有附加义的,替换后附加义消失。(3) 完成句与动态句之间不能变换,完成句与静态句之间能相互变换。(4) 实现句与完成句之间能相互变换。

第四节 主谓谓语句

主谓谓语句也是现代汉语特有的句式之一。主谓谓语句是指由主谓短语充当谓语的句子。第一个指出这种特殊句式的是陈承泽,他在《学艺》第二期(1921)里说"得以句为说明语"。黎锦熙《新著国语文法》把主谓短语作谓语的句子看作形容句。王力《中国现代语法》则看作"句子形式用如描写词"。正式把它作为汉语中一种特殊句式进行描写的,首推赵元任,他在《汉语口语语法》中提出整句作谓语的谓语类型,并对这类句式中大主语与小主语的关系、作谓语的整句的特点以及这类句子的性质范围等作了讨论。

一、主谓谓语句的类型

主谓谓语句到底有几类,这个问题争议相当大,最少的只有 1 类,多的有 7—8 类。而且由于各自的出发点以及标准不同,类别之间往往还有交叉现象。

王力《中国现代语法》中提到的主谓谓语句范围最小,"句子形式可以用如叙述词,但这句子形式里的名词必须是人所领的事物,而且以习惯所容许者为限。例如'我肚子饿了。'"

分类比较多的有:李珠《谈谈主谓谓语句》(《语言教学与研究》1979,

2)、朱德熙《语法讲义》、吕叔湘《主谓谓语句举例》(《中国语文》1986,5)、宋玉柱《现代汉语特殊句式》、陈建民《现代汉语句型论》等。各种分类简介如下：

类型特点	例　　句	李珠	朱德熙	吕叔湘	宋玉柱	陈建民
主语之一是受事	这个字我也不认识。	√	√	√	√	√
大小主语领属性	他身体很好。	√	√	√	√	√
大小主语复指性	你们三个谁去？	√	√		√	
主语处所时间词	下午我们开会。	√	√		√	
大小主语关涉性	中草药他很有研究。	√	√			
主语是与事工具	这副眼镜我看书用。		√			
大小主语周遍性	什么活儿我们都干。		√			
整体和部分关系	长江后浪推前浪。				√	√
双主谓结构句	国内生产这种产品销路不广。				√	
大小主语总分性	他们弟兄,有的上大学了。					
大小主语是谓词	他说话不算数。		√	√	√	
主语间关系间接	苹果五毛钱一斤。	√		√		√
主语跟宾语同形	军民心连心。	√			√	
类型小结		6	7	6	8	6

(说明：每家分析的角度以及解释不尽相同,这里作了适当归类。)

　　比较有代表性的看法是胡裕树《现代汉语》,他所说的主谓谓语句是指"由一般的主谓句转换而成的",所以他的主谓谓语句范围也相对较小,只有3类：(1) 把主谓句中某一动词的宾语或宾语的某一部分提到句首,如"这个故事我没有听到过。"(2) 大主语与小主语之间具有领属关系的,例如："他身体健康。"(3) 是由全句修饰语中减去介词"关于"、"对于"等构成的,例如："田间管理,他的经验很丰富。"丁声树《现代汉语语法讲话》的主谓谓语句也分为三类,前两类跟胡裕树相同,第三类是指主语是周遍性的受事,例如："我相信你,你什么都懂,什么都知道。""我上海也到过,天津也到过,几个大商埠都到过。"这一类胡裕树看做宾语提前句。孟维智《主谓谓语句的范围》(《语法研究与探索》(2) 北京大学出版社1984)也只分出3类：A 领属关系的,B 整体和部分的关系,例如："他写的字,有的大,有的小"。

C 周遍性的,例如"咱俩谁也别忘了谁"。

现在比较通行的看法是4类,即:受事型、领属型、关涉型和周遍型。

二、主谓谓语句中各类成分之间的语义关系

主谓谓语句中,引起大家普遍关注的是语义关系主要是:

(一)大主语与小主语的语义关系。赵元任《汉语口语语法》认为,"大句主语和小句主语的关系可紧可松。二者之间关系紧密,如领属、全体与部分,类与成员。二者之间关系松弛,如大句的主语表示时间、处所、条件或其他不关重要的情节。"朱德熙的看法与赵氏基本相同。

(二)大主语与大谓语的语义关系:王力《中国现代语法》认为大谓语对大主语起描写作用。赵元任《汉语口语语法》认为大谓语可以表示大主语的状态、特征,或有关事件。吕叔湘《汉语语法分析问题》则认为"主谓谓语句的作用,说明性多于叙述性"。陈建民《现代汉语句型论》(语文出版社1986)认为:"大主语可以理解为话题,大谓语对大主语作说明,说明性多于叙述性。"而宋玉柱《现代汉语特殊句式》(山西教育出版社1991)则持不同看法,认为不能按照叙述、描写、判断的分类来归纳主谓谓语句的所属,而只是把话题作为确定大主语的标准。孟维智《试论主谓谓语句的特点》(《山西大学学报》1983,2)认为大主语与大谓语之间具有被陈述和陈述的关系,即大谓语表示的内容属于大主语,对大主语起描写或说明的作用。

三、主谓谓语句中大主语的确定

关于如何确定主谓谓语句中的大主语,也有不同的看法。一种主要从结构上考虑,可称之为"话题说",即认为大主语是全句的话题,这样只要是出现在主谓短语前面的名词性成分都有作主语的可能,而不管大主语与后面小主语、小谓语之间具有怎样的语义关系,所以时间词、处所词,甚至提示成分都可作大主语。例如赵元任《汉语口语语法》把"今儿天好。"中的"今儿"看作大主语。他认为"如果把主语理解为主动者,那么上述分析确是荒唐。但如果把主语理解为话题,是给说话者布置场地的,那么正是这种语序的不同表示说话人的注意之点不同。"话题说的背后,还有个句法位置问题,即凡是出现在句首的词语就往往获得了话题的资格,例如朱德熙《语法讲义》就认为:"表示周遍性的词语只能放在主语位置上,此时全句往往采用主谓结构做谓语的格式,例如'什么活儿我们都干'。"

(一)认为话题跟主语不同,话题不能看作主语。这主要涉及两类情

况:一是句首的时间词和处所词,吕叔湘《汉语语法分析问题》认为如果把动词前面的名词都看作主语,这就大大扩大了主谓谓语句的范围,"只有不能用'主——补——动'句式来说明的才是主谓谓语句。"他在《主谓谓语句举例》(《中国语文》1986,5)中指出:"有些句子头上的名词(大多数是表示时间和处所的)很难说是'陈述对象',因而与其说是主语,还不如说是状语。"胡裕树《现代汉语》虽然也认为"主谓谓语句的主语大都是说话的起点,含有话题的性质",但他认为时间名词、处所名词放在主语之前,它们就成了全句修饰语了。宋玉柱《现代汉语特殊句式》则认为具体情况要分别对待,即有时可看作全句的大主语,有时则处理为句首状语。"标准就在于这个时间词能有几个出现位置。如果只能出现在句首,而不能出现在句中,那么它就是主语。"例如:"今天天气很好。""花园里桃花全开了。""如果它既可以出现在句首,又可以出现在句中,那么它就是状语。例如'今天我去北京/我今天去北京'。"

(二)认为句首词语在句法上跟后面词语没有任何关系的,陈建民《现代汉语句型论》认为"前面的名词性词语跟句内任何词语都不发生语法关系,这就不宜看作主谓谓语句。如'这种天气,你最好不要出门。'"宋玉柱《现代汉语特殊句式》则认为"话题是从语用角度提出来的,本来跟主语不是一码事"。"话题虽然在很多情况下与主语相重合,但二者并非同一概念,因此不能用话题代替主语。"因此他认为"这件事,中国人民的经验是太多了。"就不属于主谓谓语句。李敏《"大主语隐含介词的主谓谓语句"再分析》(《语言教学与研究》1996,3)认为"话题"和"主语"不是一个平面上的东西。主语与谓语在语义上必须有一定的选择关系,"这是确定主语的一个最重要的条件。"所以他认为有些句子句首的名词不是主语,而是话题,应该看作句首状语,例如"这种事,我做不了主。"

四、关于"宾语前置"的说法

有关"宾语前置"的说法有两种情况:

(一)大主语或小主语在语义上是小谓语中动词涉及的对象,究竟应该看作主语还是宾语前置。例如"这个人,我不认识。"李珠《谈谈汉语主谓谓语句》(《语言教学与研究》1979,2)认为此类不属于主谓谓语句,是宾语前置句。朱德熙《语法讲义》认为应该是主语,不能解释为宾语提前,因为如果是宾语提前的话,"那应该能够挪回到宾语的位置上去,事实上能挪回去的只是其中的一部分",有的根本不能挪动,如"他北京话说得很好";有的

第八章 句式研究

挪以后,意思完全不同,如"这几种活儿我们全都学会了。"胡裕树《现代汉语》对这类情况作两种不同的处理:"这个故事我没听到过。"看作通过把宾语提到句首形成的主谓谓语句,而把"我上海也到过。"这种受事成分作小主语的句子看作宾语前置。丁声树等《现代汉语语法讲话》对此持不同意见,认为这两种都属主谓谓语句。理由是"倒装说的主要困难在于好些'倒装'的宾语不能'顺装'。比如有些句子,动词之后已带宾语或准宾语,不能兼管倒装的宾语"。例如:"后半场,中锋换了人。""这点儿东西,我藏了好些天。""又比如有些句子,虽然有动词,可是管不着'倒装宾语'。例如'这事儿我们也没有办法。''这事儿咱们上当了。'""再从另一方面说,倒装说分别主语宾语,完全依赖施受关系。有时动词是两面性的,施事受事不好分,倒装不倒装很难断定。例如'张金龙脸色就变了。'是人变了脸色,还是脸色自个儿变了呢?"孟维智《试论主谓谓语句的特点》主张把这类句首成分看作宾语,至于能否"还原",并不是确定是否宾语的关键,因为"宾语虽然一般居于动词后边,但在一定条件下也可以居于句首。"

(二)大主语或小主语是表周遍性的名词性成分。例如"我哪儿也不去。""我一个人也不认得。"赵元任和朱德熙都认为不属于宾语倒装,朱氏还认为这类表周遍性的词语只能做主语,主要理由是这类"倒装"不能还原。胡裕树和张斌《现代汉语》则持完全相反的意见,认为凡具有遍指意味、同时宾语是被强调的,宾语用在动词前边,只改变了宾语的位置,没有改变动词和宾语之间的结构关系,所以看作宾语前置。宋玉柱《现代汉语特殊句式》的观点与胡氏相同,但他则从语法意义和语法形式两方面考虑。"从语法意义来说,汉语的主语有一种强烈的倾向,即其有定性,而宾语则有一种无定性倾向。从语法形式来看,这种有定的成分一般都包含'这'、'那'一类的指示代词,而无定成分一般为疑问代词或包含疑问代词做定语的偏正词组,同时动词前有副词'都'、'也不'。有了'这'、'那'一类指示代词就加强了其有定性,从而加强了其陈述对象的身份。"因此"这本书我读过"应把移到动词前的成分看作主语,而不是宾语前置;"什么书他都看"应看作宾语前置。

这里争议的关键,就是受事成分如果出现在句首就可以看作主语,而出现在大主语之后,就要看作宾语提前,那么,到底是作统一处理,都看作主语比较合适呢,还是不同处理比较好。我们比较倾向于统一处理为主语。

五、关于提示成分

所谓提示成分,指两个词或短语,指同一事物,一个出现在句首,一个在句中作为句子结构的一个部分。一般认为主语是陈述的对象,那么句前的词语就不适宜看作句子结构的组成部分,称为提示成分,胡裕树《现代汉语》就这样处理的。如果把主语看作话题,所有句首成分都应该看作主语,如朱德熙、黄伯荣-廖序东都持这一观点,即这类句子也是主谓谓语句。孟维智《试论主谓谓语句的特点》认为两个成分具有总说和分说关系的句子可看做主谓谓语句,因为总说和分说就是整体和部分的关系,这与两个成分具有领属关系的性质相同。如果句中有代词称代句首名词的,则不能看作主谓谓语句。他认为复指成分是就名词与代词的内部关系说的,作主宾语是就它与句子中其他成分关系说的,二者不是处在一个平面上。所以他建议把句首的名词称为"外位语",把句中指称它的代词称为"本位语","让它们一同作句子的主语"。宋玉柱《现代汉语特殊句式》虽然也赞同把这类句子看作主谓谓语句,但认为这种分析对结构比较复杂的句子则有一定的困难。例如:"国家的统一,人民的团结,国内各民族的团结,这是我们的事业必定胜利的基本保证。""生在有阶级的社会里而要做超阶级的作家,生在战斗的时代而要离开战斗而独立,生在现在而要作给予将来的作品,这样的人,实在也是一个心造的幻影,在现实的世界上是没有的。"前一句还勉强可以分析为主谓谓语句,而后一句再作这样的分析,恐怕很难为人接受,因为它离开语言事实太远了。所以他赞同孟维智《试论主谓谓语句的特点》中的提法,将句首成分称为"外位语",句中成分称为"本位语",两者同作一个句法成分。

六、主谓谓语句与一般主谓句的关系

胡裕树《现代汉语》认为"主谓谓语句是由一般主谓句转换而成的",所以主谓谓语句与一般主谓句能相互转换。(1)"我没有听到过这个故事"是个一般主谓句,把宾语"这个故事"提到句首,就形成主谓谓语句。原来的主谓句谓语是陈述性的,变成主谓谓语句后,谓语的作用就是说明或判断了。(2)"他的身体健康"是一般主谓句,去掉"的"后就成主谓谓语句。虽然句子还是表描写性的,但"他身体"不构成偏正词组,"健康"是与"身体"直接联系的,"他"作全句主语,后面还可以出现"的确"、"也许"之类副词性状语。(3)"关于田间管理,他的经验很丰富"是一般主谓句,去掉介词"关

于"就成主谓谓语句。虽然大主语还是表示范围、对象或关涉的事物,谓语含有判断意味,但不能直接说明主语怎么样了。

李珠《谈谈主谓谓语句》把主谓谓语句与一般的主谓句进行比较,认为主谓谓语句具有以下特点:(1)从意义上看,侧重点不同。即陈述的对象不同,"他身体很好"和"他的身体很好",前者侧重的是"他",后者突出的是"身体";(2)从形式上看,语音停顿的地方不同,前者在"他"后可以有较大停顿,可以插入状语,而后者则在"身体"后可以有较大停顿,状语也只能在此插入;(3)语法功能不同,主谓谓语句的作用是它的说明性,而不是它的叙述性。

袁毓林《话题化及相关的语法过程》(《中国语文》1996,4)也认为主谓谓语句是从一般主谓句派生出来的,但不否认它是汉语的基本句型。并讨论了从主谓句到主谓谓语句这种"话题—说明"的结构的派生过程。(1)通过移位派生出主谓谓语句。例如"我觉得杭州比苏州漂亮→杭州我觉得比苏州漂亮"。(2)通过删除派生出主谓谓语句。例如"婚姻的事→[由]我作主";"这本书的内容不错→这本书内容不错"。并指出从主谓句派生出主谓谓语句的过程具有明显的语用动机,这种过程的实质就是话题化——让某个本来处于句中位置的成分移到句首主语的位置,成为话题平面上的话题或次话题。吴继光《工具成分和主谓谓语句》(《汉语学习》1996,3)认为"工具成分和主谓谓语句有着密切的关系。这种关系表现在两个方面:第一,工具名词以无标记形式入句;第二,工具名词以有标记形式入句"。他的这种解释似乎不仅仅适用于工具名词,对结果、材料、方式等名词应该也能适用。总的来看,关于主谓谓语句的研究近年来没有太大的突破,相比其他的句式研究,还缺乏新的思路。

第九章 复句研究

> 提示：全面介绍汉语复句研究的主要成果，主要是：复句研究的历史、单复句的区分、关联词语的作用、复句的类别、紧缩句、多重复句的切分等问题，最后介绍汉语复句研究的新思路。

复句是汉语句型系统中与单句对立的一种句型。自《马氏文通》以来复句一直受到语法学界的关注，有关复句的一系列问题，例如"复句的性质和定义"、"单复句的划界"、"复句内部的分类"等问题一直是语法学界的热门话题。

第一节 复句研究简史

复句的研究大致可以分为三个阶段：

（一）初始阶段。《马氏文通》"论句读"就专门论述了"句与句或自相联属"的情况。《马氏文通》没有提出复句的概念，仅仅在论及"读"时，指出复句的四种基本类型：(1)"排句而意无轩轾者"；(2)"叠句而意别深浅者"；(3)"两商之句"；(4)"反正之句"。这大致相当于现在所说的并列、递进、选择和转折四种复句。黎锦熙《新著国语文法》首先提出"复句"、"分句"的概念，"一个完全的句子，相当于英文的 sentence。复句中间，有分立的单句，我们统称为分句，又有不能独立的，子句和从句，英文统称 clause。"黎氏所说的复句是泛指具有两个以上主谓结构的句子，所以他的复句包括三种类型：(1)包孕复句；(2)等立复句；(3)主从复句。他对复句的研究有两点贡献：第一，把复句先分为"等立"与"主从"两大类，下面再分出 10 中类 26 小类；第二，重视连词在复句中的作用，并把连词跟复句的类型一一对应起来。但也有两个问题：一是设立"包孕复句"，实际上把主谓短语充当句子

第九章 复句研究

成分的句子也看作复句了；二是把同一个主语而有两个述语的句子叫做"复述语"，即只承认两个述语必须有不同的主语，才是复句。这就混淆了单句跟复句的界限。所以后来王力《中国现代语法》把"语音停顿"作为判别复句的重要标记，从而否定了上述黎锦熙的两个观点。至于吕叔湘《中国文法要略》的贡献主要是对复句内部的逻辑语义关系作了详尽的分析，分别讨论了离合、向背、异同、高下、同时、先后、释因、纪效、假设、推论、擒纵、衬托等语义范畴。这就为以后的复句深入研究奠定了坚实的基础。

（二）发展时期。20世纪50年代复句研究得到了进一步的重视，1957年1月《中国语文》发表了孙毓苹《复合句和停顿》，接着又发表了郭仲平《单句复句的划界问题》(《中国语文》1957,4)提出了划分单复句的六个标准，由此在语法学界展开了有关单复句划分的大讨论。讨论主要涉及到五个问题：(1)单句与复句划界标准；(2)包孕句的处理；(3)复句系统的建立；(4)复句内部关系分析；(5)紧缩复句研究。

（三）深入时期。对复句的研究更加系统、细致，而且从句法形式、逻辑、语用等多角度开展研究。特别值得一提的是王维贤、邢福义两位。

王维贤《现代汉语复句新解》（华东师范大学出版社1994）从逻辑角度出发，运用三个平面的理论对现代汉语复句的句法特征、关联词语以及转折句、形合句、意合句等进行了多角度的分析描写。他认为从复句生成的角度看，"复句是把几个单纯命题组织在一个'句子'中的表达形式"。但是并非有几个命题组成的句子都是复句，复句的构成还要受语言表达系统的制约。"制约因素包括句法结构形式及其功能系统、关联词语、语义和语用因素等。"

邢福义《汉语复句研究》（商务印书馆2001年）则对汉语复句的性质、标志、分类、语义关系、单复句的划界、复句中的分句形式特点等系统地作了理论上的探讨，并对广义的因果复句、转折复句、并立复句及其相关句式作了细致的分析描写。他认为"复句是包含两个或两个以上分句的句子。"主要有以下一些特征：(1)凡是复句，都包含两个或两个以上分句。其构成，表现为：分句＋分句(＋分句)。(2)复句在口头上都具有"句"的基本特征，即有一个统一全句的语调，句末有一个终止性停顿，书面语上用句号、问号或感叹号。(3)复句的构成单位是分句，作为复句构成的基本元素，复句里的各个分句具有相对独立和互相依存的特征。所谓相对独立，是指各个分句都具有"句"的性质和地位，分句间互不作成分。所谓互相依存，指分句间具有一定的关系，往往可以由相应的关联词语把分句连接起来，而且凭借分句间的依赖关系"承前"或"蒙后"省略某个成分。

157

第二节 单复句的区分

有关单复句的区分是汉语语法界长期以来颇有争议的一个问题。郭仲平《单句复句的划界问题》列举了黎锦熙、王力、吕叔湘、语法小组、张志公等五家各自确定复句的标准，并作了分析，指出各家划分标准概括起来一共有六个：1. 结构（主语和谓语），2. 意义关系，3. 语音停顿，4. 连词，5. 连词以外的关联词语，6. 谓语的多少和繁简，具体情况如下：

	结构	意义关系	语音停顿	连词	其他关联词语	谓语的多少和繁简
黎锦熙	＋	＋		＋		＋
王力	＋	＋	＋＋			
吕叔湘	＋	＋	＋	＋	＋	
语法小组	＋	＋	＋＋	＋		
张志公	＋	＋		＋		

＋＋为特别重视

"不同的标准难免获得矛盾的结果"，但在事实上，有相当多的复句是大家一致公认的，这主要是指：第一，存在两个主谓形式，而且中间有明显语音停顿，各自相对独立成小句；第二，两个小句之间有一定的逻辑语义关系，有时还用关联词语来表示这种关系。

吕叔湘《汉语语法分析问题》指出："区分单复句，涉及三个因素：一，只有一个主谓结构，还是有几个主谓结构？二，中间有没有关联词语？三，中间有没有停顿？这三种因素正负交叉，能有八种情况，加上有时候主语不好确定，问题就更加复杂了。"引起争议的主要是以下两个问题：

（1）对"结构"如何理解？关键是"包孕句"是归入单句还是复句。以黎锦熙为代表，主张归入复句；以王力为代表，主张归入单句。目前语法学界基本上倾向于后者的意见，这样处理的出发点是从结构上考虑：因为人们已经逐渐摆脱了印欧语法的束缚，认识到汉语的句子与主谓结构并不是对等的，当一个主谓结构作为一个句子成分出现在句子之中，它就不是句子

第九章 复句研究

了,甚至于不能叫"句子形式",而且汉语中还大量存在着非主谓句。

(2) 对"语音停顿"作用的看法。王力和丁声树对此特别重视,这主要是针对下面两种句子提出来的:

(1) 他们爱祖国,爱人民,爱正义,爱和平。

(2) 尤老二在八仙桌前面立了一会儿,向大家笑了笑,走进里屋去。

这两个句子,如果没有语音停顿,则分别为联合短语和连动短语作谓语,属于单句;如果中间有语音停顿,则分别是并列复句和连贯复句,后面的分句主语承前省略。胡附、文炼《现代汉语语法探索》(东方书店1955)中对过分强调语音停顿提出了异议,他们认为"简单与复合句的主要区别在于组织的不同而不在于有没有停顿。"所以这"不能作为区分简单句与复合句的主要标准"。其理由是单句中间也可以有停顿,而紧缩复句内部却没有停顿。

其实,使用语音停顿这一标准,关键是两条:第一,必须有条件限制,即主要针对同一个主语却有若干谓语而言,这时才可以作为主要标准,并非说,凡是停顿就一定是句子与句子的界限所在。第二,语音停顿必须跟其他的标准结合起来使用。对此赵元任《汉语口语语法》说得最清楚,他认为区分单句和复句涉及到三大标准:(1) 语调和停顿;(2) 副词或连词作为标记;(3) 结构手段。其中第一条最重要。由于我们习惯于对书面材料进行分析,因此往往忽略比停顿更为重要的语调。

特别应该指出的是刘世儒《试论汉语单句复句的区分标准》(《中国语文》1957,5)提出的"成分划定法"是很有见地的。他认为:"句子本是结构学中所研究的主要对象,而单句、复句之别又是结构上的不同:单句由主语、谓语、宾语、定语、状语等成分构成的。复句的构造材料不是词,而是简单句。单、复句之别本质在此。"根据这个,他给单句复句的划分重新下了定义:"凡包有几个语言单位,其中有一个或几个能够被划定为另一个语言单位的成分的,这种语言单位就是单句;反过来说,凡不能够被划定为另一个语言单位的成分,而只能各以句子资格互相联结起来的,这种语言单位就是复句。"这一主张的影响很大,以后种种关于复句的定义,其核心思想都是从结构关系上来把握的。对此,张拱贵《关于复句的几点意见》(《语言教学与研究》1983,1)有一段话说得非常清楚:"单复句的区别并不在于结构的繁简,而在于结构性质的不同;单句是由句子成分构成的,复句是由单句(主谓句和非主谓句)构成的,它们在结构上有本质上的不同。"

80年代对这一问题也开展过讨论,例如张静《单句复句的定义和划界问题》(《语文研究》1981,1)陈信春《区分单句复句的标准问题》(《河南大学》1985,5),但都没有取得突破性的进展。要特别说明的是也有人主张不必区分单句和复句,例如孙良明《从汉语动词特点谈汉语无单句复句之分》(《山东师范大学学报》1983,1),但响应者甚少。陈建民从另外一个角度反对区分单句复句,他的《现代汉语句型论》认为"现代汉语的单复句系统是按西方两极化的二分观点建立起来的。"在汉语中有些句子既象单句,又象复句,是一种"中介物",对这些大量存在的"中介物"不能简单地归入对立的单句或复句,而应该"用三分或多分的办法,才能使问题获得比较圆满的解决"。所以他主张取消单复句的区分,根据主谓的组合情况,运用多分的观点,把汉语句子分为五种上位句型。

邢福义《汉语复句研究》的观点比较辩证,他认为汉语的单复句既有对立又有纠结。单复句的对立表现为"典型单句和典型复句的对立"。典型单句是单核句,一个句子不管有无结构层,有多少结构层,如果只有一个结构核,那就是单句。典型的复句则是核同质、有核距、无共同包核层的多核句。单复句的纠结现象,例如:"进入办公室,一片算盘声。""只有杨新,才对代销店与施工队的关系感兴趣。"他认为这种单复句纠结现象是客观存在的,不必一定要"划出一条'泾渭分明'的界限","而应集中精力对复句自身的规律从各个方面进行深入的挖掘,作出有利于深刻认识复句的描写和解释。"王维贤《现代汉语复句新解》也认为单复句的区分"不论从内容上和结构上都难于一刀两断,找出非此即彼的简单的界限。"所以他在单复句之间又分出"准单句"和"准复句"两类。"准复句"指"形式上接近单句,而内容上接近复句"的句子。它们的谓语都"包含着两个或两个以上的谓词核心,以及与之相关的主目或它们所代表的过程参与者"。这类句子包括我们一般说的兼语句、连动句和紧缩句。"准单句"指运用表示某种逻辑语义关系的关联词语、但连接的不是小句的句子,整个结构还是一个单句。例如:"只有你才能把他请来。"

第三节 关联词语

关联词语是复句的结构标志,也是分析复句意义关系的形式标志。因此研究复句不能不谈到关联词语。论述得最清楚的当推王维贤和邢福义。王维贤《现代汉语复句新解》指出:关联词语主要有以下类型:a. 连词是最

第九章 复句研究

基本的关联成分；b. 起关联作用的副词主要有两类，一类是与连词相呼应的，如"就、才"，一类是两个副词成对使用，如"越……越……"；c. 起关联作用的短语，这类虽在表义上比较明确，但属于词汇手段；d. 其他，包括依靠词汇手段（如代词、反复），依靠对偶、排比等句式及重音等。关联词语反映的语义关系主要有三种："事理关系"、"认识关系"和"心理关系"。张学成《复句句式语义层刍议》（《面临新世纪挑战的现代汉语语法研究》山东教育出版社1999年）指出对复句的语义分析，必须以认识关系为基点，但是也不能忽视事理关系和心理关系。

这方面，邢福义的研究最有特色。他的《复句问题论说》归纳出关联词语的三个特点：(1)就词类讲，它不是固定的类，可以是连词、副词，也可以是别的类的词。(2)就语法单位讲，它可以是词，也可以是短语，还可以是跨语法单位的非完整形式（如"不但不"）。(3)就职能讲，它不具有划一性，可以是纯粹标明复句关系的语法成分，也可以同时充当句子里某个成分。更为重要的是进一步揭示关联词语的动态作用。他在《汉语复句研究》中指出：这种动态作用有四种：一是显示，即通过句中某种形式的关系词语显示出分句间相应的意义关系，例如"距离很近，他的话听不清楚→因为距离很近，所以他的话听不清楚"；二是选示，即原来句子由于没有关系词语出现，句子可以表示两种或两种以上的意义关系，选用了一定的关系词语后，使句子两种或多种关系中的某一种得以确定，例如"学英语，学法语→A. 既学英语，又学法语 B. 不但学英语，而且学法语"；三是转化，关系词语所表明的关系，对句子本来存在的关系可以有所转化，例如"许多事情都搞清楚了，许多人都觉得在精神上高大起来了（因果关系）→不但许多事情都搞清楚了，而且许多人都觉得在精神上高大起来了（递进关系）"；四是强化，即用特定形式强化原已有某种格式所显示的某种关系，例如："这种浪费现象即使不严重，也应该引起我们高度重视→这种浪费现象即使不严重，但也应该引起我们高度重视。"

研究关联词语的功能用法，有周刚的《关联词语在单句中的功能再探》（《汉语学习》2000,6），他对关联词语在单句中的句法功能、语义功能及语用功能也作了探讨。此外在《关联词语的套用及其省略机制》（《汉语学习》2001,6）中还分析了关联词语套用的类型、套用的能力及关联词语套用中的省略机制。罗日新《关联词语纵横谈》（《语言研究》1995,1）对33篇现行中学语文课文中的关联词语（包括起关联作用的词、短语及非词非短语的部分）作了调查后发现：(1)关联词语在分布上具有普遍性。不仅在所调查的每一篇文章中都存在,而且它能联系复句内的分句、句群内的句子界及单句内的成分等各种言语单位。(2)在类别上具有稳定性,所表达的语义逻辑关系也较为稳定。(3)在功能上具有多重性。有少数关联词语在功能上不仅能兼用一大类中的几小类,还可以跨越两个大类,甚至还可以跨越句界(单句、复句、句群)。李晓琪《现代汉语复句中关联词的位置》(《语言教学与研究》1991,2)对现代汉语中常见的 116 个关联词分布的位置进行了考察,根据分句定位的原则,把关联词分为四类:A 类,只能出现在第一分句里;B 类,只能出现在第二分句里;C 类,在几个分句中重复出现;D 类,只能在分句之间出现。

第四节 复句的类别

复句的内部的分类,传统的分法是先分为联合和偏正两大类,然而结论似乎相同,但各家分类的出发点实际上并不相同。

(一)从逻辑语义出发。黎锦熙《新著国语文法》认为:"两个以上的单句,彼此接近,或互相联络,却都是平等而并立的,这种复句,叫'等立句'。两个以上的单句,不能平等而并立,而把一句为主,其余为从,这种复句,叫'主从句'。"王力、高名凯都持相近观点。张拱贵《关于复句的几点分析》(《语言教学与研究》1983,1—2)对此解释得最为明确:"复句中各部分之间的关系基本上是逻辑关系,这些关系是客观事物间的关系的反映,所以也叫做逻辑事理关系,简称意义关系。""复句分联合偏正两类,是按分句之间在意思上的联系区分的。"

(二)从结构出发。林裕文《偏正复句》(新知识出版社 1956)认为联合复句内部扩展后,不但增加了分句,而且延长了小句,但分句之间的关系并没有改变,因此具有"非封闭性"特点;而偏正复句虽然也可以在原句里增加一些别的分句,但却没有延长关系,因此具有"封闭性"特点。例如:

(1)前边是山,后边是水。→前边是山,后边是水,中间是一片肥沃的土地。

(2)因为风太大,所以比赛延期了。→因为风太大,又有雨,所以比赛延期了。

两种复句的结构特点不同,分析也不同。偏正复句采用"二分法",联合复句采用多分法。应该说,这比单纯凭逻辑语义来分类显得更为可靠,更加具有客观性。胡裕树主编《现代汉语》首先把复句分为两大类：联合复句和偏正复句。联合复句又分为四种：(1) 并立关系，(2) 连贯关系，(3) 递进关系，(4) 选择关系。偏正关系的复句也分为四种：(1) 因果关系，又分为"说明因果"和"推论因果"两类；(2) 转折关系，根据语义差别可以分为"重转"和"轻转"两类；(3) 条件关系，又可分为三种：假设条件、特定条件和"无条件"的条件；(4) 让步关系。

(三) 形式与语义结合。王维贤《现代汉语复句新解》从宏观上把握复句研究的地位与方向，理论色彩浓郁，借助于逻辑语义分析，构拟了一个新的复句系统，关键是在深层结构可能有两个命题，表层由于种种条件限制，表现为一个句子，所以建立"准复句"和"准单句"的新概念。他把复句先分为意合句和形合句两大类。意合句指偏正复句间的关系没有形式标志，用一般的并列形式讲出来的。形合句有广义和狭义之分，广义的形合句指用关联词、关联短语、或句中某一成分的重复、对偶的句子形式、指代词甚至语音形式来联系分句的。狭义的仅指由关联词语连接分句的句子。"复句的分类主要是形合句的分类，特别是关联词语的分类。"具体地说，"应该以关联词语所反映的逻辑语义关系为依据。"他的复句类型系统是有层次的，每一层次使用一条标准，采用两分法，逐层划分。第一层以关联词所表示的意义是单一的还是双重的，分为"单纯的"和"非单纯"(只指"否则"句) 的两大类；第二层把"单纯的"再分为"条件的"和"非条件的"两类。依次采用两分法，逐层地分下去，共分为 9 个层次 18 种类型复句。

(四) 关系分类说。邢福义《汉语复句研究》的复句分类有几个特点：第一，明确提出：复句分类的原则应该是"从关系出发，以标志控制"。"分类原则必须具有同一性和彻底性，分类结果必须具有切实性和全面性。"第二，是把复句先分为三大块：A."因果"、B."并立"、C."转折"。A 类又分为"因果句"、"推断句"、"假设句"、"条件句"、"目的句"等小类；B 类又分为"并立句"、"连贯句"、"递进句"、"选择句"；C 类又分为"转折句"、"让步句"(内又可分为"实让句"、"虚让句"、"总让句"、"忍让句") 和"假让句"。第三，根据不同的标准进行多角度的分类，例如根据组织层次不同，分为"单重复句"和"多重复句"；根据分句间情况，分为"有间复句"和"异变形式紧缩句"；根据关系标志的有无，划分为"有标复句"和"无标复句"；根据句末语气类型，分为"陈述型复句"和"非陈述型复句"。第四，指出"复句句式和复句类别往往不是一对一的关系"，可以是"多对一"(多个句式对一种关系)，也可以是"一对多"(一个句式对多种关系)，例如"一 p，就 q"可以表示因果关系,也可以表示连贯关系(属联合复句)。

复句具体的小类,各家分歧比较大,最少的是 7 类,最多的有 13 类;具体名称以及内容也有差别。现在选择最有代表性的分类列举如下:

(1) 黎锦熙《新著国语文法》:平列、选择、承接、转折/ 时间、原因、假设、范围、让步、比较。(10 类)

(2) 王力《中国现代语法》:积累、离接、转折、按断、申次/ 时间、条件、容许、原因、目的、结果。(11 类)

(3) 丁声树《现代汉语语法讲话》:连贯、联合、交替、对比/ 因果、让步、条件。(7 类)

(4) 胡裕树《现代汉语》:并列、连贯、递进、选择/ 因果、转折、条件、让步。(8 类)

(5) 黄伯荣、廖序东《现代汉语》:并列、顺承、选择、递进/ 转折、假设、条件、因果、目的、取舍。(10 类)

(6) 刘月华《实用现代汉语语法》:并列、承接、选择、递进/ 因果、条件、转折、假设、让步、取舍、目的、时间、连锁。(13 类)

(7) 邢福义《汉语复句研究》:因果、推断、假设、条件、目的/ 并列、连贯、递进、选择/ 转折、让步、假转。(12 类)

(8) 邵敬敏《现代汉语通论》:A. 平等(并列、选择);B. 轻重(递进、补充);C. 顺理(连贯、因果);D. 违理(转折、让步)。(四大类十小类)

正如邢福义所批评的那样:"由于有重大遗漏,使得一些重要事实没有归宿;由于标准混乱,使得各类之间和各类内部出现了交叉混杂的现象。"在这个问题上,林裕文《偏正复句》所使用的方法是很有启发性的,该书把偏正复句内部四种复句的关系简化为下面的图表:

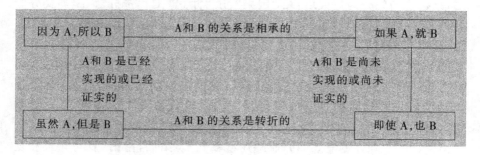

换言之,每一种复句都是由两个条件构成的,从而形成一个矩阵。不足之处是把复杂问题简单化了。我们认为,复句内部的类型应该由构成该复句

第九章 复句研究

的前后两个分句共同来决定:第一,根据它们之间的双向语义联系;第二,根据它们各自的句法特点;第三,根据它们表现出来的形式特征。鲁川《现代汉语的意合网络》(商务印书馆2001)所提出12种语义组合模式是很有启迪意义的。例如同为"转折复句",可分为两类:

(1) 先行—转折:虽然下着雨,但是,足球比赛仍然在进行。
(2) 让步—转折:即使明天下雨,也得进行足球训练。

同为"结果复句",也可以分为两类:

(1) 原因—结果:因为平时训练刻苦,所以比赛得了冠军。
(2) 条件—结果:只有平时训练刻苦,比赛才能得冠军。

尽管这样的分析还有待于改进,然而这种语义组合模式的思路是可取的。

第五节 紧缩句

紧缩复句,形式象单句,内部关系却像复句。例如"不说不知道"。最早注意到这一语法现象的是刘复的《中国文法通论》(上海群益书社1920),他指出:"凡形式上是简句,而其实包括复句(或扩充复句)的意义;或形式上是普通的复句,而其实包括扩充复句的意义的,我们称他为伸长句。"王力《中国现代语法》还专门设立"紧缩式"一节,认为"一切复合句都有紧缩的可能。所谓紧缩,必须具备下列两种情形:(1) 念起来只象一个句子形式,中间没有语音停顿;(2) 不用连接词'而且'、'以便'、'因为'之类,只把两个意思粘在一起。"向若《紧缩句》(新知识出版社,1956)则认为,"紧缩句所以名为紧缩,是因为它是由复句紧缩而成。紧,是表示本来可以有个距离,现在连到一起了;缩,是表示本来可以多用些词语,现在略去不说了。"紧缩句产生的原因主要是求经济,紧缩句的作用主要是表达明快。有关紧缩句的讨论研究主要涉及到以下几个问题:

(一) 紧缩句的句型是属于复句,还是既不属于单句也不属于复句,即是一种与单复句对应的第三种句型。

向若《紧缩句》认为,紧缩句在句型系统中的地位有两种处理办法:"一种是与单句、复句鼎足而三;另一种是不鼎足而三,把它划入复句的范畴,可是承认它又不同于一般的复句,而是由复句变化出来的一种特殊类型。"

两种办法相比,后一种显然好些,因为就性质而论,紧缩句应该是复句的紧缩。"胡裕树《现代汉语》也认为紧缩句是复句,但是指"偏正复句的紧缩"。其实紧缩句中两个谓语之间的关系不一定都是属于偏正复句的关系,例如"我们一起床就做早操",就属于联合复句中的连贯复句。

（二）紧缩句的类型。王力《中国现代语法》把紧缩句从前后语义出发,分为七种:(1)积累式,如"兄弟来请安"。(2)目的式,如"还要买个丫头来你使"。(3)结果式,如"哄得宝玉不理我"。(4)申说式,如"身子更要保重才好"。(5)条件式,如"不问他还不来呢"。(6)容许式,如"去了也是白去"。(7)时间限制,如"放下饭便走"。

向若《紧缩句》专门列出把紧缩句前后呼应的紧缩格式。例如"一……就"、"再……也"、"不……也"、"非……不"、"不……不"、"越……越"等。胡裕树《现代汉语》把紧缩句分为两类:(1)分句各有主语,之间没有明显的语音停顿,书面上也不用标点隔开。例如:"你不说我替你说。"(2)只有一个主语,谓语之间没有语音上的停顿,往往有一些固定的格式。例如"他不问不开口"("不……不")。

第六节 多重复句的分析

廖序东的《复句的分析》最早对多重复句分析提出了一套程序与方法。他指出,首先确定所分析的对象是一个复句而不是单句,然后分六步进行:(1)由几个分句构成;(2)各分句是什么类型的单句,重点看主语是否省略;(3)分句与分句用什么方式连接起来,重点看关联词语;(4)标点符号分析,可作为复句层次的参考;(5)分句之间的意义关系;(6)确定复句层次及其类型。廖氏还运用层次分析法的原理,简化为"划线法"来标明复句内部的层次关系:第一层次用一道竖线,第二层次用两道竖线,其余依次类推,另外也可以用图表把各层次之间的意义关系表示出来。经过几十年的实践,证明这一方法是很有实用价值的。

80年代以来,加强了复句的层次分析,吴竞存和侯学超《现代汉语句法分析》(北京大学出版社1982)指出:复句的切分跟一般结构一样,也要根据功能、结构和意义三大原则,其中功能原则最为重要,而关联词语正好是功能的集中表现。该书的分析有两点值得引起注意:第一,指出复句切分中也存在着"非连续成分"。例如"即使有时是狗咬狗,如果关系重大,也值得写。"第一层次切在 1、2 句之间,或者切在 2、3 句之间,都不妥,因为第 2 句实际上是"非连续成分",它的位置应该在第 1 句之前。第二,指出复句中也存在着"多切分结构",例如"掌柜是一副凶脸孔,主顾也没有好声气,教人活泼不得;只有孔乙己到店,才可以笑几声,所以至今还记得。"这一复句的切分,有两种意见,或认为应以分号为准;或以语义为准,切在"所以"之前。作者认为两种切分都对,而且都不违背原义,这就是多切分复句。这一见解对解决复句分析中的疑难问题有启发意义。

在众多的复句切分研究中,石安石的《怎样确定多重复句的层次》(《语文研究》1983,2)尤为引人注目。作者提出三种方法:(1)看关联词语;(2)看复句划开以后各部分语义的相对完整性;(3)用换位法来检验层次切分是否正确。如果切分正确,那么分句换位以后也一定是通顺的;如果不通顺,说明切分有问题。这一点是新提出来的。而且具有一定的可操作性。孟维智《对〈怎样确定多重复句的层次〉一文的补充》(《语文研究》1984,2)对石文提出了修改意见,关键是指出复句中也存在着多切分结构,因此在运用换位时,不仅要注意第一层次上的换位,也要注意第二层次上的换位。例如:"为了改进工作,我们必须虚心听取各方面的意见,即使有些意见不正确。"石文认为用换位法检验,1/2—3 切分不对,因为换位后成了 2—3/1,不通;1—2/3 切分是对的,因为换位后,成了 3/1—2,通顺。孟文则指出换位法也可以这样检验:1/3—2,也通顺,所以第一种切分也是对的。

第七节 复句研究的新思路

复句研究的新思路,主要表现在两个方面:第一是新的复句类型的分析;第二是进行复句的动态研究,第三,对复句研究的回顾与总结。

(一)建立以语义特征为标志的复句新系统

邵敬敏的《建立以语义特征为标志的汉语复句教学新系统刍议》(《世界汉语教学》2007,4)试图突破现有复句类型的旧框架,在"空间"与"时间"的认知背景下,建立一个以语义特征为标志的汉语复句教学四分的新系统,形成"平等"、"轻重"、"推理"、"违理"4 大类型,包括 13 个中类,27 个小类。这一新的复句系统将有助于汉语语法的教学,尤其是适合对外汉语教学的需要。他所采用的研究方法主要有三点:1. 从认知出发去看待事理关系,提出客观世界的形态,无非是"空间"与"时间",这实际上是个"背景信息",任何现象或者事件都离不开时间和空间,但是运用语言表述时则有所侧重。而主观事理的判断,无非是"平等"与"轻重"、"推理"与"违理"。一个着眼于对立的比较,一个着眼于联系的事理。2. 逐层运用语义特征的对比鉴别法,简称"语义特征对比法",将有助于认清该复句的特点以及语义关系的内涵。3. 在复句命名上,改变了以往单视点的命名,强调双视点的命名,特别是"推理复句"与"违理复句"两个类型内部小类的名称。这一新的复句类型系统的特点,以认知为基础,从分句之间的逻辑语义关系入手,运用语义特征的对比方法进行鉴定,再用形式标记来进行验证。比较适合语法教学,尤其是对外汉语教学的需要。

(二)复句的动态研究

对复句,不仅要致力于静态研究,还要重视动态研究。这方面邢福义的研究别有新意,他在《汉语复句格式对复句语义关系的反制约》(《中国语文》1991,1)中指出:复句语义具有二重性,既反映客观事实,又反映能动主观视点,而主观视点才是第一位的起主导作用的因素,因此"复句格式为语义关系所制约,但又反过来对复句的语义关系进行反制约"。"复句格式直接反映主观视点,间接反映客观实际。"这一新的分析角度是复句研究的一个重要突破,不仅揭示了复句格式与语义关系的相互依存、相互制约的关系,而且导入了说话者主观判断的语用因素的潜在作用。

(三)流水句的性质和特点

吕叔湘《汉语语法分析问题》指出:"汉语口语里特多流水句,一个小句接一个小句,很多地方可断可连。"胡明扬、劲松《流水句初探》(《语言教学与研究》1989,4)首先指出"无关联词语复句"可以分为三类:(1)意合句(可以补出关联词语),(2)流水句(一般难以补出关联词语),(3)排比句(主要依靠结构上的平行现象来连接)"。并对流水句的特点作了较为细致的描写:(1)语音特征:在全句末了有一个句终语调,接着是一个较长的句间停顿。(2)结构特征:a."至少包含两个或两个以上的独立句段";b."句段之间一般不是靠关联词语来连接的"。(3)语义特征:"句段和句段之间的语义关系比较松散,一般难以添补上表示某种逻辑关系的关联词语。"王维贤等《现代汉语复句新解》认为:"流水句是一种口语现象,在句法上是最能体现意合特点的句子。"流水句的特点主要是:"(1)从句法形式上看,流水句一般不用关联词语;(2)从句法的表层组织看,流水句的结构和语气多变;(3)从小句间的语义关系看,流水句大多表现为多层次性;(4)从小句间的语义联系看,流水句中的小句和小句组合松散,时常若断若续,可断可连。"

（四）关于补充复句

范晓《三个平面的语法观》（北京语言学院出版社 1996）提出了一种"补充复句"："从句补充说明的，只是主句中的某个成分。"或补充说明主句的宾语（如："文艺批评有两个标准，/一个是政治标准，一个是艺术标准。"）；或补充说明主句的主语（如："你的心我知道，/你满想着好好儿带着六个孩子回来见我的。"）；或补充说明主句的谓语（如："夏天的雨来得猛，去得快，/只不过一个小时就停了。"）；还可以补充说明主句中其他的成分（如："你对孩子一般儿爱，/不问男的女的，大的小的。""两个耳朵冻得通红，/红得像要落下来的果子。"）他把补充复句分为五类：a. 注释性的；b. 分说性的；c. 记叙性的；d. 表相性的；e. 表征性的。

（五）复句研究的回顾与总结

这方面的研究主要有：李敏《汉语复句理论的发展轨迹》（《烟台师范学院学报》2001,3）着重梳理了汉语语法研究中有关复句理论自身发展、演变的轨迹，既充分考虑了汉语语法学发展的阶段性特征，又充分考虑了复句理论发展的自身特点及规律，从而将复句理论的发展、演变划分为三个时期，即初步建立时期（1898—1936）、讨论定型时期（1937—"文革"）、深化转型时期（1979—现在）。谢蓓《对复句分类研究的回顾与思考》（《重庆科技学院学报》2006,6）就汉语复句的分类，回顾介绍了各家的分类方法，并分析指出了存在的问题。赞同"用有限的复句类型去归纳更多复句现象"作为复句分类研究的目标，同时认为对复句进行分类不宜使用二分法，应主要考虑复句的逻辑语义和语法形式。

第十章　歧义研究

> **提示**：歧义结构研究是近年汉语语法研究的热点之一，涉及歧义的类型、歧义分化的方法、消除歧义的手段，最后讨论有关歧义研究的若干问题，包括：歧义格式、歧义度、歧义的生成以及语境歧义等。

歧义也叫多义，严格地说，这两者还是有一些差别的。多义指某种语言形式含有两种或两种以上的意义，如多义词、多义句等；而歧义指某种语言形式在特定的语言环境中，人们对它实际上可以有不止一种的解释。也可以说多义现象是属于语义层面的，而歧义是属于语用层面的。但目前语法学界对多义和歧义的区分并不是很严格，一般多义指词的多义，歧义指句法结构的多义。还有一种"同形"的说法，跟"多义"相对，一个着眼于形式，一个着眼于意义。歧义现象的研究目的在于探讨语言形式和意义之间错综复杂的关系。

最早提出汉语歧义结构研究的是赵元任，他在《国语入门》中举了两个例句："她是去年生的小孩（她是去年生下来的小孩／她去年生了个小孩）"、"他是1948年选举的总统（他是1948年当选的总统／他1948年当选为总统／1948年他投票选举总统）"，他所举的著名的例句"鸡不吃了"有两种意思，可能是人不吃鸡了，也可能是鸡不吃食了。这主要涉及到句中的"鸡"是施事还是受事，从而使歧义研究又推进了一步。后来1959年在国外发表的《汉语的歧义问题》（石安石译，《语言学论丛》（十五），商务印书馆，1988）又对歧义的界定、分类、分化、消除等问题作了较为系统的讨论。国内率先研究歧义结构并卓有成效的是朱德熙，他的《论句法结构》（《中国语文》1962，8—9）运用结构主义语法的理论和方法，成功地分化了因结构层次不同而产生的歧义现象，举的例子是：

第十章　歧义研究

并在此基础上第一次尝试运用变换方法分化了词形、语序、结构层次都相同歧义类型,所举的例子是:"屋里摆着酒席",用变换法可以进行分化:

（1）屋里摆着酒席 →酒席摆在屋里（表"存在",说明事物的位置,着眼点是空间）

（2）屋里摆着酒席→ 屋里正在摆酒席（表示动作或行为的"持续",着眼点是时间）

这一研究在当时语法学界引起广泛的重视和极大的关注。

20世纪80年代以来,关于歧义结构的研究成了汉语语法研究的一个热点。有关情况可参见戴黎刚《现代汉语歧义研究述评》(《北方论坛》2004,3)。

第一节　歧义的类型

列举歧义的类型,并顺便分析造成歧义的原因。徐仲华《汉语书面语言歧义现象举例》(《中国语文》1979,5)对汉语书面语中的歧义现象作了分析,根据其结构特点分为九种;后来施关淦《汉语书面语言歧义现象举例读后(一)》(《中国语文》1980,1)则对此文提出不同意见,认为(1)句子有歧义不等于格式有歧义,例如"哥哥和弟弟的朋友"有歧义,并不是说"M＋'和'＋M1＋'的'＋M2"格式有歧义,如"哥哥和弟弟的/衣服"(2)句子有无歧义跟词语搭配有关;吴启主《汉语书面语言歧义现象举例读后(二)》(《中国语文》1980,1)也指出"所举的例句有的不典型,根本不可能发生歧义"。同时又补充了两种歧义类型。这方面最引人注目的是吕叔湘《歧义类例》(《中国语文》1984,5),文章列举大量例句,语料丰富、新鲜,引人入胜,几乎涉及到歧义的各种类型,包括词的多义、结构关系的不同、层次组合的不同、语义指向的不同以及语境的不同。可以说,这是集歧义类型之大成。张斌《汉语语法学》(上海教育出版社1998)把歧义现象分为以下几种类型:(1)词义不明确造成的歧义,例如"小店关门了";(2)句法结构不固定引起的歧义,例如"我们打算试验改良品种";(3)语义关系含糊引起的歧义,例如"鸡不吃了";(4)层次难以切分引起的歧义,例如"中国医学研究";(5)语气、口气表达不清引起的歧义,例如"我只买了半斤糖"。此外还有石安石《说歧义》(《中国语言学报》1989)、王希杰《论多义与歧义和双关及误解和曲解》(《延安大学学报》1993,3),以及吴英才、李裕德《现代汉语的歧义》(宁夏人民出版社1993)等。

归纳歧义的类型,实际上是寻找产生歧义的原因。归纳各家的说法,歧义首先可以分为口头歧义和书面歧义两大类。口头歧义指主要是由同音造成的歧义,例如:

(1) 这个姑娘有点儿 jiāo qì。(娇气/骄气)
(2) 这门课要进行 qī zhōng 考试。(期中/期终)

书面歧义又可以分为词汇歧义、结构歧义、语义歧义和语境歧义:

1. 词汇歧义指由词的多义性造成的歧义。例如:

(1) 他走了一小时。(步行/离开)
(2) 车上的人多半儿是北京大学的学生。(大部分/可能)

2. 结构歧义指由于句法因素造成的歧义,又可以分为三小类:

a. 词和短语同形,例如:"他要炒鸡蛋"(名词"炒蛋"/动宾短语"炒几个鸡蛋")

b. 结构关系不同,例如:"进口彩电"(动宾/偏正)、"生物化学"(偏正/联合)

c. 组合层次不同,有的不造成句法关系的不同,例如:

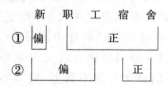

有的组合层次不同会造成结构关系的不同,例如:

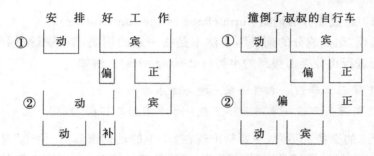

3. 语义歧义，指由于词语之间语义关系不同造成的歧义。这也可以分为两小类：

a. 语义关系不同而造成的歧义。例如：

"连厂长都不认识"（"厂长"可能是"认识"的施事，也可能是受事）

"开刀的是他的父亲"（"父亲"可能是"开刀"的施事，也可能是受事）

"教授的父亲"（"教授"和"父亲"可能是领属关系，也可能是同位关系）

"小猫的盘子"（"小猫"与"盘子"之间可能是领属关系，也可能是修饰关系）

b. 语义指向不同造成的歧义。例如：

小王有个女儿很骄傲（可能是"小王很骄傲"，也可能是"女儿很骄傲"）

4. 语境歧义。例如：

今天是星期天（可以睡懒觉/可以出去逛公园/可以不用去上班……）

明天上街不用穿裤子（穿裙子/光屁股……）

第二节 歧义分化的方法

朱德熙《汉语句法中的歧义现象》（《中国语文》1980,2）是同类文章中最有深度、也最有启发的一篇论文，具有方法论上的意义。他提出了分化歧义的四个依据：

(1) 组成成分的词类(form classe of the constituents)

所谓"组成成分的词类",当然不是指一般的词类,而是指按词的次范畴给词进行再分类而得到的小类(subcategories)。例如:

S1 张三卖李四一本书→张三把一本书卖给李四
S2 张三买李四一本书→张三把一本书买给李四(×)

S1 和 S2 的变换式不同,主要是出现在 S1 中的动词都具有"给予"义,而出现在 S2 中的动词都具有"取得"义。而"张三借李四一本书"则有歧义,既可以理解为 S1,即"张三借给李四一本书",也可以理解为 S2,即"张三从李四那儿借了一本书"。这主要是"借"既可以表示"给予"义(借出),也可以表示"取得"义(借入)。这类动词还有"租"、"换"等。

(2) 层次构造(immediate constituents)

"层次构造",是指词和词组合的先后次序不同造成层次关系不同,例如"新职工宿舍";此外,层次构造不同,内部的显性语法关系也往往不同,例如"安排好工作"(述宾[偏正])(述[述补]宾)等。

(3) 显性语法关系(overt grammatical relations)

"显性语法关系",指的就是通常所说的主谓、述宾、偏正等句法结构关系。"显性"主要是跟下面的"隐性"相对立。例如"学习文件"(述宾/偏正)、"历史地理"(并立/偏正)等。

(4) 隐性语法关系(covert grammatical relations)

"隐性语法关系",实际上是指隐藏在显性语法关系后边的潜在的深层语义关系。有些结构的歧义是由于(1)或(2)或(3)原因造成的,也可能会造成隐性语法关系的不同,例如"咬死了猎人的狗",如果是偏正结构,"狗"是"咬"的施事;如果是述宾结构,"狗"是"咬"的受事。这里指的是只能根据隐性语法关系分化的歧义结构。大多是指动词和句法结构中名词的语义关系,如"施事"、"受事"、"工具"、"结果"、"处所"、"时间"等,也包括其他实词和实词之间的语义关系。这种分化方法对于不能用成分分析或层次分析分化的歧义结构来说,很有解释力。例如"鸡不吃了"。

近年来,随着歧义结构研究的深入发展,发现了一些新的歧义类型,从而分化歧义的方法也有了一些新的进展。邵敬敏《歧义分化方法探讨》(《语言教学与研究》1991,1)对此作了分析和归纳:

1. 语义指向

深层的语义结构关系即实词进入句法结构以后相互之间的语义联系,

第十章　歧义研究

如动词和名词之间的动作与施事、受事、工具、材料、方式、时间、处所、目的等语义上的联系。语义关系的分析可以通过一定的分析方法，例如变换方法揭示出来。例如：

S1 他在纸上写字 →他把字写在纸上
S2 他在家里写字 →他把字写在家里（×）

S1 和 S2 的变换情况不同，主要是表处所的状语的语义指向不同，S1 中的"在纸上"表示宾语"字"的静态位置，主语"他"的静态位置不清楚；而 S2 中的"在家里"则表示主语"他"的静态位置，而宾语"字"的静态位置不清楚。从语义指向入手，可以建立起句子不同的语义结构式。例如：

S1 他在纸上写字＝他写字＋字在纸上
S2 他在家里写字＝他在家里＋他写字

如果表处所的状语语义指向不明确，就可能产生歧义，例如："他在火车上写标语"，"在火车上"可能表示"标语"存在的静态位置，即标语在火车上，主语"他"则不一定在火车上；也可能表示主语"他"存在的静态位置，而"标语"则不一定在火车上。即这个句子有不同的语义结构式：

他在火车上写字＝他写字＋字在火车上（S1）
　　　　　　　＝他在火车上＋他写字（S2）

"语义指向"可以发生在句法的间接成分之间，所以可以超越句法结构关系和层次，它有助于语义结构的建立，也对某些用句法关系、层次或语义关系无法解释的歧义现象，具有较强的解释力。例如："十二岁就一米五"，副词"就"表示范围限制义，当它的语义指向牵制"十二岁"时，表示"十二岁"数量少，年龄小，"一米五"就显得数量多，长得高；当"就"后指"一米五"时，表示"一米五"数量少，长得矮，而"十二岁"则就显得数量多，年龄大。

2．语义特征

按照词的语义次范畴可以给词进行再分类。例如动词可以分为动作、致使、心理、存在等。词的次范畴的不同表现在句法结构和语义结构上的差别。词的次范畴的区别则要对词的语义特征进行描写。由于动词是句法结构和语义结构的中心，因此语义特征的描写以动词为主，当然有时也要注意到与动词相关的其他词语的语义特征。例如：

175

S1 他丢了一本书→他把一本书丢了
S2 他煮了一杯茶→他把一杯茶煮了(×)

S1 和 S2 的不同主要是动词的语义特征不同,"丢"具有"消除"义,而"煮"具有"获得"义。有些动词具有两种次范畴语义特征,就会造成句法结构歧义,例如:

S3 他烧了一车炭→他把一车炭烧了(消除义)
S3 他烧了一车炭→他把一车炭烧了(×)(获得义)

S3 的歧义主要是动词"烧"可以具有"消除"义,如"他烧了一本书";也能具有"获得"义,如"他烧了一杯茶"。

3. 预设/焦点和隐含等语用条件

语境歧义是言语交际过程中产生的歧义现象。造成这类歧义的原因相当复杂,主要涉及到交际双方的身份、文化水平、知识背景、交际的时间、地点、目的等广阔的背景。

(1)"预设"和"焦点"有助于分化这类语用上的歧义。例如:

S1 他白去了一次。
S2 他白吃了一顿。

副词"白"相当于一个否定词,但它否定的是句子的预设。S1 的预设为"付出了代价应该得到某种好处",S1 的意思是:他去了本应有作用,却没有得到预期的效果,焦点在"白"上,因此也可以说成"白白";S2 的预设为"得到了好处应该付出某种代价",S2 的意思却没有付,焦点在"吃"上。如果 S1、S2 的预设互换,那么 S1、S2 的意思也会发生相应的变化:

S1(他辛辛苦苦地吃下去,结果全吐了,)他白吃了一顿。
S2(他参加旅游了,结果没付钱,)他白去了一次。

(2)"隐含"指在话语中没有出现、但在话语意义中可以推断出来的意义,隐含义的确认涉及到与之语义上相关的"共联项"。共联项在句中出现,句子就没有歧义;共联项隐含时,句子就可能产生歧义。例如:"他又唱了一首歌"。副词"又"表示一种同类的加合关系,如果"又"的加合项在句中或上下文中出现,就不会产生歧义,例如:"他喝了又喝。""我跳了一个舞,他又唱了一个歌。"但如果这个加合项是隐含的,则可能产生歧义。前例"他又唱了一个歌","又"的加合项起码有以下几种可能:

S1（我唱了一首歌，）他又唱了一首歌。
S2（他写了一首歌，）他又唱了一首歌。
S3（他唱了两首歌，）他又唱了一首歌。
S4（他跳了一只舞，）他又唱了一首歌。
S5（他唱了一出戏，）他又唱了一首歌。

以上只是变项为1的简单情况，变项为2、3或4，情况则更为复杂。根据"隐含共联项"的理论，可以解释某些歧义现象，例如"她最爱梅花"是一个歧义结构，根据其不同的"隐含共联项"，有以下几种意思：

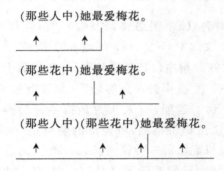

蕴涵不同也会造成歧义。"蕴涵"不同于"预设"。"预设"是交际双方共知的背景信息，而"蕴涵"则是话语本身推断出来的判断。"非 x 不可"是个歧义结构，它可以表示三种不同的语义：
（1）表示主观认识的"必欲"：他非去不可。
（2）表示客观情态的"必须"：考试非严不可。
（3）表示事理发展的"必然"：天非下雨不可。

话剧《日出》中陈白露和顾八奶奶有一段对话，由于双方对这一句式理解的不同，产生了误解：

顾八奶奶	你看快天亮了，他的魂也没见一个……进了电影公司两天，越学越不正经干。我非死了不可！露露！你的安眠药我都拿去了。
陈白露	怎么，你要……
顾八奶奶	我非吃了不可。
陈白露	那你又何必呢？你还给我。（伸手。）
顾八奶奶	不，我非吃了不可，我得回家睡觉去。我睡一场好觉，气

就消了。

顾讲"我非死不可",其蕴涵是"被气死",强调的是一种必然性,而陈白露听了,以为其蕴涵是"自杀",理解的是一种"必欲性";顾讲"我非吃了不可",其蕴涵是"吃药是治失眠的,强调的是一种"必须性",而陈听了以为其蕴涵是"吃药是自杀的手段",误解为一种"必欲性"。

第三节 消除歧义的手段

吕叔湘《歧义类例》(《中国语文》1984,5)"消除歧义的手段大致有五种:(1)语音,(2)上文,(3)下文,(4)环境,(5)情理"。张斌《汉语语法学》(上海教育出版社1998)指出(1)"消除歧义,一般依靠上下文。"例如唐代诗人张继的《枫桥夜泊》中"夜半钟声到客船"一句曾有过不同的理解,有人认为是夜半的钟声送到了客船,有人认为是指半夜钟声中到了一条客船。"就字面而论,两种说法都讲得通,可是诗的题目是'枫桥夜泊',说明船是停靠在桥边的,所以只能取前一种说法。"(2)"改换词语或句式也是消除歧义的常用方式。"例如:"我们要学习文件"(有歧义),"我们需要学习文件"(无歧义)、"我们须要学习文件"(无歧义)。任芝锳《歧义结构试析》(《杭州大学学报》1986,4)也指出书面语中的歧义消除可以通过同义词语的替换、增添词语、变换语序或增加语境等方法。

邵敬敏《歧义——语法研究的突破口》(《语法研究入门》,商务印书馆1999)指出:"在实际语言活动中,真正会产生歧义的情况并不多见",这主要是在实际语言交际中,由于受各种条件的制约,有些歧义可以排除,即歧义现象可以消除,这主要有四个方面:

(一)语音的制约

不少歧义现象在口语中没有歧义。主要受以下几方面的因素制约:

(1)轻声。

S1 我想起来了。(qǐlǎi,不睡了)

S2 我想起来了。(qǐlai,想到了)

(2)声调。

S1 她背着儿子常常到老师家学下棋。(背 bèi,隐瞒)

S2 她背着儿子常常到老师家学下棋。(背 bēi,用背驮)

（3）重音。

除了萧长春，'他最怕韩伯仲。（萧长春和他都怕）

除了萧长春，他最怕'韩伯仲。（他怕萧和韩两人）

（4）停顿。

我|讲不好。

我讲|不好。

（二）语法制约

有些歧义现象由于受语法功能的某些特点的制约，从而排除了歧义。例如：

"没有买票的"是个歧义结构，但若与"有没有"组合，则由于"有"后面要求出现名词性宾语，就排除了 A 的可能性，只能理解为 B，从而消除了歧义。

（三）语义制约

词语在组合中由于语义上的制约，而排除了歧义。例如：

S1（我们俩）算一个半知识分子。

S2（我只能）算一个半知识分子。

"一个半知识分子"是个歧义结构，但在 S1 中受"我们俩"的语义制约后只能理解为"一个半/知识分子"，而在 S2 中受"我"的语义制约，只能理解为"一个/半知识分子"。

（四）上下文的制约

即由于上下文语境的存在，排除了隐含或预设的不确定，从而排除了歧义。例如：

S1（我问他们谁要，）他们一个也不要。

S2（我问他们要谁，）他们一个也不要。

（五）语境制约

主要是指语言交际的具体环境排除了歧义。例如在宴会上指着一盘鸡肉说："鸡不吃了。"显然不会产生歧义。王金娟《语境——消歧的最佳途径》《浙江师范大学学报》1996,1) 有更加详细的阐述。

第四节 有关歧义研究的若干问题

一、歧义格式与语义的关系

关于句子的歧义是否与句子的格式有关，有不同的看法。朱德熙《汉语句法里的歧义现象》认为："这些句子的'多义性'是代表这些句子的抽象的'句式'所固有的，并不是组成这些句子的那些具体的词的词义引起的。"换句话说，这些多义句的存在反映出句式是多义的。徐仲华《汉语书面语言歧义现象举例》（《中国语文》1979，5）曾把汉语的歧义类型分为九种格式，说明他也认为歧义与格式有关。而施关淦《〈汉语书面语言歧义现象举例〉读后》（《中国语文》1980，1）则认为歧义与格式无关，而是跟词语的搭配密切相关。

其实，分析句法结构造成的歧义，我们当然可以归纳出一些歧义格式出来，但是格式并不是造成歧义唯一的原因，它还与词的意义，或者说跟词的语义特征有关，因此在某种格式中填入不同的词语，有时会产生歧义，有时不会。但也不能反过来断言，歧义与格式没有关系。因为汉语的形态变化比较少，因此有的格式就比较容易产生歧义。邵敬敏《现代汉语通论》就提出13种歧义格式：(1) 动＋名，如："学习文件"；(2) 名1＋名2，如："学校医院"；(3) 动＋名1＋的＋名2，如："热爱人民的总理"；(4) 数量＋名1＋的＋名2，如："三个师大的学生"；(5) 动＋了＋数量＋的＋名，如："准备了一天的干粮"；(6) 动＋形＋名，如："打死老虎"；(7) 名1＋和＋名2＋的＋名3，如："哥哥和姐姐的朋友"；(8) 名1/形＋名2＋名3，如："非洲语言研究"；(9) 关于/对＋名1＋的＋名2，如："关于战争的理论"；(10) 名1＋在名2上＋动＋名3，如："我在黑板上写字"；(11) 名＋不/没/没有＋动＋了，如："鸡不吃了"；(12) 连＋名＋也/都＋不/没有＋动，如："连厂长也不认识"；(13) 动＋的＋是＋名，如："反对的是他"。

造成歧义主要与语义有关，换句话说，在某些语义条件下，有的结构就会产生歧义。冯志伟《论歧义结构的潜在性》（《自然语言的计算机处理》，上海外语教学出版社1996）提出"潜在歧义论"就很有启发性，即格式的歧义是潜在的，并非所有进入格式中的词都能造成歧义，而是有一定语义条件限制的。

第十章 歧义研究

二、歧义度的研究

歧义度是指歧义结构歧义的强弱程度。赵元任《汉语的歧义问题》认为影响歧义程度的重要因素是对结构的各种解释的相对频率,各种解释频率相差无几,则歧义度高;若相差悬殊,歧义度就低。尤庆学《歧义度的调查分析》(《汉语学习》2000,5)认为歧义度包括歧义句型(歧义格式)的歧义度和歧义句例的歧义度。文章主要对歧义句例的歧义度作了调查和分析。指出:"歧义句例的歧义度分为相对歧义度和绝对歧义度。相对歧义度指单义候选项之间认知理解频率的不平衡程度。单义候选项简称单义项,指一个歧义句例所包含的几种不同意思。绝对歧义度指歧义的可接受程度,即歧义句例被理解为有歧义的概率或可能性的大小。"并以问卷形式对相对歧义度和绝对歧义度进行了调查分析,并做出量化分析,得出相对歧义度的高低。例如通过统计人们从语感上判定有无歧义,来考察歧义的可接受度,分出低度歧义组、中度歧义组和高度歧义组。

三、歧义的生成

王维成《从歧义看句法、语义、语用之间的关系》(《语言教学与研究》1988,1)从语言生成的角度,对形成歧义的语义、句法、语用等因素作了分析与讨论。他认为:"多功能的形式会由于语境制约因素(如句内语境、上下文语境、情景语境以及社会文化语境等)不强而使多义无法单义化,最终导致歧义的产生。"类似的观点还有蔺璜《三个不同平面上的歧义现象》(《语文研究》1993,3),他认为造成歧义的原因可分为句法、语义、语用三个不同层面:(1)句法歧义。主要是由结构层次和结构关系两方面的因素形成的。(2)语义歧义。主要是由语义关系、语义指向、语义特征三方面的因素造成的。(3)语用歧义。是由语言以外的东西引起的,最主要、最常见的是蕴涵和预设造成的歧义。施春宏《歧义现象的演绎分析》(《语言教学与研究》2000,1)则通过以"V+N"这一格式作为演绎的初始格式,借助递归扩展方式来分析"V+X+N"的层次构造歧义的内在系统性,并以之为例说明可以通过对歧义现象进行演绎分析,找出目前以归纳法为主而形成的歧义类型的内在联系。他的结论是:a."歧义是有系统的、分层次的,有一定的生成规则。"b."歧义格式是可以建立演绎模型的。"c"歧义格式可以分为潜歧义格式和显歧义格式。d. 歧义格式存在强歧义格式、弱歧义格式、零歧义格式的差异,这是句法关系的强生成能力、弱生成能力、零生成能力造成的。"这可以说是关于歧义研究的最新思考。

四、语境歧义

词汇平面、句法平面以及语义平面,都有可能产生歧义,而语用歧义则主要是由于语境引起的。关于语境歧义问题,很早就有人探讨了。徐思益《在一定语境中产生的歧义现象》(《中国语文》1985,5)讨论了与语句的语义解释有关的语境歧义现象。"语境中的歧义现象,是指一句话语在特定语境中,对于不同的人可能产生不同的理解。"句法上的歧义现象着眼于语言分析,语境中的歧义着眼于说话分析。句法上的歧义现象在语境中出现的情况是很少的,而语境中的歧义是作家或说话者在特定语境中有意创造的,或者是为了烘托情景的气氛,或者是为了丰满人物的个性,可以使表达形式生动活泼,产生最佳的艺术效果。所以语境中的歧义不妨碍语言交际,相反,它是人们使用语言的艺术,是作家语言风格的表现。王建华《语境歧义分析》(《中国语文》1987,1)则把语境歧义分为广义和狭义两大类。狭义的语境歧义指说写者表达有明白的确定的语义内容,而听读者理解时由于受语境因素影响产生歧义;广义的语境歧义指说写者本身就含有不确定因素,如话语语义模糊、语义双关等。造成语境歧义的原因可能是语言本身的原因,如同音异义、一词多义等,也可能是语境因素造成的,如交际双方预设背景不同、或社会文化心理习俗差异、或时代不同等因素。此外,还有张宁《语境等级与歧义》(《汉语学习》1988,1),她首先把语境分为语言语境和非语言语境两大类,再细分为六级十二小类,讨论不同等级语境中的歧义。同类研究还有周红《语用歧义的产生及其功能》(《外语与外语教学》2002,3)、孙建华《语境与语用歧义》(《河南大学学报》2004,4)、冯新宏《略论语境歧义的产生》(《陕西师范大学学报》2007,2)等。

第十一章 语义角色研究

> **提示**：主要讨论动词与名词组合中的语义角色问题，包括语义角色的理论探讨、语义角色的关系类型，以及相关的几个热点问题。同时兼及形容词和名词的语义角色研究。

20世纪80年代以来，汉语语法研究出现了一些新的迹象，呈现出一些新的特点。其中很重要的一点就是"语法结构"和"语义结构"的区分。吕叔湘(《狙公赋芧和语法分析》,《语法研究和探索》(二)，北京大学出版社1984)认为"语法结构是语法结构，语义结构是语义结构，二者既有联系，又有区别"，这是对二者关系的一个很好的诠释。

关于语义结构，目前比较有影响的有以下几种解释：

(1) 句法结构中的语法结构关系指句法成分之间的关系，诸如主语与谓语、述语与宾语的关系等等。语义结构关系指的是句法中实词与实词之间的语义联系，诸如施事与动作、动作与受事的关系等等。(陆俭明《试论左右句子意思的因素》,《新疆大学学报》1980,4)

(2) 语法结构即句法结构，语义结构是句法语义结构，二者属于不同的层面。句法结构指的是语言单位组合过程中所形成的相互联系，相互作用的方式，它的形成要受到来自语法和语义两方面规则的制约，这两种制约体现为句法结构的构成成分之间的诸如主谓等句法结构关系和诸如动作与施事等句法语义关系。(范继淹《句法语义浅谈之一》,《语文教学通讯》1981,1)

(3) 语义结构的构成成分是语义成分，语义成分的研究应包括体谓、体体、谓谓之间的有述谓关系的语义结构构成成分研究，也包括对有修饰关系的语义结构构成成分的研究。(陈昌来《带受事成分的不及物动词的考察》,《语言教学与研究》2003,3)

语法结构是语法形式和语法意义的统一体，同样的语法结构可以表示不同的语义结构关系，同一语义结构也可以由多种语法结构来表示。因此，对语法结构不仅要做形式分析，而且还要做种种语义分析。广义来讲，语义特征、语义指向、语义角色等方面的分析均属于语义结构关系的分析；狭义来讲，语义结构则主要指句子结构背后隐藏着的种种语义上的联系和组合，不仅指动词与名词的语义关系，也包括名词与名词、形容词与名词以及其他各种不同类型的语义关系。无论狭义还是广义，对语义结构认识的深化，有助于对句法结构的分析，有助于汉语句法结构中的语义研究走上深入发展的科学道路。

"语义角色"这一概念出现在西方很多语言流派理论中，比如格语法、配价语法理论中，与之相对应的相关或类似的术语还有叫做"语义格"、"题元"、"论元"、"论旨角色"或者"配价角色"等，但主要是用来讨论名词跟动词之间的语义关系。其实不仅如此，实际上也应该包括名词之间以及形容词跟名词之间的语义角色。因此，这里所谈的"语义角色"，属于狭义的语义结构研究范围之内，是指不同的词语在句法结构中所充当的语义角色。

第一节　语义角色研究概况

关于语义角色的研究，其实最早还是我们汉语语法家首先开展的，早在20世纪40年代，吕叔湘在《中国文法要略》（商务印书馆1942—1944）中，就以动词为核心，建立起动词跟与之发生关系的名词的语义角色联系，即在句法成分之外，另外建立起一套与之平行的语义角色系统，即补词系列，包括受事补词、关切补词、交与补词、凭借补词以及方所、方面、时间、原因、目的、比较等补词。此外，他还指出形容词也可以有补词，多半是方面补词和比较补词。显然这是《要略》最重要的创见之一，实际上也是后来"格语法"的雏形，跟国外有关研究构想相比较，吕叔湘的这种构想整整早了20多年，只是由于后来结构主义的强势影响，使得语义研究有意无意遭到排斥，吕叔湘的这一研究思路没有得到很好的继承和深化，在理论和应用上也没得到进一步的发展。但是，《要略》重视语义结构和语义成分研究的思想，对后世影响很大。欧美开始重视语义角色的研究，大概开始于20世纪60年代，Gruber和Fillmore提出的表示述语与相关名词短语之间的语义关系的格，又可称之为语义格。国内新时期汉语语法研究引进语义角色则始于20世纪70年代末，其发展大体可经历了三个阶段：

第一阶段是兴起，主要在70年代末到80年代初，以理论的引进介绍为

第十一章 语义角色研究

主。人们最早接触到的是菲尔墨的格语法以及切夫语法理论。这一时期海外华人学者做出了不少贡献,他们较早接受了国外格语法理论,对汉语系统进行初探性研究。代表人物有美国的李英哲(《An Investigation of Case in Chinese Grammar 汉语语法格的调查研究》1971)、汤廷池(《Case Grammar of Spoken Chinese 国语格变语法试论》,台湾海图书局 1972)和台湾的邓守信(《A Semantic Study of Transitivity Relation in Chinese 汉语及物性关系的语义研究》1975,黑龙江大学科研处 1983)等。大陆方面,朱德熙先生(《"的"字结构与判断句》,中国语文 1978.1—2)研究了汉语的动词和名词的语义关系,在汉语语法研究中首次引入了"价"的概念,胡明扬译著《"格"辨》(菲尔墨著,商务印书馆 2002),杨成凯等人对格语法理论进行述评,这些理论性的介绍都为今后的研究打下了坚实的基础。

第二阶段是探索,80 年代以来,关于语义角色的研究成了汉语语法研究的一个热点。汉语语法学家进一步将格语法理论应用于汉语具体现象的分析中,开始深入进行理论与实践的探讨。这一时期的一个显著特点是:开始重视句子的语义结构和语义成分的研究。李临定、史有为等人的成果比较突出,如李临定《宾语使用情况考察》(语文研究 1983,2)、《施事、受事和句法分析》(语文研究 1984,4)、《"工具"格和"目的"格》(《语法研究和探索》(三),北京大学出版社 1985)三篇文章,以及《现代汉语句型》(商务印书馆 1986)、《现代汉语动词》(中国社会科学出版社 1990)等专著对语义格的分布变换进行了详细的描述;史有为提出了格的位置义问题,即格关系会因句中动名之间的相对位置不同而改变。这一阶段的另一特点是格理论也引起了计算语言学家的关注,主要有范继淹、鲁川、董振东等人。在理论的引进过程中,并不是全盘接纳,而是有选择性地接受,如有关"域内论元"、"域外论元"等概念就并未得到支持或具体应用。

第三阶段是深化,90 年代至今。这个阶段有两个明显的特点:第一,理论研究得到强化和深入,程工、顾阳、沈阳、高明乐等汉语学界和外语学界的学者更加深入介绍阐述格语法,并引介题元理论等相关理论,推动了理论在深度和广度上的发展。第二,研究角度多样化。1995 年和 1999 年两次配价语法研讨会的召开以及《现代汉语配价语法研究》两本论文集的出版,促使更多的人去关注句法中的语义问题,关注配价和语义角色的关系,两次专题会议的召开标志着现代汉语配价语法研究进入一个崭新的时期。随着配价语法的升温发展,人们开始注意到语法结构和语义结构二者之间的异同,自觉地将配价语法同格语法、语义角色研究结合起来进行研究,涌现了不少研究成果。如吴为章、范晓、张国宪、周国光、邵敬敏、袁毓林、鲁川、陈昌来、王红旗、刘丹青、郭锐、沈阳、陈平、邢欣等人的研究。通过这些研究，基本上肯定了语义角色的重要地位以及划分标准，同时找出了形式上验证手段。这一时期的另一看点是语义角色的研究不但关注于动词名词之间的支配性语义关系，而且也开始探讨形容词与名词以及名词和名词之间的语义关系。

第二节 语义角色的理论探讨

在句法结构中，语法关系和语义关系之间的复杂性早就有学者认识到了，除了吕叔湘之外，丁声树等《现代汉语语法讲话》也指出了宾语包括受事、施事、处所、类别、结果、存在的事物等等。张志公《汉语语法常识》也指出宾语和动词的关系有四种：宾语是动作行为的承受者或动作行为的对象名、表示动作行为的地点或方面、表示动作行为的来源或工具、表示动作行为的结果。但是这些研究不够系统，也没有深入，更加缺乏有效的分析方法。传统语法研究的重点放在句法结构的分析，它从形式出发，以形式为中心，重点研究词类和句子成分的类别的分析，进而来说明词类和句子成分之间的关系，乃至句型的建立。因此无论是中心词分析法还是直接成分分析法，在分析语义关系和句法关系间复杂的关系问题上，都显得束手无策。其主要原因，源于这种分析方法忽略了句子的各组成成分尤其是动词的语义关系对句法结构的制约关系。因此，越来越多的学者认识到，只有切实分析语义结构中各语义成分间的复杂关系，即语义角色的研究，才有可能从根本上解决这一问题。为此，语法学界进行了长期不懈的探讨。但语义角色的研究并不是孤立的研究，它往往是融合在其他研究思想中，并相应地随之而发展深入。从语义角色研究的基础来看，主要有以下两个方面：

一、动词中心论与配价语法

汉语配价研究关注的热点之一是动词的研究，注重分析动词的句法语义搭配。之二是动词次范畴小类或动词性结构的研究。这类研究针对动词某一小类的语义特点进行，在动词的价类中探讨语义角色。如张国宪、周国光的索取动词研究、吴为章的结果动词研究、范晓的动介式组合体研究、郭锐的述结式结构研究、王红旗的动趋式述补结构研究、邢欣的致使动

第十一章 语义角色研究

词研究、张谊生的交互动词研究等等。这类研究的一个特点是具体扎实，重视动词的中心作用，以及语义成分和动词之间的依存关系。另外一个特点就是在有关动词的研究中，能够将配价语法与语义角色结合起来研究。

配价语法研究的核心是动词中心论，因此其中对语义角色的讨论也是以动词为基点的。配价语法的"向"和"价"是另外一个观察角度，它关心的是必须和动词搭配的语义成分的数量，进而研究动词对其他成分的支配能力，因此它不但要考察语义角色的配置，还要考察语义角色的同现，构句状况，据此划分动词的次类。而语义角色是在句法结构中从语义关系入手着眼，重点分析的是动词与其后名词或名词性成分的复杂的语义关系以及这些名词性成分担任的语义角色，是一种描写。其实本质上二者都是在讨论语义结构关系。配价研究哪些语义角色是配价成分，哪些语义角色是非配价成分，通过它的研究去进一步考察动词的支配能力。从这个意义上看，语义角色是配价研究的一个接口，是一个中介，句法分析的一个扩展中间站。而且，配价语法在深入讨论动词及其语义关系的同时，也解决了语义角色方面的一些困惑。

范晓《句型、句模和句类》（《语法研究和探索》（七），商务印书馆 1995）认为动词的配价是"动核和动元的配价"，因而作为配价研究的延伸，必然要研究动词所联系的语义成分角色。陈昌来《现代汉语语义平面问题研究》（2003）以动词为中心，着眼于动词的句法语义属性和动词的类，对现代汉语各类语义成分角色进行了全面系统描写和分析，并对各种语义成分之间的关系，例如致事和使事、经事和感事有详细地阐释。这些研究基本上肯定了价的确立方法，在形式上具有可验证性。

邵敬敏《"语义价"、"句法向"及其相互关系》（《汉语学习》1996,3）提出了"语义价"和"句法向"的构想，这是为了解决配价研究中语义层和句法层的不对应问题。在语义层，动词可以有多个语义角色结合的可能性，这就是所谓的语义价；在句法层，受形式的制约，即使包括介词的宾语，也只能出现有限的几个语义成分跟动词组合，这就是句法向。区分开不同层次的"语义价"和"句法向"，就可合理解释一个动词联系语义角色的可能性以及当它构成句子时只能带上几个句法成分的现实性。这一思想相比较而言，在研究深度上又进了一步。

郭锐《述结式的配价结构和成分的整合》（《现代汉语配价语法研究》，北京大学出版社 1995）一文指出实际上在配价研究中论元角色是一个很重要的问题。有些谓词虽然所能带的论元的数量相同，但论元的角色却不相同,比如"吃(他吃苹果了)"和"进(他进屋了)"都是二价的,但其中的"苹果"和"屋"在动作中所充当的角色却很不相同,"苹果"是动作的接受者,"屋"是位移的终点。"吃"和"进"虽然都是二价动词,但由于所带的论元的角色不同,因而在句法和语义上都有不同的表现。因此,考察成分的配价结构不能仅仅考虑所带论元的数量,还应考虑所带论元的角色。可见,成分的配价结构由所能带论元的数量和角色共同决定,比如"吃"和"进"由于所带论元的角色不同,因而配价结构也就不同。

二、格语法

汉语句法结构中的语义关系是多种多样的,句法分析的重点是动词跟名词性词语之间的语义关系,这种关系也叫做格关系。这一思想,首先是由美国语言学家菲尔墨(C. J. Fillmore)于 1968 年提出的,这一理论也称为"格语法"。格语法理论的核心概念是"语义格",比如"施事"、"对象"、"工具"等,即与动词联系的关系项。菲尔墨所说的"格"与传统语言学中的"格"不同。传统语言学中的"格"是指某些屈折语中名词和代名词的形态变化,表示这些词在句子中与其他词之间的关系,是句子表层结构方面的现象,这种格一般称为"句法格"。而菲尔墨所说的"格"是指名词(包括代名词)跟动词(包括形容词)之间的及物性关系,其形式标志是介词或语序。

菲尔墨在有关格语法的最早论著中划分出以下 7 种语义格:

A:施事(agentive)(有生命的动作发出者)

I:工具(instrumental)(造成动作或状态的无生命的力量或客体)

O:对象(objective)(动作或状态所影响的事物)

F:结果(fructity)(动作或状态所造成的结果)

D:所及(dative)(动作或状态所影响的有生命者)

L:处所(locative)(动作或状态的空间位置)

B:受益(benefactive)(动作或状态的受益者)

"格"语法理论介绍到中国来之后,引起了汉语语法学界的兴趣,经过吸收消化,用来研究汉语中名词和动词之间的格关系。80 年代后人们开始运用格语法的相关理论尝试性地探讨汉语语义关系。孟琮等《动词用法词典》(上海辞书出版社 1987)研究最为可贵,他们提出了宾语的 14 种语义格,这是国内比较早按动词和后面的名词宾语语义搭配关系来对语义格进行分类的,为今后研究汉语的格关系提供了最早的简明的范例;鲁川、林杏光根据汉语的特点,把"格语法"的说法,改为"格关系"说法,他们认为,"所

第十一章　语义角色研究

谓的'格语法'是个不能自足的语法体系,它既不研究偏正关系,也解决不了句子生成的排序问题"。他们还指出,格关系有层级性,"格系统是一棵树"。应该说,鲁川、林杏光关于"格关系"的论述比菲尔墨又进了一步。

汉语语法的总特点是主要不依赖于形态变化,而依赖于虚词、词序、重叠等语法手段。词与词的组合特别注重语义的联系,由于相关的句法成分在形式上基本没有标记,但不同的组合、不同的前后位置、添加不同的虚词,都可能改变这两个词语之间的语义关系。这样一来,就汉语来说,仅仅说明某个句法结构是主谓关系或述宾关系是远远不够的,我们还必须进一步说明主谓之间或述宾之间表现了怎么样的语义关系。语义格的引入无疑使汉语语法研究更好地将语法的形式分析和语义分析结合起来,从而使我们对汉语语法的描写和解释更为全面。

第三节　语义角色的关系类型

一、确定语义角色的依据

语义角色的确立,在格语法分析中是难点,在汉语中就更为困难。学者们对这一问题提出了各自的看法,目前还没有一致的意见。总的来看,确定语义角色依据有这么几种观点:

(1)句法位置标准。即根据在表层句法中的主宾语位置上是否同现来确定语义角色。郭锐《述结式的配价结构和成分的整合》指出:"论元角色的确定是一个难题。从纯语义的角度看,论元角色可以分为施事、当事、领事、与事、受事、客事、结果、同事、系事、处所等很多种,如果按这种论元角色的分类来给谓词配价结构分类,势必把配价结构弄得繁琐而失去价值",而且"语义角色虽然可以分出很多来,但其中不少语义角色在主宾语位置上并不共现,比如施事和当事不共现,受事、客事、结果、同事、系事也不共现。这实际表明,这些不共现的角色实际上是句法上同一种东西的语义变体,它们占据的是句法上的相同位置。因此,我们可以根据在表层句法中的主宾语位置上是否共现来确定论元角色。如果不同语义角色可以在同一小句的主宾语位置上共现,则属于不同论元角色;如果总是不在同一小句的主宾语位置上共现,则可合并为同一论元角色。"

这实质上是将确定语义格的原则跟句子成分联系起来,通过句子成分给确定语义格建立一种可判定的标准。其方法论价值在于坚持在语义格分类中找到形式手段或共识标准,这一观点在90年代的有关配价理论的研究中比较普遍。

(2)动词的语义功能标准。袁毓林《论元角色的层级关系和语义特征》(《世界汉语教学》2002,3)提出论元要根据其在由动词及其论元构成的述谓结构中的语义作用而确定。陈昌来《现代汉语动词的语法语义属性研究》(学林出版社2002)主张由动词的语义功能来作为依据,"动词的语义功能是指动词从语义上可以推导出其必须蕴涵的具有固定语义性质的语义成分",但是问题是还必须要从句法上或形式上加以确定。

(3)动词的词汇意义标准。郭继懋《谈动宾语义关系分类的性质问题》(《南开学报》1998,6)将宾语分为规定宾语和非规定宾语两类,认为是动词词汇义赋予规定宾语的语义角色,可惜语焉不详。

其实,在我们看来,动词和名词的结构组合,都是语义双项选择的必然结果。两个词能够相互匹配是相互选择的结果,改变任何一方,二者的语义关系都有可能发生变化,这是由句法结构中两个相匹配的句法成分之间的"语义双向选择性原则"决定的。

语义角色的确定,关键是该语义角色是由什么决定的。无论按照语义功能,还是结合句法同现标准,都会涉及诸多问题,比如动词的语义小类的划分,同现标准的原则,这些问题都带有一定的不确定性,目前还都没有得到一致的解释。语义角色的确定是由句法结构中两个相匹配的句法成分的"语义双向选择性原则"决定的,即动词同名词性词语之间的语义关系是由它们双方共同决定的,同一个动词,与不同的名词性词语搭配就可能产生不同的语义关系。如:

(1) 吃面条(动作——受事)　　吃大碗(动作——工具)
　　吃食堂(动作——处所)　　吃大户(动作——依据)
　　吃包月(动作——方式)
(2) 打研究生(动作——受事)　　成研究生(动作——目的)
　　住研究生(动作——施事)　　教研究生(动作——对象)
　　当研究生(动作——系事)

因此考察语义角色,应该充分考虑到两个方面的因素:划分语义角色不仅涉及到动词的语义特征,而且与名词的句法位置和表现方式有关。这方面,袁毓林在《论元角色的层级关系和语义特征》中的阐释也比较全面,他主张要充分考虑语义角色的语义特征,包括动态特征和静态特征两个方面。"动态特征,指不同类型的论元角色在述谓结构中所具有的语义特征,即在由动词所表示的事件结构中所表现出来的特征。比如,施事具有施动性、受事具有受动性、结果具有渐成性、处所具有不变性,等等。静态特征,指充当某种论元角色的名词性成分本身的语义特征;换句话说,具有某种语义特征的名词性成分比较适合于作某种论元角色。比如,作施事的名词性成分一般具有[＋有生(animate)]和[＋人类(human)]的语义特征、作工具的名词性成分具有[＋器具(tool)]的语义特征、作材料的名词性成分具有[＋材料(material)]的语义特征。一般地说,研究论元角色的动态特征有助于反映动词的论元结构跟句子的语义解释之间的投射关系,据此可以直接从动词的论元结构上预测相关句子的语义构造;研究论元角色的静态特征有助于说明动词跟其从属名词之间的语义选择关系,据此可以直接说明句子中不同成分之间在语义上的同现限制。

从最初的"动词的每个论元只能被指派一个题元角色,存在一个数量有限固定的角色集合"(管辖约束理论)到语义角色数量的不断增加,这正是反映出动词语义特征的复杂性和句式的多样性造成了角色分类定量的困难。确定分类标准的分歧一方面说明这些方法本身还不完善,另一方面更说明语义角色本身是复杂的,需要更多的关注和研究。

二、语义角色的关系类型

汉语句法结构中词与词间发生的语义关系是多种多样的,受"动词中心论"的影响,句法研究重点在动词跟名词性成分之间的语义关系上,语义角色的研究也主要是围绕名词性成分展开的。在各种语义关系中,名词性成分担任了一定的语义角色,如"施事"、"受事"、"方式"、"目的"等等,这实际上是揭示了名词性成分跟动词之间的语义关系,但这些关系类型的确定却是一个复杂艰巨的过程。

汉语界针对语义角色及其分类系统的讨论,自20世纪80年代后期以来已经提出了好几个方案,但是各家的分类标准并不统一,因此分类的结果至今存在着较大分歧甚至比较混乱。孟琮(《动词用法词典》,上海辞书出版社1987)14类,李临定(《现代汉语动词》,中国社会科学出版社1990)21类,傅雨贤、周小兵(《现代汉语介词研究》,中山大学出版社1997)18类,邵敬敏(《"语义价"、"句法向"及其相互关系》,《汉语学习》1996,3)24类,袁毓林(《论元角色的层级关系和语义特征》,《世界汉语教学》2002,3)17类。周明、黄昌宁基于计算语言学的分类(《面向语料库标注的汉语依存体系的探讨》,《中文信息学报》1994,3)甚至达到了 106 类。即使是同一个学者在不同时期划分的数量也不一致,如鲁川 1989 年分为 6 大类 18 小类,1992 则分为 8 大类 32 小类,1998 又分为 6 大类 26 小类,2000 年再分为 7 大类 26 个基本类。这说明语义角色的类别具有很大的可变性,根据标准的不同或者目的的不同,将会得出不同的结论。

这些分歧,究其原因,一方面,句式的多样性和动词语义的复杂性造成了角色分类定量的困难;另一方面也是由于对语义的认识既有客观的一面,也有主观的一面,因此分歧在所难免。总结各家分类,将主要的类型简单列举如下:

(1) 孟琮(《动词用法词典》上海辞书出版社 1987)是国内比较早对语义角色进行研究的,按动词和后面的名词宾语的语义搭配关系对语义格进行分类,一共分为 14 个语义格,分别是受事、结果、对象、工具、方式、处所、时间、目的、原因、致使、施事、同源、等同、杂类。特点是少而精,易于掌握和运用,但是杂类比较庞杂,类别太少有的就难于确认。

(2) 郭锐(《述结式的配价结构和成分的整合》《现代汉语配价语法研究》,北京大学出版社 1995)分为 3 大类 12 种,特点是比较简明,而且分出两个层次:

主论元:施事、当事、领事。
宾论元:受事、客事、结果、同事、系事。
辅论元:与事和做宾语的处所、时间和工具等语义角色。

(3) 袁毓林(《汉语动词的配价层和配位方式研究》,《现代汉语配价语法研究》第二辑,北京大学出版社 1999)则分为核心和外围两大类,具体再分为 16 种,特点是分出三个层次,"核心"和"外围"相当于"必有"和"可有"。

核心——
主体:施事　感事　致事　主事
客体:受事　与事　结果　对象　系事
外围——
凭借:工具　材料　方式
环境:场所　源点　终点　范围

(4) 邵敬敏(《"语义价"、"句法向"及其相互关系》,《汉语学习》1996,3)提出 7 大类 24 小类的语义角色框架。特点是比较全面,考虑到名词性的语义角色,而且希望取得角色的详尽和简明的平衡点。

第十一章 语义角色研究

主体:施事、自事、等事、领事
客体:受事、系事、属事
关涉:对象、工具、方式、材料
条件:处所、范围、时间
因果:依据、原因、目的、结果
伴随:致使、数量、同源
情况:行为、属性、事件

(5) 范晓(《动词的"价"分类》,《语法研究和探索》(七),语文出版社1991)分为 7 大类 26 种,特点是首先分出"强制性"和"非强制性"两大类,然后再细分,中类和小类都比较丰富。

强制性语义成分——
主事:施事、系事、经事、起事
客事:受事、成事(结果)、使事、涉事(准受事)、位事、止事
与事:当事、向事、对事、替事、共事、比事、补事

非强制性语义成分——
凭事:工具、材料、方式、依据
因事:原因、目的
境事:处所、时间、范围、条件

(6) 陈昌来《现代汉语语义平面问题研究》(学林出版社 2003)分为 9 大类 26 小类。特点是比较详尽,跟范晓大体一致,不过中层更为细致:

动元
主事:施事、致事、经事、系事、起事
客事:受事、成事、位事、任事、使事、感事、涉事、止事
与事:当事、共事
补事:补事

状元
凭事:工具、材料、方式、依据
境事:时间、处所、
因事:原因、目的
关事:关事
比事:比事

(7) 鲁川(《汉语语法的意合网络》,商务印书馆 2001)根据中文信息处理需要所建立的汉语语法的意合网络建立起一套新的动词的"周边角色的分类

系统",对格语法理论作出了补充和调整,提出一个7大类26小类的框架。

参与
　　主体:施事、当事、领事
　　客体:受事、内容、成果
　　邻体:起源、对象、依据
　　系体:属事、分事、类事、涉事

情景
　　情节:缘故、结局、意图、范围、数量
　　状况:方式、工具、材料、频次
　　环境:时间、空间、历程、趋向

范晓、陈昌来和鲁川的分类不谋而合,都是26类,是迄今为止语义角色数量最多的,但是三人的出发点并不同相同。范晓区分为强制性与非强制性,但缺乏理论依据和形式验证。陈昌来的具体分类跟范晓最为接近,但有所发展,不但充分研究了过去提及的语义成分施事、受事、与事、系事、感事、位事、起事、止事、方式、依据、原因、目的等,而且新建了致事、使事、经事、任事、涉事、关事、比事等语义成分,应该说有所进步,更为系统,也更细致具体。鲁川的分类的特点是以大规模的语料库研究作为依据,为计算机服务,分出层次,而且类型不但比较细致,而且内部还有小小类,很有特色。

不同学者区分出的语义角色的数量差别甚大,少至4—5个,多至26个,甚至更多。如果将各种小类累计起来,达50多种。从学者们对此现象的不同界定及分类上的巨大分歧可以看出,"语义角色"是一个相当不确定的概念。语义角色的名称和数目各家不统一,这不但是配价语法,格语法的困惑之处,更是语义研究的困惑。关键是确定语义角色的标准和鉴定标准不够统一。事实上,我们也无法确认哪一种分类是最符合汉语事实的。而且,说到底,汉语到底有多少个语义角色,这还与人们的认知有关,与人的认知心理接受度有关。

我们在参考前人研究的基础上,做了一个综合,把动词的语义角色分为5大类27小类,由于这个分类综合了各家的意见,概括性比较强,可以作为进一步研究的参考。

主体——施事、致事、起事、经事、系事
客体——受事、使事、止事、感事、任事、成事、涉事、补事。
与事——对象、共事、比事。
时空——时间、处所、动量、静量。
境况——工具、材料、方式、依据、原因、目的、范围。

(一)主体,即表示动作、变化、性质、状态、关系等的主体。

第十一章 语义角色研究

1. 施事。动作动词表示的动作或行为的发出者,如"他在洗衣服"、"火车穿过了隧道"、"篮球滚过了草坪"中的"他"、"火车"和"篮球"。

2. 致事。致使动作或行为的发出者,或产生致使动作或行为的原因,如"我们要加强国防"、"你要端正态度"、"老张的一席话使小张感动得热泪盈眶"中的"我们"、"你"和"老张的一席话"。

3. 起事。表示关系双方中的起方,即表示某一关系中的被说明的事物。例如"一切权利属于人民"、"他是副教授"、"她姓李"、"我有意见"中的"一切权利""他"、"她"和"我"。

4. 经事。跟感知或心理动词相联系的各种感知或心理活动的体验者,如"小黄认识老张"、"他们遇到了麻烦"、"我不太了解他的情况"中的"小黄"、"他们"和"我"。

5. 系事。性状动词联系的主体,是性状动词所描写的对象,如"皮球爆了"、"绳子断了"、"牛奶变质了"、"老张又病了"、"小李获得了一等奖"中的"皮球"、"绳子"、"牛奶"、"老张"和"小李"。

(二)客体,即表示动作、变化、关系等的客体,是主体作用于动词后动词所支配的事物。

6. 受事。与施事相对,是动作动词表示的动作或行为的承受者,是施事发出的动作所直接影响的现成的客体事物,如"吃了一个苹果"、"砍了一棵树"、"送小李一套鲁迅全集"中的"一个苹果"、"一棵树"和"一套鲁迅全集"。

7. 使事。与致事相对,是致事发出动作的致使对象,是致使动词所联系的客体,致使动作发出后,其自身便成为使事的状态,如"温了一壶酒"、"熄灯"、"端正态度"、"校园限制机动车辆出入"中的"一壶酒"、"灯"、"态度"和"机动车辆"。

8. 止事。与起事相对,表示关系双方中的止方,即表示某一关系中的说明或解释起事的事物,如"这是打印机"、"他姓张"、"一切权利属于人民"、"他有意见"中的"打印机"、"张"、"人民"和"意见"。

9. 感事。与经事相对,是及物性感知或心里动词的主体所体验或感受的对象,如"小张喜欢逛商店"、"我知道老张是劳动模范"、"这位老人很懂养生之道"中的"逛商店"、"老张是劳动模范"、"养生之道"。

10. 任事。表示"担任"、"充任"义动词语义结构中施事所担任或充任的角色,如"他担任过班长"中的"班长"。常见的可以跟任事客体的动词有"当"、"冒充"、"假装"、"踢(后卫)""扮演""化装(成商人)"等。

11. 成事。动作行为发生后所产生或出现的新事物或新现象,如"造了

195

一座桥"、"写报告"、"想出一个主意"、"考了个第一名"中的"一座桥"、"报告"、"一个主意"和"第一名"。

12．涉事。性状动词所直接涉及的客体，一般是系事所获得、适应、遭遇、需要、遭受、欠缺、释放以及其他间接影响的事物，如"老李收到一份邀请函"、"新兵适应了军营生活"、"老人得到了很好照顾"、"小张挨了一通批评"中的"一份邀请函"、"军营生活"、"很好照顾"和"一通批评"。

13．补事。补充说明动作动词的受事客体或使事客体的内容、动作或情状，如"叫他王老五"、"称她杨二嫂"、"请他帮忙"、"派小王出差"中的"王老五"、"杨二嫂"、"帮忙"和"出差"。

（三）与事。跟主体或主体和客体协同参与某动作行为的另一参与者。

14．对象。协同施事完成某一动作或行为的交接或针对的参与者，如"小张借给小李几本书"、"老李租给老王一间房"中的"小李"、"老王"，"小李向小张借了几本书"、"老王跟老李租了一间房"、"他向大家道歉"、"律师替原告辩护"中的"小张"、"老李"、"大家"和"原告"。

15．共事。跟施事或系事共同参与某动作行为的参与者，如"老张跟老李常见面"、"老李跟房东不和睦"、"你和他商量商量"中的"老李"、"房东"和"他"。

16．比事。跟主体作比较的对象，如"姐姐比哥哥更喜欢学习"、"老张比老李经验丰富"、"她高你三公分"中的"哥哥"、"老李"和"你"。

（四）时空。跟动作行为或状态相关的时间和处所。

17．时间。动作或状态相关的时点、时段或时量，如"六点起床"、"上午开会"、"会议持续三天"、"过春节"中的"六点"、"上午"、"三天"和"春节"。

18．处所。动作或状态相关的地点、场合或位置等，如"住海边"、"在北京工作"、"顶在头上"、"水往低处流"中的"海边"、"北京"、"头上"和"低处"。

时间和处所根据动词或相关介词的语义特征还可以细分为起点、经由和终点，如"火车从广州（起点）出发经过武汉（经由）去西安（终点）""会议自一点（起点）开始到五点（终点）结束""演讲比赛过了三点（经由）才开始"

19．动量。动作或行为反复的次数，动量常跟时间相关，如"这药一天服三次"、"一学期考四次"、"小史去过一趟巴黎"中的"三次"、"四次"和"一趟"。

20．静量。动作或行为完结后的动程。如"看了一天"、"走了三十里"中的"一天"和"三十里"。

第十一章 语义角色研究

（五）境况。动作行为发生的依凭或因由。

21．工具。施事发出动作行为所凭借的物件，如"用排笔写标语/写排笔"、"拿棍子打人/打棍子"、"以卵击石"中的"排笔"、"棍子"和"卵"。

22．材料。动作行为造成的成品（成事）所凭借的原料、器材、物资等，如"他拿柳条编箩筐/编柳条"、"他拿石头垒坎子/垒石头"中的"柳条"、"石头"。

23．方式。发出某一动作行为所采取的方法、手段或形式，例如"他用美声唱这首歌/唱美声"、"老张以活期的形式存那笔捐款/存活期"中的"美声"和"活期"。

24．依据。动作行为发生时所遵循的根据或标准等，如"跳伦巴"、"走田字"、"以貌取人"、"按规章行事"、"凭票入场"、"依法纳税"中的"伦巴"、"田字"、"貌"、"规章"、"票"和"法"。

25．原因。引起动作、行为、状态或事件产生的事物，如"躲雨"、"逃荒"、"乡亲们在躲避敌机的空袭"、"老王又在操心儿子的婚事"、"小瑛因病未参加考试"中的"雨"、"荒"、"病"、"敌机的空袭"和"儿子的婚事"。

26．目的。动作、行为或事件等发生的目的，如"考博士"、"打扫卫生"、"公司派老王跑材料"、"为考试做准备"、"为了抢救落水老人张华献出了生命"中的"博士"、"卫生"、"材料"、"考试"和"挽救落水老人"。

27．范围。涉及动作行为、性状变化或心理经验等的方面或界限等，如"巴金先生在文学上作出了突出贡献"、"老师就这个问题讲了好多次"、"我对这种看法持保留意见"中的"文学上"、"这个问题"和"这种看法"。

语义格系统是个层级系统，这一点在汉语学界已经基本达成了共识。除了早期孟琮等的分类缺少层次之外，以后的语义角色分类大都是分层面的。这方面，袁毓林的研究最为细致，他于1998年提出了配价层级的思想，《论元角色的层级关系和语义特征》（《世界汉语教学》2002，3）一文不但讨论了动词的各种论元角色的层级关系，而且具体刻画了各种论元角色的语义特征，《一套汉语动词论元角色的语法指标》（《世界汉语教学》2003，3）一文的论述则更为细致，并注重形式上的可操作性，讨论了论元角色的测试标准。此外，邵敬敏区别"语义价"和"句法向"的思想，马庆株分出"直接配价"、"间接配价"的思想，对深化研究具有理论意义和实践价值。实践证明，语义角色层级的划分，大大有利于研究的清晰化和科学化。

第四节 语义角色研究的几个热点问题

一、语义角色与句法结构的关系

语义角色与句法结构之间的关系,一直是语义角色研究中的一个争议点。李宇明《领属关系与双宾句分析》(《语言教学与研究》1996,3)指出:语义角色有不同的语言层次,纯语义平面上的语义角色并不见得都能对句法发生影响。能对句法发生影响的,是那些上升到"语义—句法"平面的语义角色。那么,这些上升到句法层面的语义角色内部之间是否存在着差别?即这些语义角色的同现能力(即一种语义角色在句法上与动词同现)是否存在着强弱差别,名词充当的语义角色有没有地位的区别?需不需要区分强制性语义角色与非强制性语义角色?这些问题引起了研究者的广泛关注。

一些学者将语义成分分为强制性与非强制性,也称必有成分(支配成分)与可有成分(说明成分),语义角色也相应地分为强制性语义角色和非强制性语义角色两类。范晓《动词的"价"分类》、陈昌来《现代汉语语义平面问题研究》指出动元是动核结构支配的强制性必有成分,跟动元相比,处所、工具、原因等状元则是为了丰富、细腻句子语义结构所用的可有语义成分。动元包括主事、客事、与事、补事;状元包括境事、因事、关事、比事。不仅是动词性成分的语义角色可以这样划分,名词性成分的语义角色也有类似划分。名元是强制性语义成分,是组成名核结构作的必不可缺的语义成分,有领事、与事两类;定元是名词性结构中的非强制性语义成分,是非必有的语义成分,分为限事、定事两种。

袁毓林《汉语动词的配价研究》(江西教育出版社 1998)也将语义角色分为核心和外围两类,即:

核心论元:主体(施事、感事、致事、主事)、客体(受事、与事、结果、对象、系事)

外围论元:凭借(工具、材料、方式)、环境(场所、源点、终点、范围)

核心论元指动词的必有论元,它们对构成基本的述谓结构来说是不可缺少的,其中,主体论元以作主语为其主要的句法实现形式,客体论元以作宾语为其主要的句法实现形式。外围论元指动词的可有论元,它们起到扩充基本的述谓结构、形成复杂命题的作用;它们以作状语为其主要的句法实现形式,其中凭借论元跟环境论元的区分主要出于语义上的考虑。

第十一章 语义角色研究

但是问题在于,究竟什么样的语义角色可以算作句法上动词的同现成分?邵敬敏《"语义价""句法向"及其相互关系》认为这种划分是值得商榷的,根据范晓、陈昌来等人的文章,所谓"强制成分"是指"构成一个最小的意义自足的主谓结构所不可缺少的",所谓"非强制性成分"是指"去掉它也不影响主谓结构的成立"的成分。这里存在两个问题:一是强制成分对于印欧语来说或许是适用的,而对汉语则不然。"我吃了","饭吃了","我吃饭了",这些主谓结构都成立,而要用语义自足来衡量,则更加困难,很难确立一个严格的标准;二是哪些语义角色算作强制成分,哪些算作非强制成分,每个人的看法也不尽相同,一般地说,"施事"和"受事"算作"强制性语义角色"似乎不会有什么异议,但是"对象"和"工具"就难说了,至于"依据"、"原因"、"方向"、"范围",分歧就更大了,这使得在汉语中区分强制成分和非强制成分带有很大的任意性。因此,对汉语来讲,区分"强制成分"和"非强制成分"没有多大的实际意义。所有跟谓词组合成一个句法结构的语义角色成分,其实都有成为"同现成分的资格",关键是它能够同该谓词组合成一个最简单的为使用该语言的人们所能普遍接受的句法结构。

二、介词与语义角色的关系

句法结构中用介词引进的语义成分算不算动词的一种语义角色?格语法认为,介词是语义平面中语义成分或语义关系的标记,此即介词的语义功能。介词的语义功能研究也是随着"格"语法的发展而发展。很多学者接受了这个观点,李临定在《现代汉语动词》(中国社会科学出版社1990)、《汉语比较变换语法》(中国社会科学出版社1988)等著作以及《"工具"格和"目的"格》等论文中对汉语语义格的分布进行了详细全面的描述,专门论述了"介词格",将介词格分为"在"格、"从"格、"对"格、"用"格、"为"格、"向"格,并且涉及到了介词的隐现问题,"具有同一格关系的不同位置上的短语,或用介词(显性格),或不用介词(隐性格)。"鲁川《介词是汉语句子语义成分的重要标志》(《语言教学与研究》1987,2)认为"语义成分的划分应与介词的划分相一致,具有同一介词的短语应划为同一种语义成分","格关系的辨识需要依靠语言形式(语序、显性介词、隐性介词)和背景知识(语境知识、事理知识)。"据此该文将介词分为主体介词、客体介词、邻体介词、工具介词、根由介词和环境介词6类。林杏光《词汇语义和计算语言学》(语文出版社1999)也是从动词出发主要依靠格标(介词和语序)来确定格关系。金昌吉《汉语介词和介词短语》(南开大学出版社1996)根据介词与其附着的成分在格框架中承担的语义功能,以介词为标记,将汉语的格分为主体格、客体格、邻体格、时地格、根由格和关涉格。陈昌来《介词与介引功能》(安徽教育出版社 2004)根据介词所标记的语义角色,将介词分为主事介词、与事介词、境事介词、凭事介词、因事介词、关事介词和比事介词。

朱晓亚《现代汉语句模研究》(北京大学出版社 2001)的看法有所不同,她不是根据介词和语序来确定语义角色,而是先根据动词和它所支配的语义成分之间的关系给动词分类,然后按动词所联系的主体成分、与体及客体成分来确定动词支配的语义成分共主事、客事、与事、补事 4 大类。所分出的类较少,比较好把握,缺点是显得有些粗糙,未能详尽地描写可能的不同语义关系。

陈昌来《现代汉语介词的标记功能研究思路》(《在通向语言的路上》,2005 索引)的讨论则有所深入,他明确指出,介词是汉语标记论元角色的主要手段,但是汉语介词的使用非常灵活,与论元角色之间缺乏严整的对应关系。有些论元角色必须使用介词,有些则不需用介词,有些情况下介词可用可不用。但是对于哪些论元角色必须使用介词,哪些不能使用,为什么不能使用,不使用介词的情况下论元角色用什么方式来标记,介词的隐现是由什么机制决定的等问题,到目前为止,还缺乏系统清晰的认识。因此,汉语介词与论元角色的关系问题,目前还缺乏系统性和整体性的研究。对于汉语中应该设置多少种论元角色,根据什么标准设置论元角色,有多少论元角色可以用介词来标记,介词到底可以表示哪些类型的论元角色,都有进一步深入研究的必要。

显然,在介词隐现的问题上,应该分清基础句式和派生句式两个既有联系又有区别的层面,介词是否使用与两类句式有很大的关系。在基础句式中,介词所标记的论元处于状语或补语的位置上,介词一般是不能省略的,但是在派生句式中,论元成分通过话题化或述题化等手段移位至句首话题或宾语的位置上,在这种情况下介词是要省略的。将两个不同的层面混淆在一起,很容易给人造成介词的隐现缺乏规律的假象。

认识到语义角色与介词间存在着复杂的关系,比起"介词是语义角色的重要标志"这一较为笼统的说法,这应该说一个进步。如果可以用介词引进语义角色的话,那么句法结构层面上可以与动词同现的成分恐怕难以控制。对于"隐现"的介词,则更难控制。一种看法是,作为同现的句子成分,应该严格地控制在主语和宾语的位置上,其他的一律不算,也许这样才能比较准确地确定动词的语义角色数量。但这还需要进一步的探讨和验证。

第五节　汉语形容词和名词的语义角色研究

过去的配价语法和格语法的讨论大多只限于讨论名词和动词的语义结构关系，语义角色配置问题，而忽视了名词、形容词层面上的研究，袁毓林、范晓、邵敬敏、张国宪等人的研究弥补了这一方面的空白。

"语义价"的研究不仅对谓词结构分析有用，而且对名词结构分析也同样有指导意义。名词和名词组合成一个句法结构时，也可能形成若干种语义格类型。同一个名词有几个语义格的可能，它就有几个"语义价"。袁毓林《现代汉语名词的配价研究》（《中国社会科学》1992,3）是国内最早研究汉语名词配价的，他首先将配价研究由动词推广到名词，先后对现代汉语的二价（1992）和一价名词（1994）进行了细致的研究，并从方法论上进行了系统阐述，其配价层级的思想有利于研究的清晰化和科学化。范晓、张豫峰《语法理论纲要》（上海译文出版社 2003）中分析了汉语中的名核结构，将名词的语义角色分为名元和定元，名元是名核结构中的强制性语义成分，如领事（"他的脾气"中的"他"）和与事（"我对他的意见"中的"对他"）。定元对名核结构起限制性说明作用，如限事（"树上的鸟"中的"树上"）和饰事（"漂亮的眼睛"中的"漂亮"）。

邵敬敏《现代汉语通论》（上海教育出版社 2001）指出，名词跟名词组合在一起，语义关系也是很复杂的。例如：

（1）领属关系：我们的学校、弟弟的书包
（2）处属关系：天上的云彩、海上的帆船
（3）时属关系：当时的情况、未来的展望
（4）从属关系：老板的助理、同学的爸爸
（5）隶属关系：兔子的尾巴、孔雀的羽毛
（6）含属关系：蔬菜的味道、妹妹的脾气
（7）来源关系：中国的留学生、四川的榨菜
（8）质料关系：老虎皮的坐垫、松木的家具
（9）种属关系：一等奖的奖励、三个代表的思想
（10）相关关系：李先生的消息、爱情的故事
（11）类属关系：金黄色的麦浪、人工的心脏

(12) 比喻关系:钢铁的意志、历史的车轮

名词间这种复杂关系的体现,使得我们有必要名词的语义角色进行深入系统地研究。而且,在配价中研究名词的语义角色有利于解释歧义现象。"对李刚的成见"有歧义,"对这件事的意见"没有歧义,两者的格式相同,都是"对+名词+的+名词",但为什么前者没有歧义,后者却有歧义?原因就在于名词的配价上。虽然结构相同,但"李刚"担任的语义角色与"这件事"担任的语义角色却不相同,语义关系的分析,语义角色的确定对这个问题作出了更为合理的解释。

形容词的语义角色研究当推张国宪的研究,《论双价形容词对句法结构的选择》(《淮北煤炭师范学报》1995,3)明确提出了确定双价形容词的原则和具体方法,而且从句法选择和语义选择两方面深入分析了汉语双价形容词,给双价形容词划分了次类,并对双价形容词的描写加以形式化。《三价形容词的配价分析与方法思考》(《世界汉语教学》2002,1)研究三价形容词的配价问题,根据能否进入句式"他低我三届"和"他比我低三届",把三价形容词分为典型和非典型的两类,考察了两者的特性以及它们与补足语之间的语义和句法组配。文章还讨论了句式对价载体和语义角色的制约作用,指出语义角色的凸现程度会因句式整体意义的不同而有所差异,并在此基础上对配价方法进行了反思。

总的说来,形容词和名词的配价研究使得汉语语义关系的描写更加全面,语义角色的研究在广度上得到深化,因此具有突破性的进展。

第六节 语义角色研究的意义

语义角色的研究揭示了超越语法结构之外的深层语义关系的存在,使得我们可以通过表层的语法关系,如主语宾语同述语之间的结构关系,更深入地了解到动词与名词之间的语义关系,以及这种语义关系对语法结构的影响,这反映了语言学家对句法结构和语义角色关系的关注和词汇意义对句法结构的影响的探讨。

语义角色研究的意义就在于:

(一)动词的研究得到突破性进展。把动词作为核心,考察动词和前后名词性成分等的语义组合关系,格语法的引进使得人们越来越重视对动词

第十一章 语义角色研究

分类的考察。利用语义角色可以给动词划分不同次类,考察一个动词,依据这种语义联系,给动词语义分类提供一个语义依据。另一方面,一个动词可以带多个名词表示不同的语义关系,通过分析一组动词,可以划分出名词的语义小类,从而深化了名词研究。

(二)建立起语义角色的类型,就可以合理地解释句法结构内部的复杂情况,使得语义研究更为全面和深入,从而合理解释语言事实的可接受度的大小。深入研究动名之间,形名之间以及名名之间的语义关系,有利于促进语义平面及其语义结构、语义关系的研究。

(三)语义角色研究有助于计算机的中文信息处理研究。信息处理中的语义角色的讨论比较集中,相对而言最为细致、细化,但缺点是缺乏统一的标准,导致语义格的数量和名称上分歧较大,不容易把握。研究比较深入的是范继淹、董振东、鲁川、林杏光、袁毓林、黄昌宁等以及一些外语学界和计算机学界的学者。鲁川《动词大词典》(中国物资出版社 1994)以及林杏光《现代汉语动词大词典》(北京语言学院出版社 1994)就是主要为计算机服务的,他们提出了一个"谓词框架",以动词为纲进行语义角色的匹配描写,显然,这些词典的编撰促进了汉语格关系,语义角色研究的深入,同时也是计算语言学发展的重要成果。

语义角色如果分得太细,计算机处理起来比较细致严密,但人们接受起来比较困难;分得太少,不但满足不了计算机的处理需求,也不能满足人们的认知要求。多少个语义角色是人们心理认知上觉得比较合理的呢?鲁川《汉语语法的意合网络》(商务印书馆 2001)根据信息处理的需要,认为分为二十几类比较合适,最好能分成 26 个基本类,那样就可以用 26 个小写字母为代码,也不失为一种处理思路。虽然语义角色类别的确定存在着困难和分歧,但有一点是可以肯定的,众多学者对语义角色坚持不懈的研究为计算机自动处理自然语言提供了强有力的语言支持,使得计算机的分析越来越细腻和严密,有力地推动了中文信息处理的研究。

自引进格语法及相关理论后,关于语义角色的研究在理论上和实践上都取得了不少成绩,对汉语语法现象做出了更为深刻的解释,已初步显示了这一理论方法的科学性和解释性。格语法、配价语法等理论在汉语中的应用和发展也拓宽了我们的研究视野,推动了我们对汉语语法现象的探究。但毋庸讳言,关于语义角色的研究,还存在着一些比较突出的问题。主要表现在语义角色的类别划分标准不明确,划分的类别比较任意,对各类语义角色的语义特征、句法形式特征以及对各类语义成分在语义结构中的不同价值的认识不统一。

究其原因,一是由于人们认知的局限,目前还不可能完全弄清这些关系,因此,其解释力还是有限的。二是人们基于对语义结构和语义成分的动词、名词以及形容词小类描写的还不够清楚,不够全面细腻。今后语义角色研究的目标:一是坚持在语义角色分类中找到形式手段或是验证标准,探讨不同条件下对语义角色的配置和要求,重新分配语义角色;二是进一步描写动名以外的形容词、名词间的语义角色问题;三是加大方法论的探索,使分析更具科学性和解释性。总之,语义角色研究有着极为广阔的前景。

第十二章 语义指向研究

> **提示：**集中讨论语义指向的研究历史，以及语义指向的定义和性质，重点分析语义配项与语义指向、语义联项与语义指向的关系，以及语义指向的结构模式，最后讨论有关语义指向的若干理论问题。

长期以来，我们在对汉语句法结构进行语义分析时，虽然还没使用"语义指向"这个专业术语，但是实际上已经发现了句法成分跟语义成分的关系并不完全一致的语言事实。例如：

(1) 王冕死了父亲。
(2) 她一手提着竹篮，内中一个破碗，空的。
(3) 父亲把他骂哭了。

例(1)"父亲"是"死"的宾语，在语义上却属于"王冕"；例(2)"空的"，出现在句后，语义上却跟前面一句的"破碗"相联系；例(3)的"哭"是"骂"的补语，语义上却指向介词"把"的宾语"他"。

可见，句法结构是句法结构，语义结构是语义结构，两者既有一致的地方，也有不一致的地方，但是绝对不可相互替代。语义结构是隐藏在句法结构背后的句法成分之间在逻辑语义上的结构，语义指向就为建立这一语义结构提供了有效的工具和方法。语义指向分析，无疑是对结构主义句法分析局限的一个突破，也是汉语语法学家对普通语言学的一个突出的贡献。国外的有关文献显示，他们的句法分析虽然也涉及到句法成分的某些语义上的联系，但是从来也没有在理论上进行过系统的总结和阐述。

第一节 语义指向研究的历史

关于汉语语义指向的分析经历了一个漫长的发展进程,大致可以分为三个阶段:朦胧阶段、萌芽阶段、探索阶段。不同阶段所表现出来的特点反映了学者们对语义指向认识的不断深入和不倦的努力。

一、朦胧阶段的语义指向探索

朦胧阶段从《马氏文通》(商务印书馆1898)出版到20世纪60年代。《马氏文通》继承了我国语言学历来重视语义的优良传统,在进行句法分析时,注意到字(按:即词)的句法功能和语义结构有时不对应的情况。例如"去病大为中孺买田宅奴婢而去",马氏指出:"大"用作状语,句法上应该是修饰"买"的,然而在语义上却是修饰"为中孺"的。这说明《文通》的分析与今天的语义指向分析有相似之处。王力《中国现代语法》(商务印书馆1943)在分析副词时,对"范围修饰"的"都"、"只"等的语义分析使用了"指明"、"指示"的概念实际上已经很接近今天的"语义指向"了。更为可喜的时赵元任《国语入门》(哈佛大学出版社1948),作者用"谓语的动作方向"的概念,来分析"鸡不吃了"有两种解释的原因是"吃"的动作方向不明确。当"吃"这一动作的方向向外时(按:指向句外的受事"食物"),表示的意思是鸡不吃食了;当"吃"这一动作的方向向内时(按:指向句内的受事"鸡"),表示的意思是人不吃鸡了。这一独到的分析,标志着汉语句法分析实际上已经开始运用语义指向的方法,显然居于当时世界的最前列。后来在该书影响下写成的丁声树等《现代汉语语法讲话》(商务印书馆1962)更是对副词"都"、"只"、"又"、"再"、"还"、"也"、"就"、"才"以及次动词(介词)的语义指向问题进行了有益的可贵的探讨。可惜,这些研究都没正式提出"语义指向"的概念和术语。

20世纪60年代汉语句法分析开始触及某些语义问题。最突出的是文炼《论语法学中"形式和意义相结合"的原则》(《上海师范学院学报》1960,2)作者针对当时学界对语法形式和语法意义认识上的分歧,有意识地把形式和意义结合起来,阐述了同一形式可以表示不同的意义,同样的意义也可以用不同的形式来表示的语法原则。例如"主——谓——宾——谓(重用)——补"(他吃饭吃饱了/他洗衣服洗干净了)格式中的补语可以是"说

第十二章 语义指向研究

明"宾语的,也可以是"说明"主语的。这是国内首次提出某个句法成分"说明"另外句法成分的观念。此外,李临定《带"得"字的补语句》(《中国语文》1963,5)在讨论带"得"字的补语句的语义关系时也使用了"说明"一词。

总之,这个时期的论著注意到了句法结构和语义结构有时并不对应的事实。只是这些论著未曾对这种语言现象作进一步的理论思考,所作的分析也只是局限于一些具体的语言事实,对这类语言现象的分析是孤立地进行的,往往就事论事,缺乏系统性而没有理论的高度概括,因而也没能从中总结出研究的规律或分析的方法来。

二、萌芽阶段的语义指向规律分析

萌芽阶段从 1979 年到 20 世纪 80 年代,前期出现不少专门分析语义指向的论文,为语义指向理论的诞生做了大量的研究准备工作。这主要是:

1. 语义"指向"说

吕叔湘《汉语语法分析问题》(商务印书馆 1979)第一次提出了"指向"这一新概念。他明确指出句法结构跟语义结构不一致的情况:"论结构关系,A 应该属于 B,但是在意义上 A 指向 C。"比如:

A. 圆圆的排成一个圈(圆的圈)
B. 走了一大截冤枉路(走得冤枉)
C. 几个大商场我都跑了("都"总括"几个")

其实,"指向"这个词语早在吕叔湘的《单音形容词用法研究》(《中国语文》1966,2)中就提出来了,他在对比"动+形"和"动+得+形"这两种格式时,认为"动+得+形"中的"'形'所着重说明的多数为前边的名词(如'水烧得热'),少数为前边的动词(如'你来得巧')"。文中对同一现象同时使用了两个术语:"指向"和"说明"。可见"指向"这一提法离开"语义指向"的术语只隔了一张纸而已了。

2. 语义"内部语法关系"说

邵敬敏《关于"在黑板上写字"句式分化和变换的若干问题》(《语言教学与研究》1978,3)就是运用这一方法对歧义格式进行分化的。他指出"他在黑板上写字"这一歧义结构,如果分析他们内部语法关系,就可以分化了。

A1 他在黑板上写字=他写字+字在黑板上
A2 他在黑板上写字=他在黑板上+他写字

207

A1 的"在黑板上"是指"字"通过"写"的动作到达的动态位置,"他"的位置是不显现的,模糊的。A2"在黑板上"则是指的施事"他"静态的位置,而"字"的位置则是不显现的,模糊的。这是第一次把语义指向分析跟语义结构联系起来了。用的术语是"内部语法关系"。

3. 语义"作用点"说

"作用点"一说是胡树鲜《两组副词的多项作用点》(《四平师院学报研究生论文专刊》1982)从副词语义的变化与句子的重音的关系的角度入手,对一些副词在句中的语义变化的考察中提出来的。文章通过对副词"还"的语义变化的分析,证明在"还"字句中,句子重音移动,语义变化的特点都是"增加",它的"增加"义可以对句中不同位置上的词语发挥作用,即"还"在句中可以作用于不同位置上的词语,换言之,"还"有多项"作用点"。虽然"作用点"这一术语后来没有流传开来,但其精神实质与语义指向分析是一致的。值得一提的是,胡树鲜的"作用点"说把与表达相关的诸如重音、焦点、预设等因素纳入讨论的范围,使语义指向分析更具实践价值。

4. "语义指向"说的正式形成

根据我们的调查,第一次在公开刊物上使用"语义指向"这一术语的应该是刘宁生《句首介词结构"在……"的语义指向》(《汉语学习》1984,2)。文章分析了由"在"组成的介词结构在句首的语义指向,指出"在……"在句法上是全句修饰语,但其语义指向并不一致,可以指向谓语,也可以指向主语。接着这一名称迅速得到了积极的响应,先后发表了肖辉嵩《否定词"没有"的语义及其指向》(《汉语学习》1984,6)、徐复岭《连动短语前状语的语义指向》(《汉语学习》1986,3)以及欧阳云《状语、补语的语义指向的异常情况》(《赣南师范学院学报》1986,4)。稍后,邵敬敏《80年代副词研究的新突破》(《语文导报》1987,2—3)对20世纪80年代副词研究的新突破进行了全面的评述,从方法论的角度总结了语义指向分析的作用。他认为80年代副词研究有四个方面的突破,其中有两个方面与语义指向分析有直接的关系,即"对副词语义指向而引起的歧义的研究"和"对语境影响副词的语义指向和句式结构的探索"。这篇评述使"语义指向"这一术语得到语法界的广泛认同,语义指向分析作为一种有效的分析手段正式得以确立。

三、探索阶段的语义指向理论研究

探索阶段从1990年至今。"语义指向"不仅仅是提出一个新术语,关键是方法论上的突破。整体看来,探索阶段贯穿着两条线索:一是运用语

第十二章 语义指向研究

义指向分析法对语言事实做具体的分析,力求探寻其句法和语义上的对应规律,具体涉及到了副词、状语、补语以及歧义句式的分化等;二是从理论上对语义指向本身进行探讨,力求说明其产生的背景、性质和内涵、对象和范围、表现形式、以及在语法分析中的作用等。近二十年来,这两方面的研究都取得了一定成绩。尤其是邵敬敏《副词在句法结构中的语义指向初探》(《汉语论丛》(一),华东师范大学出版社1990)在理论上进行了探讨,提出了"指"、"项"、"联"一系列的术语和分析,这对语义指向的研究具有比较重要的意义。陆俭明《关于语义指向分析》(《中国语言学论丛》1997,1)对语义指向的理性思考也是非常有价值的。此外,税昌锡《汉语语义指向论稿》(东北师范大学出版社2005)及其系列论文对语义指向进行了系统讨论,可以认为是汉语语义指向研究的阶段性总结。

有关语义指向分析方法演进过程的梳理和阐述,可参见沈开木《论"语义指向"》(《华南师范大学学报》1996,6)、周刚《语义指向分析刍议》(《语文研究》1998,3)以及税昌锡的《语义指向分析的发展历程与研究展望》(《语言教学与研究》2004,1)。

第二节 语义指向的定义和性质

一、语义指向的定义

尽管"语义指向"问题自20世纪80年代初开始就受到广泛的关注,但对"语义指向"的定义,至今没有一个统一的认识。大致有如下几种说法:

1. "支配或说明"说。范晓、胡裕树《有关语法研究三个平面的几个问题》(《中国语文》1992,4)、胡裕树《汉语语法研究的回顾与展望》(《复旦学报》1994,5)认为,语义指向是"词语在句子里在语义平面上支配或说明的方向"。

2. "匹配可能性"说。卢英顺《语义指向研究漫谈》(《世界汉语教学》1995,5)认为,语义指向是"句法结构的某一成分在语义上和其他成分(一个或几个)相匹配的可能性"。

3. "能力或特性"说。沈开木(1996)认为,语义指向是"一个词指向它的对象的能力或特性"。

4. "语义联系"说。持这一看法的学者最多,陆俭明(《配价语法理论和对外汉语教学》,世界汉语教学1997,1)认为,语义指向是"句中某一成分在语义上跟哪一个成分相关"。王红旗《论语义指向分析产生的原因》(《山东师范大学学报》1997,1)认为,语义指向是"处在句子的同样句法位置上的具有同样语法性质的词语却可以同句子的不同成分发生语义联系的现象"。周刚(《语义指向分析刍议》,《语文研究》1998,3)认为,语义指向是"句子中某一成分跟句中或句外的一个或几个成分在语义上有直接联系"。

　　以上学者对语义指向的认识虽然表述各异,但都承认语义指向的基础是成分之间语义上的联系。这种联系建立在成分之间的相容性语义特征之上。但是这些说法都不涉及有语义联系的成分之间,谁是主体,谁是客体,即在语义上谁指向谁的问题。

　　从言语的生成过程看,人类在用言语表述客观世界的过程中,其所采用的方式往往对应于人类一般的认知规律。举一个简单的例子,"东东吃西瓜"这个句子很通顺,但"西瓜吃东东"便令人不知所云。就人类普遍的认知规律和思维特点而言,认识事物有个起点(语用平面称为话题)问题,思维也有个起点问题。对一个简单的表述结构而言,开头部分往往是表述的话题(即表达的起点),接下来便是对话题加以评述或说明。也就是说,评述部分或说明部分的语义指向话题,一起构成一个语义指向结构体,其中话题是被指成分,评述是指向成分。"老师爱学生""学生爱老师"的语义之所以不同,就是因为表述者对"老师""学生""爱"一起构成的表述结构的话题的认识不同造成的。表述的话题不同,评述部分的语义指向也就不同,从而导致了整个表述结构语义上的差别。可是,客观世界是丰富多彩的,而言语单位的组织却是线形的、一维的。因此,一个个不同的简单的表述结构要进入同一个句子,就必须作适当的语序调整。假设有下面几个简单的表述结构:

　　儿童欢乐／儿童一大群／儿童走／儿童在马路上／马路宽阔

如果一个表述要符合认知或思维的特点,就要先有一个认知或思维的起点,接着是对它的评述,评述部分的语义前指起点。然而,在实际的言语交际中,像这样简单的表述结构并不多见。因为人类在改造世界的过程中,同时也在改造着自己,也同时发展了抽象演绎,分析综合,判断推理等逻辑思维能力,也因为表述上经济省力等方面的原因,人们便更有可能将这些简单的表述结构用一个句子综合表述为:

　　一大群欢乐的儿童走在宽阔的马路上。

第十二章 语义指向研究

从几个简单表述结构综合为复杂的表述结构，可以看出，除了"儿童走"语序保持不变外，其余几个表述结构在语序上都发生了变化，随之而来的是评述部分的语义指向的方向或方式也发生了变化。有的由前指变成了后指，有的则由后指变成了前指，有的虽然在指向方向上保持不变，但它们之间却插入了别的词语。这就好比一棵大树，在没有别的因素影响的情况下，其树干总是朝上长，其树枝总是从不同的方向横生或斜生于树干，如果遇到外力的影响，其树枝还有可能朝下长。

基于上述事实，税昌锡(《汉语语义指向论稿》，东北师大出版社 2005)认为，具有相容性语义特征能够组合的词语，根据人类一般认知规律，其中被说明，被修饰，被限制的成分就是被指成分，用以说明，修饰，限制被指成分的成分便是指向成分。这样，便提出了新的"动态指归"说。换言之，语义指向的定义是：

语义指向就是句法成分在语义平面的动态指归性，它体现为由指向成分和被指成分一起构成的语义指向结构体。

语义指向既可理解为动态化的过程，也可以理解为指向成分所指向的对象。因此，在实际分析中，人们有时把"语义指向"的"指向"当作动词用，有时又把"语义指向"整个当名词看待。假设有两个句法成分 X 和 Y，它们组合成一个语义指向结构体，其中 X 为话题，Y 为述题，用语义指向来分析就是："Y 语义指向 X"，或"X 是 Y 的语义指向"。

二、语义指向的性质

语义指向研究的是词语在句法结构中的语义指归性。语义指向分析的起点是句子的组成成分即句法成分，从这个角度看，语义指向分析属于句法范畴。语义指向分析的基础是句法成分间客观存在的语义关系，从这个角度看，它又属于语义范畴。语义指向分析的最终目的是要通过对句法成分间客观存在的语义关系的描写，从而揭示其句法关系与语义关系的对应和不对应的规律。因此语义指向分析总的属于句法语义范畴。即它既是句法范畴讨论的内容，也是语义范畴研究的对象。

句法成分相互组合构成句法结构，其内部总是同时并存着两种关系：显性的句法关系和隐性的语义关系。这实际上反映了人们使用言语进行交际过程中互为依存的两个方面：一是说话人如何使词语组合起来的线形化过程；二是说话人在词语组合这样的一维的线形化过程中如何表达丰富多彩的客观世界及其关系。前者反映在句法规律方面，后者反映在语义搭配方面。前者是显现的,后者却是隐蔽的。人们对丰富多彩的客观世界的认识反映在语言中,便体现在言语结构中成分与成分间纷繁复杂的语义关系上。归纳起来,我们可以得出几点重要的结论:

1. 语义指向是一种句法上的动态的语义联系,是建立在句法分析的基础上的,但是又可以超越句法结构的语义关系。

2. 不仅句法的直接成分之间具有语义指向,而且句法的间接成分之间也可能具有这种语义指向。而且后者在句法的语义分析时显得更为重要。

3. 这种语义指向必定以某个句法成分为出发点,但语义的联系却不仅可能在句中,而且可能出现在句间,还可能出现在句外,即指向句子的上下文的某个成分间,甚至于指向语境里的某个对象,还可能指向人的认知的某个要素。

第三节 语义配项与语义指向

一、单项成分和多项成分

继胡树鲜(1982)提出"多项作用点"的概念后,杨亦鸣《"也"字语义初探》(《语文研究》1988,4)在讨论到"也"的语义性质时,曾提出"一面性和两面性"的概念,指出"'也'字句中'也'每次可以只追加'也'之前或之后的项(单项的和联项的)的性质称为一面性,……可以同时追加前项和后项的性质成为两面性",邵敬敏《副词在句法结构中的语义指向初探》(《汉语论丛》(一),华东师范大学出版社 1990)明确提出"项"的概念,指出"副词的'项',即指能跟该副词在语义上发生联系的数项。只能跟一个成分发生语义联系的叫'单项副词',能跟两个以上成分发生语义联系的叫'多项副词'"。税昌锡《论语义指向的内涵》(《语言科学》2003,6)在邵敬敏(1990)的基础上把范围加以扩大,认为语义配项是指能跟句子中某一成分在语义上发生联系的成分的数项。在一定的语言环境里,只能跟一个成分存在语义组配关系的成分是单项成分,能跟两个以上成分存在语义组配关系的成分是多项成分。例如:

(1) A. 弟弟砍倒了大树。
　　B. 老张听厌了噪声。
(2) 阳光洒满草地。

第十二章 语义指向研究

(3) 张师傅在汽车上喷油漆。

(1)和(2)中的谓语都是"述补短语"(记作 V+C)。不同的是,(1)的 C(倒、厌)只能跟句中一个名词性成分((1)A 的"大树",(1)B 的"老张")发生语义关系,因此是单项成分;而(2)的 C(满),可能和句中两个名词性词语都发生语义关系(阳光/草地),因此是多项成分,但是语义理解没有歧义。(3)的"在汽车上"也是多项成分,不过显然比(2)的情况更为复杂,可以是"油漆在汽车上",也可以是"张师傅在汽车上",也可以理解为"张师傅站在汽车上往车身上喷油漆",因此导致歧义。

二、多项成分和优先选择约束原则

其实,多项成分还可以分为两种情形:

一是共存性多项成分,即该多项成分和跟它发生语义联系的各个配项是共生共存的,这种情况的多项成分不会产生歧义,例如"他在教室里抹桌椅"中,"他"、"桌椅"连同行为动作"抹"同时存在(或发生)于教室里,即"在教室里"兼指"他"、"桌椅"和"抹"。

另一种多项成分是,指向成分跟多个被指成分,或被指成分跟多个指向成分之间不是共生共存的关系。这种情况可能会由于语义、语境等因素的原因而产生歧义。不过在实际言语中,由于各种优先选择条件的作用,这些多项成分的语义指向往往可以具体化。这些优选条件至少可以归纳为如下三个原则。

(一)语境制约原则

有一些词语单独看来可以与句子中多个成分发生语义关系,但如果从该词语所联系的具体语境来看,它的指向又是可以判定的。这又可以分为句内语境制约、句际语境制约和言外场景制约三种:

1. 句内语境制约就是通过构成句子的各个成分在语义上的整合作用,并通过对所传达出来的表象的认识,使多项成分的指向明确具体。例如"他在汤锅里加菜"和"他在厨房里炒菜",前句的"在汤锅里"是"菜"附着的处所,除非童话故事,一般不会有"他在汤锅里"的情形,后句的"在厨房里"不是"菜"直接附着的场所(虽然"菜"也在厨房里),"在厨房里"表示"他"所处的静态位置。

2. 句际语境制约就是通过上下文语句间的语义及表述上的关联性,使多项成分的语义指向明确具体。例如下面这个句子在没有上下文的情况下有歧义。

(1)"神秘的女子的心呵!"君实纳闷时常常这样想。(茅盾《创造》)

能与"神秘"发生联系的语义配项可以是"女子",也可以是"心",还可以同时包括"女子"和"心"两个配项。事实上,"神秘"在语义上指向的是"心",因为上文有这样的描述:

> 两年前夫人的心,好比是一块海绵,他的每一滴思想,碰上就被吸收了去,现在这同一的心,却不知怎的已经变成一块铁,虽然他用了热情的火来锻炼,也软化不了它。……

3. 言外场景制约就是通过言谈过程中有关的时间、空间以及参与角色之间的互动等非语言因素的辅助作用,使多项成分的语义指向明确具体。例如:

(2)在群众后面,母亲看见了暗探和两个宪兵。(高尔基《母亲》)

句中可以跟"在群众后面"发生语义联系的有"母亲"和"暗探和两个宪兵"两项,它们之间到底存在着怎样的选择关系呢?作者在此处描写了这样一个场景:群众"用肉体的圈子紧紧地围住了母亲"。无论从什么角度看,"母亲"都在群众的前面,因此,"在群众后面"只能选择"暗探和两个宪兵"作为其语义指向。言外场景制约一般来说需要建立在交际双方共同的背景知识之上,以便在共同的语境中形成默契。否则,就有可能造成指向模糊,让听者或读者不明白具体的语义所指。

(二)语义制约原则

语义制约就是多项成分通过句中相关成分的语义约束限制来使其语义指向明确。例如:

(1) A. 秀英看望被丈夫打伤的张伯伯。
    B. 张伯伯看望被丈夫打伤的春桃。

(1)A 的"丈夫"的指向成分只能是"秀英",(1)B 的"丈夫"的指向成分只能是"春桃"。无论如何变换句法位置,"张伯伯"的语义特征表明它不可能是"丈夫"的指向成分。有时,句中相关成分不同的义项也会影响到指向成分和被指成分的选择关系。例如:

(2) 兰兰在草地上放风筝。

这个句子中的"放"可以理解为"放飞",也可以理解为"搁置"。"放"的不同义项影响到了"在草地上"的语义指向:当"放"作"放飞"解时,"在草地上"指向"兰兰",当"放"作"搁置"解时,"在草地上"是指向"兰兰",还是指向"风筝",还是兼指"兰兰"和"风筝",这就需要句际语境或言外场景来制约了。

(三)邻近选择原则

邻近选择就是在不涉及语用等因素的情况下,有多个语义配项可能的指向成分往往倾向于指向结构层次上离它最近的一个。例如:

(1) A. 秀英看望被丈夫打伤的张伯伯。
    B. 张伯伯看望被丈夫打伤的春桃。
    C. 秀英看望被丈夫打伤的春桃。

根据语义制约原则,(1)A 和 B 的"丈夫"的指向成分分别应是"秀英"和"春桃",而不可能是"张伯伯"。而(1)C 的"丈夫"的指向成分既可以是"秀英",也可以是"春桃",是多项成分,它究竟优选谁做它的指向成分呢?袁毓林《一价名词的认知研究》(《中国语文》1994,4)指出,在(1)C 中,"丈夫(打伤的)"与"春桃"是组成同一个结构层次的两个直接成分,它们的句法、语义关系比"丈夫"与"秀英"更为密切。因此,该句虽然可能产生歧义,但人们一般觉得"丈夫"在语义上优先选择"春桃"充当它的指向成分,这里是语义指向的邻近选择原则的起作用。

第四节 语义联项与语义指向

一、语义联项的定义

语义联项即一个成分跟另一个成分发生语义关系时同时联系的对象。一般表现为受句中的某些词语语义的影响而"触发"相应的预设而形成的一种语义关系。需要语义联项共现才能使被指成分明确的指向成分,一般都具有两面性,即它既有自身在句子中的被指成分,同时又与上下文语境或交际场景中的语义联项保持着某种语义上的联系。

某些副词的语义在句中跟谁发生联系,离开上下文或具体语境很难做出决断。例如:

(1) 小刘也去过泰山。
(2) 小马又炒了一盘鱼香肉丝。

"也"和"又"都可以表示同类事物的加合关系,但它们在句中究竟表示哪一个成分的加合,无法决定。然而(3)和(4)不存在这样的问题。

(3) 小马去过泰山,小刘也去过泰山。

(4) 小马炸了一盘花生米,又炒了一盘鱼香肉丝。

上文分析表明,缺乏语义联项的"也"类副词在句子中往往造成歧义。例如:

(5) 国王的脾气你们也是很清楚的

这个句子中的"也"的语义追加对象可以是"国王"、"脾气"、"你们"、"清楚"中的任意一项,与之相对应的语义联项或隐含义就可能有五种不同的情况:

A. "也"前指"国王",其语义联项可能是"王后":王后的脾气你们是很清楚的。

B. "也"前指"脾气",其语义联项可能是"性格":国王的性格你们是很清楚的。

C. "也"前指"你们",其语义联项可能是"我们":国王的脾气我们是很清楚的。

D. "也"后指"很",其语义联项可能是"相当":国王的脾气我们是相当清楚的。

E. "也"后指"清楚",其语义联项可能是"害怕":国王的脾气你们是很害怕的。

二、语义联项与心理重音

除了上文的语义联项外,人们在言语交际中还常常通过心理重音来显示语义重心所在,语用上称为"焦点"。心理重音可以表示语句的焦点所在,句子的隐含义往往可以通过心理重音推知出来。心理重音表示说话人在一句话中要强调的交际内容的重点,而隐含义则反映了心理重音存在的背景知识。因此,隐含义随着心理重音的变化而变化。汉语里有些副词进入句子后,句义随着心理重音的改变而发生变化的问题则与语义和语用都有关系。例如:

(1) A. 三个人就吃了两斤肉。

B. 三个人就吃了两斤肉。

第十二章 语义指向研究

在例(1)A和B中,"就"的左右都有数量词组。当重音落在"就"左边的数量词组上时,左边的数量词组"三个人"含有"少"的意思,句子隐含的意思是人少却肉吃得多。当重音落在"就"右边的数量词组上时,右边的数量词组"两斤肉"含有"少"的意思,句子隐含的意思是人多却肉吃得少。这是因为"就"作为副词修饰数量词时,语义上表示限制范围,表达少量的意思。再比如,"还"的一个义项是表示"行为动作的重复"或"有所增益或补充",当它进入句子时,句子中不同成分的心理重音所表现出来的隐含义就与"还"的语义联系了起来。例如:

(2) 今天我还到城里办事。
A. 今天我还到城里办事。
   隐含义:以前某天我到城里办过事。
   语义联项:以前某天
B. 今天我还到城里办事。
   隐含义:今天还有其他人到城里办事。
   语义联项:其他人
C. 今天我还到城里办事。
   隐含义:今天我还到其他地方办事。
   语义联项:到其他地方
D. 今天我还到城里办事。
   隐含义:今天我到城里玩。
   语义联项:玩

不难看出,不论句子重音怎样移动,句子语义变化的特点都是"增加"。这说明,"还"字句在不同的语用条件下,其心理重音的移动所产生的隐含义及其语义联项都直接与"还"的"增加"义相关。

三、言语背景与语义指向和语义联项的具体化

上文的分析显示,心理重音表面看来好像比较自由,往往没有固定的位置,它完全根据说话人所要强调的潜在的语义重心来决定。实际上心理重音并非随心所欲,尤其是在有一定的上下文中,心理重音很大程度上要受到上下文语境的制约。这就使得心理重音所在的成分成为可以判断的。

有语义联项要求的副词其语义指向的具体化和明确化必然要求具体而明确的语义联项的共同参与。从所处的句法环境来看,语义联项与指向

成分和被指成分所组成的语义指向结构体可以同现于一个句子中,也可以分别在不同的句子中异现。语义联项甚至可以潜在于交际双方所处的交际场景(包括双方共有的背景知识)中。例如:

(1) 她会唱歌也会跳舞。
(2) 不仅老张会唱京剧,老李也会唱京剧。
(3) 这次出差我也去南京。

(1)的"也"指向"跳舞",其语义联项"唱歌"与之同现于句中;(2)的"也"指向"老李",其语义联项"老张"异现于上一个句子中。(3)的语义很模糊,"也"的语义指向不具体,需要补充语义联项才能确定。在一定的交际场景中,如果语义联项是某人,那么,"也"的语义指向"我";如果语义联项是有关"我"的另一行为,则"也"的语义指向"去南京";如果语义联项是有关"这次出差"的某一次出差,则"也"的语义指向"这次出差"。试比较:

(3') A. 这次出差老鲍去南京,我也去南京。
　　 B. 这次出差我去上海,也去南京。
　　 C. 上次出差我去了南京,这次出差我也去南京。

第五节　语义指向的结构模式

从类型学上讲,汉语属于 SVO 型语言,句子总体像似一棵枝叶繁茂的大树。现在的问题是,无论 S 部分,还是 V 部分,亦或 O 部分,都有可能分出修饰语和中心语来,那么,修饰语或者中心语在句中的语义指向方向或方式究竟是怎样的?尹世超《结构关系与语义指向》(《语文研究》1988,4)把结构关系与语义指向不对应或不完全对应的情况分为五种类型:反向式、同向差式、单复式、层次差式和内外差式。各种类型又可分若干小类,一共分出小类十六种。税昌锡《语义指向结构模式的多维考察》(《浙江大学学报》2004,3)从不同角度粗略地归纳为八组相互对立的结构模式。

一、前指和后指

前指就是在一个语义指向结构体中,指向成分前指被指成分构成的语义指向模式。与前指相反,后指则是指向成分后指被指成分构成的语义指向模式。通常情况下,人们感到最为自然的前指和后指是谓语动词的语义指向情形。

区分前指和后指有助于考察结构相同,但其组成成分的语义所指的方向或方式可能不同的同形结构。例如,状语是谓词性结构的修饰语,可是在相同的结构中,它的语义可能指向前面的成分,也可能指向后面的成分。试比较:

(1) A. 小晴小心翼翼地捧着玫瑰花篮。
　　B. 小晴稳稳当当地捧着玫瑰花篮。

(1)A 的"小心翼翼"前指"小晴",而(1)B 的"稳稳当当"则是后指"花篮"。

二、顺指和逆指

一个句法成分按照它和别的成分形成的自然的语义指向方式称为顺指。与此相反,如果一个句法成分和别的成分的语义指向方式不是按照自然逻辑顺序形成的,这种语义指向方式便可以称为逆指。前指与后指,顺指与逆指是从不同的角度来考察语义指向的,因此,前指可能是顺指,也可能是逆指;后指可能是逆指,也可能是顺指。例如:

(1) A. 苹果囡囡吃了三个。
　　B. 囡囡(吃苹果)吃坏了肚子。

(1)A 的"苹果"和"囡囡"都是"吃"的前指成分,具体地说,"苹果"是"吃"的前向逆指受事,"囡囡"是"吃"的前向顺指施事。在(1)B 中,"肚子"同是"囡囡"和"坏"的后指成分,但"囡囡"后向顺指属事"肚子"(囡囡的肚子),而"坏"则后向逆指"肚子"(肚子坏)。

三、邻指与隔指

邻指就是指向成分与被指成分直接构成语义指向结构体,其间不插入别的与该语义指向结构无关的成分;隔指则是指向成分和被指成分之间插进了别的成分,从而造成指向成分和被指成分不在同一个直接层次上,致使指向成分在语义上间接地指向被指成分。例如:

(1) 小明有一块金表很漂亮。
(2) 小明有一块金表很得意。

"很漂亮"邻指"金表","很得意"则是隔指"小明"。

四、专指与兼指

专指就是在一定的言语环境中某个指向成分只跟一个被指成分发生语义关系。例如在"老张听腻了噪声"中,"腻"专指"老张"而与"噪声"没有语义上的联系。有的指向成分可以同时跟两个或两个以上的被指成分发生语义关系,这种一个指向成分同时可以指向多个被指成分,从而同时构成多个语义指向结构体的指向方式叫做语义兼指,简称兼指。例如"他一直低着头不说一句话"中的"一直"兼指"低着头"和"不说一句话"。有的指向成分是专指还是兼指,与上下文语境有关。例如:

(1) a. 甲:他不是去欧洲度假。
    乙:他去欧洲干吗?
    甲:搞调查。
  b. 甲:他不是去欧洲度假。
    乙:他干吗去?
    甲:他去非洲搞调查。

(1)a 从对话中看出"他"要去欧洲,但不是为了度假,而是为了搞调查,因此(1)a 甲的"不是"专指"度假"。(1)b 从对话中看出"他"不去欧洲度假,而是去非洲搞调查,因此(1)b 甲的"不是"兼指"去欧洲"和"度假"。

五、单指与多指

一个指向成分只跟一个被指成分组成语义指向结构体的指向模式叫做语义单指,简称单指;相应地,一个指向成分可能跟多个被指成分组成语义指向结构体的指向模式叫做语义多指,简称多指。

汉语里有一些词语,在一定的语言环境里,它的语义所指的对象是具体而明确的,但在另外一些语境里,它的语义所指的对象就变得不甚具体而存在多种指向的可能。例如"病人只给牛奶喝"的意思是,在给病人喝的饮料中只限于牛奶,即"只"的语义明确地指向"牛奶"。但在"我只借给他一本英语书"中,"只"可以指向"借"(只"借"没"送"),也可以指向"他"(没给除"他"外的别人),也可以指向"一本"(没借给他几本),还可以指向"英语书"(没借给他法语书)。

第十二章 语义指向研究

六、强指与弱指

在有些句法结构中,单独看来,指向成分可以跟两个或两个以上的被指成分发生语义关系。但因为上下文或者语境的制约,实际上只存在一种可能。因此,各个被指成分和指向成分在语义上实际存在着明显的强弱主次之分。例如"告别家乡的磨房","磨房"和"家乡"可同时归入"告别"的对象之列,但该结构表达的重点是"告别磨房"。不过,如果联系到"家乡"与"磨房"语义上的领属关涉关系,便不难推断出"告别磨房"的同时也"告别了家乡"。由此便可以给强指和弱指下一个较为明确的定义:

所谓强指,就是指向成分与若干被指成分中的某一个被指成分形成直接的、现实的语义指向关系;所谓弱指,就是除了强指以外,指向成分仍与若干被指成分保持着间接的或潜在的语义指向关系。

七、显指与潜指

本来跟指向成分没有直接语义联系,但通过句法调整使其直接充当被指成分构成的语义指向模式叫做语义显指,简称显指。这种变化同时使真正的被指成分处于潜隐状态,可以把这种潜隐状态中的语义指向关系叫做语义潜指,简称潜指。例如:

(1) A. 这件大衣价格很便宜。
    B. 这件大衣很便宜。
(2) A. 老师在黑板上写字。
    B. 老师在写黑板。

(1)A 的"便宜"指向"价格",但跟(1)B 对比看出,"便宜"的真正的被指成分"价格"可以潜隐,而使间接的语义成分"这件大衣"成为直接的被指成分。
(2)A 的"写"的结果是"字","在黑板上"是写的结果"字"通过写这一动作致使其存在的处所,即"在黑板上"指向"字",但跟(2)B 的比较则说明,本来不是"写"的直接被指成分的"黑板"却可以转化为它的被指成分,致使"写"的真正的被指成分"字"潜隐。

八、内指与外指

通常情况下,一个语义指向结构体的指向成分和被指成分应是同时存在于一个句子中,成为这个句子的有机组成部分。这种被指成分和指向成分同现于一个句子中而构成的语义指向模式叫做语义内指,简称内指。但是,在一定的上下文或者交际场景中,被指成分也有可能不在句中出现,而隐含于上下文或交际场景。这种语义指向模式叫做语义外指,简称外指。例如:

(1) a. 他被粗暴地押上了牛车。
　　 b. 没有调查就没有发言权。

(1)a 的"粗暴"说的是谁,究竟是谁把他"押上牛车"。(1)b 的"没有调查""没有发言权"针对的又是谁。以上这些语义成分,句中都没有明确交代,或者无法作具体的交代。

第六节　关于语义指向研究的若干问题

一、语义指向的新探索

通常认为语义指向是指句法成分在句中、句间以及句外的语义上的联系。但是也有人把语义指向扩大到语素,乃是义素之间的联系。例如邵敬敏、吴立红的《"副+名"组合与语义指向新品种》(《语言教学与研究》2005,2),称之为"语义特指",包括以下五类:

(1) 语义斜指法,例如"很"+温情、激情、雄心、耐性、韧性、兽性、狭义、广义、绝路、悲剧、喜剧、神童、高手、老手、贵族、贫民等。因为副词的语义无法指向名词的中心语素,却可以指向名词的非中心语素(形容词性质的修饰语素)。

(2) 语义内指法,例如"很"+青春、集体、个人、文化、技术、权略、权势、兴致、理性、感性、资本主义等。这些名词所指称的对象语义内涵往往具有比较明显的属性,形象突出,个性鲜明。多数名词在进行词义诠释时还常常含有明显的形容性成分。如:骨气:"刚强不屈的气概",显然"很"的语义是朝内指向该名词所包含的义素的。

(3) 语义偏指法,例如"很"+经验、知识、潮流、境界、风采、气量、缘分、个性、性子等。这些都是含语义偏移特征的名词,由于该类名词所指称事物的性质意义由中性偏向褒义或贬义,因而词语本身附上了一定的感情色彩,从而获得了程度性,可见这里的"很"语义上是偏指其某种褒义或者贬义的感情意义了。

(4) 语义深指法,例如"很"+中国、东方、西方、大陆、广东、香港、男人、女人、知青、小人、草包、笨蛋、君子、奴才、书生、笑面虎等。这类名词所指称的地名或者人物往往具有显著特征,这里副词的语义指向不是指向名词表层的理性意义,而是指向名词深层的联想意义。

(5) 语义外指法,例如"很"+乌鸦、狗熊、狼、黄牛、古董、花瓶、蜡烛、唐僧、猪八戒等。该类名词常常充当比喻、比拟或者借代的对象,所以已经获得某种临时性的比喻义。这时跟副词组合,副词就必然在语义上指向这个外围的比喻义,而绝对不是其基本义。

如果这些也可以看作语义指向的话,那么语义指向的范围就真的需要扩大了。

二、语义指向与语篇衔接

语义指向与语篇衔接有时会发生纠葛,因为两者都属于语义范畴,而且都有所指和被指的对象。语义指向则是动态地考察成分间的语义指归性,它的基础是成分与成分之间语义上的选择限制关系。而衔接指的是语篇中语言成分之间的语义联系,或者说是语篇中一个成分与另一个与之相互解释的成分之间的关系。当语篇中一个成分的含义依赖于另一个成分的解释时,便产生了衔接关系。从本质上说,话语衔接是通过不同的衔接手段,把一些看似孤立的句子连接成一个有语义关系的结构整体,其着眼点在于小句与小句之间的语义关联性。由于篇章衔接和语义指向分析所关心的侧面不同、目的不同,所以,它们考察的角度以及考察的内容也存在着差异。例如:

(1) 父亲从来不对我说半句埋怨话,他有着宏亮而温和的音调。(鲁彦《旅人的心》)

(2) "下雨了",温柔的灰美人来了,她冰冰的纤手在屋顶拂弄着无数的黑键和灰键,把响午一下子奏成了黄昏。(余光中《听听那冷雨》)

(3) 一个人的生命究竟有多大的意义,这有什么标准可以衡量吗?(邓拓《生命的三分之一》)

例(1)—(3)中后一小句的人称代词和指示代词都指向前一句的某个句子成分,例(1)为"父亲",例(2)为"灰美人",例(3)为整个前一小句表示的内容。但是,这跟语义指向显然不同,关键之点是衔接的前后项所指的内容是同一的,比如"他"就是"父亲",二语义指向是指两个内容完全不同的成分之间在语义上的联系和指派。

至于一些副词的语义指向跟他们的衔接功能也是需要区别的。例如：

　　(4)我是来自地壳的一滴清泉。希望你也是一滴清泉,他也是一滴清泉。(柯蓝《清泉》)

　　(5)三十多年的艺术积累,不但使他掌握了扎实的雕刻基本功,还学习了油画、人种学、人体解剖学、文学和化学方面的知识。

从衔接的角度看,例(4)和例(5)的"也"和"还"起到了照应的作用,其参照语分别为位于它前面的小句。而语义指向分析则着重要说明它们在上下文中的语义是如何联系的,因此例(4)中的两个"也"的语义分别前指"你"和"他",同时它还并存着一个语义联项即前一小句中的"我";例(5)中的"还"后指"学习了油画、人种学、人体解剖学、文学和化学方面的知识",同时它还并存着一个语义联项,即前一小句中的"掌握了扎实的基本功"。

三、语义指向与语义特征

我们必须坦率地指出,语义指向虽然很有用处,但是其作用还是有限的。换言之,语义指向只能够起到揭示句法结构背后语义联系的特点,但是如果需要进一步解释为什么可以指向时,语义指向本身就无法解答,我们就有必要引进语义特征分析。比如：

(1) a. 我们互相学习。
　　b. 小张和小李互相学习。
　　c. *我互相学习。
　　d. *小张互相学习。

根据(1)的 a 句和 b 句,我们可以指出：副词"互相"的语义指向时前指的,分别指向"我们"和"小张和小李",然而我们无法运用语义指向理论去解释为什么 c 句和 d 句不能成立。其实关键是"互相"被指的名词必须具有[＋复数]的语义特征,而"我"和"小张"显然不具有这一语义特征。

此外,我们在讨论某个句子里,A 为什么优先指向 B,而不是指向 C 的时候,我们也需要用语义特征来进行语义指向解释。例如：

(2) a. 老张有个女儿很骄傲。
　　b. 老张有间房子很宽敞。
　　c. 老张有间房间很骄傲。

(2)a 句"很骄傲"语义可以指向"老张",也可以指向"女儿",但是 b 句"很宽敞"语义只能指向"房子",c 句"很骄傲"只能指向"老张"。这说明,b、c 两句谓语的语义指向受到限制。究其道理,就是因为语义特征的匹配。"宽敞"和"房间"都具有[＋物质空间]的语义特征,"骄傲"和"老张"的都有[＋人类品行]的语义特征;反之,老张不可能"宽敞",房子也不可能"骄傲"。

第十三章　语义特征研究

> 提示：首先分析义素分析法与语义特征分析法的异同，重点讨论语义特征的分类和提取方法，重点解决在语法研究中如何运用语义特征分析法，以及运用时需要注意的若干事项。

朱德熙先生说过："语法研究发展到今天，如果光注意形式而不注意意义，那只能是废话，如果光注意意义而不注意形式，那只能是胡扯。"变换分析法把句法分析从语法结构关系范畴扩大到语义结构关系范畴，通过变换，不但可以分化歧义句式或给原句式定性分类，而且也可以扩大我们的视野，帮助我们把研究工作进一步引向深入。然而，变换仍然有其局限，即无法解释造成歧义的根本原因。这一局限迫使人们寻找新的突破口，探求新的分析方法来解答这些问题。以前的汉语句法分析方法，几乎都纠缠于语言形式方面，然而形式方面的研究已经臻于完善，很难出现什么重大突破了。而语义方面的却尚有许多领域等待开发和进一步探讨。这就引起人们的深思，形式研究中出现的这些棘手的难题，其答案是否正埋藏于语义层面呢？在这样的背景下，语义特征分析法等语义分析法就应运而兴。

第一节　语义特征研究的历史

一、国外对语义特征的研究

"语义特征分析法"作为一种语法分析方法，来源于语义学中的语义成分分析法。1943年，哥本哈根学派的创始人叶尔姆斯列夫提出了一个词义是可分的设想，1955年，著名语言学家布龙菲尔德提出了"语义特征"这一用语，1956年，人类学家威廉·古迪纳夫在《成分分析以及意义研究》中提出了语义成分分析法，用来从文化的角度研究亲属称谓语等的意义。这一方

第十三章 语义特征研究

法很快被美国语言学家卡茨和福特借鉴运用于语言学,用来为转换生成语法寻求语义特征,从而引起了当时的语法学界和语义学界的特别关注。

语义特征数量众多,性质复杂,理论上讲,也许可以穷尽,但实践中却是无法做到的。对于语义特征,从不同的角度可以有不同的分类方法。美国语义学家唐·奈尔森(Don L. F. Nilsen)和爱莲·奈尔森(Allen Pace Nilsen)把英语中的语义特征分为5类:1. 语法—语义特征,也就是有语法形式标示的语义特征。2. 内在语义特征,包括基本(概念、理性、逻辑)语义特征。3. 谓语性语义特征,即动词谓语句跟句中的有联系的词语的相关的语义特征,如"使成、促成、施动、意向、结果、起点、终点、主动、影响、支配、起始"等。4. 状语性语义特征,指某些状语"不单说明谓语动词",而且与整个句子、乃至语段有联系,如:地点、时间、方式(含质量)、程度范围(含数量)、原因(含动机)等。5. 感受性语义特征,包括附属(感情、修辞、色彩)语义特征。

以上五类中,第2类相对稳定,实际上属于词汇层面。由于它们可以脱离句子而存在,因此应该是义素分析法分析的对象。而其他几类,实际上都是属于语法层面的。也就是说,脱离了具体的句子,单个的词语是表现不出这些语义特征的。只是第1类专指有形态标志的语法范畴,在汉语中,这一类是极少的,另外几类似乎跟我们所说的"语义特征分析"有类似的地方,但也不完全相同,因为奈尔森基本是从语法结构关系推出他的"语义特征",而我们是从句式或者结构的对比中概括出语义特征来解释语义对结构的决定性作用。

二、国内对语义特征的研究

在国内,最早对语义特征做出分析并且运用到汉语语法研究中来的当推朱德熙,他在《现代汉语形容词研究》(《语言研究》1956,1)就把形容词分为两类:甲类成分(红)和乙类成分(红红的、红通通的、通红、很红),并且指出:两者的"区别不在基本的词汇意义上,而在抽象的、概括的意义上,即前者表示的是性质,后者表示的是这种性质的状况或情态。"更为重要的是,朱德熙还特别指出:"这种意念上的区别完整地反映在甲、乙两类成分的语法功能上"。可见,"性质"和"状态"的对立本质上是形容词语义特征的体现。

但是真正促使语义特征研究开展的则是运用变换分析时发现这种分析带有很大的局限性。换言之,变换只能够解决哪些句子可以变换,哪些句子不能变换,却无法解释为什么会这样,这就需要借助于语义特征的分析。20世纪60年代初,朱德熙(《句法结构》,《中国语文》1962,8—9)就发

现,狭义同构的语法形式内部并不完全一致,这种不一致表现在它们对特定的变换式的反应不同。例如:

A. 墙上挂着画儿 / 树上结着苹果 / 门外点着灯 / 信封上写着地址
B. 台上唱着戏 / 屋里开着会 / 外头下着雨 / 心里惦记着孩子

A 和 B 语法形式完全相同,不仅模式相同,而且相对应的词类都同功能,可以码化为:Mf+V+着+Mo(Mf 表示方位名词,V 表示动词,Mo 表示指人或指物的名词)。但是它们的变换式并非完全一致。

A. Mf+V+着+Mo → Mo+V+在(得)+Mf

例如:"画儿挂在(得)墙上"、"苹果结在(得)树上"、"灯点在(得)门外"、"地址写在(得)信封上"。然而 b 式却不能如此变换,如不能说"戏唱在(得)台上"、"会开在(得)屋里"、"雨下在(得)外头"、"孩子惦记在(得)心里"。

另一方面,B 的动词 V2 前可以加上副词"正在",如"台上正在唱着戏"、"屋里正在开着会"、"外头正在下着雨"、"心里正惦记着孩子",而 A V1 的动词前不能加"正在",如不能说"树上正在结着苹果"、"信封上正在写着地址";至于"墙上正在挂着画儿"、"门外正在点着灯"似乎可以说,那是因为其动词兼属 V1 和 V2,所以产生歧义。

可是直到他在《变换分析中的平行性原则》(《中国语文》1986,2)一文中才解释 A 可以变换而 B 不能变换的原因,就在于句中动词是否具有[+附着]的语义特征,并得出结论:"一个变换关系能不能成立,往往决定于参与这个变换的句式里带关键性的词的类属"。这应该说是语义特征分析法在汉语语法研究中最有成效的实践之一。显然语义特征分析能促使语法研究的精密化,从而使语法研究更具解释力。

如果说那时的分析还比较依赖于句子变换式的对立,那么他在《汉语句法中的歧义现象》(《中国语文》1980,2)则通过分化歧义格式"张三借李四一本书",指出关键是动词"借$_1$"有"给予"义,"借$_2$"有"取得"义,这无疑属于语义特征的范畴。

A. 张三借李四一本书
A1. 张三借李四一本书→张三把一本书借给李四(给予义)
A2. 张三借李四一本书→ * 张三把一本书借给李四(取得义)

马庆株对语义特征研究的贡献也是突出的。他的《时量宾语和动词的类》(《中国语文》1981,2)利用语义特征的对比非常有说服力地区别了下列

第十三章 语义特征研究

结构的不同:

(1) 死了三天了。"死"类(a1)动词:[＋完成][－持续]
(2) 等了三天了。"等"类(b1)动词:[－完成][＋持续]
(3) 看了三天了。"看"类(b21)动词:[－完成][＋持续][－状态]
(4) 挂了三天了。"挂"类(b22)动词:[－完成][＋持续][＋状态]

(1)的"三天"指"死"这一动作完成以后的时间,(2)的"三天"指"等"这一动作持续的时间,"等"没完成。(3)有歧义,"三天"可能指"看"完成后的时间,也可能指这一动作持续的时间。(4)则有三重歧义,"三天"可能指"挂"这一动作完成后的时间,也可能指这一动作持续的时间,还可能指状态持续的时间。四个句子,结构相同,语义不同,关键就在于动词的小类不同,而不同的小类正是由语义特征决定的。邵敬敏《歧义分化方法探讨》(《语言教学与研究》1991,1)所归纳的方法论之一就是"词的次范畴小类与语义特征",不仅提到动词的语义特征,还提出了名词的语义特征对句子的成立与否也有决定作用,比如:"他烧了一车炭"是歧义的,关键是动词"烧"的语义特征的不确定性,可能是[＋消除],也可能是[＋获得]。然而这种不确定性,是由名词制约的。例如:

(5) 烧了一本书。
(6) 烧了一杯茶。
(7) 烧了一车炭。

"书"具有[＋可燃性],而茶水具有[－可燃性][＋致果性],"炭"具有[＋可燃性][＋致果性],因此产生歧义。

对语义特征在理论上进行总结和探讨的,早期是王志《动词语义特征对句子构造的影响》(《语言学通讯》1988,1)、陆俭明的《语义特征分析在汉语语法研究中的运用》(《汉语学习》1991,1),近期是马庆株《变换、语义特征和语义指向》(《语法研究入门》商务印书馆 1999)、袁明军《语义特征概观》(《汉语学习》1999,5)、王红旗《语义特征及其分析的客观基础》(《汉语学习》2002,1)、邵敬敏、周芍《语义特征的界定与提取方法》(《外语教学与研究》2005,1)。尤其是税昌锡的系列论文对此进行了比较深入的讨论:《语义特征的作用和语义特征的提取》(《北方论坛》2005,3)、《"语义特征"的定义和理据刍议》(《云梦学刊》2006,5)以及他跟邵敬敏合作的《论语义特征的语法分类》(《汉语学习》2006,1),涉及语义特征的属性、类别以及提取的方法等比较重要的课题。

第二节 义素分析法与语义特征分析法

一、义素与语义特征

"义素"和"语义特征"这两个术语,长期以来是混用的。sememe(义素),有时用来指意义的最小单位,有时等于语义特征。国内一些学者,以及一些语言学教科书也有对"义素"和"语义特征"等概念不加区别的。黄伯荣、廖序东主编《现代汉语》(增订三版,高等教育出版社 2000 年,278 页)认为,"义素是构成词义的最小意义单位,也就是词义的区别特征,所以又叫语义成分或语义特征。"张志毅、张庆云《词汇语义学》(商务印书馆 2001 年,第 23 页)认为,"义素是结构主义语义学用来描写语义的最小的意义单位,是义位的组成成分,也叫区别性语义特征。"可见,"义素"和"语义特征"在一些学者看来基本上是同义语。

其实,"义素"和"语义特征"都是建立在词汇学、词义学基础上的概念,两者虽有联系,但它们的所指并非完全等同,把它们区别开来,无论对术语的一致性要求,还是对确定具体的研究对象都是有益的。下面以"母亲"和"妈妈"构成的最小同义义场的语义成分的分析来说明这个问题:

母亲 [＋近亲属][＋上一辈][＋生育关系][＋阴性][＋庄重场合]([－一般场合])
妈妈 [＋近亲属][＋上一辈][＋生育关系][＋阴性][－庄重场合]([＋一般场合])

通过矩阵对比看出,"母亲"和"母亲"都包含了若干义素,其中大部分相同,只有[庄重场合]、[一般场合]不同。所谓"特征",是在通过对事物进行对比的过程中显现出来的不同点。可见"义素"和"语义特征"是不同的:

义素(sememe)是词的能够独立运用的语义单位,即义位的构成要素,它是通过对一组在语义上有关联的词语进行对比,从义位中分解出来的最小的语义成分(semantic component)。而义位相当于音位,拥有若干义位变体,是若干相关义项的概括抽象而获得的。语义学上对于这个概念有几种不同的术语称呼,美国多使用"语义成分",而西欧和俄国则多使用"义素",另外,偶尔又称"语义特性"(semantic property)、"语义标示"(semantic

第十三章 语义特征研究

marker)、"语义原子"(semantic atom)、"语义因子"、"义子"等。

语义特征(semantic feature)是一组语义相关的词内部相异的语义要素,它是通过对一组在语义上有关联的词语进行对比,从相关义位中分解出来的取出了相同义素之后得出的相异的最小的语义成分。

在词汇学里,"义素"和"语义特征"的相同点在于它们都是义位中的最小语义成分,其分析的过程都是在对语义上有关联的一组词语进行对比的基础上完成的。但是它们的侧重点和性质并不相同。"义素分析"着重同一个词语中同一个义项内部语义要素的分解;"语义特征分析"着重不同词语之间语义要素的对比,以此排除相同义素之后,得出相异的义素。因此,从语义特征的角度看,"母亲"和"妈妈"相同的义素是[+近亲属]、[+上一辈]、[+生育关系]、[+阴性],不同的义素是:"母亲"具有[+庄重场合]的语义特征,而"妈妈"具有[+一般场合]的语义特征,用二元对立的方法表示为[±庄重场合],或[±一般场合]。

"语义特征"显然是在义素分析的基础上获得的,是在两个以上同义词、反义词、类义词或同族词的比较的基础上获得的。所以,有助于在词汇学上的词义辨析。当这一分析运用到句法分析时,就有助于解释某些句子能不能成立的依据。

陆俭明(1991)将语义特征概括为"某一小类实词所特有的、能对它所在的句法格式起制约作用的、并足以区别于其他小类实词的语义内涵或者说义要素"。王红旗(2002)也认为"语义特征是在同样句法位置上出现的一组实词所具有的或与这组实词的词义密切相关的、且对这些实词的语法形式或这些实词所在的句法结构的形式有制约作用的语义因素"。他们的看法目前具有广泛性。以此看来,"义素"通常是脱离句法而在语义场中分析得到的,义素在外延上包括了语法分析中使用的"语义特征","语义特征"只是义素的一种或一部分,但却是有特殊语法作用的一类。语义特征所涉及的范围被限制在两个方面:一是在词类方面主要涉及实词;二是将分析的框架设定为同一句法格式的同一关键位置。按照这种认识,语义特征所涉及的范围是相当狭窄的。

二、义素分析法与语义特征分析法的区别

语法学上的语义特征分析法虽然来源于语义学的义素分析理论,但两者的区别也是十分明显的。

(一)分析的对象不同。义素分析法致力于寻找并描写某个语义场中某个词语或一组词语的核心义素以及附加义素。语义特征分析法主要考察在某个组合位置上出现的一组词所共同具有的某个有区别性特征的义素,通过分析这些语义特征,可以有效地说明组合序列的语义或语法性质。语义特征往往只是一个或少数几个,而义素则不可能只有一个,往往为一组。

(二)分析的方法不同。义素分析法从某个特定语义场入手,把意义相关的一组词各自的义项分解为若干个构成成分——即"义素",对比分析相同及相异的义素,最后用矩阵图或其他形式手段进行描写。而语义特征分析法多以内省法为基础,使用变换、分化或其他方法找出对句法结构起决定作用的某个有区别性特征的义素并用来进行解释。

(三)各自的内涵不同。义素和语义特征有其各自的特点。义素的外延比较广,它是将义项分解成尽可能多的特征后形成的集合,将这个集合组织起来便形成一个义位(义项)。理论上义素的数量是确定的,但实际上要分解出全部的义素难度很大而且没有必要,通常只需要分解出该词最主要的那几个义素,达到辨义清晰的目的就可以了。而语法学只关心能影响某种句法组合能否成立的那几个有区别性特征的"义素"(语义特征)。

(四)分析的目的不同。义素分析法主要用于辨析同义词和反义词、词典编撰等方面,即服务于词汇研究;而语义特征分析法则旨在探究不同语法结构成立和形成歧义的原因,或者挖掘词语某个语义特征对形成句法结构的影响作用,属于语法研究层面。语义特征分析法从语义入手解释句法上的形式对立,既与"意义决定形式"的本质相符,又与汉语语法研究注重语义的传统一致,因此已成为汉语语法研究的重要方法之一。

第三节 语义特征的分类

一、自然性的语义特征

这是指从基本的概念、逻辑意义分解出的语义特征。这是语义特征的主体部分,也是数量最多、最丰富、最复杂的部分。比如描述名词的[±抽象]、[±生命]、[±动物]、[±人]等,描述动词的[±活动]、[±可控]、[±自主]、[±述人]等,描述副词的[±极大量],[±极小量],词语的自然性语义特征在很大程度上制约了其组合分布情况,比如具有[+互相]特征的动词如"结婚、吵架、竞赛"等不能带宾语。又比如[±极大量]、[±极小量]对副词的使用有很大的影响:

第十三章 语义特征研究

A：绝不能去　　　　　　　*绝能去
　　毫不心软　　　　　　　*毫心软
　　压根儿不懂　　　　　　*压根儿懂
B：千万不要忘记　　　　　*千万要忘记
　　万万不可粗心　　　　　*万万要粗心

A组左行的否定句可以成立，右行肯定句就不能成立。B组左行的否定式祈使句可以成立，右边肯定式祈使句就不成立。可见，具有［＋极小量］特征的副词如"绝、毫、压根儿"等通常用于否定式，而具有［＋极大量］特征的副词如"千万、万万"等也可用于否定式祈使句，但不能用于肯定式祈使句。

虽然自然性的语义特征来源于词语的相对稳定的词汇意义，但它属于语法研究的范畴，是依存于句法，具有语法价值的，因此从性质上和数量上它都不等同于词语理性意义的总和。

二、附属性的语义特征

这是指语义中那些非自然性的、主观的部分。包括语义的感情色彩、词语的语体色彩和形象色彩。比如［±褒义］、［±书面语］、［±条状］、［±形状多变］等。虽然从词汇意义的角度，它们被称为"附属性意义"，但从词语组合的角度，它们的重要性丝毫不逊色于自然性语义特征。比如在量词搭配规律中，形象色彩对与名词与量词的搭配与否就起着很大的作用：

片：［＋薄］［＋平］［＋面积较小］→纸　云　饼干　树叶　花瓣
面：［＋扁］［＋平］［＋面积略大］→锣　鼓　旗子　墙壁
幅：［＋薄］［＋平］［＋软］［＋面积较大］→画　布　绸缎　刺绣

有时感情色彩也会影响量词和名词的搭配。如：

	［＋中性］ 旅客/学生	［＋褒义］ 教授/领导	［＋贬义］ 强盗/歹徒
个 ［＋中性］	＋	＋	＋
位 ［＋褒义］	＋	＋	－
伙 ［＋贬义］	－		＋

三、聚合性的语义特征

这是从聚合的角度来划分出来的语义特征,即脱离了句子而从词语与词语之间的关联性来分出一小类。比如具有[＋顺序]或[＋推移]语义特征的词语,其中的单独的一个词无所谓顺序,只有一系列词语聚合起来才能组成一个"顺序语义场",我们称其特征为"聚合性的语义特征"。比如有[＋顺序]特征的各组名词中,除表起点的,其他都可以在"NP 了"格式中出现。例如:

　　　　学前儿童——小学生——中学生→*学前儿童了　小学生了　中学生了　大学生了

　　　　小孩子——青年——中年——老年 →*小孩子了　青年了　中年了　老年了

如果该顺序义场是可以周而复始,即具有[＋循环]特征,则都可以进入"NP 了"格式,还可以进入"又 NP 了"格式。比如:

春天—夏天—秋天—冬天:(又)春天了　(又)秋天了
一月—二月—三月……十二月:(又)一月了　(又)十二月了

四、组合性的语义特征

这是从组合的角度来划分出来的语义特征,即影响到某个词语跟句中有联系的词语搭配的语义特征。自然性语义特征是可独立于句子而仍然存在,但组合性的语义特征是在与其他词语相组合以后才出现的。这样的语义特征以词语的自然性意义为基础,但只有与其他词语相联系时才显现出来,因此称之为"组合性的语义特征"。比如[±支配]、[±施动]、[±领属]等,没有其他的对象,就无所谓"支配"或者"施予"。比如同一个名词与同一个动词组合时,会因其组合位置的前后不同而显示出不同的组合性特征,不同的名词所显示出的组合性特征又是不同的。比如:

　　　　A:我们不吃了≠*不吃我们了　　孩子不吃了≠*不吃孩子了
　　　　B:鸡肉不吃了＝不吃鸡肉了　　巧克力不吃了＝不吃巧克力了
　　　　C:鸡不吃了≠不吃鸡了　　　　鱼不吃了≠不吃鱼了

A 组"我们、孩子"与动词"吃"组合时只能在动词前,因为它与该动词组合只有[＋施动]特征,B 组"鸡肉、巧克力"与"吃"组合可以出现在动词前后,

第十三章 语义特征研究

因为它在该组合中只有[＋支配]特征,所以前后位置的两个格式的语义关系基本相同。而 C 组"鸡、鱼"与"吃"组合时可前可后,由于它显示出[±施动]两个特征,因此当"鸡、鱼"出现在动词之前时是一个歧义格式,在动词之后时只能够是受事宾语。

再比如名词跟名词组合成偏正短语:

A. 老板的工厂——工厂的老板
B. 老板的脾气——*脾气的老板

A 组的"老板"和"工厂"可以互为领事和属事,虽然语义不同。但是 B 组只有"老板"可以成为领事,即"脾气"属于老板的,却不能成为"脾气"的属事,即"老板"不可能属于脾气的。

第四节 语义特征的提取

索绪尔认为,在整个语言结构中,一切要素都是按照组合关系和聚合关系来运行。这个观点已经得到人们的普遍接受,并以此为基础来开展研究。事实上,不同语言单位之所以能够组合或聚合,首先是因为它们具有相容性语义特征。具有相容性语义特征的一组词语如果不是完全等义(事实上绝对的等义词几乎是不存在的),这样就会存在区别性语义特征。因此语义特征的提取实际包括两类:"相容性语义特征"的提取和"区别性语义特征"的提取。

一、相容性语义特征的提取

(一)词语组配。根据"语义一致性原则"(邵敬敏《论汉语语法的双向选择性原则》,《中国语言学学报》8,商务印书馆 1996),"两个词语能够组合成一个语言结构,它们必定具有某个或某些相同的语义特征。"例如,状态形容词"雪白、冰冷、红彤彤"不能受"很"修饰,而性质形容词"白、冷、红"则可以,这是因为前者的[＋极性量]特征跟"很"的语义特征不相容,而后者的[＋可变量]特征跟"很"的语义特征相容的缘故。相容性语义特征可能由于组配对象的不同不一定完全一致,例如在"烧了一张纸、烧了一件衣服"中"一张纸、一件衣服"的[＋可燃性;可毁性]特征跟"烧"的[＋燃烧;使消失]特征相容,而"烧了一壶开水、烧了一锅鸡汤"中的"(开)水、(鸡)汤"

的[+可加热性;可使成性]特征跟"烧"的[+加热;使成]特征相容。这是导致某些结构产生歧义的原因,所以"烧了一车炭"就存在歧解,既可理解为烧掉了一车炭,也可理解为烧得了一车炭。

(二)词义系联。马庆株(《变换、语义特征和语义指向》,《语法研究入门》,商务印书馆1999)指出,"词义系联分为同义系联和不同义系联两类。经过同义系联替代之后可以得到表示同一意义的词语的聚合,这表示同一意义的词语有相同的语义特征。"例如"逃跑、喊叫、修理、折叠、尝试、收藏"等,构成这些词的同义的成词语素在单独成词时一定有共同的语义成分。"不同义系联包括上下位系联、类义系联,系联的结果得到上下位词。类义词,原词与其上下位词、类义词也一定有共同的语义特征。此外反义系联得到的反义词虽然不能保证语义特征完全相同,但总会有共同的语义成分。"他还认为,通过方言际、语际比较和对比,即比较词义学和对比词义学的方法也可以发现语义特征。例如可以从"看、瞧、瞅、望、瞄","搅和、和弄、和、搅、拌、调"两组中分别找出共同的语义成分。

(三)词典释义。有时,借助于词典对词义的解释可以帮助确定词语的相容性语义特征。对比下列两组例子:

```
         S1              S2
A. 在黑板上写字    →  字写在黑板上
   在屋檐下挂灯笼  →  灯笼挂在屋檐下
   在水田里插秧苗  →  秧苗插在水田里
   在水面上漂纸船  →  纸船漂在水面上
B. 在食堂里吃饭    →  *饭吃在食堂里
   在盆子里洗手    →  *手洗在盆子里
   在邮局里寄信    →  *信寄在邮局里
   在教室里唱歌    →  *歌唱在教室里
```

A 的 S1 式,可以变换为 S2 式;而 B 只有 S1 式,不能变换为 S2 式。这是因为 A 的动词跟 B 的动词不同。A 的动词表示作用于受事名词,并且使之达到"在+Np"的结果或状态,而 B 的动词不能这样致使。《现代汉语词典》对 A 中动词的释义可以说明这一点:

写:用笔在纸上或其他东西上做字。
挂:借助于绳子、钩子、钉子等使物体附着于某处的一点或几点。
插:长形或片状的东西放进、挤进、刺进或穿入别的东西里。

第十三章 语义特征研究

漂：停留在液体表面不动。

可见,这些动词的语义特征可以概括为[使附着于某处](朱德熙 1981),这跟整个格式的语义特征是相容的。

二、区别性语义特征的提取

（一）句法变换。根据陆俭明(《变换分析在汉语语法研究中的应用》,《湖北大学学报》1990,3)的研究,变换分析的依据有三点：

1. 语言表达的多维特点致使语言中相同的语义结构可以用不同的句法格式来表达,从而造成许多同义格式,例如

我送给他一本书→书我送给他了→我送了本书给他→我把书送给他了

2. 要表达的意义是无限的,而格式则是相对有限的,因此用有限的格式来表达无穷的意义势必会造成许多同形歧义格式,如"山上架着炮"既可以理解为"山上正在架着炮",也可以理解为"炮架在山上"。

3. 含有相同语义结构关系的不同句法结构之间总是存在着某种内在的结构关系。根据以上事实,一些同形格式便可以通过格式变换进行分解。例如：

	N＋V	V＋N
A. 去的是张师傅	张师傅去	*去张师傅
B. 看的是张师傅	？张师傅看	看张师傅
C. 剪的是张师傅	？张师傅剪	*剪张师傅

A、B、C 的句法形式相同,但它们的语义关系是不一样的,这可以通过句法变换来检验。首先,虽然它们都可以变换为"N＋V",但 V 的语义自足性有差别,"张师傅去"是自足的,而"张师傅看"和"张师傅干"的 V 缺少受事而不自足,这说明"去"、"看"和"剪"的语义特征存在差别。其次,上述格式变换为"V＋N"后,A 和 C 不能变为该格式,只有 B 能变为该格式,不过,"张师傅"由变换前的施事变成了受事。这说明"看"和"剪"的语义特征也存在差别。综合起来,"去"、"看"、"剪"代表了三类不同语义特征的动词,在对受事角色的要求这一点上,"去"类动词的语义特征可以描写为[－有生受事/－无生受事],"看"类动词的语义特征可以描写为[＋有生受事/＋无生受事],"剪"的语义特征可以描写为[－有生受

事]。

（二）性质对比。语义特征分析也可以从考察词语的语法性质入手。比如，一般认为名词不受表示时体意义的副词"已经"、"都"、"才"等修饰，也不能跟体助词"了"共现。例如：

A. 桌子：*才桌子　　*已经桌子了　　*都桌子了
　　汽车：*才汽车　　*已经汽车了　　*都汽车了
　　蓝图：*才蓝图　　*已经蓝图了　　*都蓝图了

但例外也不少。例如：

B. 星期二：才星期二　　已经星期二了　　都星期二了
　　三月份：才三月份　　已经三月份了　　都三月份了
　　中学生：才中学生　　已经中学生了　　都中学生了
　　副教授：才副教授　　已经副教授了　　都副教授了

通过对比，A的名词不跟同类名词形成顺序关系，因而不具有[＋顺序]特征，而B的名词可以跟同类名词形成顺序关系，因而具有[＋顺序]特征。但是，B的名词仍有区别：有的可以在前面加"又是"，有的不可以。由此B又可以分为两类：

B1. 星期二：才星期二　　已经星期二了　　又是星期二了
　　三月份：才三月份　　已经三月份了　　又是三月份了
B2. 中学生：才中学生　　已经中学生了　　*又是中学生了
　　副教授：才副教授　　已经副教授了　　*又是副教授了

可以前加"又是"的名词具有[＋可循环]的特征，不可以前加"又是"的名词不具有[＋可循环]特征。可见，名词可以分为三类："非顺序非循环"名词、"可循环顺序"名词和"不可循环顺序"名词。

（三）添加成分。添加成分提取语义特征的根据仍然是"语义一致性原则"（邵敬敏《论汉语语法的双向选择性原则》，《中国语言学学报》8，商务印书馆1996）。"两个词之所以能够搭配组合，是因为它们有共同的意义或语义特征给了它们以亲和力或组合力。"（马庆株《变换、语义特征和语义指向》，《语法研究入门》，商务印书馆1999）语言单位在添加成分后，原来的语义特征可能会发生改变。例如"看书"是表示活动的动词短语，本身无内在终结点，具有[＋无界]的特征；"看一本书"中"看"的无界性和"一本书"的有界性导致该动词语的界性特征是模糊的，既有[＋有界]的一面，也有[＋

第十三章 语义特征研究

无界]的一面;而"看完一本书"中的"看完"和"一本书"都是有界性的,因此整个词语也具有[＋有界]的特征。它们在界性特征上的区别可以通过添加时量短语得以进一步突显:

看书:看书看了一个上午了。
看一本书:看一本书看了一个上午了。
看完一本书:看完一本书看(完)了一个上午了。

"看书"后接时量短语,表示活动持续(呈"无界"特征)的时间;"看一本书"后接时量短语,既可以表示活动持续的时间,也可以表示活动结束后(呈"有界"特征)事件状态的持续时间;"看完一本书"后接时量短语,表示事件状态的持续时间。

第五节 如何运用语义特征分析法

一、内省概括法

语义特征不是自然的语言单位,它在语言体系中是直接观察不到的,因此在分析句法结构中某个词语的语义特征时,我们基本上采用的是"内省概括法",即针对一系列句法结构相同、语法意义也相同的句式,考察在相同位置中出现并且可以互相替换的一组词语,它们到底具有哪些共同的语义特征。这时主要依赖分析者本人的语感来进行考察,这种方法很直接、操作程序也简单,对于浅显的语义特征能很快地加以揭示。例如:

(1) 他把病人搀上汽车/他把病人推上汽车/他把病人赶上汽车

按照传统语法,这个句式可以理解为兼语句:"他搀病人＋病人上汽车",也可以理解为兼语兼连动句:"他搀着病人＋他和病人上汽车"。另外两个句子也可作相同的理解。考察比较动词"搀"、"推"、"赶",可以发现它们有相同的语义特征[±携带]。然而,内省法虽然直截了当,但操作起来常常会感到棘手。因为形式是直观的,显性的,语义却是隐性的,内蕴的,有的能一眼看穿,但更多的却是隐含的,难以捉摸的。显然,"内省法"主要用来解决语义特征比较明白、清楚、浅显的情况,可见仅仅依靠"内省法"是远远不够的,我们还需要运用别的方法来帮助进行分析和提取。

二、组合分析法

根据"语义句法双向选择性原则"(邵敬敏《论汉语语法的双向选择性原则》,《中国语言学学报》8,商务印书馆1996),只有具有有相同或者互补的语义特征的词才能搭配。换言之,能够组合起来的两个或多个词语必定具有相同或互补的语义特征。由于有些词语的语义特征比较隐蔽,我们难以直接判断,因此我们往往不是直接分析所研究的对象,而是考察与之相搭配的词语的语义特征,这样也可以推导出需要研究的对象的语义特征。这种间接推导的分析方法可以称为"组合分析法"。

比如有些名词如"山、树、桌子、房子"等可以与"前、后、上、下、中"等方位词组合。由于方位词表示空间性,因此可确定这些词具有[+空间]的语义特征。另一些名词比如"饭、课、比赛、会议"等,它们是明显不具有与前组名词相同的[+空间]语义特征的,但也可以与以上的方位词组合,如:

饭:饭前　饭后　　会议:会议前　会议后
课:课前　课后　　比赛:比赛前　比赛后

究其原因,是由于方位词除表空间性外,还表示动态的时间的阶段性,所以后一组名词具有[+时间]的语义特征。

又比如动词与名词短语搭配时,许多情况下其宾语是受事宾语还是结果宾语,是由该名词短语的语义特征决定的。如:

A 吃了一块骨头　B 吃了一盘骨头
C 吃了一堆骨头　D 吃了一地骨头

A 只能理解为甲义:动作和受事的关系;D 只能理解为乙义:动作和结果的关系。而 B 和 C 则可以两解,只不过 B 倾向于甲义,C 倾向于乙义。分析其原因,关键是量词的不同,从"块"到"盘",再到"堆",乃至于"地",暗示着名词"骨头"在数量上从 A 到 D 依次增加,当数量上具有[+少量]特征时,充当的是动词"吃"的受事宾语,当数量增加并趋向[+多量]时,就充当动词的结果宾语。由此可知,我们要判断这样的结构属于甲义还是乙义,关键是量词的语义特征是否具有[+少量]。

三、对立比较法

"对立比较法",是把根据不同词在同一结构中的对立分布进行分组,然后再找出使该二组形成对立的语义特征。比如在考查"烧"与其他词的搭配情况时可作下列对比：

(1) 烧了一车柴/烧了一张纸/烧了一件衣服/烧了一瓶油
(2) *烧了一块石头/*烧了一堆砂子
(3) 烧了一壶水/烧了一锅汤

通过以上三组句子的比较，上例中"柴、石头、水、纸、衣服、油"等词在"烧了X"结构中分布是存在差异的，例(1)组成立，表示经过"烧"这个动作，"柴、纸、衣服、油"等被烧没了，结构义表示"焚毁"；例(2)组不能成立，因为"石头"等物件通常无法焚毁；例(3)组虽然成立，但与例(1)组表达的语义不同，表示经过"烧煮"这一动作，"水"成了"开水"，"汤"也可食用了，结构义表示"获得"。同样一个动词"烧"，跟不同的名词组合，却产生不同的结果。可见，关键在于相匹配的名词的语义特征。把例(1)组词与例(2)组词进行比较，就可以得出不同词语搭配下关键词语的语义特征：例(1)中的"柴/纸/衣服/油"具有[＋可燃性]，而例(2)中的"石头/砂子"则具有[－可燃性]，例(3)组虽然不具有[＋可燃性]，但具有[＋致果性]。

四、变换分析法

　　语言表达的多样性和复杂性，使得语言中相同的语义结构可以用不同的句法结构来表达，即语言中存在着大量的同义格式。而这些同义格式中，有的将语义深深埋藏起来，让人难以发觉，有的却把语义以最易发现的形式呈现出来。所以，通过变换句式使深藏句中的语义特点变得浅露容易掌握，就成为实际研究中常用的方法。

　　以被动句的研究为例。按有无标志，汉语的被动句分为两类，一种是"被"字句，另一种是所谓"意义上的被动句"。许多情况下这两类是可以相互变换的，但有的又不行。为揭示其中规律，我们首先进行下面的变换：

N＋被＋VP＋了→N＋VP＋了
(1) 玻璃被打了。→玻璃打了。
(2) 鸡蛋被吃了。→鸡蛋吃了。
(3) 老张被咬了。→? 老张咬了。
(4) 小鸡被吃了。→? 小鸡吃了。

变换的结果是，(1)(2)句变换成立，变换前后的句子施受语义关系也基本相同。而(3)(4)句的变换不能成立,因为变换以后,原来的受事"老张"只能够理解为施事,而"小鸡"则产生歧义,可能是受事,也可能是施事。其原因就在于该句式的主语的语义特征不同:前两句主语所共有的语义特征是[－生命],后两句的主语共有的语义特征是[＋生命]。这样,我们可以初步总结规律:被动句的主语如果是事物(语义特征是[－生命]),那么"被"字可以出现,也可以不出现。如果是人或动物(语义特点是[＋生命])则必须出现"被"字,也就是说只能充当有标志被动句的主语。

五、分析方法的综合运用

事实上,在具体课题研究时,往往不是只运用某一种方法,而是几种分析方法一起综合运用。例如分析副词"不"与"没有"的区别。由于它们都具有相同的[＋否定]语义特征,所以特别需要加以区别,也比较难于区别。我们可以综合运用"对立比较法"和"组合分析法"。比较:

A. 这只菠萝不大　　　　　　＊这只菠萝不拳头大
　　我家离他家不远　　　　　＊我家离他家不几里远
　　这块砖头不重　　　　　　＊这块砖头不两斤重
B. ＊这只菠萝没(有)大　　　 这只菠萝没(有)拳头大
　　＊我家离他家没(有)远　　我家离他家没(有)几里远
　　＊这块砖头没(有)重　　　这块砖头没(有)两斤重

A 和 B 的左列是对"不"和"没(有)"的语法性质的对比,说明"不"后可接性质形容词,而"没(有)"却不能;A 和 B 的右列则采用了添加成分的方法,说明"不"后的性质形容词不能受离散性名词(有界名词)修饰,而"没(有)"后的性质形容词却可以受离散性名词修饰。"不"和"没(有)"分布的不同,说明它们下位语义特征存在着差别,可以描写为:不[＋否定][＋连续][－离散],没(有)[＋否定][－连续][＋离散]。

第六节　语义特征分析的作用

显然,语义特征分析能促使语法研究的精密化,从而使语法研究更具解释力。20 世纪 80 年代以来,语义特征分析在汉语语法研究中得到了广泛的运用。概括起来,语义特征分析在以下诸多方面有很强的解释力,具

有广泛的实践价值,其作用主要又以下几点:
(一)能够较好的揭示一个句法组合能否成立的原因
"香蕉、苹果、梨子、杨桃"因为共有[＋水果]的范畴特征而被认为是有意义的组合,而"香蕉、石子、泉水、黄土"因为缺乏共同的范畴特征而不被理解。"笔墨纸砚"、"桌椅板凳"、"锅碗瓢盆"、"油盐酱醋"都是这种类型的并列。"吃馒头"可说而"喝馒头"不能被接受,同样"喝汤"可说而"吃汤"不能被接受。"吃"和"喝"的这种对立可以用语义特征表示为:吃[＋施事;＋固体食物;＋咀嚼;＋吞咽],喝[＋施事;－固体食物;－咀嚼;＋吞咽]。

(二)可以揭示某些词语的比较隐蔽的语义特征
例如"写、搛、舀、留"等动词本身并不包含"给予"的意义。但当说到"写信、搛菜、舀汤、留座位"的时候,就有可能取得"给予"的意义(朱德熙1979)。这时,它们可以跟"卖、送、递、让"等本身包含"给予"意义的动词一样,可以出现在"V＋NP(受)＋给＋NP(与)"或"V＋给＋NP(与)＋NP(受)"格式中。例如:

写一封信给老王 → 写给老王一封信
搛一筷子菜给小王 → 搛给小王一筷子菜
舀一瓢水给小张(喝) → 舀给小张一瓢水(喝)
留一个座位给老大爷 → 留给老大爷一个座位

"写、搛、舀、留"等的这种特性使它们有别于其他行为动词,如"看、读、撞、拉"等。

(三)可以揭示某些句式能否成立的语义依据
例如根据袁毓林(1993),具有[＋褒扬]特征的形容词可以后接"(一)点儿"构成祈使句,而[＋贬抑]特征的形容词则不可以试比较:

A. 虚心点儿!   积极点儿!   坚强点儿!
    主动点儿!   灵活点儿!   大方点儿!
B. 粗一点儿!   近一点儿!   高一点儿!
    浓一点儿!   大一点儿!   慢一点儿!
C. *骄傲点儿!   *悲观点儿!   *罗嗦点儿!
    *胆小点儿!   *嘈杂点儿!   *蛮横点儿!
D. *可爱点儿!   *健康点儿!   *伟大点儿!
    *优秀点儿!   *美丽点儿!   *高尚点儿!

以上四组格式中的形容词的语义特征可以用矩阵图区别如下：

  形 A:[＋褒义，－贬义，＋可控]　　形 B:[－褒义，－贬义，＋可控]
  形 C:[－褒义，＋贬义，±可控]　　形 D:[＋褒义，－贬义，－可控]

可见，只有同时具备[－贬义]和[＋可控]两项语义特征的形容词才能够进入以上格式。具有[＋贬抑]特征形容词还可以前加"别"构成否定义祈使句，而[＋褒扬]特征形容词则不可以。例如：

  A.　别骄傲　　　别懈怠　　　别虚伪
  B.　?别谦虚　　　*别努力　　　*别诚实

"别谦虚"、"别积极"、"别用功"、"别客气"等都可以说，其实均表示"别那么谦虚"、"别那么积极"、"别太用功"、"别太客气"的意思，在说话人的心目中，"别"后的形容词仍带有[＋贬抑]的特征。

（四）能够较好地解释某些狭义同构句式的内部差异

  a. 兰兰在钢笔上刻记号　　→ 兰兰刻记号在钢笔上
  b. 明明在帽檐上别校徽　　→ 明明别校徽在帽檐上
  c. 兰兰在冰柜里取饮料　　≠ 兰兰取饮料在冰柜里
  d. 明明在碟子里抓花生米　≠ 明明抓花生米在碟子里
  e. 兰兰在词典里查生词　　*兰兰查生词在词典里
  f. 明明在兰兰头上数白发　*明明数白发在兰兰头上

以上各例原式可以抽象为：N1＋在＋NPL＋V＋N2。可以看出，a 和 b 的 V 具有[＋使附着]的语义特征，这使"在＋NPL"移至补位后语义关系保持不变；c 和 d 的 V 具有[＋使去离]的语义特征，这使"在＋NPL"移至补位后语义关系发生了很大变化；e 和 f 的 V 既不具有[＋使附着]特征，也不具有[＋使去离]特征，这使"在＋NPL"不能被移至补位。同时，通过语义特征分析，格式中的动词 V 被划分为三个小类："附着"类、"去离"类和"非附着、非去离"类。

（五）可以揭示同形格式中相关词语语义指向不同的原因

  a. 我给了他一本自己的书。
  b. 我送了他一筐自己种的蔬菜。
  c. 我告诉了他好几遍自己的通讯地址。
  d. 我要了他一本自己的书。
  e. 我买了他一筐自己种的蔬菜。

第十三章　语义特征研究

　　f. 我问过他好几遍自己的通讯地址。

a-c 中的动词具有[＋给予]的语义特征，而 d-f 中的动词具有[＋获取]的语义特征。动词语义特征的不同影响到句中的"自己"的语义指向也不同：a-c 的"自己"指向句首主语"我"，d-f 的"自己"指向间接宾语"他"。

　　跟任何其他的分析方法一样，语义特征分析法也解决不了所有的问题。语法结构自有相应的语义基础，但语言是发展的，是变化的，在使用过程中语义可能会磨损，会蜕变，会脱落，因此许多语法现象的语义基础在今天已很难作出令人满意的解释。而且语言是复杂的，影响到组词成句规则的因素也是多样的，语义、语法和语音都在语言系统中互相制约、互相作用。在众多的语法意义中，除了语义特征，还有诸如语义指向、语义角色、语义范畴、语义关系、语义结构、语义层次等都可能影响、制约语法规律。

第十四章 认知解释研究

> 提示:简略介绍认知语法研究的概况,比较详细的结合汉语语法研究阐述认知语法的基本原则,以及它对汉语语言事实的解释力,并预测汉语认知语法今后的发展方向。

20世纪90年代以来,认知语言学已经成为欧美语法研究的大趋势,正在形成自己的研究体系,同时它也逐渐成为汉语语法研究的一个新热点。就语言学内部来看,认知语言学可看作功能主义语言学的一个分支,但是目前大有独立出来的趋势。从认知语言学的理论基础来讲,它涉及到认知科学、哲学、心理学、逻辑学、社会学、语言学等多种理论。从认知语言学的研究视角出发,又可划分认知语法、认知与语言习得、语篇分析、概念隐喻、认知与语义、认知与语用、认知与翻译、认知诗学等主题的研究。

第一节 汉语认知语法研究概况

一、汉语认知语法研究的历史和现状

认知语法由 Langacker 始创于1976年。他所提出的"空间语法",在20世纪80年代逐步发展,到了80年代末和90年代初发展成了一个新的很有特色的语言学理论——认知语言学。在狭义的认知语言学诸种理论中,认知语法对语言的描写和解释最全面、最深刻,并被广泛运用来解释各种语言现象。近年来,它的研究焦点是范畴化的原型理论、意象图式、句法象似性、隐喻借喻以及有界无界等。

国内语法学界引进汉语研究引进认知分析始于20世纪80年代末,大体分为三个阶段:

(一)引介阶段。开汉语认知语法研究之先河的是台湾学者戴浩一、谢

第十四章 认知解释研究

信一。他们在美国开始学习的是形式语法,但是发现运用于汉语却有许多问题解释不了,转而对认知语言学发生兴趣,并且先后发表了《时间顺序和汉语的语序》(《当代语言学》1988,1)和《以认知为基础的汉语功能语法刍议》(《国外语言学》1990,4)、《汉语中的时间和意象》(《中国语文》1989,1)(后由黄河和叶蜚声分别翻译介绍到大陆),三文运用认知语言学对汉语的众多语法现象进行了新颖的别开生面的解释,触及认知功能语法的哲学观、语言观和诸多原则,引起内地学者高度重视,这对开拓内地学者的视野,扩大认知语法的影响是很有帮助的。开始引进到内地时,还偏重于翻译和介绍,例如沈家煊、赵艳芳、王勤学、林书武等,但专门研究汉语语法具体问题的论文还不多,更多的是结合汉语的实例进行介绍和综合,有一定启发性。

(二)发展阶段。20世纪90年代中期以来,内地学者开始致力于运用认知语法的理论对大量汉语语法事实在描写基础上进行多角度的解释。在这方面取得积极成果的主要有沈家煊、袁毓林、张伯江、方梅、张国宪、周国光、刘宁生、石毓智、张敏等,他们借鉴认知语法的基本观念和方法来研究汉语的具体问题,如汉语里多项定语的排列次序、词的重叠、词类的本质特点、肯定与否定的对称与不对称、名词配价的原因、领属构造中"的"字的隐现、方位表达等等,取得了一系列成果。

(三)深入阶段。中国认知语言学的研究已经形成两个方面军:汉语学界和外语学界。前者倾向于结合汉语语法专题进行深入研究,后者着重结合汉语进行理论和方法上的探索。

汉语学界的认知语法研究,如果说20世纪80年代还是初露锋芒,那么到了90年代,认知语法的有关理论与方法已经在汉语语法研究这块肥沃的土地上扎根,而到了21世纪,则进入了全面开花、结果的收获期。这个阶段的理论研究结合汉语研究介绍讨论得更加透彻,运用认知语法分析解释实际问题,无论从广度,还是深度上都更上一层楼。

值得指出的是,中国外语学界的学者对认知语言学表现出极大的热忱,进行了的不懈的努力,他们进行了大量的评介与研究工作,如胡壮麟、林书武、束定芳等关于隐喻的研究,徐盛桓的常规关系研究,王寅、王德春、文旭等关于语言符号象似性的讨论,还包括程琪龙、石毓智、蒋严、许余龙等的研究。从2001年起连续举办了五届全国认知语言学研讨会并且成立中国认知语言学会。

近年来认知语言学俨然成了汉语学界和外语学界的热点和亮点,首先,通论性质的著作出版了不少。例如:赵艳芳《认知语言学概论》(上海外语教育出版社 2006),对认知语言学作了综合介绍和阐释,尤其对认知语言学的理论基础、形成过程及其应用阐述得更为详细、深刻,但缺少汉语具体问题的分析。王寅《认知语言学探索》(重庆出版社 2005)、陈忠《认知语言学研究》(山东教育出版社 2005),屈承熹、纪宗仁《汉语认知功能语法》(黑龙江人民出版社 2005)、卢植《认知与语言》(上海外语教育出版社 2006),刘宇红《认知语言学的理论与应用》(中国社会科学出版社 2006)等,各有不同的侧重,也各具特色。

有关的专门研究,大体上有四种类型:1. 论文选集,集大成的是束定芳主编的《语言的认知研究——认知语言学论文精选》(上海外语教育出版社 2004);2. 个人论文集,例如沈家煊的《认知与汉语语法研究》(商务印书馆 2006)、王维贤《认知、交际和语法》(中国社会科学出版社 2007);3. 对汉语语法某些专题进行认知角度的研究,例如崔希亮《语言理解与认知》(北京语言文化大学出版社 2001)、崔应贤《现代汉语定语的语序认知研究》(中国社会科学出版社 2002)、刘焱《现代汉语比较范畴的语义认知解释》(学林出版社 2004)、徐默凡《现代汉语工具范畴的认知研究》(复旦大学出版社 2004)、张国宪《现代汉语形容词功能与认知研究》(商务印书馆 2006)、张旺熹《汉语句法的认知结构研究》(北京大学出版社 2006)、陈振宇《时间系统的认知模型与运算》(学林出版社 2007)等。4. 就认知语言学的某个理论问题的研究,例如束定芳的《隐喻学研究》(上海外语教育出版社 2000)、蓝纯《认知语言学与隐喻研究》(外语教育与研究出版社 2005)、胡壮麟《认知隐喻学》(北京大学出版社 2004)。有关研究情况可参阅周红《汉语认知语法研究动态》(汉语学习 2002,6)。

二、汉语认知语法的新进展

认知语言学在中国的发展,不光是被动的借鉴和吸收,还有汉语学者的创新与发展。认知语言学几乎是在引入的同时伴随着汉语语言现象的研究,并已取得了一些引人注目的成果,即使是早期的推介性著作也往往是结合汉语语言现象进行的,这方面的研究最出色的代表:

(一)沈家煊。他的《认知心理和语法研究》(《语法研究入门》,商务印书馆 1999)、《认知语言学与汉语研究》(商务印书馆 2006)、《认知与汉语语法研究(《语言学前沿与汉语研究》,上海教育出版社 2005)等比较全面地介绍了认知语言学的基本理论以及在汉语中的运用,为认知语法研究的深入和拓展奠定了理论基础。《不对称和标记论》(江西教育出版社 1999)就是

第十四章　认知解释研究

借鉴功能语言学的"标记理论"对汉语语法中各种对称与不对称的语法现象进行认知上的解释,其中不少观点很有参考价值,例如他指出"标记模式"具有"相对性"和"关联性","主语"和"宾语"的不对称实际上是"施事"和"受事"的不对称、"话题"和"焦点"的不对称。《句法的象似性问题》(《外语教学与研究》1993,1)、《"有界"与"无界"》(《中国语文》1995,5)、《转指和转喻》(《当代语言学》1999,1)等文章在语言学界更是有广泛影响的文章。

(二)袁毓林。《词类范畴的家族相似性》(中国社会科学 1995,1)是运用原型范畴探讨汉语词类问题的典范文章,该文指出,汉语词类是一种原型范畴,是人们根据词与词之间在分布上的家族相似性而聚集成类的。一类词的典型成员在分布上往往共有一组分布特征,可以通过典型成员的分布特征来给词分类和给不同的词类下定义。作者认为,根据原型范畴化理论,运用词分布上的优势劣势之别,给词分类,给不同的词类下出宽泛定义,辅以严格定义,是一个比较现实、周全的做法。最后,作者给出了一个基于原型理论的汉语词类系统。他的另外一本著作《语言的认知研究和计算分析》(北京大学出版社 1998)运用认知语言学的计算分析方法来解决汉语语法中的具体问题方面很有建树。这本著作尝试从认知科学的角度对语言的结构方式和语义理解的心理机制进行研究并加以计算分析,以探索语言研究怎样为计算机理解自然语言提供恰当的方法和合适的规则。袁毓林的系列论文大多跟认知语法有关,论文集为《汉语语法研究的认知视野》(商务印书馆 2004)。

(三)张敏《从类型学和认知语法的角度看动词重叠现象》(《国外语言学》1997,2)认为,跨语言的研究表明,各种语言中重叠形式的意义具有相似性,即都表示量的增加,而这种形式和意义之间的关系又反映了认知语法中的"数量象似原则"(quantity iconicity principle):形式越多,表达的内容也就越多。形容词重叠式表示的就是一种量的增加。张敏的代表作《认知语言学与汉语名词短语》(中国社会科学出版社 1998)分为理论介绍和汉语名词定语研究两个部分。首先是对认知语言学的理论主张、经验基础,尤其是句法的象似性等作了较为系统的介绍,其次是运用句法的距离象似性原则解释了汉语的名词短语问题。他认为领属构造中"的"的隐现,与定语和中心语之间的概念距离大小有关,确认指标的定语与作为领有者的定语相比,与中心语之间的概念距离要小,因此可以说"他妹妹、我老乡、我们班",而不能说"你手、我汽车",他还发现这一规律相当系统地反映在多项定语的相对语序里,如数量成分可以反映物体是否具有[可数]的属性,比只作用于概念外延的领属者距离中心语要近,因此数量成分位于领属者之后。最后得出名词短语要遵循距离象似性的规律,具有很强的概括性和说服力。

(四)石毓智的《语法的认知语义基础》(江西教育出版社 2000)和《肯定和否定的对称与不对称》(北京语言文化大学出版社 2001)两本著作提出了自己系统的语言学思想,他认为语义是一种认知现象,语义在很大程度上决定语法。《肯定和否定的对称与不对称》是他的代表作,提出了汉语形容词在量性特征上存在着"量幅"和"量点"的对立,即性质形容词表示的是"量幅",状态形容词表示的是"量点"。并根据能否用"有点儿、最"程度词修饰来区分这两类形容词,侧重的是形容词在量上的延展度。

第二节 认知语法的基本原则

描写与解释必须紧密地结合在一起。描写是基础,是根本;但是光有描写显然是远远不够的,还需要做出必要的解释。反过来说,光是提倡解释而不去作描写,那也是无源之水,无本之木,我们需要的是把这两者结合起来。解释,可以有不同的层次,不同的角度,比如语义的解释,语境的解释,社会的解释,也可以是人类特有的认知的解释。

认知包括认识与感知两个方面,认识指能够确定某一人或事物是这个人或事物而不是别的,又指人的头脑对客观世界的反映。感知指客观事物通过感觉器官在人脑中的直接反映,又指感觉,简而言之,就是人脑对客观世界的反映与客观事物通过感觉器官在人脑中的直接反映。总的来说,认知语法的内涵就是,语法规则不是任意的,而是人在认知世界的过程中形成的某些模式,人对客观世界的认知是通过原型范畴、象似性原则、图式投射、转喻与隐喻等来进行的。因此,认知解释,最重要的是四个方面。

一、原型范畴及理想认知模式

科学研究,离不开分类,我们研究语法,就需要给词、短语、句子进行必要的分类。分类就需要有一定的可操作的标准。但是,我们所制定的标准,不论如何精细,如何准确,总是有些对象会发生问题。例如汉语里,名词和动词的界限似乎比较清楚,帽子、书包、树木、房子……都是名词,走、吃、打扫、敲打……都是动词。但是实际上还是有一些词语,很难归类,比如:

第十四章 认知解释研究

	动宾	偏正1	偏正2
(1)	学习英语	学习园地	理论学习
(2)	演出话剧	演出人员	文艺演出
(3)	研究科技	研究水平	历史研究
(4)	调查事故	调查表格	农村调查

"学习、演出"等既可以带宾语,也可以修饰名词做定语,还可以接受名词修饰构成名词性短语,后两者都是偏正短语。那么"学习"等到底是动词,还是名词?还是名动词?这说明,"帽子、书包"等属于典型的名词,"走、吃"属于典型的动词。而"学习、演出"等不是典型的名词或动词。

在自然界,同样也存在这样的情况,麻雀、燕子是典型的鸟类,而鸵鸟、鸡、鸭似乎应该是鸟类,可是已经失去了鸟类的基本功能"飞翔",那么是不是典型的鸟类呢?可能不同的人会得出不同的结论。

因此,我们在给语言成分或现象分类时,要有一个范畴化的观念,范畴化是人类在认识世界的过程中,对认知对象进行分类和归类的一个活动。首先需要树立起"原型范畴",建立起核心的成员集合。人类通过感知、行为活动及与现实文化间的相互作用,形成较为原始的范畴,如水果、动物、家具等范畴;一方面又通过比较、隐喻和概括等途径将现有范畴不断地抽象化、概括化,有时进而整合形成更高层次的范畴。原型概念最初指的就是范畴中的典型成员、最佳成员,比如"鸟"这个范畴的"知更鸟",典型成员的特征在范畴中最为核心,典型成员与非典型成员之间存在等级之别。张敏(1998)指出,尽管"原型"一词有时被用来指范畴内的最佳成员或典型代表,但其更确切的意思,其实指的是作为范畴核心的图式化的一种心理表征,是一种认知参照点,因此,所谓原型范畴是指具有该类范畴典型属性和特点的成员的集合。在原型和非原型之间没有不可逾越的鸿沟,从最典型成员到最不典型成员,按照典型程度的高低逐步过渡,从而形成一个连续统。比如典型名词只能受名量词修饰,不能受动量词修饰。例如:

名量词	动量词			
一杯水	*一次水	一趟水	一下水	一回水
一本书	*一次书	一趟书	一下书	一回书

但是我们发现有部分名词,不但可以接受名量词的修饰,而且可以直接受动量词修饰,这显然是一般典型名词所不具有的句法特点。例如:

	名量词＋N	动量词＋N	举例
A.	一股风	一阵风	（一阵雨　一阵雪）
B.	一碗饭	一顿饭	（一顿点心　一顿皮鞭）
C.	一个球赛	一场球赛	（一场战争　一场京剧）
D.	一个宴会	一次宴会	（一次灾难　一次机会）

因此我们可以把这类既能够接受名量词修饰,也能够接受动量词修饰的名词叫做"动量动态名词"。接着,我们还发现,这类动态名词中还有部分名词,不仅可以接受动量词修饰,甚至于还可以带着"前"、"后",表示时间的动态,叫做"时间动态名词"。例如：

雨前——雨后　　球赛前——球赛后
饭前——饭后　　战争前——战争后
会前——会后　　假期前——假期后

我们继续发现,其中还有部分名词,甚至于还可以进入"正在……之中"的框架,表示动作的进行时态,这些名词可以叫做"进行动态名词"。例如：

球赛正在进行之中　　战争正在进行之中
会议正在进行之中　　手术正在进行之中

尽管"风、雪"、"战争、球赛"以及"会议、手术"等都是名词,但是它们的属性明显跟一般的典型名词有区别。根据以上的分析,我们可以建立起一个名词动态性程度的连续统,假设从 A 点到 E 点,为一根横轴,中间可以分为 B、C、D 三个点。

静态	100	75	50	25	0
	A	B	C	D	E
动态	0	25	50	75	100

A 是典型的静态名词[静态 100% 动态 0%],E 是典型的动词[静态 0% 动态 100%],静态因素跟动态因素互为消长：当静态成分增长,相应的动态成分就减少；当动态成分增长,相应的静态成分就减少。

原型范畴的建立,可以帮助我们认清,以典型成员为核心,它的外围,实际上排列着程度不等的非典型成员,这将有助于我们认识到在两个或几个典型集合之间存在着过渡地带。这样我们在给语法成分或者语法现象分类时就可以采取柔性处理,而不是刚性处理。

第十四章 认知解释研究

与原型理论有关的一个假想是理想化认知模式（ICM），语义的基础应是一个涉及各种相关的认知域里背景知识的复杂的认知结构，它反映了特定社会文化环境中的说话人对某个或某些领域里经验的统一的理想化的理解，它是不同程度的抽象结果，所以称作"理想化的"模式。可以看出，在ICM所涉及的各种相关认知域中，理所当然地也包括程度认知域。"理想化的理解"也就是对程度范畴基本状态（最佳状态）的一个理解。

以程度范畴为例，作为认知范畴之一，同样也存在着一个认知上的原型，这个原型可以理解为是人们对属性认知的一个理想模式。比如什么是漂亮，什么是不漂亮，什么是很漂亮，人们心里有个谱儿，有个公众的认同标准。我们描述漂亮的程度，就是以"这个谱儿、这个标准"为依据衡量的，而"这个谱儿、这个标准"就是我们所说的原型。从这个角度说，这个认同标准，是一种普遍认知，是程度差别中一个最中和的状态，一个最适宜的状态。当然，在不同的范围里，不同的性别、不同的对象、不同的人群、不同的社区，不同的民族、不同的国家，甚至于不同的时代，对"漂亮"都可以有不同的解读。比如人的漂亮、衣物的漂亮、动作行为的漂亮、言辞的漂亮就都不相同；即使都是人的漂亮，也要区分出：女人的漂亮、男人的漂亮、老人的漂亮、小孩的漂亮、婴儿的漂亮等等。比如我们也许早就发现，跟现代以瘦为美不同的是，非洲有的地区，我国古代唐朝，就是以肥胖为美。再比如，中国的女子历来以嘴小为美，而西方则以大嘴为美。可见，原型范畴的建立要受到各种因素的制约。

二、象似性原则以及隐喻和借喻

（一）象似性的三大原则

世界上事物与事物之间往往存在某种联系，其中很重要的一个联系就是象似性，即两个事物之间，或者某部分外形，或者某种属性，或者某种特点比较相似，或者跟某些事物有某种联系，我们就把这种关系称之为象似性关系。

象似性原则通常提到三个主要的子原则：

1. 距离象似性原则。概念之间的距离跟句法成分之间的成分基本一致。这样就可以解释下列语法现象：

(1) 我爸爸　　　　*我椅子

(2) 我鼻子　　　　*我帽子

因为"爸爸"、"鼻子"都属于"不可让予的",而"椅子"、"帽子"属于"可让予的"。显然跟定语"我"的关系,前者的距离要小于后者。所以,"的"就不一定必须出现。

2. 顺序象似性原则。汉语的词序和事件的时间顺序之间具有广泛的象似关系,句法成分的排列顺序映照它们所表达的实际状态或事件发生的先后顺序,例如:

(3) 我在马背上跳。
(4) 我跳在马背上。

(3)是我先在马背上,然后再跳;(4)却相反,是我先跳,然后到达马背上。时间的顺序不同,"在 NP"在句法结构中的位置也不同,一个在动词之前,一个在动词之后。

3. 数量象似性原则。相对来说,比较大的信息、比较重要的信息,以及比较难于预测的信息在句法上就可能采用比较复杂的形式,采用比较多的句法成分。反之就采用比较简单的形式,采用比较少的句法成分。例如汉语里的形容词,当要表示它的"量"增加,程度增加的时候,就采取重叠式。例如:

漂亮 → 漂漂亮亮	大方 → 大大方方	舒服 → 舒舒服服
冰冷 → 冰冷冰冷	雪白 → 雪白雪白	笔直 → 笔直笔直
热 → 热乎乎	乐 → 乐滋滋	干 → 干巴巴

(二) 隐喻和借喻

我们在认识某个事物时,往往利用凸现的事物去认识比较隐蔽的事物,利用已知的事物去认识未知的事物。借助于象似性原则,我们主要采用了隐喻和转喻的方法。

1. 隐喻:利用具体、生动、常用、熟悉的概念来隐喻比较抽象、陌生、难以理解的概念。比如把利好的股市叫做"牛市",把不景气的股市叫做"熊市"。再比如有关军事的说法转述到一般工作中来:文教战线、体育战线、科学堡垒、抗旱第一线、第三梯队等等。最明显的是把空间以及时间的相互隐喻。例如:

(1) 这位老婆婆看起来有七十上下。
(2) 他在这里前后工作了三十年。

"七十"是年龄,"三十年"是时段,表示约数搭配的却是方位词"上下"、"前后"。再比如:

第十四章 认知解释研究

(3) 唱起来　　唱下去
(4) 醒过来　　昏过去

"唱起来"的"起来"表面上是空间关系,表示的却是时间因素"开始";"唱下去"的"下去"表面上也是空间的移动,表示的却是时间的"持续"。此外季节由于周而复始,好像具有生命力一样,所以往往用人和动物的移动性来隐喻。例如:

(5) 春节即将到来。
(6) 冬天已经来临,春天还会远吗?

"春节"、"冬天"、"春天"都是时间概念,搭配的谓词却是位移性的"到来"、"来临"、"会远吗"。李宇明(1999)曾提出空间图式是一种能产性极强的认知图式,人们习惯于把空间的范畴和关系投射到非空间的范畴和关系上,如时间范畴和社会关系范畴,如用"上、下"来表达时间:上星期/下星期、上半月/下半月;用"上、下"来表达权势关系:上帝、上苍、上宾、下级、下属。

2. 转喻:依赖于 A 和 B 的临近性与关联性,把 A 看作相关的 B。属于同一个认知域的转指,用局部指称整体,用来源指称结果等。比如一个国家的首都往往是该国的政治中心、经济中心、文化中心,也是政府的所在地,所以,用首都来替代整个国家是个惯例;对某个城市来说,也常常会用某条著名的街道或者建筑来替代。比如:

(7) 国际上非常重视北京的声音。
(8) 中南海牵挂着风雪归途中的老百姓。

其中的"北京"实际上就是指代中国,"中南海"指代的是国家领导人。再如:

(9) 我们去吃火锅。
(10) 靠山吃山,靠水吃水。

"火锅"指代的是"火锅"里的食物。"山"、"水"指代的是依靠"山"和"水"所获得的食物或者依赖于山、水的出产所获得的食物。

借喻有许多类型,最主要的是 1. 以整体借喻部分;2. 以部分借喻整体。例如:

(11) 你是她的左右手。
(12) 看到的尽是新面孔。

(13) 电脑坏了。
(14) 眼睛瞎了。

三、图形与背景

意象图式是认知语法的一个重要概念,它是人们在对事物之间基本关系的认知基础上形成的认知结构。我们感知两个事物之间的空间关系时,往往把一个事物 A 作为直接的目的物"图形",而把另外一个事物 B 当作衡量 A 的位置和方向的参照物"背景"。图形的特点是:凸现的、较小的、居于中心位置的、可移动的、容易引起注意的、容易辨认的;而背景的特点是:不凸现的、较大的、居于边缘位置的、静态的、不容易引起注意、不容易辨认的。但是,两者也不是绝对的,在一定条件下,可以转换,比如下图:

如果我们注意白色部分,就会看到一个花瓶,如果我们注意的是划线部分,就会看到两个面对面的人像。它们互为图形和背景。

我们观察事物,可以从图形到背景,也可以从背景到图形。这里显然存在两种不同的途径。例如:

(1) 亭子在湖中心。　　　　人造湖在公园中央。
(2) 旅游团住在度假村里。　度假村坐落在山脚下。
(3) 湖中心有个亭子。　　　公园中央有个人造湖。
(4) 度假村里住着旅游团。　山脚下建了个度假村。

例(1)(2)是图形(亭子、人造湖、旅游团、度假村)在前,再引出相应的背景(湖中心、公园中央、度假村里、山脚下);例(3)(4)恰恰相反,先引进背景,再出现图形。通常存现句表现的是"图形——背景",有字句表现的是"背景——图形"。

第十四章 认知解释研究

图形与背景有的可以转换,有的不能转换。例如:

(5) 小学在超市的右边。→ 超市在小学的左边。

(6) 跳水台在游泳池左边。→ *游泳池在跳水台右边。

(5)可以转换,属于对称关系,图形与背景构成"互衬位置"。(6)却不可以转换,属于不对称关系,图形与背景构成"单衬位置"。这是因为(5)的"小学"和"超市"规模相大体当,可以互为背景;而(6)的"跳水台"明显小于"游泳池",用小物体做背景去衬托大物体图形,是不太符合人的认知规律的,所以这样的句法结构无法接受。可见,物体比较大的充当背景的可能性要远远大于物体比较小的。

汉语的结构组合实际上存在着背景往往先于图形出现的趋势。这也就是为什么偏正短语中,定语、状语总是在前,中心语总是在后的道理。偏正短语的排列往往是"背景——图形"。比如:

(7) 中国的历史　花瓶里的鲜花

(8) 在桌子上跳舞　从门口跑进来

(7)"中国"、"花瓶里",以及(8)"在桌子上"、"从门口"都是提供的背景信息,而"历史"、"鲜花"以及"跳舞"、"跑进来"则提供的是图形信息。

事实上,认知图景是人们对现实世界常规的恒定的一种认知模式,它包括两个方面:

1. 静态模式。所谓静态模式是指我们对一个客体(也许包括抽象的在内)方方面面的认识,比如,一个"足球",它是圆的,充满气后,可以踢,落到地面上还可以弹跳起来,还有它的大小、表面图案、作用、甚至质料等;一只"苹果",我们知道它是什么颜色、什么味道、什么形状、一般大小、是结在树上的果实等。

2. 动态模式。所谓动态模式是指一个可感知的行为动作的过程以及伴随这一过程的各种概括的认识特征,比如"吃"这一行为,存在一个有生命的动物,典型的是人和动物,"吃"一种什么东西,吃的时候还可能涉及一些辅助工具。就人而言,他要用筷子或刀叉之类,食物还要放在碗盆之类的容器里,等等。

陆俭明《关于句处理中所要考虑的语义问题》(《汉语研究》2001,1)曾提出为什么可以有"掏出来、插进去"的说法,而不能说"*掏进去、插出来"。他认为,这也与认知图景有关。"掏"所展示的认知图景是一个人用手(或借助工具)将某物体从一个容器之类的东西中取出来,而不是相反的动作——把物体放进去;因而"掏"可以与"出来"搭配而不能与"进去"搭配。"插"所展示的认知图景是,某人将一个细长的物体(往往是比较尖的)置于另一物体(可能是容器,也可能不是)的内部;因而"插"能与"进去"搭配,不能与"出来"搭配。

四、"有界"和"无界"

沈家煊《"有界"与"无界"》(《中国语文》1995,5)、《再谈"有界"与"无界"》(《语言学论丛》第三十辑,商务印书馆2004)详细阐述了这一对立的概念:"人们感知和认识事物,感知和认识动作,感知和认识形状,都有有界和无界的对立。人类认知上的这种基本对立必定会在语法结构上有所反映"。

事实上,所谓的有界和无界,包含三方面的内涵:

1. 事物的界性。事物(主要用名词来表示)的有界和无界的对立体现在空间上,在语法上的典型反映就是名词有可数和不可数的对立。例如:

无界:水　　　　书　　　　衣服　　　　桌子
有界:一杯水　　两本书　　三件衣服　　四张桌子

2. 动作的界性。动作(主要用动词来表示)的有界和无界的对立,主要看动作在时间轴上有无一个起始点和一个终止点,无界动作没有起始点和终止点,有界动词则有比较明确的起点和终点。有界动作和无界动作的对立跟有界事物和无界事物的对立具有平行性。例如:

这本书我读了三天。
这本书我读了三天了。

这两句的语义是有根本区别的:前句是有界的,读了三天,完了。后句是无界的,"读了三天"再加上语气词"了",说明还没读完;有界和无界形成对立,并且有各种形式表现出来。例如:

无界:丢　　　丢着　　　正在丢
有界:丢了　　丢过　　　丢地上

3. 性状的界性。体现在程度和量度上。例如:

无界:红　　　干净
有界:通红　　红彤彤　　干干净净

第十四章　认知解释研究

区分认知上"有界"和"无界"的重要作用,就是可以统一解释跟数量短语有关的语法现象。例如:

A. *盛碗里鱼　　　　　盛碗里两条鱼
B. *飞进来苍蝇　　　　飞进来一只苍蝇
C. *捂了孩子痱子　　　捂了孩子一身痱子

上述句子里,动作本身都是有界的,"盛碗里"、"飞进来"都显示出终点,"捂了"表完成,所以相匹配的宾语也必须是有界的,否则句子不能成立,而光杆名词前面有数量短语修饰就从无界变成有界了。再比如:

D. *干干净净衣服　　　干干净净一件衣服
E. *红通通脸　　　　　红通通一张脸
F. 干净衣服　　　　　*干净一件衣服
G. 红脸　　　　　　　*红一张脸

D和E的状态形容词"干干净净"、"红通通"是有界的,"衣服"、"脸"则是无界的,所以不能匹配;加上数量短语"一件"、"一张"成为有界,就可以组合了。E和F的性质形容词"干净"、"红"是无界的,"一件衣服"、"一张脸"是有界的,也不能匹配,但是跟无界的名词"衣服"、"脸"就可以组合。可见,句法结构组合的基本原则就是:无界的动词或者形容词,要跟无界的名词组合,有界的动词或形容词要跟有界的名词组合。否则组合起来就不能成立,因为这不符合人类的认知规律。

第三节　认知语法的解释力

一、认知语法的认知性和概括性

陆俭明、沈阳《汉语和汉语研究十五讲》(北京大学出版社 2003)指出,认知语言学理论的认知性和概括性的解释比起形式语言学理论的离散性和生成性的解释来,不但更加全面而且更加科学。也就是说,对语言现象只有从认知角度才能得到最概括的解释。

沈家煊《认知语法的概括性》(《外语教学与研究》2000,1)指出所谓认知语法的概括性和认知性,实际上是认知语法在解释语法现象时的一项承诺,即力图找出一些基本的认知原则对语言不同层次、不同方面存在的并行现象做出统一的解释,以收到以简驭繁的效果。比如由"正负颠倒"引起的语法、语义、语用三种异常现象可以用"量级"进行统一的解释。石毓智《表物体形状的量词的认知基础》(《语言教学与研究》2001,1)则认为量大的事物能够长期存在,量小的容易消失,即根据概念的语义程度来区分不同的量级,从而可以对判断词语肯定、否定用法进行解释。

(一)认知上的"时间顺序"原则可以对不同语句顺序的平行现象作出概括解释。例如:

A1. 他把黑板上的字擦了。→ A2 *他擦字擦在黑板上。
B1. *他把黑板上的字写了。→ B2 他写字写在黑板上。

根据顺序原则,"在"字结构出现在动词前就表示发生的时间顺序在前,出现在动词后就表示发生的时间顺序在后。黑板上的字,在擦这个动作发生之前就已经在黑板上了,所以 A1 才可以对"字"进行"擦"的处置;而字在写这个动作发生之后才出现在黑板上,所以 B1 无法去处置。反之,B2 是通过"写字"的行为,字才落到黑板上,而 B2 不可能通过擦字的行为使得字到黑板上。

(二)根据认知的"象似性原则"对不同句式的平行现象可以作出概括解释。例如:

A. 我在院子里种几棵花儿。　　B. 我给张老师写一封信。
C. 我种在院子里几棵花儿。　　D. 我写给张老师一封信。

A 和 B 属于同一句式,C 和 D 属于同一句式,我们可以感觉出,这两种句式体现出不同的心理感受,表达很不一样的意义。虽然一句用的介词"在",一句用的介词"给",但是可以用统一的原则——顺序象似原则加以概括,在认知语法看来,A 和 B、C 和 D 之间的象似性要大于 A 和 C、B 和 D 之间的象似性。

二、特殊句式的认知解释

认知语法旨在从认知角度多方位地解释语言现象,为我们深入认识汉语语法的特点提供了有力的武器,它可以帮助我们解释种种语言现象。很多学者运用认知语言学理论对语言从词汇、句法、语义范畴等方面进行了分析。

句式整体意义的把握,必定受到一些基本认知原则,如顺序原则、包容

第十四章 认知解释研究

原则、相邻原则、数量原则的制约,我们可以据此解释许多以前无法解释的语法现象。例如:

(1) 我送给她一件毛衣。
(2) 我送一件毛衣给她。

句(1)"一件毛衣"跟"她"挨得近,"送"和"给"两个字紧接在一起,因此毛衣已经为"她"所有,"送"和"给"融合为一个过程,而句(2)相反,"送"和"给"分解为两个动作。这里可以用相邻原则进行解释。再如:

(3) 我来了,他也来了。
(4) 我来了,也看见了。

普通人可以感觉到,例(3)和例(4)中的"也"语义上是有差别的。例(3)的象似性要强于例(4),其原因的关键在于前发句与后续句之间相同或相异的成分,在句子中占据什么样的地位。一般来说,如果谓语相同,仅仅主语不同,则象似性强;反之,谓语不同而仅仅主语相同,则象似性要弱一些。因为一个句子的重心是谓语,特别是谓语动词,所以动作如果相同,则给人的感觉是象似性比较强;从认知上来解释,不同的主体发出相同的动作,虽然实际上两个动作不可能完全相等,但是人在心理上的感觉是相同的,好比"天鹅舞"里四个小天鹅在跳群舞时,观众的感觉是四位一体,动作划一,给人一种美感。这叫"相同动作的象似性距离"接近于零,这是不同主体的差异可以被忽略不计;而相同的主体发出不同的动作,虽然是同一个主体,但是由于动作不同,在人的心理上,感觉两者基本上没有什么像似点,尽管发出不同动作的是相同的主体,这叫做"不同动作的象似性距离"无穷大,这时相同的主体几乎被忽略不计,由此可以得出,不同动作的象似性距离要远远大于不同主体的象似性距离。在此基础上,进一步比较其他语义相似及语用相似的不同类型的也字句,就有可能得出:也字句的前后句必须遵循"象似性原则",从而形成一个象似性程度不同的连续统。

再比如典型的把字句,凸现的是一个物体在外力作用下发生空间位移的过程,这种空间位移的图式通过隐喻拓展形成了把字句的四种变体图式:

(5) 把妻子请进了深山。
(6) 把"吃"和"福"联系在一起。

(7) 把请客吃饭的排场看成一种"面子"。
(8) 把一个贫困的中国变成一个小康的中国。
(9) 把钱收好吧。

例(5)是典型的位移图式,而(6)—(9)就分别是系联图式、等值图式、变化图式和结果图式。(张旺熹《汉语句法的认知结构研究》,北京大学出版社2006)

事实说明,"汉语中还有很多特定语境中使用的一些特定句型,如存现句、双宾语句、把字句、连动句等,都呈现特殊语序现象。或许我们以后可以朝相似的认知方向来继续探讨和理解它们"(李英哲《从认知语言学的角度看汉语语法的问题》,《云南师大学报》2003,1)。

三、认知语法发展的原因

对语法现象和语法规律,我们不但要描写,还要解释。即不仅知其然,而且要知其所以然。不仅理解这是什么,而且知道这是为什么。最重要的解释就是对句法结构及其语义关系进行认知上的解释。这也就是认知语言学崛起的根本原因。

(一) 与汉语研究的适配性高,亲和力强,更有利于揭示汉语语法的特点。

在现行的多种语法研究理论里,认知语法最年轻,但是充满活力和朝气,发展的势头非常强劲。其原因是多方面的。

1. 认知语法重视经验事实的归纳,重视内心的反省,更容易取得独立的经验支持与验证。

2. 着重于意义和概念结构,注重句法里的隐喻结构及象似性特征,与汉语研究具有更强的亲和性。

3. 相比较而言,认知语法的理论比较开放而富有弹性,对一些问题具有相当大的解释力。

20世纪50年代初期,传统语法侧重从意义上分析语法现象,后来受到结构主义语法的影响,分析的重点由意义转向了形式,更多地从结构形式而不是从语义范畴或者功能系统出发来考察语法现象。事实上,语言中用来表示语法关系、表现语法意义的语法手段多种多样,重要的有:形态变化、词序变化、虚词运用等。与印欧语相比较,汉语是孤立型语言,体现出如下特点:不依赖于严格意义的形态变化,而主要借助于语序、虚词、重叠等其他的语法手段来表示语法关系和语法意义。(邵敬敏《现代汉语通论》,上海教育出版社 2001)汉语的句法结构比起形态丰富的语言来更加明显地倚重概念和象似的原则。受汉语的这个内在特点决定,传统语法和结构主义语法分析的弊端是不言而喻的。认知语言学认为,语义以及功能问题本质上都是一个认知问题,语义和语法是不可分割的,语义和形式之间形成了错综复杂的对应关系,我们要重视形式研究,但是我们更要关注语义的分析和功能的分析。而认知语法恰恰是在揭示汉语语法特点方面表现出与形式语法不同的理念和取向,弥补了形式语法的不少弊病,因此比较容易被汉语学者所接纳采用。

(二)认知语言学跟其他语言学流派相比,尤其是形式语法相比,没有那么深奥,以语言学、哲学、社会学等为基础的认知理论体现出更多的社会人文气息,实用性很强,可操作性高,而我国的学者大多比较熟悉人文科学,缺乏自然科学方面的素养,因此很自然地,我国学者大多倾向于从功能和语义入手,结合认知语法的理论与方法,很容易地运用到汉语的研究之中。

四、认知语法的应用价值

认知语法理论的价值在于其解释力和对实践的指导意义,很多学者将认知语言学理论与语言教学紧密结合,进行了广泛的探讨。这主要体现在英语教学和对外汉语教学中。

(一)在英语教学方面,如方文礼论述"认知影射机制与英语时体'化实为虚'和'化虚为实'的表意功能",认为英语时体的学习和运用与认知规律密切相关。人们必须首先认清时体的基本范畴,领略其固化的含义,并学会运用认知影射的机制,才能对时体相互迁移与错位的用法及其表意功能作出合理解释。李瑛《认知语言学理论与语言教学认知隐喻思维与多义词教学》(《中国外语》2006,5)一文应用认知隐喻理论探讨多义词教学,主要涉及两个方面,一是让学生了解多义词的基本形成过程;二是要培养学生的隐喻思维能力,提高词汇学习效率。作者认为,认知隐喻理论在多义词教学中的应用,是一种新型的词汇教学方法,它会进一步丰富词汇教学的理论和方法。叶琳《隐喻的图示——范例解释在课堂教学重的应用》(《中国外语》2006,5)通过对学习者在课堂讨论中使用隐喻的语料分析,从认知语法的图示-范例理论以及关联理论角度说明课堂讨论中学习者使用隐喻的最佳语境效果,提出将认知语法中图示-范例理论与关联理论相结合的交际认知运行模式,说明其在隐喻习得中的可学性及可操作性,为在英语教学中学习者语言能力及隐喻能力的培养提供一些启示。

(二)在对外汉语教学方面,例如周红《语义范畴与对外汉语语法教学》(《云南师范大学学报》2005,3)提倡以语义范畴为纲进行对外汉语语法教学的原因和范围,并提出了自己的初步设想。她认为,语义范畴处于语言层面,是认知范畴投射到语言中形成的以语言的意义为分类依据、以语言的形式为类别成员的范畴。对外汉语语法教学以语义范畴为纲,此外还有刘若云、徐韵如《对外汉语基础语法认知法教学初探》(《暨南大学华文学院学报》2003,4)也从认知出发,主张教学中要注意学生的认知结构和学习的心理过程。

第四节 认知语法研究的发展方向

认知语法被引入汉语语法研究,已经显示出强大的生命力。国内认知语法的如此兴旺,认知语法到底有哪些理论价值?认知语法用于汉语研究,较之以前的形式语法和功能语法,有哪些显著的优势?还存在那些问题?许多学者都做了有益的探讨。

认知语法的出现,由于其理论手段的丰富,使得很多语法学界长期争论的问题,得到了更为合理的解释,也拓宽了我们的研究视角,从而得以更细致地和更具解释力地去探究汉语语法现象。然而,我们也必须清醒地认识到:

(一)沈家煊(《"分析"和"综合"》,《语言文字应用》2005,3)指出,"形式和意义之间的关系既不是完全任意的,也不是完全可以预测的,而是一种有理据的约定俗成,对语法结构因而可以作出充分的解释,但是只能做到不完全的预测"。可见,认知语法不是自主的,即并不是所有语法现象都能用认知来解释,语法有其自身的独立性和系统性。因此需要注意语法的认知性和系统性,努力探讨认知语法的研究体系,以规范它的研究。

近年来,外语学界的学者在认知语言学与汉语集合的研究中,发现了不少实际问题和理论上的缺陷。刘宇红《认知语言学的理论缺陷》(山东外语教学 2006,5)探讨了认知语言学在如下三方面的理论缺陷:(1)心理表征与心理现实性问题;(2)身体化特征与意象图式理论;(3)隐喻理论。这些缺陷是例证性的,而不是穷尽性的。文章指出,尽管存在诸多的理论缺陷,认知语言学仍是充满理论魅力的学科。王寅《认知语言学中值得思考

第十四章 认知解释研究

的八个问题》(外语研究 2005,4)指出了认知语言学研究中存在的一些不足之处,将其归纳成"认知的无意识性问题"、"基于原型成员的延伸问题"等八点,尤其指出被认知语言学家置于显赫地位的隐喻问题也仍有一些问题需要进一步作出统一解释,如隐喻的作用究竟有多大?隐喻在多大程度上具有体验性?隐喻与相似性的关系等等。对于认知框架和意象图式问题,用框架来表征知识被认为是一种十分方便的方法,但人们的知识非常广泛,究竟要多少框架才能将人类知识系统描写清楚?框架系统具有层级性,同级和上下级框架之间具有什么联系,它们的关系该如何描写才能清楚?一个人同时可能会有多重身份,如张先生可能既是教授,又是系主任,还可能兼有其他职务,此时就必然要涉及到多个框架,如何处理这些框架之间的关系?诸如此类问题都需要语言学家进行更进一步的研究。石毓智《认知语言学的"功"与"过"》(外国语 2004,2)根据我们对汉语的研究经验讨论认知语言学的进步和局限,以具体的例证说明了,认知语言学跟传统结构主义语言学、特别是形式主义语言学相比,有八个方面的优点;同时也存在着七个方面的局限性。该文的分析对如何消化和使用这门新兴的语言学科有一定的帮助。

(二)目前的研究事实上也存在一些局限性,也存在不少问题。如国内语言学界存在的一个普遍问题是"两张皮"现象:外语界的同仁虽然对国外的语言学理论比较熟悉,然而缺乏对汉语语法的全面认识和汉语语法研究的基本训练,以致很多运用认知语言学理论分析汉语的文章显得有些削足适履;而汉语界的人容易埋身于传统的语法研究思路,对认知语法的一些基本概念与理论认识还不够,造成了理解与使用上的混乱,以致语法研究的认知依据不够严密。所以我们需要一方面了解国际语言学发展动态,另一方面又立足于汉语语法事实进行研究。同时,虽然形式主义和功能主义成了语言学的两种泾渭分明的研究学派,但是可以看到,发展的趋势是双方已经尝试着进行沟通,我们不必评判孰高孰低,更不能在极力鼓吹一种研究方式的同时,对另外一种研究方式置若罔闻,甚至于拼命反对。也许,对具体问题的最科学的分析恰恰需要几种理论有机的结合。

(三)从认知语法解释研究的范围和深度而言,还没有达到科学研究的系统性和穷尽性的要求,很多问题需要进一步深入研究。关于认知语法与结构语法如何结合起来,如何结合语义和功能的分析,如何与汉语实际更好地联系,以达到对语言事实的最大的解释力,这有赖于整个语言学界同仁的共同的不懈的努力。

(四)我们还必须注意到认知上客观存在的差异。语言结构是认知过程的产物,它是在人对客观世界的感知和理解的基础上形成的。语言交际时,表达或理解的一方对句法结构都有所选择。根据交际目的,反复运用某种结构形式就形成稳定的认知结构,这就是句法结构的认知基础。从认知角度对句法结构作出认知范畴的解释是认知语法研究的目的,也是语义语法研究要达到的目标之一。语言活动受人类心理机制的制约,因此有许多普遍的规律,但由于语言类型上的差异,不同的语言也会表现出不同的特点。所以认知规律既有普遍性,也有特殊性。比如,欧美人在信封上书写地点时,总是遵循从小到大的顺序;而中国人则反其道而行之,从大到小排列。这就显示了欧美人跟中国人在认知上的差异。试比较:

欧美写法:布朗先生　香舍里榭大街895号　巴黎　法国
中国写法:法国　　巴黎　香舍里榭大街895号　布朗先生

不仅如此,在时间的年月日的表述上也体现出差别,欧美人往往也是从小到大,中国人则从大到小。例如:

欧美写法:12—03—2008
中国写法:2008—03—12

认知语法从来也不是一个自足的理论体系,它实际上是在语义语法研究以及功能语法的基础上,试图给出某些认知的解释。其解释力虽然显示出强大的生命力,但是对所有的语法现象是否都能够解释,还需要证明。此外,认知语法本身的理论框架还还需要进一步完善,许多问题还没有深入探讨。例如象似性原则到底体现在那些方面?图形和背景的转换受到什么条件的制约?有界和无界的相对性表现在那里?不同民族的认知有何区别,对句法结构有什么影响?

因此,今后汉语认知语法研究的目标:一是加强汉语语法研究的实践,力求对突破难点,对汉语语法重要的现象进行系统的认知研究。二是加大认知理论与方法的探索,就某些重大问题展开讨论,使认知分析更具科学性和解释性。三是加强跟语义语法和功能语法的合作,我们重视认知研究,并不是割裂它与语义、功能研究的联系,而是主张多元并存、互相补充,主张在描写充分性的基础上做到解释的充分性。第四,加强跟其他语言的认知研究的比较,探索不同语言的认知异同之处。总之,近二十多年来,我国的认知语法研究在理论研究与专题研究上都取得了长足的进步,初步显

第十四章 认知解释研究

示了这一理论方法的魅力,大大拓宽了我们的研究视野,大大提升了汉语语法研究的水平,尤其在解释方面是更上一层楼。我们坚信,认知语法研究有着极为广阔的前景,必将做出自己独特的贡献。

附录:汉语语法研究重要参考书目

北京大学中文系 1955、1957 级语言班编《现代汉语虚词例释》商务印书馆,1982 年。
北京大学中文系现代汉语教研室《现代汉语》(重排本)商务印书馆,2005 年。
曹逢甫《汉语的句子与子句结构》,北京语言大学出版社,2005 年。
曹逢甫《主题在国语中的功能研究》,台湾学生书局,1979 年。
陈承泽《国文法草创》,商务印书馆,1922 年。
陈建民《北京口语》,北京出版社,1984 年。
陈建民《现代汉语句型论》,语文出版社,1986 年。
陈平《现代语言学研究——理论、方法与事实》,重庆出版社,1991 年。
陈望道编《中国文法革新论丛》,重庆文聿出版社,1943 年。
储泽祥《名词及其相关结构研究》,湖南人民出版社,2000 年。
储泽祥《现代汉语方所系统研究》,华中师范大学出版社,1997 年。
崔希亮《语言理解与认知》,北京语言文化大学出版社,2001 年。
戴耀晶《现代汉语时体系统研究》,浙江教育出版社,1997 年。
丁声树等《现代汉语语法讲话》,商务印书馆,1962 年。
范继淹《范继淹语言学论文集》,语文出版社,1986 年。
范开泰　张亚军《现代汉语语法分析》,华东师范大学出版社,2000 年。
范晓《汉语的句子类型》,书海出版社,1998 年。
范晓《三个平面的语法观》,北京语言学院出版社,1996 年。
范晓　张豫峰等《语法理论纲要》,上海译文出版社,2003 年。
冯胜利《汉语韵律、词法与句法》,北京大学出版社,1997 年。
冯胜利《汉语韵律句法学》,上海教育出版社,2000 年。
冯胜利《汉语韵律语法研究》,北京大学出版社,2005 年。
傅雨贤《现代汉语语法学》,广东高等教育出版社,1999 年。
傅雨贤　周小兵　李炜等《现代汉语介词研究》,中山大学出版社,1997 年。

高名凯《汉语语法理论》,开明书店,1948年。
郭锐《现代汉语词类研究》,商务印书馆,2002年。
郭绍虞《汉语语法修辞新探》,商务印书馆,1979年。
何　容《中国文法论》,独立出版社,1942年。
何元建《生成语言学背景下的汉语语法及翻译研究》,北京大学出版社,2007年。
何元建　王玲玲《汉语动结结构》,浙江教育出版社,2004年。
胡　附　文　炼《现代汉语语法探索》,东方书店,1957年。
胡明扬《胡明扬语言学论文集》,商务印书馆,2003年。
胡明扬主编《词类问题考察》,北京语言文化大学出版社,1996年。
胡明扬主编《词类问题考察续编》,北京语言文化大学出版社,2001年。
胡以鲁《国语学草创》,商务印书馆,1913年。
胡裕树《现代汉语》,上海教育出版社,1962、1981,1995年。
黄伯荣《现代汉语》,甘肃人民出版社1981;(增订四版)高教出版社,2007年。
金立鑫《语法的多视角研究》,上海外语教育出版社,2000年。
金兆梓《国文法之研究》,商务印书馆,1922年。
黎锦熙《新著国语文法》,商务印书馆,1924年。
黎锦熙　刘世儒《汉语语法教材》,商务印书馆,1959年。
李临定《汉语比较变换语法》,中国社会科学出版社,1988年。
李临定《李临定自选集》,河南出版社,1994年。
李临定《现代汉语动词》,中国社会科学出版社,1990年。
李临定《现代汉语句型》,商务印书馆,1986年。
李向农《现代汉语时点时段研究》,华中师范大学出版社,1998年。
李宇明《汉语量范畴研究》,华中师范大学出版社,2000年。
李宇明《语法研究录》,商务印书馆,2002年。
廖秋忠《廖秋忠文集》,北京语言学院出版社,1992年。
廖庶谦《口语文法》,上海读书,1947年。
刘复《中国文法通论》,上海群益书社,1920年。
刘丹青《语序类型学与介词理论》,商务印书馆,2003年。
刘丹青主编《语言学前沿与汉语研究》,上海教育出版社,2005年。
刘叔新《语法学探微》,南开大学出版社,1996年。
刘月华　潘文娱　故铧《实用现代汉语语法》(增订本),商务印书馆,

2001年。
龙果夫《现代汉语语法研究》,科学出版社,1958年。
鲁川《汉语语法的意合网络》,商务印书馆,2001年。
陆丙甫《核心推导语法》,上海教育出版社,1993年。
陆俭明《八十年代中国语法研究》,商务印书馆,1993年。
陆俭明《陆俭明自选集》,河南教育出版社,1993年。
陆俭明《现代汉语句法论》,商务印书馆,1993年。
陆俭明《现代汉语语法研究教程》,北京大学出版社,2003年。
陆俭明 马 真《现代汉语虚词散论》,北京大学出版社,1985年。
陆俭明 沈 阳《汉语和汉语研究十五讲》,北京大学出版社,2003年。
陆俭明主编《面临新世纪挑战的现代汉语语法研究》,山东教育出版社,
 1999年。
陆志韦《北京语单音词词汇》,人民出版社,1951年。
陆志韦《汉语构词法》,科学出版社,1957年。
陆宗达 俞 敏《现代汉语语法》(上),群众书店,1954年。
吕冀平《汉语基础语法》,黑龙江人民出版社,1983年。
吕叔湘《汉语语法分析问题》,商务印书馆,1979年。
吕叔湘《汉语语法论文集》(增订本),商务印书馆,1984年。
吕叔湘《中国文法要略》,商务印书馆,1942—1944年。
吕叔湘 朱德熙《语法修辞讲话》,中国青年出版社,1952年。
吕叔湘主编《汉语语法八百词》,商务印书馆,1980年。
马建忠《马氏文通》,商务印书馆,1898年。
马庆株《汉语动词和动词性结构》,北京语言学院出版社,1992年。
马庆株《汉语语义语法范畴问题》,北京语言文化大学出版社,1998年。
马庆株《著名中年语言学家自选集——马庆株卷》,安徽教育出版社,
 2002年。
马庆株编《语法研究入门》,商务印书馆,1999年。
马真《现代汉语虚词研究方法论》,商务印书馆,2004年。
孟琮等编《动词用法词典》,上海辞书出版社,1987年。
潘文国 叶步青 韩洋《汉语的构词法研究》,华东师范大学出版社,
 2004年。
齐沪扬《现代汉语空间研究》,学林出版社,1998年。
屈承熹《认知功能语法》,黑龙江人民出版社,2005年。

任学良《汉语造词法》,中国科学出版社,1981年。
邵敬敏《汉语语法的立体研究》,商务印书馆,2000年。
邵敬敏《汉语语法学史稿》(修订本),商务印书馆,2007年。
邵敬敏《汉语语义语法论集》,上海教育出版社,2007年。
邵敬敏《现代汉语通论》(第二版),上海教育出版社,2007年。
邵敬敏《现代汉语疑问句研究》,华东师范大学出版社,1996年。
邵敬敏《著名中年语言学家自选集——邵敬敏卷》,安徽教育出版社,2002年。
邵敬敏 方经民《中国理论语言学史》,华东师范大学出版社,1991年。
邵敬敏 陆镜光主编《汉语语法研究的新拓展》(二),浙江教育出版社,2005年。
邵敬敏 张先亮主编《汉语语法研究的新拓展》(三),东北师范大学出版社,2007年。
邵敬敏主编《九十年代的语法思考》,北京语言学院出版社,1994年。
邵敬敏主编《句法结构中的语义研究》,北京语言文化大学出版社,1998年。
邵敬敏主编《语法研究与语法应用》,北京语言学院出版社,1994年。
沈家煊《不对称和标记论》,江西教育出版社,1999年。
沈家煊《认知与汉语语法研究》,商务印书馆,2006年。
沈家煊《著名中年语言学家自选集——沈家煊卷》,安徽教育出版社,2002年。
沈开木《句段分析》,语文出版社,1987年。
沈阳《现代汉语空语类研究》,山东教育出版社,1994年。
沈阳 何元建 顾阳《生成语法理论与现代汉语语法研究》,黑龙江教育出版社,2001年。
沈阳 郑定欧主编《现代汉语配价语法研究》,北京大学出版社,1995年。
石毓智《汉语研究的类型学视野》,江西教育出版社,2004年。
石毓智《现代汉语语法系统的建立》,北京语言大学出版社,2003年。
石毓智《语法的认知语义基础》,江西教育出版社,1997年。
石毓智《语法的形式和理据》,江西教育出版社,2001年。
石毓智 李讷《汉语语法化的历程》,北京大学出版社,2000年。
史有为《从语义信息到类型比较》,北京语言文化大学出版社,2001年。
史有为《呼唤柔性——汉语语法探异》,海南出版社1992;商务印书馆,2001年。

世界汉语教学、语言教学与研究编辑部编《80年代与90年代中国现代汉语语法研究》,北京语言学院出版社,1992年。

束定芳主编《语言的认知研究》,上海外语教育出版社,2004年。

税昌锡《汉语语义指向论稿》,东北师范大学出版社,2005年。

宋玉柱《现代汉语特殊句式》,山西教育出版社,1991年。

宋玉柱《语法论稿》,北京语言学院出版社,1995年。

汤廷池《国语变形语法研究:移位变形》,台湾学生书局,1977年。

王珏《汉语生命范畴初论》,华东师范大学出版社,2004年。

王珏《现代汉语名词研究》,华东师范大学出版社,2001年。

王力《中国现代语法》,商务印书馆,1943—1944年。

王力《中国语法理论》,商务印书馆,1944—1945年。

王维贤《认知、交际和语法》,中国社会科学出版社,2007年。

王维贤《王维贤语言学论文集》,商务印书馆,2007年。

王维贤《现代汉语语法理论研究》,语文出版社,1997年。

王维贤等《现代汉语复句新解》,华东师范大学出版社,1994年。

吴竞存 侯学超《现代汉语句法分析》,北京大学出版社,1982年。

吴为善《汉语韵律句法探索》,学林出版社,2006年。

萧国政《汉语语法的事实发掘与理论探索》,湖北人民出版社,2005年。

萧国政《现代汉语语法问题研究》,华中师范大学出版社,1994年。

邢福义《汉语复句研究》,商务印书馆,2001年。

邢福义《汉语语法学》,东北师范大学出版社,1997年。

邢福义《邢福义自选集》,河南教育出版社,1994年。

邢福义《语法问题发掘集》,湖北教育出版社,1992年。

邢福义《语法问题思索集》,北京语言学院出版社,1996年。

邢福义《语法问题探讨集》,湖北教育出版社,1986年。

徐杰《普遍语法原则与汉语语法现象》,北京大学出版社,2001年。

徐烈炯 刘丹青《话题分结构与功能》,上海教育出版社,1998年。

徐烈炯 邵敬敏主编《汉语语法研究的新拓展》(一),浙江教育出版社,2002年。

《语法求索》,华中师范大学出版社,1989年。

袁毓林《汉语动词的配价研究》,江西教育出版社,1998年。

袁毓林《汉语语法研究的认知视野》,商务印书馆,2004年。

袁毓林《现代汉语祈使句研究》,北京大学出版社,1997年。

袁毓林《语言的认知研究和计算分析》,北京大学出版社,1998年。
袁毓林　郭锐主编《现代汉语配价语法研究》(二),北京大学出版社,1998年。
张斌《汉语语法学》,上海教育出版社,1998年。
张斌《现代汉语语法十讲》,复旦大学出版社,2005年。
张斌　胡裕树《汉语语法研究》,商务印书馆,1989年。
张伯江　方梅《汉语功能语法研究》,江西教育出版社,1996年。
张国宪《现代汉语形容词功能与认知研究》,商务印书馆,2006年。
张敏《认知语言学与汉语名词短语》,中国社会科学出版社,1998年。
张旺熹《汉语特殊句法的语义研究》,北京语言文化大学出版社,1999年。
张谊生《现代汉语副词探索》,学林出版社,2004年。
张谊生《现代汉语副词研究》,学林出版社,2000年。
张志公《汉语语法常识》,中国青年出版社,1952年。
赵元任《国语入门》,哈佛大学出版社,1948年。
赵元任《汉语口语语法》,商务印书馆,1979年。
中国语文杂志社《汉语的词类问题》(二),中华书局,1956年。
中国语文杂志社《汉语的词类问题》(一),中华书局,1955年。
中国语文杂志社《汉语主宾语问题》,中华书局,1956年。
中国语文杂志社编《汉语析句方法讨论集》,上海教育出版社,1984年。
中国语文杂志社编《语法研究和探索》(八),商务印书馆,1997年。
中国语文杂志社编《语法研究和探索》(二),北京大学出版社,1984年。
中国语文杂志社编《语法研究和探索》(九),商务印书馆,2000年。
中国语文杂志社编《语法研究和探索》(六),语文出版社,1992年。
中国语文杂志社编《语法研究和探索》(七),商务印书馆,1995年。
中国语文杂志社编《语法研究和探索》(三),北京大学出版社,1985年。
中国语文杂志社编《语法研究和探索》(十),商务印书馆,2001年。
中国语文杂志社编《语法研究和探索》(十二),商务印书馆,2005年。
中国语文杂志社编《语法研究和探索》(十三),商务印书馆,2007年。
中国语文杂志社编《语法研究和探索》(十一),商务印书馆,2003年。
中国语文杂志社编《语法研究和探索》(四),语文出版社,1987年。
中国语文杂志社编《语法研究和探索》(五),语文出版社,1991年。
中国语文杂志社编《语法研究和探索》(一),北京大学出版社,1983年。
周国光　张林林《现代汉语语法理论与方法》,广东高等教育出版社,

2003年。

周小兵《句法·语义·篇章——汉语语法综合研究》,广东高等教育出版社,1996年。

朱德熙《现代汉语语法研究》,商务印书馆,1980年。

朱德熙《语法丛稿》,上海教育出版社,1987年。

朱德熙《语法答问》,商务印书馆,1985年。

朱德熙《语法讲义》,商务印书馆,1984年。

朱一之 王正刚选编《现代汉语语法研究的现状和回顾》,语文出版社,1987年。

邹韶华《语用频率效应研究》,商务印书馆,2001年。

第一版后记

汉语语法的研究,虽然只有短短的一百多年的历史,但却相当辉煌,特别是20世纪八九十年代的发展更是超乎寻常,已经引起国际语言学界的高度关注。

汉语语法研究涉及的内容非常宽广,可以从不同角度进行研究,例如从理论角度,可以分出传统语法、描写语法、形式语法、语义语法、功能语法、配价语法、认知语法等等;也可以从分支学科的角度进行,例如方言语法、历史语法、比较语法、教学语法、计算机语法等等。通常我们介绍汉语语法的研究情况,或者说评述汉语语法研究的得失,则主要是从语法的基本单位入手,例如语素、词类、短语等等,这也就是我们这本小册子分析的出发点。

我们所采用的基本方法是夹叙夹议,即一边介绍研究的客观情况,一边加以评议;不但反映汉语语法学界的研究成果,也展示我们自己的研究心得。我们将努力做到:理论与事实结合,历史与现实结合,批评与肯定结合,并且把尊重事实,尊重客观,尊重历史作为我们写作的信条。

书中的有关章节,我们曾经多次作为高年级的选修课给大学中文系的学生讲授过,也作为专业基础课给现代汉语的硕士研究生讲授过,当然程度上有所区别。因此要感谢听过这门课程的同学、进修教师,也感谢提出过不少建设性意见的语法学界的同行们。

本书写作的合作颇为愉快。任芝锳教授撰写了第二、第四、第七和第九章,大约5万多字,出力颇多;李家树教授从策划到定稿,提出了许多非常精彩的意见,并且毅然承担了将近20%的写作任务,最后由邵敬敏教授统筹全稿,负责修改、增删。我们三人各有所长,也各有所短,精心合作、取长补短,就为本书的圆满完成提供了保证。

本书的对象主要是中文系高年级的大学生以及语言学和应用语言学的硕士研究生,他们通过这本小册子,可以尽快地了解汉语语法研究的全貌以及最新进程,为进一步深入研究打下坚实的基础。同时,本书对从事语言文字研究或教学的中小学教师以及大学教师来说,也是一本有价值的参考书。

　　本书所涉及的内容,可以说包罗万象,我们尽可能用简练的笔法把丰富的内容介绍给大家,所以凡是提及的论著,尽可能注明出处,以便进一步查阅。

2003/1/1

增订本后记

本书第一版于2003年3月出版后,语言学界许多朋友告诉我,他们大学很喜欢拿来做语言学(包括汉语言文字学、应用语言学以及外国语言学)专业研究生课程的教科书和参考书,也有用作中文系语言专业高年级选修课教材的。据说,这本书比较好用:第一,比较全面,有关汉语语法研究的主要课题几乎都有所涉及。第二,比较公允,对各种学术观点能够兼收并蓄、客观叙述,不带偏见和成见。第三,以语法单位为纲,从语素、词类到短语、句子,一共分为十个专题,比较系统,条理大体清楚,重点也还突出,对刚刚入门的硕士研究生比较合适。第四,比较简练,每个专题涉及范围其实很大,大体上做到要言不烦、流畅通顺。当然也有缺点,就是大多集中在传统课题,至于新的课题,尤其是20世纪后期以来大家比较关注的课题涉及较少。

本书当年承蒙广西师范大学出版社的杨华女士厚爱,专程到上海约稿,出版过程不但相当顺利,而且速度也飞快,装帧、印刷等各方面也很满意。时隔数年,我跟母校北京大学出版社汉语室的沈浦娜主任相识,她对语言学书籍的出版有一种罕见的热情,见到好书,更有点儿"奋不顾身"。她提出希望把本书移到他们那里重新出版。在我们再三协商下,广西师范大学出版社领导慷慨答应把版权还给作者。在此,我们对他们表示深深的敬意。

时代在发展,语法研究也在深入,我们深感本书如果再版,就需要进行必要的全面的增订,这不仅是对广大的读者负责,也是对自己负责。

第一,考虑到2003年以来,汉语语法研究在许多方面有了新的突破,所以本书将补充若干新的材料(主要是21世纪的新材料),删除某些不太合适的提法,同时在文字方面进行梳理。

第二,近年来的汉语语法研究出现新的动向,就是比较注重句法语义的分析以及认知的解释。所以补写四章:语义角色研究、语义指向研究、语义特征研究以及认知解释研究。

由于原来的合作者任芝锳教授和李家树教授工作都特别的繁忙,为此,我特地邀请了两位新的合作者:一位是我的博士生后来又到暨南大学跟我做了博士后的贵州师范大学中文系税昌锡教授,一位也是我的博士生黑龙江大学讲师吴立红博士。昌锡理论思辨能力特别强,在语义特征、语义指向方面素有研究;立红聪慧过人,对语言,尤其对新兴语言现象的感觉特别好,评论写起来也得心应手。两位在读博期间我们就愉快地合作撰写并发表多篇论文,而且多数跟句法语义的研究有关,因此,请他们来合作是顺理成章的。

本书的初版是专为汉语言文字学专业硕士研究生撰写的讲稿,所以作为语言专业硕士研究生的课程教材应该说是比较合适的,而且也可拿来作为大学中文系和对外汉语系高年级的选修课教材,当然,更可以选作对汉语研究和教学有兴趣的朋友的参考书。

考虑到大学本科高年级或者硕士研究生阶段还主要是夯实研究现代语法学的基础,基础夯的越结实,以后建造的大楼就可能越高。所以,我们以为,本教材不宜太深奥,不宜太专门,也不宜以某种理论做主导。尽可能用语言事实说话,尽可能采纳汉语语法学界主流的观点,尽可能的深入浅出、清显易懂。本书可看作《现代汉语通论》(大学本科基础教材)语法部分的延伸和深化。本书也可作为进一步深造的起点,作为对外汉语教师的教学参考,乃至于报考博士生的参考教材。如果读者发现什么问题,请不吝赐教。

邵敬敏
2008年3月3日

作者简介

邵敬敏,男,暨南大学中文系特聘一级教授、博士生导师。1966年毕业于北京大学中文系,1981年获杭州大学硕士学位。兼任中国语言学会常务理事、汉语语法国际研讨会总召集人,华中师范大学、浙江师范大学等八所大学兼职教授,获国务院特殊津贴。曾为香港城市大学、香港浸会大学、香港理工大学、香港中文大学访问教授、香港商务印书馆编审兼顾问。著作主要有《汉语语法学史稿》、《中国理论语言学史》(合作)、《现代汉语疑问句研究》、《上海方言语法研究》(合作)、《广告语创作透视》、《汉语语法的立体研究》、《著名中年语言学家自选集——邵敬敏卷》、《汉语语义语法论集》、《港式中文与标准中文的比较》(合作)等,主编《现代汉语通论》等,共四十余部,并在《中国语文》等杂志发表语言学论文三百多篇。

任芝锳,女,华东师范大学中文系副教授,硕士生导师。1981年获杭州大学硕士学位,兼任上海语文学会理事。著作有《中学语文教学中的语言教学》、《现代汉语自学指导》(合作)等,并发表论文几十篇。

李家树,男,香港大学中文学院教授。香港大学文学士(一级荣誉)、哲学硕士、哲学博士、英国语言学会院士(F.I.L.)、香港大学亚洲研究中心院士;曾为英国伦敦大学东方及非洲学院访问学人、新加坡国立大学高级研究员、中国诗经学会常任理事、天津师范大学古籍研究所研究员、浙江师范大学古典文献研究中心客座教授。现为香港大学出版社《古典文学丛书》主编。著有《诗经的历史公案》、《传统以外的诗经学》、《汉语词汇讲话》、《汉语的特性和运用》(合作)、《香港语文教学策略》、《诗经专题研究》、《唐诗异文义例研究》(合作)、《经学与中国古代文学》(合作)、《汉字的演变和发展趋向》(合作)等十多种以及研究论文百余篇。

税昌锡,男,贵州师范大学中文系教授。2002年获华东师范大学博士,暨南大学博士后,发表论文几十篇,并且出版专著《汉语语义指向论稿》。

吴立红,女,黑龙江大学中文系讲师。2007年获暨南大学博士,发表论文多篇。

北京大学出版社语言学教材方阵

博雅 21 世纪汉语言专业规划教材：专业基础教材系列

现代汉语（上）　黄伯荣、李炜主编
现代汉语（下）　黄伯荣、李炜主编
现代汉语学习参考　黄伯荣、李炜主编
语言学纲要（修订版）　叶蜚声、徐通锵著，王洪君、李娟修订
语言学纲要（修订版）学习指导书　王洪君等编著
古代汉语　邵永海主编（即出）
古代汉语阅读文选　邵永海主编（即出）
古代汉语常识　邵永海主编（即出）

博雅 21 世纪汉语言专业规划教材：专业方向基础教材系列

语音学教程（增订版）　林焘、王理嘉著，王韫佳、王理嘉增订
词汇学教程　周荐著
当代语法学教程　熊仲儒著
修辞学教程（修订版）　陈汝东著（即出）
汉语方言学基础教程　李小凡、项梦冰编著
新编语义学概要（修订版）　伍谦光编著
语用学教程（修订版）　索振羽编著（即出）
新编社会语言学概论　祝畹瑾主编
计算语言学教程　詹卫东编著（即出）
音韵学教程（第四版）　唐作藩著
音韵学教程学习指导书　唐作藩、邱克威编著
训诂学教程（第三版）　许威汉著
校勘学教程　管锡华著
文字学教程　喻遂生著（即出）
文化语言学教程　戴昭铭著（即出）
实验语音学基础教程　孔江平编著（即出）

博雅 21 世纪汉语言专业规划教材：专题研究教材系列

现代汉语语法研究教程（第四版）　陆俭明著

汉语语法专题研究（增订版）　邵敬敏等著

现代汉语词汇（增订版）　符淮青著（即出）

新编语用学概论　何自然、冉永平编著

现代实用汉语修辞（修订版）　李庆荣编著

汉语语音史教程　唐作藩著

近代汉语研究概要　蒋绍愚著

实验语音学概要（增订版）　鲍怀翘主编（即出）

外国语言学简史　李娟编著（即出）

筑境

中国精致建筑100

清东陵

于善浦 撰文 / 林京 等 摄影

中国建筑工业出版社

出版说明

中国是一个地大物博、历史悠久的文明古国。自历史的脚步迈入新世纪大门以来,她越来越成为世人瞩目的焦点,正不断向世人绽放她历史上曾具有的魅力和光辉异彩。当代中国的经济腾飞、古代中国的文化瑰宝,都已成了世人热衷研究和深入了解的课题。

作为国家级科技出版单位——中国建筑工业出版社60年来始终以弘扬和传承中华民族优秀的建筑文化,推动和传播中国建筑技术进步与发展,向世界介绍和展示中国从古至今的建设成就为己任,并用行动践行着"弘扬中华文化,增强中华文化国际影响力"的使命。从20世纪80年代开始,中国建筑工业出版社就非常重视与海内外同仁进行建筑文化交流与合作,并策划、组织编撰、出版了一系列反映我中华传统建筑风貌的学术画册和学术著作,并在海内外产生了重大影响。

"中国精致建筑100"是中国建筑工业出版社与台湾锦绣出版事业股份有限公司策划,由中国建筑工业出版社组织国内百余位专家学者和摄影专家不惮繁杂,对遍布全国有历史意义的、有代表性的传统建筑进行认真考察和潜心研究,并按建筑思想、建筑元素、宫殿建筑、礼制建筑、宗教建筑、古城镇、古村落、民居建筑、陵墓建筑、园林建筑、书院与会馆等建筑专题与类别,历经数年系统科学地梳理、编撰而成。本套图书按专题分册,就其历史背景、建筑风格、建筑特征、建筑文化,结合精美图照和线图撰写。全套100册、文约200万字、图照6000余幅。

这套图书内容精练、文字通俗、图文并茂、设计考究,是适合海内外读者轻松阅读、便于携带的专业与文化并蓄的普及性读物。目的是让更多的热爱中华文化的人,更全面地欣赏和认识中国传统建筑特有的丰姿、独特的设计手法、精湛的建造技艺,及其绝妙的细部处理,并为世界建筑界记录下可资回味的建筑文化遗产,为海内外读者打开一扇建筑知识和艺术的大门。

这套图书将以中、英文两种文版推出,可供广大中外古建筑之研究者、爱好者、旅游者阅读和珍藏。

目录

- 009　一、孝陵定制开先河
- 017　二、孝陵吉地谁选定
- 021　三、孝陵用料何方来
- 029　四、康熙大帝葬景陵
- 037　五、五十妃嫔二陵园
- 043　六、地宫石刻最精工
- 051　七、香妃何处埋香骨
- 057　八、承上启下复旧制
- 069　九、慈禧陵墓称三绝
- 075　十、风水墙外又一陵
- 083　十一、惠陵规制最逊色
- 089　十二、几经沧桑话东陵
- 092　大事年表
- 094　清东陵各陵名称与墓主一览

清东陵

图0-1 清东陵全景示意图（于善浦 绘）
清东陵十四座帝、后、妃陵园中，除昭西陵、惠陵、惠陵妃园寝另成体系外，其余十一座陵均以孝陵为中心，分布在东西两侧。孝陵主干路贯通南北，气势宏伟，整个东陵在山环水抱之中，其陵制与山水相称，令人叹为观止。

　　清东陵位于河北省遵化市马兰峪，西南至北京125公里，是中国现存规模庞大、体系完整的帝王陵墓群之一。其东依鹰飞倒仰山，西傍黄花山，北靠昌瑞山，南抵金星山。更南有天台、烟墩两山对峙，形成一个险峻的入口，名兴隆口。陵区南北长125公里，东西约20公里，占地2500平方公里。以昌瑞山顶的明代长城为界，以南称"前圈"，占地约48平方公里，其间筑有近20公里长的风水墙，墙内依山就势建造多座陵寝；长城以北为"后龙"，是封山防洪的风水禁地。建陵初期，为贯通南北之风水，拆去了昌瑞山顶5公里有余的长城。登上昌瑞之巅，俯视南方，满目苍翠，朱墙金顶辉映其间；极目北眺，崇山峻岭，绵亘不绝，气象万千。

　　清东陵是清代四处陵园中规模最大、建筑最豪华的一处。辽宁新宾县永陵为清远祖之陵；沈阳昭陵福陵是清太宗皇太极、太祖努尔哈赤的陵墓；河北易县西陵为雍正、嘉庆、道光、光绪四位帝王及其后妃、皇子、皇女的陵墓群。

　　清东陵始建于顺治十八年（1661年），从1663年葬入顺治帝，到1935年葬入同治帝荣惠皇贵妃，历时270余年。在14座陵园中，有帝陵5座，后陵4座，妃园寝5座，共埋葬了5位皇帝，15位

图0-2 清东陵风水线

(林京 摄)/左上图

清东陵选址,以孝陵北靠昌瑞山主峰,正南对金星山,构成东陵长达5500米的中轴线。从龙凤门向南可见金星主峰,向北可望昌瑞山主峰下的孝陵,是天造地设之佳境。

图0-3 孝陵前景

(张大宇 摄)/下图

孝陵宫门前为三路三孔券桥及神道碑亭,左为神厨库,前为隆恩门。东侧朝房为茶膳房,西侧朝房为饽饽房。靠隆恩门两侧,红墙外之三间布瓦房为兵部值班之值房。

图0-4 下马牌

(林京 摄)/右上图

清东陵大红门前,东、西两侧各立下马牌一组,正反两面均镌刻着汉、满、蒙三种文字的"官员人等至此下马"。谒陵官员至此下马步行,以示对帝王的尊敬。昭西陵、定东陵破例,依帝王之制,亦设立下马牌。图为裕陵之下马牌。

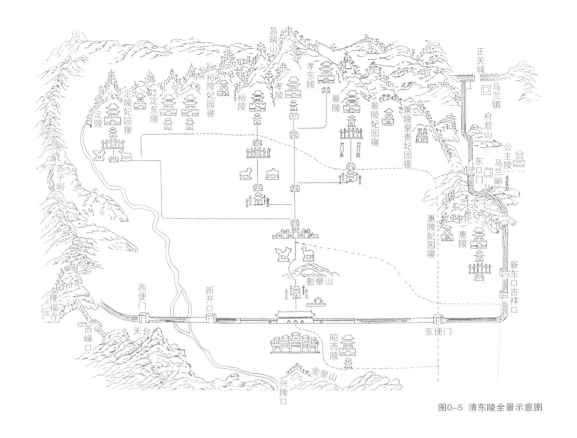

图0-5 清东陵全景示意图

皇后，136位妃嫔和1位阿哥，共157人。其中著名人物有：入主中原第一帝顺治，中国历史上执政最长的康熙皇帝，最高寿的乾隆皇帝，清初杰出的女政治家孝庄文皇后，清末掌权近半个世纪的慈禧太后，令人产生扑朔迷离之惑的香妃（容妃）。

清东陵布局严谨，规模宏大，体系完整，共有单体建筑200余座。帝后陵依"前朝后寝"之制而建，黄琉璃瓦盖顶。妃园寝亦依此制，然规模远逊于帝陵，用绿琉璃瓦盖顶。陵区外围之皇子、公主、王公等人的陵园，其规制大体与妃园寝相似。

清东陵包含了清代早、中、晚期有代表性的陵寝建筑，地上地下不乏建筑精品。如中国最宽的石牌坊（孝陵），最长的神道（全陵砖石神道长达10500米），最精美的地宫（裕陵），最豪华的装修（慈禧陵），等级最高的妃陵（景陵皇贵妃园寝）等。这里是研究清代建筑的好课堂。

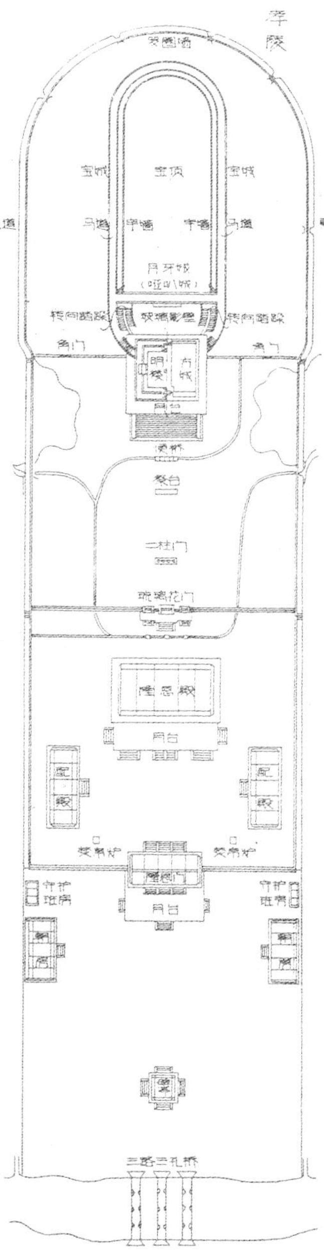

图0-6 孝陵平面图

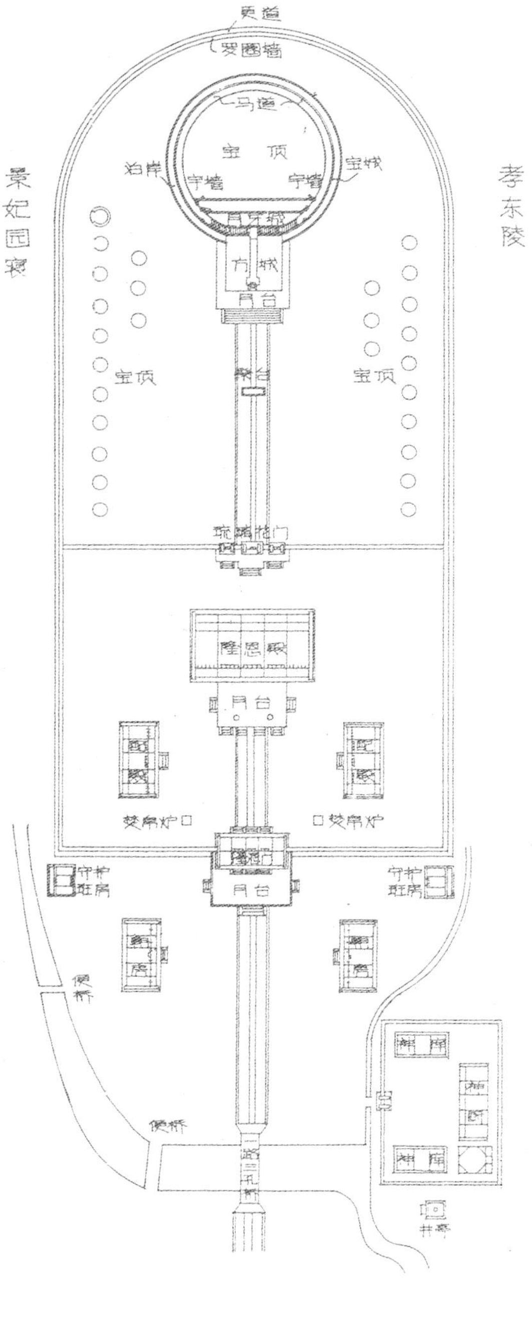

图0-7 孝东陵平面图

一、孝陵定制开先河

孝陵是清世祖顺治帝（爱新觉罗·福临）与他两位皇后的陵园。顺治是清朝入关第一帝，孝陵在东陵中也是建造最早、规模最大、体系最完整的陵园。它背靠昌瑞山主峰，面对金星山，南北贯通，在长达5500米的神道上，有节奏地建造了几十座建筑物。

石牌坊：位于陵区最前端，五间六柱十一楼，面阔31.35米，高12.48米，是中国现存最宽的石牌坊。额枋上浅刻旋子花纹，并施以彩绘。整个牌坊结构严谨，雕刻精湛，气魄宏伟。

下马牌：共两组，设于神道两旁，官员人等至此下马，以示陵寝之肃穆庄严。

大红门：是陵区总门户，为单檐庑殿式，三孔券门，门两侧建围墙六千四百三十九丈四尺八寸。围墙也称风水墙，围墙内为陵区"前圈"。

图1-1 孝陵石牌坊
（张大宇 摄）
石坊宽近32米，是中国现存最宽的石牌坊。仿明十三陵石坊而建，呈五间六柱十一楼。其明间、次间、梢间高低有差，大小有别，每间屋顶、梁柱、斗栱、出檐比例得当。大小额枋上的旋子纹饰施以彩绘。石坊耸立在金星山与大红门之间，十分巍峨壮观。

图1-2 孝陵大红门（林京 摄）

大红门为陵区总门户，单檐庑殿顶，三孔券门，原装金钉朱漆大门三槽，每扇门均有81颗金钉。门两侧连围墙，左右各有角门。中门前后设云纹陛阶石。自中门向南可见石牌坊与金星山，向北则见到孝陵大碑楼。

具服殿：位于大红门内神道东侧，自成一区。为皇帝谒陵更衣之处，亦称更衣殿。

神功圣德碑亭：位于神道正中，高达30米，重檐歇山顶，面阔、进深各为三间，亭内立巨大功德碑。亭外四角各竖一华表，八角柱身，盘龙云板，雕栏围护。

石像生：从碑亭后天然影壁山西侧绕过，在神道两侧，井然有序地排列着石像生18对，最前为望柱，继而为狮、獬豸、骆驼、象、麒麟、马，坐立各一对，武士、文臣各三对。雕刻浑厚朴实，充满阳刚之气。

龙凤门：明代称棂星门，是由三座火焰式牌坊与相间琉璃影壁花墙组成。

石桥：穿过龙凤门，神道上架有一孔、七孔、五孔、三路三孔共六座石桥。石桥之间，以宽近12米的神道相连。

神道碑亭：位于三路三孔券桥以北，形制似神功圣德碑亭而略小，故称小碑亭。亭内龙蚨碑上用满、蒙、汉三种文字刻着世祖章皇帝的庙号与谥号。

神厨库：位于小碑亭东偏北，坐东朝西。院内东房五间为神厨，南北各三间为神库。东南角为省牲亭，后有烧火的抱厦。神厨库为制办祭品的地方。

图1-3 孝陵神功圣德碑亭（郑志标 摄）/上图

神功圣德碑亭，俗称大碑楼，重檐歇山式，高30米，内竖一通石碑，碑身左刻满文，右刻汉文，记录了清世祖（顺治）一生的业绩。碑亭始建于康熙六年（1667年），光绪二年（1876年）、三十二年（1906年）两次遭雷火焚毁重建，1981—1984年又重修。

图1-4 孝陵石像生神道（林京 摄）/下图

孝陵神道宽近12米，在其中800米的一段神道两旁，竖立了18对石像生。这些雄壮的石人石兽，雕刻得古朴浑厚，如同皇家仪仗队一般，常年守护着帝王陵寝。顺神道南望，影壁山、金星山历历在目。

东西朝房：分列宫门外两侧，均为五开间。东朝房烧奶茶，备膳品，称"茶膳房"；西朝房打点心和供应干鲜果品，称"饽饽房"。祭陵要烧菜40种48盘，干鲜水果17盘，奶茶一碗。

隆恩门：面阔三间，进深二间，单檐歇山顶，三座宫门内外，有帽儿梁及天花支条，不设天花板。

焚帛炉：东西各一，黄琉璃贴面，内部为生铁铸炉，亦称燎炉。

东西配殿：分列隆恩殿两旁，面阔五开间，山面三间，前出廊，歇山顶。东配殿为存放祝版、祝帛等祭品之处，遇大殿维修时，为祭祀之所。西配殿供忌辰时喇嘛念经用。

隆恩殿：为祭祀重地。五间，重檐歇山顶。殿内三间暖阁，供奉灵牌。殿前月台上，列鼎式炉二，铜鹿、鹤各一对，寓意六合同春，福寿吉祥。

陵寝门：三座琉璃花门，两侧为卡子墙，分割陵园为二部分，门前为"前朝"，后院为"后寝"。前院低，后院高，便于排水。

二柱门：立于陵寝门内，为一间二柱冲天牌楼。二石柱间安朱漆金钉门一槽。

图1-5 孝陵石像生——武士(林京 摄)/左图
孝陵石像生之中,有三对武士立像。这些身披盔甲、气宇轩昂、腰粗体壮、英武彪悍的八旗健儿,双手叉腰,挺胸腆腹,左手扶刀,右手拇指佩带扳指,双双相对,神气十足。

图1-6 孝陵石像生——文臣(林京 摄)/右图
孝陵石像生,从南到北的最后一组是三对文臣。这些官员头戴朝帽,身着补服,披挂朝珠,蓄结发辫,体态雍容,笑容可掬,温文尔雅。

台石五供：长方形汉白玉须弥座上，陈设石刻花瓶一对、蜡台一对，中央为鼎式炉，喻"香花供养"。

方城明楼：石五供迤北，过平桥、登礓礤可达方城，进古洞门为月牙城，转登两侧蹬道上宝城，后为宝顶（坟墓），前为"明楼"，重檐歇山式，上悬汉、满、蒙文"孝陵"匾额。

孝陵工程做法，承袭了明朝末年的营造法式，又融汇了盛京三陵（永陵、福陵、昭陵）的特长，形成自己的风格。

顺治帝皇后博尔济吉特氏的陵寝，在孝陵之东，名孝东陵。在后陵方城明楼两侧是埋葬顺治28位妃嫔的宝顶，开后妃合用一陵之先河。

二、孝陵吉地谁选定

孝陵吉地谁选定

孝陵的相地、布局十分得体,相传这是顺治帝亲自选定的。当年少年天子顺治外出狩猎,众多大臣和八旗健儿前呼后拥,直奔京东燕山一带密林。他们纵马扬鞭,穿林海,攀长城,兴冲冲地来到丰台岭之巅。顺治极目四望,选择了一片风水相宜之地。他小心翼翼地取下右手大拇指上佩戴的白玉扳指扔下山去,庄重地向群臣宣示:"此山王气葱郁,可以为朕寿宫","鞢落处为佳穴,即可因以起工"。群臣遵旨,顺着白玉扳指滚落的方向寻到扳指停落的地方,打桩做记。后来当真在这里建造了孝陵,并改丰台岭为凤台山,复改称昌瑞山。

乾隆在他的谒陵诗中有"桥山亲指顾"之句,注云"相传孝陵吉地乃顺治年间世祖行围至此亲指定者"。在另一首谒陵诗中又云:"鼎湖亲卜吉,昌瑞万年基"。诗注写道:"昌瑞山乃我祖行围至此亲定者,初未用堪舆家也"。指出开初没用堪舆家。其后由何人相度风水未见明文记载,直到康熙四年,在一起勘测陵寝风水的案件中,才透露出当年修建孝陵的堪舆人。康熙四年(1665年)三月十六日,徽州人杨光先所著《摘谬论》,指责钦天监汤若望选择顺治幼子荣亲王安葬日期,误用"洪范五行"。上谕:"天佑皇上历祚无疆,而汤若望止进二百年历,俱大不合。其选择荣亲王葬期,汤若望等不用正五行,反用洪范五行,山向、年月俱犯忌杀。事犯重大,拟钦天监正汤若望、刻漏刻杜如预、五品挈壶正杨宏量、历科李祖白、春官正宋可成、秋官正宋发、东官正朱允显、中官正刘有泰等皆凌迟处

图2-1 孝陵五孔桥（张大宇 摄）/上图
孝陵神路上分布有一孔券桥、七孔券桥、五孔券桥、三路三孔券桥。每座桥梁造型都很精美，尤以七孔券桥为最，所用石料结构独特，其中含方解石量较多，故栏板石被轻轻敲击，可发出金钟银铃般声响，因而七孔桥亦称"五音"桥。

图2-2 孝陵月牙城内的照壁（张大宇 摄）/下图
通过孝陵方城下的右洞门，可达月牙城。在迎面高墙下，有一座琉璃照壁，中间菱形琉璃缠枝盆花，四角为叉角四季花。琉璃照壁底座下有一方孔，为盗墓者盗墓时遗留下的罪证。据盗陵犯供称，孝陵地宫未曾盗开。

清东陵

孝陵吉地谁选定

图2-3 华表（全勇 摄）
孝陵神功圣德碑楼外，在四角相距近30米处各竖一根洁白如玉的盘龙石柱，曰华表，又称擎天柱。康熙景陵、乾隆裕陵也各竖一组华表，其造型及雕刻都十分精美。

死。"其后又谕："汤若望系掌印之官，于选择事情不加详慎，辄尔准行，本当依拟处死。但念专司天文，选择非其所习，且效力多年，又复衰老，着免死。杜如预、杨宏量本当依拟处死，但念永陵、福陵、昭陵、孝陵风水，皆伊等看定，曾经效力，着免死。"由此可见，孝陵风水由杜如预、杨宏量看定无疑。

杨光先以此夺得钦天监的职务。只是好景不长，至康熙八年（1609年），因所司历法差错，险些丧命。

三、孝陵用料何方来

孝陵始建于顺治十八年（1661年），因战乱和天灾，工程一度中止。康熙元年（1662年）九月十九日孝陵兴工动土。康熙二年（1663年）六月初六日顺治帝、后宝宫葬入地宫。次年八月二十二日孝陵竣工。神功圣德碑亭则迟至康熙七年（1668年）正月初三日才建立。

孝陵初建，工程急，材料短缺，只有借助成料，以应工程之需。孝陵用砖，便找了许多旧砖应急，孝陵三殿梁柱均系名贵的金丝楠木，其东西配殿三架梁、五架梁、七架梁、檩及檐柱、金柱，均为以大改小的旧料。隆恩殿前的雕栏也是由旧料拼成的。这许多旧料来自何处？民间流传的"拆明陵建清陵"之说是否可信？

图3-1 孝陵神道碑亭（张大宇 摄）
孝陵神道碑亭为重檐歇山式，坐落在三路三孔券桥与隆恩殿之间，亭内青白石龙蚨碑上用汉、满、蒙三种文字刻着世祖章皇帝的庙号与谥号。在维修工程中，发现亭内天花板中有明代建筑"锦芳亭"字样。

a 维修中的孝陵隆恩殿

b 维修后的孝陵隆恩殿

图3-2 孝陵隆恩殿（张大宇 摄）

自孝陵开始，陵寝大殿定名为"隆恩殿"。在近年维修工程中，发现隆恩殿顶金莲水草天花板为明代"清馥殿"之原件。历来认为拆明陵建清陵之谜终于揭晓。原来是拆了明代宫殿之料，用以建造清陵。

清东陵 — 孝陵用料何方来

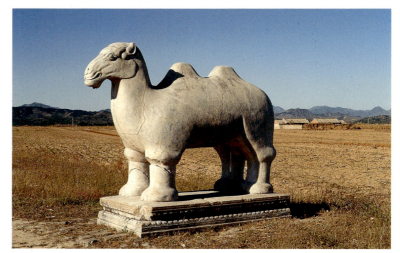

图3-3 石像（张大宇 摄）/上图
孝陵石像生中，石人石兽共18对。其中，石象最魁伟壮观，高2.48米，宽1.54米，长3.3米，四根立柱般的大腿，每根周长竟达1.86米。

图3-4 石骆驼（张大宇 摄）/下图
双峰突起，四足稳立，长颈前伸，目视远方，正在回味着伴随墓主人所走过的那些漫长的路程。

图3-5 孝陵金莲水草天花（原明代西苑清馥殿天花）（示意图）

1991年，维修孝陵拆卸隆恩殿天花板时竟意外地揭开了孝陵用料来源之谜。这些天花板木料有轻有重，规格有大有小，正面均绘有"金莲水草"图案。所绘三朵莲花，相传为"三皇治世"之意，代表道教的三清天尊。天花板背面两条穿带之间，有阴刻文字，在字迹清晰的十八块天花板背后，都刻有"清馥殿"的殿名，并表明这些天花板位于明间、次间、梢间、三梢间或天井。不难看出清馥殿是一座有藻井的九间大殿。所有天花板上还刻有"字头朝东"，可知这座殿堂坐西朝东。

这座九间朝东的清馥殿，建于哪朝哪代、坐落何方？遍查明清有关史籍，终于寻到了蛛丝马迹。《明宫史》官殿规制记载："金海石桥之北，河之西岸向南，曰玉熙宫、曰承华殿即迓翠殿、曰宝月亭、曰芙蓉亭、曰清馥殿、曰丹馨门、曰锦芳亭、曰翠芬亭、曰长春门、曰昭馨门、曰瑞芬门、曰馥景门、曰仙芳门、曰馥东门、曰馥西门、曰澄碧亭、曰腾波亭、曰飞霭亭、曰腾禧殿即黑老婆殿也、曰妈妈井。"可知这些明朝宫殿群，位于当今北海西岸。

钦定《日下旧闻考》卷三，对清馥殿建造年代及用途亦有所记载。嘉靖帝（明世宗）十五岁即位。嘉靖十年（1531年）建成清馥殿。十一年（1532年）三月，在清馥殿前建丹馨门和锦芳、翠芬二亭。权臣严嵩曾写有《赐游清馥殿》诗："十里宜春苑，金堤置绿杨。水涵瑶殿碧，花簇锦亭芳。驰道通长乐，离宫接建章。微臣一何幸，留赏沐恩光。"在西苑建清馥殿同时，还建有帝社、帝稷之坛和恒裕仓。清馥殿是行香之所。世宗崇信道教，经常在这里与群臣做道场。

至万历（穆宗三子朱翊钧）年间，西苑之宫殿大多已无迹可寻。《日下旧闻考》载："唯清馥殿则整丽如故，外门曰仙芳、曰丹馨，内亭曰锦芬、曰翠芬。流泉石梁，颇具幽致，且松柏列植，蒙密蔽空，又百卉罗植于庭，开花时今上亦时一游幸。"

康熙初年，因急修孝陵，材料短缺，故而将西苑清馥殿拆除。后在清馥殿基址建成弘仁寺。盛极一时的清馥殿，只留下一个名称了。

图3-6 孝陵天花板背面文字拓片（一）

图3-7 孝陵天花板背面文字拓片（二）

1992年在维修孝陵神道碑亭时，天花板同样为"金莲水草"图案，背面竟刻有"锦芳亭"字样。锦芳亭为清馥殿前两座亭中的一座。更足以证明孝陵用料来自西苑诸殿。

几百年未解之谜得以揭晓，多年来"拆明陵，修清陵"的偏见得以澄清，正确的结论是"拆明宫，建孝陵"。

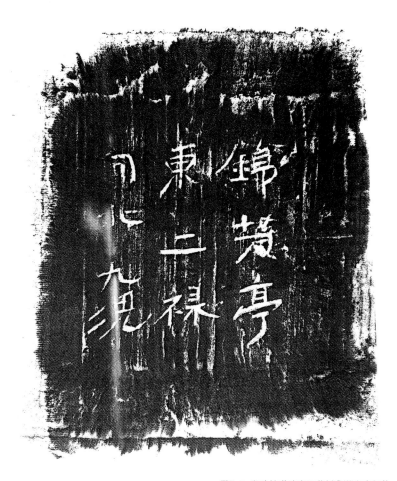

图3-8 孝陵神道碑亭天花板背面文字拓片

四、康熙大帝葬景陵

清东陵 | 康熙大帝葬景陵

图4-1 景陵神道弯弯
（徐虔发 摄）/前页
景陵神道因地形所限，随弯就弯而建。在神道两侧立望柱、狮、象、马、武士、文臣五对站立石像生。前方牌楼门为五间六柱冲天式木石牌楼，后世帝陵多依景陵之制设置石像生及牌楼门。

图4-2 景陵大碑楼及华表
（金剪 摄）
顺治朝称大碑楼为神功圣德碑楼，自康熙朝改称圣德神功碑楼。此碑楼1952年被雷火烧毁。碑楼四角各竖一汉白玉石华表。顶端须弥座上蹲兽称望天吼，座下横穿镂雕云板，柱身浮雕一条升龙，基座为须弥座，外围雕龙护栏。

康熙是清朝第二帝，名爱新觉罗·玄烨。在位六十一年，是中国历史上在位时间最长的皇帝，他一生文治武功，成就显赫，不愧为一代英主。

雍正三年（1725年），雍正皇帝在大臣所拟康熙陵寝名称的九个字中，刺破手指，以指血圈定了"景"字，并亲自书写了"景陵"的匾额。

景陵位于孝陵东南，仿孝陵而建，隆恩门内有隆恩殿、东西配殿、左右焚帛炉，陵寝门内有二柱门、台石五供、宝城、方城、明楼。排水系统则均在宫墙外。沿东墙自北向

南,过宫门前三孔券桥下之玉带河,向西流泻。神道桥南设神道碑亭,碑亭内竖龙蚨碑,碑上刻康熙庙号及谥号。按旧典,康熙庙号应称"宗"。雍正帝谕中指出:"我皇考大行皇帝缵继大统,旧典本应称宗,但经云,祖有功而宗有德,我皇考鸿猷骏烈,冠古轹今,拓宇开疆,极于无外,且六十年手定太平,德洋恩溥,万国来王,论经统则为守成,论勋业实为开创,朕意宜崇祖号,方符丰功。"从而康熙被尊为"圣祖仁皇帝"。

孝陵设龙凤门,景陵改为牌楼门,其后各帝陵均仿景陵建牌楼门。景陵牌楼门为五间六柱冲天式木石牌楼,在六根方形石柱之间,用木构额枋连接,额枋斗栱均施青绿色,并饰旋子彩画。楼顶两坡三檩,布黄琉璃瓦。石柱顶端雕须弥座,上置蹲龙,均面向正中。整座牌楼造型精美,结构严谨。

牌楼门南接神道,随弯就曲安设了文臣、武士、马、象、狮五对石像生,造型不及孝陵古朴,形体也较小,但雕刻精细,装饰性强。大象背驮宝瓶,谐音"太平有象",用以颂扬太平盛世。石像生数目亦为后世所遵守。石像生南端为一对石望柱,再南过五孔石券桥有称为"圣德神功"碑亭。按雍正帝旨意:"世祖章皇帝(注:即顺治帝)碑文字迹似小,圣祖仁皇帝在位60余年,功德隆盛,文章字数甚多,一碑不能尽载,建立二碑,一刻清文,一刻汉文,其碑著比世祖章皇帝碑亭宽展,恐有未安,即或加宽,必不可以加高。"雍正五年

图4-3 景陵圣德神功碑(全勇 摄)
清代帝王自康熙朝才在碑亭内立两通圣德神功碑,左为满文,右为汉文。这是依雍正主张,因康熙在位时间长,功德隆盛,不竖双碑则不能满载康熙一生业绩。双碑因雷击已毁裂。清代雍正、乾隆、嘉庆三帝亦随之各立双碑,完全失去雍正为康熙立双碑之原意。

（1727年）闰三月二十一碑亭按此建成，碑文长达五千字，记述了康熙帝一生的业绩。碑亭四角各竖一根华表，形体较孝陵华表更壮观。碑亭前神道西转，与孝陵主神道相接。

景陵地宫中葬一帝、四后、一皇贵妃，完全依土葬，改变了满族火化的传统，同时开创了先葬皇后再葬皇帝的先例。康熙二十年（1681年）三月初八，仁孝（孝诚）皇后赫舍里氏、孝昭皇后纽祜禄氏葬入刚刚建好的地宫中，康熙二十八年（1689年）葬入孝懿皇后佟佳氏。雍正元年（1723年）随康熙葬入地宫的还有孝恭皇后乌雅氏及敬敏皇贵妃章佳氏。敬敏皇贵妃卒于康熙三十八年（1699年）七月二十五，早已入葬。雍正为笼络同父异母兄弟怡亲王，追封其生母敏妃为皇考皇贵妃，迁入景陵附葬，开创了皇贵妃入葬帝陵的先例。

图4-4 景陵二柱门和明楼
（谢敦聪 摄）
二柱门立于陵寝门内，为一间二柱带楼的木石混制的冲天牌楼。二柱门前为台石五供，再前为方城、明楼。明楼后面的宝顶下为地宫，葬康熙及四位皇后、一位皇贵妃。清朝帝陵改变满族传统火化为土葬，始于景陵。

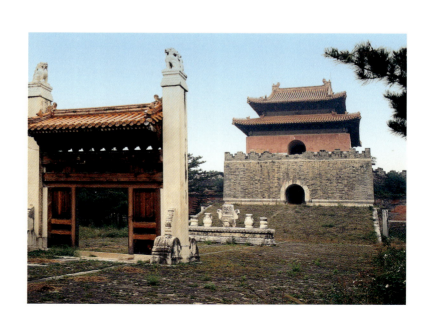

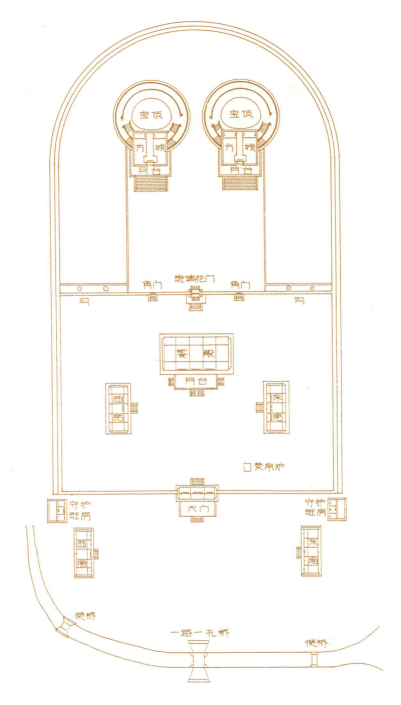

图4-5 景陵皇贵妃园寝平面图

清东陵 | 康熙大帝葬景陵

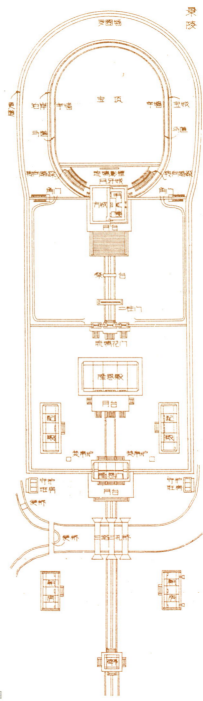

图4-6 景陵平面图

五、五十妃嫔二陵园

清代帝王中,康熙后妃最多,总共有55位。其中除了景陵中随葬的5位后妃之外,其余50人,分别葬入景陵妃园寝与景陵皇贵妃园寝。

景陵妃园寝位于景陵迤东,初建于康熙二年（1663年）,始称妃衙门。雍正五年（1727年）尊为景陵妃园寝。这是清代建造较早、规制标准的妃园寝,由前朝、后寝二部分组成。前朝包括宫门三间,垣以红墙,宫门内享殿五间,左侧焚帛炉一座,后寝有陵寝门三,两侧连卡子墙,与进深墙、罗圈墙围成后院,院内有49座宝顶。

妃园寝建筑凡宫门、享殿、陵寝门均为单檐歇山顶,覆绿色琉璃瓦。宫门外,两厢各五间,东西值房各三间,均为灰瓦顶。宫门前玉带河上,正中设一孔汉白玉石券桥一座,左侧铺豆渣石平桥一座。砖砌宝顶为上小下大圆柱形,外抹灰刷红,宝顶下面即地宫。

图5-1 景陵妃园寝众多宝顶（林京 摄）
景陵妃园寝的陵寝门内,众多宝顶星罗棋布,均建在台明之上。49座宝顶错落有致,左右对称,布局严谨。景陵妃园寝是清代帝王陵中,入葬人数最多的一座,总共入葬49人。

图5-2 景陵皇贵妃园寝双明楼（徐庭发 摄）
两座绿色琉璃瓦盖顶的明楼，均为单檐歇山式，坐北朝南。东面为悫惠皇贵妃园寝；西面为惇怡皇贵妃园寝，明楼内各立朱砂碑，满、汉字碑文均贴金。

景陵妃园寝中,自康熙二十年(1681年)葬入慧妃起,至乾隆三十二年(1767年)葬晓答应为止,历时86年,共48人。陵园内第五排左数第三座宝顶为空券,疑即迁往景陵之敬敏皇贵妃之位。另在第三排左侧靠近红墙之处有一土坟,为康熙十八阿哥允祄之墓。

景陵皇贵妃园寝,位于景陵妃园寝东偏南,这是清代众多妃园寝中建筑规格最高的一座。前朝部分在享殿前破例加了"丹凤朝阳"陛阶石,并比一般妃园寝增建了东西配殿,后寝院落内添建了方城、宝城、明楼。皇贵妃园寝是乾隆年间建立的,规格提高与乾隆皇帝有关。

图5-3 丹凤朝阳陛阶石
(徐庭发 摄)
景陵皇贵妃园寝的享殿前,设"丹凤朝阳"陛阶石一块。边框浮雕蔓草,正中丹凤独立山石,口衔灵芝,仰望旭日。漫天祥云缭绕,瑞气升腾,抻崖海水翻滚,气势宏伟。乾隆为感念两位太妃抚育之恩,才在双妃园寝享殿前设置这块独特的陛阶石。

图5-4 景陵皇贵妃园寝（谢敏聪 摄）
在清代众多妃园寝中，景陵皇贵妃园寝的规格最高，从明楼向南望，陵寝门、东西配殿、宫门、绿瓦红墙，浑然一体。

乾隆是雍正第四子，名爱新觉罗·弘历。康熙帝在雍王府赏牡丹时第一次见到12岁的皇孙弘历，又听到他讲解了周敦颐的《爱莲说》，十分欢喜，决定将弘历带回宫中读书，并命两位妃子照料他的起居。乾隆登基时，这二位妃子还健在。乾隆为表感念之情，下了一道谕旨："朕自幼龄，仰蒙圣祖慈爱，抚育宫中。又命太妃、皇贵妃提携看视。两太妃仰体皇祖圣心，恩勤备极周至。朕心感念不忘，意欲为两太妃千秋之后另建园寝。"又谕："于景陵稍后附近处敬谨相度，择地营建，其规制稍加展拓，以昭朕敬礼之意。"

景陵皇贵妃园寝，在陵寝门内，两座方城、明楼并肩而立。东宝城下地宫内葬悫惠皇贵妃佟佳氏，乾隆八年卒，76岁；西宝城下地宫中葬惇怡皇贵妃瓜尔佳氏，乾隆三十三年卒，86岁。

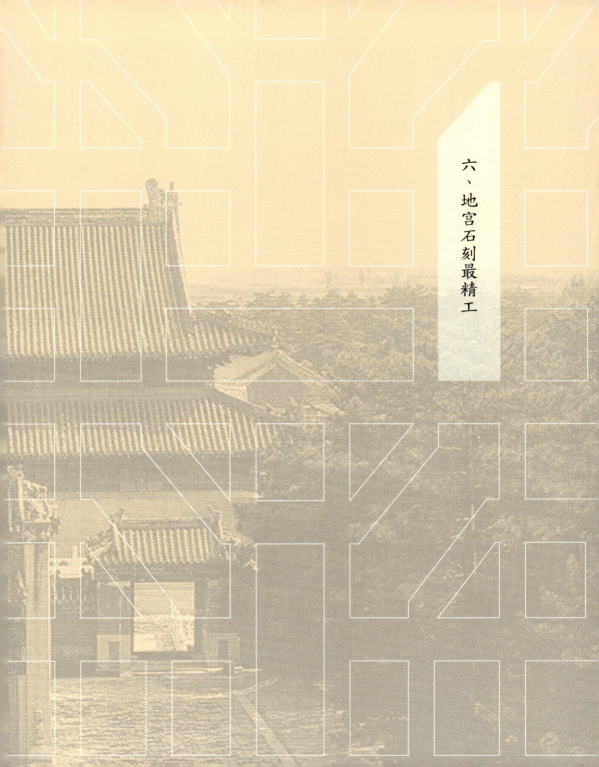

六、地宫石刻最精工

清朝第四帝乾隆在位60年，退位后尊为太上皇。乾隆享年89岁，其陵园称裕陵。

裕陵自乾隆七年（1742年）相地绘图，次年二月初十兴工营建。当时国运鼎盛，国库丰盈。建陵时遍选天下精工美料。其木材来自云、贵、川、广及东北兴安岭，石料取自北京房山和蓟县盘山，砖料由山东、江苏烧造，瓦料由京西琉璃瓦厂运送。工程进行数十年，耗银200多万两。

裕陵占地面积46.2公顷。规模虽稍逊孝陵，但建筑壮美，工艺精湛，居清陵之冠。自圣德神功碑亭至明楼宝顶，大体依孝陵规制而建。与其他诸陵比较，局部突破和有所不同的是：石像生设8对、即狮、獬豸、骆驼、象、麒麟、马、武士、文臣，均为立像。在隆恩殿与陵寝门之间，设三路一孔石券桥，桥头蹲兽雕刻得生动活泼，造型精巧。尤以裕陵地宫石雕，更是巧夺天工，美不胜收。

进入地宫的砖墁甬路宽4米，长32米，与地面呈17°角，地宫有"九券四门"，即墓道券、闪挡券、罩门券、门洞券（第1道）、明堂券、门洞券（第2道）、穿堂券、门洞券（第3道）、金券。全部拱券结构，元梁无柱。地宫进深54米，落空面积为372平方米。所有券顶和四周石壁都布满了雕刻。

头道门楼用整块青白石雕琢出檐瓦垅、兽吻横梁。门楼上方月光石上，浮雕佛像、执

图6-1 乾隆裕陵地宫（林京 摄）

乾隆裕陵地宫由九券四门组成，进深54米，落空面积372平方米，整个券顶及四壁布满了梵文、藏文佛经，还刻了许许多多佛像。这里既是一座庄严肃穆的地下佛堂，也是一座精美的石雕艺术宝库。

清东陵 | 地宫石刻最精工

图6-2 裕陵地宫石雕菩萨像（常迷原 摄）
裕陵地宫八扇石门上，各雕一尊身高1.5米的菩萨立像。每位菩萨都装扮得端庄美丽，头顶莲花佛冠，肩披长巾，着羊肠大裙，佩垂珠菊花，神态自若，栩栩如生。

图6-3 裕陵地宫石刻天王像（常建 原摄）

裕陵地宫第一道门洞券内，东西石壁上雕刻着四天王坐像——南方增长天王、东方持国天王、北方多闻天王、西方广目天王，各个身披甲胄，立眉张目，威风凛凛。

壶、孔雀翎、法螺，无不十分精细。地宫四道石门的八扇门上各雕一尊高约1.5米的菩萨立像，为文殊、大势至、观世音、地藏三、日光、月光、普贤、慈氏等八位。皆神态安详，躯体丰满，头顶莲花佛冠，两耳佩环，袒胸露臂，身披长巾，佩饰垂珠菊花。双手拈西番莲，花上托法器。下身着羊肠大裙，赤脚踏芙蓉花上，花下水波涟涟。背景饰珠文、蔓草，四边为卷云纹。构图完整，层次分明。

在第一道门洞券内，东西石壁上雕刻着四大天王（亦称四大金刚）坐像。南方增长天王，持宝剑；东方持国天王，抱琵琶；北方多闻天王，执宝伞；西方广目天王，握水蛇，喻"风调雨顺"。四天王身披甲胄，立眉张目，威风凛凛。

明堂券，相当于前厅，券顶雕五方佛。穿堂券，相当于过廊，券顶雕神态各异的二十四佛。东、西壁上雕巨幅"五欲供"浮雕。在五组精工细琢的器座上，各升起五朵莲花，托明镜、琵琶、涂香、水果、天衣五种器物。通过人体的感官，将五种欲望表现出来。眼自明镜见"色"；耳自琵琶听"声"；鼻自涂香闻"香"；舌自水果尝"味"；身自天衣有所"触"。即眼、耳、鼻、舌、身，色、声、香、味、触。正是《多罗密心经》经文的图解。只有戒除五欲，才能进入西方乐土。

金券是最后的堂券，为主要墓室。在宽达12米的艾叶青石宝床上，停放着乾隆与他

图6-4 裕陵俯瞰（谢敏聪 摄）
乾隆裕陵建筑，气势宏伟，从明楼向下俯视，石五供、二柱门、陵寝门、隆恩殿，掩映在松柏之中，另有一番情趣。

两位皇后、三位皇贵妃的棺椁。金券顶部刻有三大朵佛花,外层二十四个莲瓣,花心为佛像与六字真言组成。地宫内多处还刻有"八宝"供器,有法螺、法轮、宝伞、盘长(结)、白盖、金鱼、花瓶(罐)、莲花,是吉祥如意的象征。在整个地宫的石壁上,刻满了梵(古印度文)、番(藏文)两种文字的经咒。梵文经咒有:白伞盖心咒、三字咒、金刚手心咒、六字大明咒等647字;番文均为梵文注音的经文,计有29464字。这些阴刻的经文,编排严谨,端庄整齐,刀法遒劲有力。

辉煌富丽、工艺卓绝的乾隆地宫石雕,闪烁着古代工匠的智慧和才华。地宫既是一座石雕艺术宝库,又是一座庄严肃穆的地下佛堂。

地宫于1978年清理开放。

图6-5 孝贤皇后酹酒诗漆匾
(徐庭发 摄)
乾隆孝贤皇后富察氏,乾隆十三年东巡归途死于德州舟次。乾隆万分悲痛,一生多次为皇后致祭,此漆匾为乾隆御笔,诗作于乾隆二十八年,原悬挂在裕陵隆恩殿内。

七、香妃何处埋香骨

乾隆41位后妃中，有一位来自新疆，信奉伊斯兰教的女子，关于她有种种传说。1914年在北京故宫武英殿西侧的浴德堂内举办画像展览时有以下说明："香妃者，回部王妃也。美姿色，生而体有异香，不假熏沐，国人号之香妃。或有称其美于中土者，清高宗闻之，西师之役，嘱将军兆惠一穷其异。回疆既平，兆惠果生得香妃，致之京师。帝命于西内建宝月楼居之，楼外建回营，毳幕韦鞴，具如西域式。又武英殿之西浴德堂，仿土耳其式建筑，相传亦为香妃沐浴之所。盖帝欲借种种以悦其意，而稍杀其思乡之念也。讵妃虽被殊眷，终不释然，常出白刃袖中，示人曰：'国破家亡，死志久决！然绝不肯效儿女子汶汶徒死，必得一当以报故主！'闻者大惊。但帝虽知其不可屈而卒不忍舍也，如是者数年。皇太后微有所闻，屡戒帝弗往，不听。会帝宿斋宫，急召妃入，赐缢死。"

其死后之葬地，亦众说纷纭。一说葬北京陶然亭，一说葬新疆喀什，另一说葬河北清东陵。

陶然亭香冢。其说明与浴德堂香妃画像展文字如出一辙，亦称太后赐妃自缢，帝命在城南造香妃冢厚葬之。其墓碑上刻有："浩浩愁，茫茫劫，短歌终，明月缺。郁郁佳城，中有碧血，碧亦有时尽，血亦有时灭。一缕香魂无断绝，是耶非耶，愿化蝴蝶。"墓主何人尚待查考，但并非香妃墓。

图7-1 裕陵妃园寝享殿（郑志标 摄）
裕陵妃园寝享殿五间，单檐歇山式。两侧卡子墙各设陵寝门一座，后院方城、明楼为单檐歇山式，整座陵园屋顶按规制均盖绿色琉璃瓦。

图7-2 香妃戎装像

（谢敏聪 翻拍）

《香妃戎装像》1914年陈列在北京故宫博物院西华门内，武英殿西侧的浴德堂。此画曰承德热河行宫调入故宫时，题签为"美人图"。画上女子佩剑站立，赳赳有英武之风。展览时配有说明，并标明《香妃戎装像》油画，宫廷画家意大利人郎世宁手笔。

新疆喀什香妃墓。始建于明崇祯十三年（1640年）本是穆罕默德·优素福·霍加的墓地，称作"阿巴和加玛扎"，全部用绿色琉璃砖砌成，间以部分白墙，造型稳重简练，色彩鲜明夺目。墓室里埋葬着阿巴和加五代70多人。亦非香妃墓。

真正的香妃墓在东陵内裕陵西侧的裕陵妃园寝中。这座妃园寝始建于乾隆十年，初号妃衙门，其规制如景陵妃园寝。乾隆二十五年（1760年）因为要葬入一位皇贵妃，而进行了

图7-3 香妃洋装像（谢恩东 翻拍）
此图被称为香妃洋装像，树下女子，盛装艳抹，懒散地依坐在山石旁，手扶花篮、花锄、颇似"黛玉葬花"。实际只是一张美人图，出于宫廷画师之手。传说的香妃像有种种。

大规模的续建。增加了方城、明楼、宝城、宝顶、东西配殿，改砌享殿两侧卡子墙，开陵寝门二。明楼下地宫中葬纯惠皇贵妃、乌喇那拉皇后，另34位妃嫔葬在明楼左右和后面。

香妃墓在裕陵妃园寝宝城东侧第二排第一座。月台上起建宝顶，月台角柱、阶条和踏跺的垂带、石级均用青白石。月台包砌台帮，为特制的砍细澄浆城砖筑成。宝顶下为地宫，由一道石门及四层券顶组成。最前方为罩门券，前为门楼，其瓦垅、兽吻制作精细。巨大石门内为门洞券，前为梓券，最后为金券。金券内石床正中停放着棺椁。

地宫因早年被盗，棺中无物，在棺木上有金漆手书阿拉伯经文，为《可兰经》开头语。棺外有头骨、体骨、发辫、吉祥帽、哈达、织物残片，还有零散的珠宝。

墓主乾隆二十五年（1760年）入宫，初封和贵人，又晋为容嫔、容妃，在宫中生活了28年，乾隆五十三年（1788年）四月十九病故，时年55岁。传说中的香妃即容妃也。

八、承上启下复旧制

清东陵之定陵是清朝第七帝咸丰（爱新觉罗·奕詝）的陵墓，位于裕陵迤西1500米之平安峪，地处东陵最西端。地宫中葬有文宗（咸丰）和孝德显皇后萨克达氏。

咸丰登基之初，就派出王大臣为自己相度陵址。咸丰二年（1852年）九月十五、十六，又亲临东陵察看。最后选定平安峪吉穴，咸丰九年（1859年）四月十三申时破土兴修。

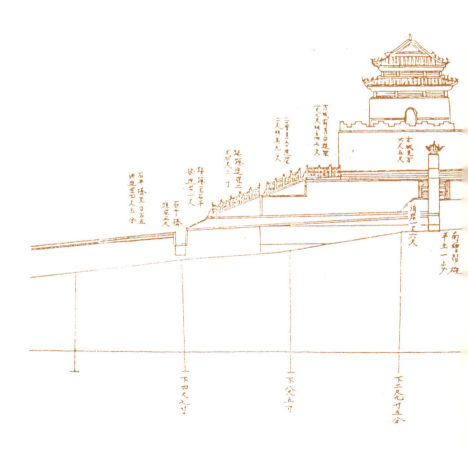

图8-1 清代样式雷定陵设计图（局部）

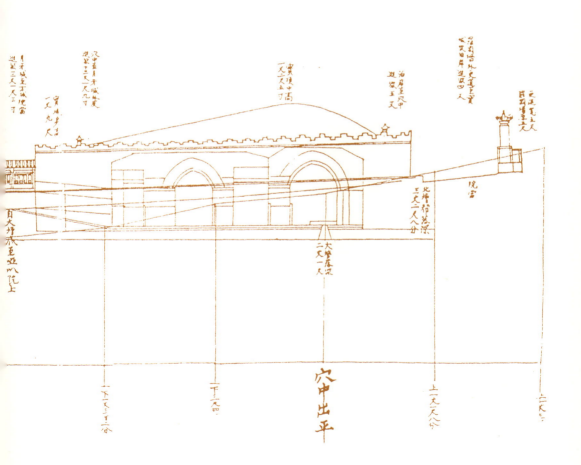

图8-2 定陵方城明楼
（林京 摄）/前页
定陵明楼前设二层月台，还在礓磜的东西两侧加有汉白玉雕栏。这种改制形成了清代晚期陵园工程的一种模式，同治惠陵、光绪崇陵都遵循定陵这一工程做法。

清东陵 | 承上启下复旧制

修建定陵时按什么规制，曾有过争议。咸丰十一年（1861年）工部右侍郎宋晋奏称：慕陵（道光陵）规制朴实俭约，万古可法。极力主张仿照慕陵规制建造定陵。此时咸丰已病故，定陵正在修建。同治帝将宋晋奏折交给王公大臣详议。礼亲王世铎等认为：慕陵规模从俭，制作尽善，宋晋所奏，不为无见。但此时定陵工程大局已定，如有改动，所备木石工料等项均须变更，多有不便，更会延误工期。最后确定仍按成宪，迅速建造定陵，以求咸丰帝后如期入葬。

原来，道光帝在景陵皇贵妃园寝东侧的绕斗峪（因建陵改为宝华峪）依旧制建造了一座陵墓，竣工后地宫出水。道光大怒，决定在易县西陵的龙泉峪另造陵园，以节俭为由，大改祖制，裁撤了圣德神功碑亭、石像生、方城、明楼、二柱门、琉璃花门等建筑，并将牌楼门改为龙凤门，隆恩殿改为单檐，四周不设石栏，而以木柱撑托梁架，辟成回廊。殿堂均不施彩绘。隆恩殿后御带河上建三座平桥，过桥为三路踏跺，月台上建四柱石坊代替陵寝门，后为祭台。祭台北起圆形宝顶。

图8-3 定陵隆恩殿与陵寝门（郑志标 摄）/对面页
定陵隆恩殿为重檐歇山式，修建时竟裁去了隆恩殿东、西、北三面石栏。在陵寝门两侧的卡子墙下部，全用青白石修砌，既坚固又华美，具有定陵独特的风格。

定陵在同治五年（1866年）十二月完工，历时七年之久。因为当时多战乱，财政困难，所以用了大量宝华峪的旧料，但全部工程仍耗银313万余两。

定陵建筑对祖制也做了部分改变，形成了定陵特有的规制。如地宫与宝顶之间，传统做法是在地宫金券券顶的上面，铺琉璃瓦顶，再用三合土夯实，形成宝顶。而定陵则采用糙砖灰砌灌浆，在金券券顶上面垒成庑殿蓑衣顶，然后用三合土夯成圆形宝顶。又如隆恩殿周围石栏，裁去东、西、北三面，在方城前做二层叠落月台，并在礓磜两侧加汉白玉护栏。还仿照慕陵裁去圣德神功碑亭，陵寝门内不

图8-4 定陵隆恩殿内祭祀展览（林京 摄）
隆恩殿为陵寝祭祀的主要场所，每年的清明、中元、冬至、岁暮及忌辰时，在殿内举行十分隆重的祭祀活动。依据同治十二年（1873年）清明节同治亲自到定陵致祭之史料，布置了隆恩殿内的大飨礼展览。

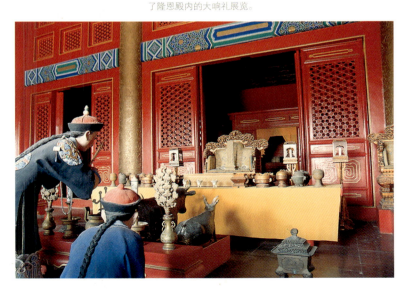

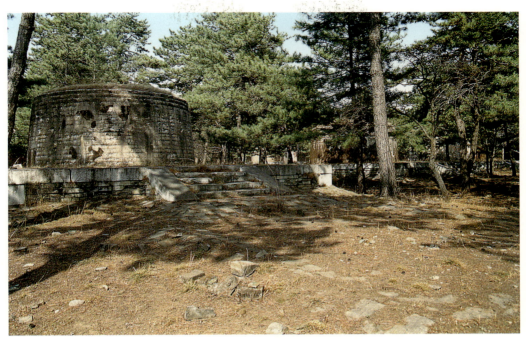

图8-5 定陵妃园寝宝顶(林京 摄)

定陵妃园寝为咸丰十五位妃嫔的陵园,坐落在定陵迤东的顺水峪,规制比较简单,宫门内左侧焚帛炉一个、享殿一座,陵寝门内十五座宝顶排列成三排,前排正中宝顶下葬庄静皇贵妃(丽妃)。

清东陵 | 承上启下复旧制

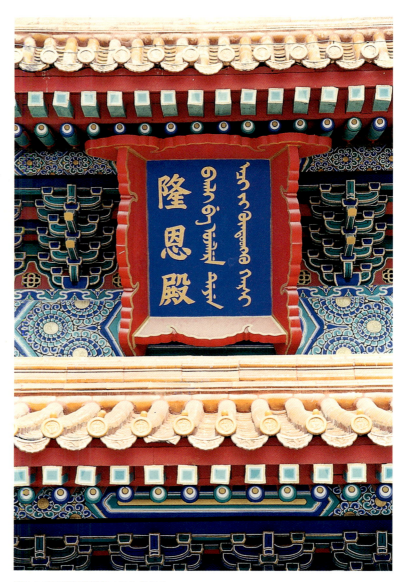

图8-6 定陵隆恩殿额（张大宇 摄）
咸丰定陵隆恩殿两檐之间悬以殿额，这是依顺治孝陵之制，凡陵寝大殿均称"隆恩殿"，用汉、满、蒙三种文字题额，这一制度沿袭至清末而止。

图8-7 定陵前景（谢敏聪 摄）
咸丰定陵地处东陵最西端，地形陡峭，南北落差较大，在短短一段神道上，所设石像生、牌楼门、神道碑亭，高低参差，错落有致，形成一组独具风格的建筑。

设二柱门。以后修建的同治惠陵、光绪崇陵皆依此制。

定陵地势陡峭，故加修大料石泊岸十段，山石泊岸四段，同时陵寝门两侧卡子墙下段全部用青白石垒砌，以确保安全。

定陵迤西的顺水峪建有定陵妃园寝，也用宝华峪部分旧料，耗银63万余两。妃园寝埋葬着庄静皇贵妃（丽妃）等15位妃嫔。

清东陵 | 承上启下复旧制

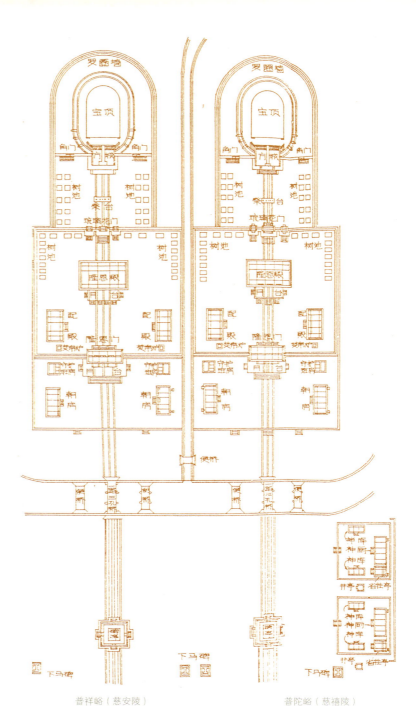

图8-3 定东陵（普祥峪、菩陀峪）平面图

九、慈禧陵墓称三绝

清东陵

慈禧陵墓称三绝

图9-1 定东陵明楼
（郑志标 摄）

定东陵位于咸丰定陵迤东，为咸丰两位皇后之陵。慈安陵居西，称普祥峪定东陵；慈禧陵居东，谓菩陀峪定东陵。两陵同时兴建，同期完工，只有这一马槽沟相隔。两座明楼，小巧玲珑，比肩争秀。

咸丰后陵在定陵迤东，称"定东陵"。慈安、慈禧分别建陵，慈安陵称普祥峪定东陵，位于西侧；慈禧陵称菩陀峪定东陵，位于东侧，两陵并排而立，规制相同，其间只隔一条马槽沟。同治十二年（1873年）八月二十同时兴工，至光绪五年（1879年）六月二十二同时竣工，历时6年。慈安陵用银265万余两，慈禧陵用银227万两。每座陵占地面积皆为2265平方米，有神厨库、神道碑亭、三孔神道券桥、东西朝房、隆恩门、隆恩殿、东西配殿、陵寝门、明楼、方城、宝城、宝顶、地宫等主要建筑。这两座陵设施完备，材料精良，恢宏壮丽，为清代后陵中上乘之作。

光绪二十一年（1895年）慈安已死了14年，独掌朝政大权的慈禧，以年久失修为借口，将已建成16年的陵寝三殿拆除重建，同时对其他建筑也进行了维修，历时14年方才完工。

图9-2 慈禧陵贴金彩画（郑志标 摄）

慈禧陵三殿装修十分豪华，尤以西配殿之金龙和玺彩画保存得最完整。因梁枋均为黄花梨木，质地好，故不用底帐工序，直接沥粉贴金，以赤、黄二色金做升龙、降龙、行龙、坐龙，千姿百态，光彩夺目。

清东陵　慈禧陵墓称三绝

图9-3 凤引龙陛阶石
（张大宇 摄）
慈禧陵隆恩殿前，一块高3.1米、宽1.6米的"凤引龙"陛阶石独具匠心。周边雕刻缠枝莲花，中心高浮雕一龙一凤。凤在上，展翅凌空；龙在下，奋力向上。关键部位施以透雕，凤飞龙舞，活灵活现。

重建后的慈禧陵，其装修工艺精美豪华，不仅超越了清代祖陵，在明清两朝二十四帝居住的紫禁城里也罕见。木作、装金、石刻，堪称三绝。

木作。隆恩殿、东西配殿的梁枋架木、门窗槅扇等，一律采用名贵的黄花梨木。木质坚硬，纹理细密，色泽和谐。在制作中，不施彩饰，呈现木质本色，既名贵又淡雅。

装金。有镏金、贴金、扫金三种工艺。在三殿内外64根明柱与檐柱，都装饰着铜质镏金盘龙一条，龙须有弹性，随风颤动，栩栩如生。三殿额枋及天花均做金龙和玺彩画，在黄花梨木上直接沥粉贴金，以赤、黄两种金箔贴成龙、云、蝠、寿、花、锦纹。三殿内外彩画

图9-4 慈禧陵地宫（林京 摄）

慈禧陵地宫由五券二门组成，即墓道券、闪当券、罩门券、门洞券、金券。穿过两道石门，进入金券，正中宝床上停放着慈禧棺木，左右列册宝石座。1928年地宫被盗，1979年地宫对外开放。

共有2400多条金龙，有行龙、卧龙、升龙、降龙，千姿百态，光彩照人。三殿内墙面镶有大小不等的30块雕花砖壁，共计237平方米，所雕花纹有五蝠（福）捧寿、四角盘长、万字不到头等。这些砖雕用山东临清澄浆砖，雕成之后，涂以胶金油，布以金粉，谓之扫金。花纹突出部分用赤金，底部用黄金、赤黄二金，交相辉映，光彩夺目。据档案记载，耗用金箔4592.14万两。

石刻。隆恩殿前陛阶石高310厘米，宽160厘米，中心雕一龙一凤。丹凤展翅凌空，穿云俯首向下；蛟龙曲身出水，仰头奋力向上。所谓"凤引龙"是也。用高浮雕技法，关键部位施以透雕，凤飞龙舞，玲珑剔透。在隆恩殿月台周围的汉白玉栏板上，也满布着"凤引龙"

清东陵 — 慈禧陵墓称三绝

图9-5 慈禧陵三座陵寝门
（谢敏聪 摄）
慈禧陵与慈安陵同时兴建，其三座琉璃花门，亦称陵寝门，比乾隆盛世所建的陵寝门还豪华。三座门所用之琉璃照壁，其工艺精湛，居清陵各处陵寝门之首。

的纹饰，69块栏板内外，到处是凤引龙追，回首顾盼的翔凤和昂首向前的行龙，穿云舞动，欲飞欲跃。全部栏板138组"凤引龙"连接不断。还有那74根望柱，打破龙凤相间的"龙凤望柱"格式，望柱头上均雕着一只穿云展翅的翔凤，而柱身内外各雕着一条出水蛟龙。抱鼓石上也是凤在上、龙在下。这种"凤引龙"、"凤压龙"的安排，甚属罕见。

慈禧，叶赫那拉氏，满洲镶黄旗人，咸丰二年（1852年）入宫时18岁。初封兰贵人，四年（1854年）晋懿嫔，六年（1856年）生子载淳而升为懿妃。七年（1857年）晋懿贵妃。咸丰死时，懿贵妃27岁。因其子继皇位而尊为皇太后，卒年74岁。一生掌权达48年之久。

1928年，孙殿英盗掘了慈禧陵，价值连城的珠宝被洗劫一空。

慈禧陵地宫于1979年对外开放。

十、风水墙外又一陵

清东陵 风水墙外又一陵

在清东陵14座陵园中,唯独孝庄文皇后的昭西陵在陵区风水墙外。传说孝庄文皇后与小叔多尔衮关系暧昧,葬在大红门外,为子孙后代看守陵园大门,以示惩处。另一说是孝庄文皇后出丧时,由128名杠夫抬着棺椁,准备送往盛京(沈阳)昭陵与清太宗皇太极合葬。途经东陵大红门前时,棺椁突然变得非常沉重,杠夫只得停下。前来送葬的康熙在梦中听到了祖母的叮嘱,命在原地入葬,所以昭西陵就建在风水墙外了。

传说终归是传说。按史料所载,这是遵照孝庄文皇后的遗嘱行事的。孝庄文皇后病重时对康熙说:"太宗文皇帝梓宫奉安已久,不可为我轻动。况我心留恋汝皇父及汝,不忍远

图10-1 昭西陵琉璃花门
(林京 摄)
昭西陵三座琉璃花门设置在隆恩门内,本是原暂安奉殿之三座门。进门为庑殿顶的隆恩殿,在隆恩殿两侧另辟琉璃花门各一座,即陵寝门。因隆恩殿在20世纪50年代坍塌而拆除,故可见隆恩殿后之方城、明楼。

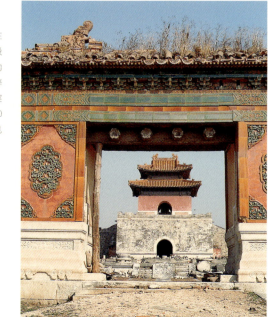

图10-2 昭西陵明楼（林京 摄）

昭西陵明楼为重檐歇山顶，方城前月台、礓磔与石五供之间距离很近，这是改建暂安奉殿为隆恩殿时因地形所限造成的结果。在乾隆裕陵妃园寝改变规制时，享殿与明楼之间也同样显示出空间太狭窄的状况。

去，务于孝陵近地安厝，则我心无憾矣。"

孝庄文皇后是蒙古科尔沁人，13岁嫁给皇太极，被封为永福宫庄妃。皇太极死时她31岁，用全部心血教养幼子福临（顺治），继而又帮助皇孙玄烨（康熙）治理朝政。康熙二十六年（1688年）十二月二十五卒于慈宁宫，年75岁。康熙遵照祖母叮嘱，在东陵大红门外建造了临时停灵处暂安奉殿。一直停灵37年，至雍正二年（1724年）在原址改建，孝庄文皇后葬入地宫。因陵园在皇太极昭陵西方，故称"昭西陵"。

昭西陵由暂安奉殿扩建而成，所以其布局、形体均与其他各陵不同，最明显的是内外两层进深墙，前后四道面阔墙。陵前设下马牌一对，并按雍正谕旨：因昭西陵距昭陵甚远，而特建碑亭。开创了皇后陵建碑亭的先例。碑上刻有汉、满、蒙三种文字，汉文为："孝庄仁宣诚宪恭懿至德翊天启圣文皇后之陵"。按皇后谥号最多为16字，乾隆年间又加了"纯徽"二字。

隆恩门外，两厢朝房、东西值房、神厨、神库、省牲亭均依孝陵之制而建。因地势所限，门前无玉带河，亦不设神道桥。

隆恩门为单檐歇山顶，三门五间，缭以朱垣，与进深墙、罗圈墙，形成外院墙。进入隆恩门，迎面为三座琉璃花门，连卡子墙、进深墙、罗圈墙，构成内院墙。进入琉璃花门为

图10-3 俯视昭西陵（谢敏聪 摄）

从昭西陵明楼上向南看,正前方对着东陵前照山。在这条风水轴线上,有已经烧毁的神道碑亭座及残碑,还有隆恩门、三座琉璃花门及隆恩殿台基和护栏。双层红墙围绕着院落里一片遗址。

前朝部分，左右各设琉璃焚帛炉一。东西为五间单檐歇山式配殿。隆恩殿为清陵中独一无二的重檐庑殿式大殿。其所以如此，在康熙的一道谕旨中可见端倪："慈宁宫宫东，新建宫五间，太皇太后在日，屡曾向朕称美，乃未及久居，遽升遐。今于孝陵近地择吉修建暂安奉殿，即将此宫拆建于所择吉处，毋至缺损。"遵照康熙的旨意，完成了大殿的搬迁。康熙二十七年（1688年）四月，孝庄文皇后梓宫由京城朝阳门外殡宫移至新建的暂安奉殿。雍正二年（1724年）改建时，隆恩殿保留了原有庑殿顶式结构，成为清代帝王陵寝隆恩殿建筑中的特例。在隆恩殿两山处加砌卡子墙，并设琉璃花门各一座，用以替代陵寝门。隆恩殿后设台石五供，再后为方城前月台。在明楼两檐之间悬"昭西陵"题额。明楼内，须弥座上竖朱砂碑一通，刻"孝庄文皇后之陵"满、蒙、汉字，均贴金。站在明楼上，俯视陵园四周，视野开阔，山水有情，不禁令人联想到墓主的许多传说。

图10-4 孝东陵明楼与宝顶（谢敔聪 摄）/对面页
孝东陵是清东陵第一座皇后陵，地宫中葬有顺治孝惠章皇后。在明楼前后还葬有顺治的4位福晋、7位妃子和17位格格，这29人尽管名分不同，等级有差，尊卑有列，实际上，都是顺治之妻妾。

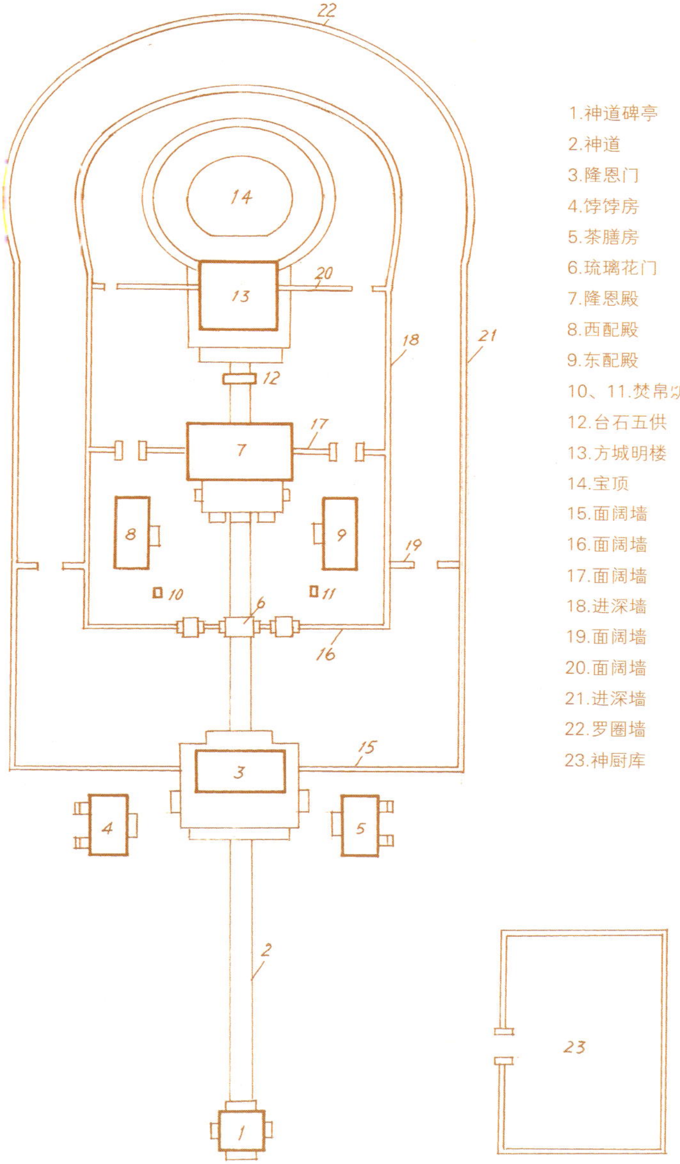

清东陵 | 风水墙外又一陵

1. 神道碑亭
2. 神道
3. 隆恩门
4. 饽饽房
5. 茶膳房
6. 琉璃花门
7. 隆恩殿
8. 西配殿
9. 东配殿
10、11. 焚帛炉
12. 台石五供
13. 方城明楼
14. 宝顶
15. 面阔墙
16. 面阔墙
17. 面阔墙
18. 进深墙
19. 面阔墙
20. 面阔墙
21. 进深墙
22. 罗圈墙
23. 神厨库

图10-5 昭西陵平面图

十一、惠陵规制最逊色

清东陵

惠陵规制最逊色

图11-1 惠陵前景
（谢敏聪 摄）
同治死后才修陵，惠陵建造得也比较简陋，裁减了神路及石像生。其神道碑亭、三路三孔券桥、朝房、值房、隆恩门、隆恩殿等均依定陵规制而建。

图11-2 惠陵望柱
（郑志标 摄）/对面页
惠陵工程中裁除了神道与石像生，故在五孔券桥与牌楼门之间只设了一对石望柱。望柱周围增设了石护栏，避免了单一望柱之不足，又形成了惠陵望柱的独特风格。

惠陵是清朝第八帝同治（爱新觉罗·载淳）和孝哲毅皇后阿鲁特氏的陵墓。

同治在位十三年，卒年十九岁，是清代最短命的皇帝，未及选定陵址而死。光绪元年（1875年）二月，两太后降旨，派恭亲王奕䜣等为同治选万年吉地，最后确定在东陵双山峪。惠陵位于景陵东南3公里。关于惠陵选址除风水官有所评价外，在督工大臣翁同龢日记中的评语是较确切的，他写道："以余所见，此系昌瑞山东趋一枝之脉，龙气稍弱，又非正落正结，止漫坡有涧而已，所幸雨水来汇，抱穴东南去，远山横带，颇为有情……"根据大臣提议，两太后下谕，惠陵"除神道及石像生毋庸修建外，其余均照定陵规制。"

清东陵 — 惠陵规制最逊色

由于不设神道，惠陵未能与孝陵主神道相接；又因不建石像生，故在五孔券桥与牌楼门之间，只有一对望柱。依定陵规制，惠陵不建圣德神功碑亭，不设二柱门。在东陵五座帝陵中，惠陵规制最为逊色。

惠陵于光绪元年八月开工，光绪四年（1878年）九月十一完竣，仅用了三年零一个月。妃园寝和保护管理陵寝的兵部、礼部、内务府营房同时完工，共耗银435.9万两。

惠陵工程完工后，经钦天监选定，于光绪五年（1879年）三月二十六，同治帝后棺椁由西峰口外隆福寺移出葬入惠陵地宫。

同治帝留下四位年轻的妃子，其中淑慎皇贵妃（慧妃）死于光绪三十年，其余三位均死于民国年间，皆葬入惠陵妃园寝。

惠陵妃园寝在惠陵西侧。初建时，定议规模，仿景陵皇贵妃园寝。其后，妃园寝之宝城、方城、明楼、石台五供、梓圈（地宫中有券无门的部位）均撤去，仍修石券一座、砖券三座，外罗圈墙亦收小，又裁减了东西配殿。实际只建有宫门、焚帛炉、享殿、陵寝门和四座宝顶。共耗银517775两。

图11-3 惠陵妃园寝宝顶（林京 摄）

惠陵妃园寝的陵寝门内，共建有四座宝顶，地宫中葬有同治妃四位。其间最后入葬的荣惠皇贵妃是在1935年，距东陵入葬第一帝顺治，其间长达272年之久。这里埋葬的同治四妃，临终都封为皇贵妃，在所有清代帝王陵寝中埋葬皇贵妃最多的，唯此园寝。

清 东 陵

惠陵规制最逊色

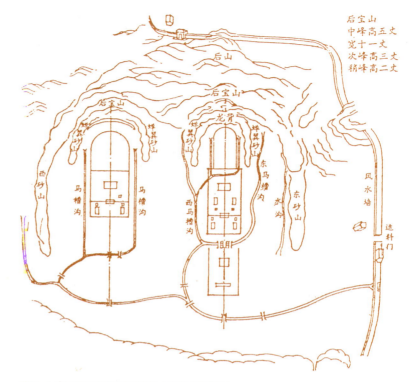

图11-4 惠陵及妃园寝风水形势图（据样式雷图档）

十二、几经沧桑话东陵

清东陵建设历经二百多年，形成了庞大的建筑群体，陵园的管理也日益完善。马兰峪总兵兼任东陵总督大臣，驻马兰关，辖八营，共有官弁186人，兵丁2917人。其下设陵寝内务府、陵寝礼部、兵部和工部衙门，各司其职。

陵寝内务府主要负责祭祀事务，管理树木，启闭宫门及隆恩殿门。每年清明、中元、岁暮、冬至、忌辰举行大祭，每月朔望小祭，礼仪隆重，祭品繁多。

陵寝礼部掌管祭祀礼仪，供应祭礼所用油、糖、酒、果，管理金银器皿库以及各种勤杂人员，如挤奶人、割草人、扫院人、牛吏、屠户、鹰手等。

陵寝兵部任陵寝周围的保安，每天有多支巡逻队沿陵区近缘昼夜穿插巡逻。平时严禁百姓入陵区放牧、砍柴，如有违犯，从严治罪。

陵寝工部设在陵区外的石门镇，也称石门工部，除官员外，有各行工匠，如锡匠、锞子匠、木匠、瓦匠、油匠、裱匠、铁匠、石匠，承担制作各陵祭祀所用金银器皿及大、小佛堂用花等。每新增一座陵，则增加匠人40名。

另各座陵均有护陵监，由主事官员率领众多差役常年守护陵园。护陵监驻地周围以青砖砌墙护院，称为"圈"，帝陵称大圈，妃陵称小圈，如"裕大圈"、"裕小圈"。清光绪时陵园总人数包括内务府、礼部、营房等约1100人之多。

1911年清朝灭亡，按优待清室八条规定，陵区仍在保护之列。1924年，溥仪被逐出紫禁城。当时局势动荡，土匪猖獗，守陵官员常不在署，各路军队交错开入陵区，致使东陵建筑屡遭破坏。各陵门窗木器等竟当做烧柴，数十万株苍松古柏被砍伐殆尽。1928—1945年间，惠陵妃园寝、慈禧定东陵与裕陵、慈安定东陵、惠陵、景陵、定陵等先后被军阀、土匪等盗掘。1949—1950年，惠陵妃园寝、定陵妃园寝、定东陵、定陵等再次被盗。只有孝陵在多次盗掘中得以幸免。

1949年后，清东陵曾由林管局代管。1952年7月，景陵大碑亭被雷火烧毁，从而引起有关方面重视。同年9月，成立了清东陵文物保管所，对各座陵园进行普查和小规模维修，安装了避雷装置，并组织东陵周围各村共同保护陵寝建筑、砂山、御路和树木。1961年3月，清东陵被定为全国第一批重点文物保护单位。

1978年以后的30多年来，对东陵进行大规模维修保护，修复了裕陵大碑亭、大红门、孝陵大碑亭，昭西陵明楼，裕陵妃园寝享殿、西配殿、明楼、景陵妃园寝宫门，景陵皇贵妃园寝东西配殿及两座明楼，惠陵宝城，定陵全部工程，孝陵全部工程，孝东陵宫门等。东陵集清代陵寝建筑之精华，体现出从清初至清末不同时期的风格。并将山川形势与建筑景观融汇为一体，不愧为中华古建筑中一颗璀璨的明珠。2000年被联合国教科文组织列入世界人文遗产。

图12-1 清东陵之定陵俯瞰（张振光 摄）

大事年表

朝代	年号	公元纪年	大事记
清	顺治十八年	1661年	始建孝陵，康熙三年（1664年）八月二十二竣工
	康熙二年	1663年	初建景陵妃衙门，雍正五年（1727年）尊妃衙门为景陵妃园寝
	康熙二十年	1681年	景陵建成，当年三月初八康熙仁孝（孝诚）皇后、孝昭皇后葬入地宫
	康熙二十七年	1688年	始建孝庄文皇后暂安奉殿，雍正二年（1724年）在暂安奉殿原址改建成昭西陵
	康熙三十二年	1693年	十一月孝东陵竣工，始建年代约为康熙二十七年（1688年）
	乾隆二年	1737年	建景陵皇贵妃园寝
	乾隆八年	1743年	二月初四裕陵始建
	乾隆十年	1745年	建裕陵妃衙门，乾隆二十五年至二十七年（1760—1762年）妃衙门改建为纯惠皇贵妃园寝，至嘉庆四年（1799年）尊为裕陵妃园寝
	咸丰九年	1859年	四月十三定陵破土兴建，同治五年（1866年）十二月竣工
	同治十二年	1873年	八月二十二兴建普祥峪定东陵及普陀峪定东陵，光绪五年（1879年）六月二十二同时竣工
	光绪元年	1875年	八月，惠陵开工，光绪四年（1878年）九月十一工程全竣
	光绪二年	1876年	闰五月二十亥时，夜间暴风急雨，孝陵大牌楼被雷火延烧
	光绪二十一年	1895年	十月二十四，慈禧以年久失修为由，普陀峪定东陵三殿拆除重建，光绪三十四年（1908年）完成

朝代	年号	公元纪年	大事记
清	光绪二十六年	1900年	九月十七至二十四，洋兵到各陵，九月十八守陵王公自尽，东府公寿全获救，西府公光裕投井身亡
	光绪三十一年	1905年	二月二十卯时，景陵隆恩殿被烧毁，起火原因不明
中华民国		1928年	春，惠陵妃园寝被匪徒盗掘 7月4日—10日（农历五月十七至二十三），国民党第十二军军长孙殿英部下谭温江等人，以军事演习为名，打开普陀峪定东陵及裕陵地宫，扬尸、窃宝 8月18日—9月8日（农历七月初四至二十五），载泽等到东陵，将尸骨重行殡葬
		1945年	冬，土匪王绍义等，勾结遵化、蓟县、平谷、兴隆等地歹徒一千余人，将景陵、定陵、惠陵及其他后、妃陵地宫掘开，盗走大量宝物
中华人民共和国		1952年	7月14日（农历闰五月二十三），雷火击毁景陵大碑楼、楼内双碑烧裂 9月29日，建立清东陵文物保管所
		1978年以后	多次对清东陵进行维修保护
		2000年	清东陵被联合国教科文组织列入世界人文遗产

清东陵各陵名称与墓主一览

各陵名称	墓主
孝陵	顺治帝、二后
孝东陵	顺治帝孝惠皇后及妃嫔28人
景陵	康熙帝、四后、一皇贵妃
景陵妃园寝	康熙帝妃嫔48人
景陵皇贵妃园寝	康熙帝悫惠皇贵妃、惇怡皇贵妃
裕陵	乾隆帝、二后、三皇贵妃
裕陵妃园寝	乾隆帝妃嫔36人,容妃(香妃)墓在其中
定陵	咸丰帝、后
定陵妃园寝	咸丰帝妃嫔15人
普祥峪定东陵	慈安太后
普陀峪定东陵	慈禧太后
昭西陵	皇太极永福宫庄妃即孝庄文皇后
惠陵	同治帝、后
惠陵妃园寝	同治帝妃嫔4人

"中国精致建筑100"总编辑出版委员会

总策划：周　谊　刘慈慰　许钟荣
总主编：程里尧
副主编：王雪林
主　任：沈元勤　孙立波
执行副主任：张惠珍
委员（按姓氏笔画排序）
王伯扬　王莉慧　田　宏　朱象清　孙书妍
孙立波　杜志远　李建云　李根华　吴文侯
辛艺峰　沈元勤　张百平　张振光　张惠珍
陈伯超　赵　清　赵子宽　咸大庆　董苏华
魏　枫

图书在版编目（CIP）数据

清东陵 / 于善浦撰文 / 林京等摄影. —北京：中国建筑工业出版社，2013.10
（中国精致建筑100）
ISBN 978-7-112-15935-2

Ⅰ.①清… Ⅱ.①于…②林… Ⅲ.①陵墓-介绍-中国-清代 Ⅳ.① K928.76

中国版本图书馆CIP数据核字（2013）第231743号

©中国建筑工业出版社

责任编辑：董苏华　张惠珍　孙立波
技术编辑：李建云　赵子宽
图片编辑：张振光
美术编辑：赵　清　康　羽
书籍设计：瀚清堂·赵　清　周伟伟　康　羽
责任校对：张慧丽　陈晶晶　关　健
图文统筹：廖晓明　孙　梅　骆毓华
责任印制：郭希增　臧红心
材料统筹：方承艺

中国精致建筑100
清东陵
于善浦 撰文/林 京 等 摄影

中国建筑工业出版社出版、发行（北京西郊百万庄）
各地新华书店、建筑书店经销
南京瀚清堂设计有限公司制版
北京顺诚彩色印刷有限公司印刷

开本：889×710 毫米　1/32　印张：3　插页：1　字数：125 千字
2016年3月第一版　2016年3月第一次印刷
定价：**48.00**元
ISBN 978-7-112-15935-2
　　　（24347）

版权所有 翻印必究
如有印装质量问题，可寄本社退换
（邮政编码 100037）